한국사
키워드
배경지식

한국사 키워드 배경지식

이경수 지음

금난전권이 폐지된 연대까지 정확히 알고 있는 학생이 있다. 그런데 정작 '금난전권'의 뜻을 모른다. 그냥 무작정 외웠을 뿐 의미를 이해하지 못한 경우다. 한국사 공부를 열심히 해도 성적이 오르지 않는 이유 가운데 하나가 '이해 없는 암기'에 있다. 잘못된 학습법이지만, 적지 않은 학생이 이렇게 공부한다.

가르치는 교사를 탓할 수도 없다. 교과서에서 다루는 내용이 너무 많다. 늘 진도를 고민한다. 그러다 보니 세세하고 친절하게 용어 하나하나를 설명해 주기 어렵다. 마음 같아서는 사건의 배경까지 흥미롭게 다 말해 주고 싶지만, 시간 부족 때문에 그리하지 못한다. 결국 학생들은 무슨 소리인지도 모른 채 무조건 외울 수밖에 없다는 압박감을 느끼게 되고, 시험만을 위한 공부를 하게 되면서 점점 역사에 대한 흥미를 잃는다.

이 책은 흔하디흔한 한국사 교양서이다. 책방에 넘쳐나는 한국사 교양서에 다시 한 권을 더한다면, 뭔가 조금이라도 차별점이 있어야 한다. 필자는 용어에 주목한다. 독자들이 평소 궁금해 했거나 이해하기 다소 어려웠던 말들 그리고 조금 더 알아 둘 필요가 있는 용어들을 모아 풀어 가면서 한국사를 정리하는 방식을 택했다. 이를 통해 독자들이 우리 역사에 대한 흥미를 회복하고 더 깊게 공부할 수 있는 디딤돌이 되고자 했다.

우선 고등학생들이 이 책을 읽어 주었으면 한다. 엉켰던 것들이 풀려간다는 느낌을 받게 될 것이다. '아, 그렇구나!' 하는 앎의 기쁨도 맛보게 되었으면 좋겠다. 한국사의 기초를 다지려는 일반 성인 독자들에게도 일독을 권하고 싶다. 어떤 흐름과 윤곽 같은 것이 잡힐 것이다. 조각조각 기억하고 있던 역사가 하나의 그림으로 연결되는 경험을 하게 될지도 모른다. 아울러 중·고등학교 역사 교사들에게도 한번 훑어봐 주기를 청하고 싶다. 수업 준비에 어느 정도 보탬이 될 것 같다.

이 책을 준비하는 데 있어 국사편찬위원회에서 나온《한국사》전집과 한국학중앙연구원이 펴낸《한국민족문화대백과사전》이 큰 힘이 되었다. 이 외에 도움을 받은 귀한 연구물들을 책 뒤에 적었다. 각주를 통해 전거를 밝혀야 당연한 도리지만, 사정상 그렇게 하지 못했다. 연구자분들께 양해를 부탁드린다.

2019년 11월

이경수

차례

02 고려

03 조선

01

X

선사~남북국

X

-------- MENU --------

1. 선사~남북국

2. 고려

3. 조선

4. 개항~대한제국

5. 일제강점기~현대

02

03

04

05

기록의 시대가
시작되다

선사의 말뜻

선사 시대의 '선사'는 한자로 '先史'라고 쓴다. 역사 시대[史]보다 앞선[先] 시대라는 뜻이다. 역사 시대는 문자로 역사를 기록하는 시대이다. 선사 시대에는 문자가 없어서 역사를 기록할 수 없었다. 우리나라에서는 일반적으로 구석기 시대, 신석기 시대, 청동기 시대를 선사 시대로 본다. 선사 시대를 주로 연구하는 학문을 고고학이라고 하는데, 문자 기록이 없기 때문에 당시 사람들이 남긴 유적이나 유물 등을 분석해서 그때의 생활상을 밝혀낸다.

유물과 유적의 차이

유적은 한자로 표기할 때 남길 유(遺) 자에 자취 적(蹟) 자를 쓴다. 옛사람들이 남긴 삶의 자취, 흔적이란 뜻이다. 집터나 무덤 등 들고 다닐 수 없는 것들이 유적에 해당한다. 유물은 그들이 남긴 물건이다. 사람이 직접 만든 물건뿐 아니라, 먹고 버린 짐승 뼈 같은 것도 유물이라고 할 수 있다. 예를 들어 고인돌에서 비파형 동검이 나왔다고 해 보자. 그때 고인돌은 유적이고 비파형동검은 유물이다.

구석기 시대의 시작

한반도와 주변에서 구석기 시대가 시작된 것은 대략 70만 년 전이다. 신석기 시대는 1만 년 전쯤에 시작됐다. 기원전 8000년쯤이다. 청동기 시대는 기원전 2000년 정도에 시작되었다. 철기 시대는 기원전 5세기 무렵부터이다. 그러나 그 연대는 절대적인 것이 아니다. 여러분의 선배들은 구석기 시대가 50만 년 전에 시작됐고, 청동기 시대는 기원전 10세기에 시작됐다고 배웠다. 언제든 더 오래된 유물이나 유적이 발견되면 연대가 더 올라갈 수 있다.

언제부터를
기원이라고 할까

서력기원

우리는 보통 연도를 말할 때, 2019년을 예로 들면 '서
기 2019년' 하는 식으로 부른다. 서기는 서력기원(西曆
紀元)의 준말이다. 서양 달력 기준으로 2019년이라는
뜻이다. 서기는 '기원'이라고도 한다. 서력이 시작되
는 기점은 예수의 탄생이다. 예수 탄생 이전을 기원전
또는 서기전이라고 하고 예수 탄생 이후를 기원 또는
서기라고 한다. 이론상 서기 2019년은 예수가 탄생한
지 2019년째 되는 해라는 의미이다. 기원전은 B.C.라
고 표기한다. 'Before Christ'를 줄인 말이다. 예수 이전
시기라는 의미다.

기원과 기원전

기원 연대는 숫자가 클수록 현대에 가깝고 기원전 연
대는 숫자가 클수록 더 옛날이다. 기원전 200년보다
기원전 300년이 더 옛날이라는 뜻이다. 그러면 기원

전 3년부터 기원 3년까지는 총 몇 년일까? 6년이다. 그냥 더하면 된다. 기원전 8000년은 지금부터 몇 년 전일까? 지금을 대략 기원 2000년으로 잡고 둘을 더하면 1만 년이 된다.

단군기원

우리에게는 연대를 표기하는 방법으로 단기가 있다. 단기는 단군기원(檀君紀元)의 준말이다. 단군왕검이 고조선을 세운 시기는 기원전 2333년이라고 전한다. 지금이 기원 2019년이라고 가정하면, 단기로는 몇 년일까? 그냥 더하면 된다. 2333년+2019년=4352년. 그러므로 2019년은 단기 4352년이다. 그럼 2019년은 몇 세기일까? 21세기이다. 세기는 100년 단위로 연대를 구분할 때 쓰는 명칭이다. 1세기는 1년부터 100년, 2세기는 101년부터 200년, 7세기는 601년부터 700년이다. 13세기는 1201년부터 1300년, 21세기는 2001년부터 2100년이다. 머리 아프게 일일이 계산할 필요 없이, 그냥 100년씩 빼고 보면 이해가 빠르다. 4세기는 300년대, 6세기는 500년대, 19세기는 1800년대. 이런 식으로.

슴베찌르개로
할 수 있는 일

슴베의 의미

부엌칼. 강도가 손에 들면 날카로운 흉기가 되고 엄마가 들면 따뜻한 요리 도구가 된다. 부엌칼은 쇠로 된 칼날에 나무로 된 손잡이를 연결한 것이다. 연결했다기보다는 박았다고 해야 정확한 표현이 되겠다. 칼날 뒷부분을 가늘고 뾰족하게 만든 뒤, 나무나 플라스틱 손잡이에 박아 고정한 것이다. 낫이나 호미도 이렇게 만든다. 손잡이에 끼우기 위해 가늘고 뾰족하게 만든 부분을 슴베라고 한다. 슴베찌르개는 석기를 날카롭게 다듬고 뒤쪽 끝부분에 슴베를 만들어 긴 나무에 꽂아 만든 사냥도구다. 일종의 창으로 쓰였을 것이다.

채집·수렵과 막집

한반도에 사람이 살기 시작한 것은 대략 70만 년 전부터이다. 이때는 구석기 시대다. 구석기 시대에는 환경 등의 문제로 농사를 지을 수 없었다. 당시 사람들은 채집이나 사냥을 통해 식량을 구했다. 움직이는 사냥감을 따라 이동 생활을 하다 보니 튼튼한 집을 지을 필요가 없었다. 그래서 동굴에 주로 살았고, 동굴이 없는 지역에서는 그냥 몸을 누일 수 있을 만큼만 대충 막 집을 짓기도 했다. 그런 집을 막집이라고 한다.

뗀석기 사용

주먹도끼 등을 왜 뗀석기라고 부를까? 돌을 떼어내 만들었기 때문이다. 돌에 타격을 가하거나 다른 물체에 부딪혀서 떼어 내는 방법으로 만들었다. 이러한 뗀석기를 만들어 쓰던 구석기인들은 세월이 가면서 좀 더 세밀하게 다듬은 석기를 사용하게 되었다. 슴베찌르개도 그중에 하나다.

옷과 그물을
어떻게 만들었을까

가락바퀴

가락바퀴는 실을 만드는 도구로, 신석기 시대부터 사용했다. 바퀴라는 이름대로 둥근 모양이고, 가운데 구멍이 뚫려 있다. 가락은 젓가락을 떠올리면 된다. 젓가락처럼 가늘고 긴 막대이다. 이 막대를 가락바퀴 구멍에 끼워 돌려가면서 실을 뽑는 데 사용했다. 전체 지름은 5cm 내외이다. 가락바퀴의 존재로 신석기인들이 옷이나 그물을 만들었음을 짐작할 수 있다.

농경생활과 움집

한반도에서 신석기 시대가 시작된 것은 약 1만 년 전이다. 그때부터 기후가 따뜻해지기 시작했고, 사람들은 농사를 짓게 되었다. 아울러 목축도 시작되었다. 농경생활을 위해서 이제는 한곳에 정착해야 한다. 그러면 집이 있어야 하고 그래서 지은 집이 움집이다. '움'에는 땅을 판다는 의미가 담겨 있다. 움집은 반(半)지하 집이다. 대략 1m 정도 땅을 파고 기둥을 세운 후 지붕을 덮어 지었다.

간석기 사용

신석기 시대에 농사가 시작되었지만, 널리 보급된 것은 아니었다. 대개의 사람들은 여전히 사냥·채집·어로 활동을 통해 식량을 해결했다. 그래서 물고기와 조개를 잡기에 편리한 강가나 바닷가에 모여 살았다. 필요한 도구는 주로 간석기를 사용했다. 돌을 떼어 내어 만든 뗀석기와는 달리 돌을 갈아서 정교한 모양으로 만든 석기다. 마제석기라고도 한다. 돌의 전면을 갈아 만든 것이 많지만, 연대가 오래된 것 중에는 필요한 부분만 갈아 만든 것도 적지 않다.

빗살무늬 토기에 뚫린
구멍의 정체

토기의 등장

구석기 시대에는 토기가 없다. 그때 사람들은 토기를 만들 필요가 없었다. 담아서 보관할 곡식이 있는 것도 아니었고, 이동 중에 깨지기 쉬운 걸 굳이 만들 이유가 없었다. 짐만 될 뿐이다. 그래서 정착생활을 하게 되는 신석기 시대에 토기가 등장한다. 처음 쓴 것은 이른 민무늬토기이다. 청동기 시대의 대표적인 토기가 민무늬 토기인데 신석기 시대에는 '이른'이 붙어서 이른 민무늬 토기이다. '민'은 없다는 뜻으로 쓰인다. 민소매 옷은 소매가 없는 옷이다. 따라서 민무늬 토기는 무늬가 없는 토기라는 말이다.

빗살무늬 토기

신석기 시대에 널리 쓰인 토기가 빗살무늬 토기이다. 그런데 빗살무늬라는 특정 무늬가 있는 것은 아니다. 머리빗의 빗살처럼 생긴 무늬새기개로 토기 표면을

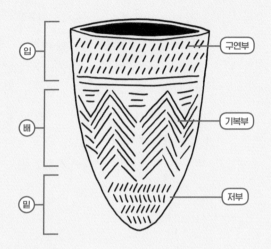

만드는 방법	물레를 쓰지 않고 '흙테'를 하나씩 따로 만들어 차례대로 쌓아 올려 만든다(쌓아 올린 흙테쌓기 수법).
모양	곧은 입술에 밑이 뾰족하거나 둥글거나 반달걀 모양이다.
빛깔	부드러운 갈색으로, 모양을 만든 뒤 바로 굽지 못한 것에는 '점'이 조금 있다.
바탕 흙	사질토(모래가 많이 섞인 흙)와 운모가루를 섞거나 회면(돌솜)과 활석을 사용했다.

살짝 눌러 점을 찍거나 긁어서 다양한 무늬를 만들었기에 빗살무늬 토기라고 불렸다. 빗살무늬 토기에 구멍이 여러 개 뚫린 게 있다. 왜 뚫었을까? 갈라진 부분을 실 같은 것으로 꿰매 쓰려는 의도였다. 한마디로 수리용 구멍이다. 시루 용도로도 구멍을 뚫었다고 한다. 떡을 찌는 떡시루 같은 거다. 당시에는 곡식을 수확해도 도정 기술이 발달하지 않아서 온전한 알갱이를 얻기 어려웠을 것이다. 으깨진 곡식 가루를 식량으로 쓰려면 떡을 하듯 쪄서 먹을 수밖에 없다. 그래서 토기 밑 부분에 구멍을 여러 개 뚫어 시루로 썼을 것이다.

반달돌칼의 쓰임새

반달돌칼

반달돌칼은 돌을 반달 모양으로 갈아서 만든 칼이다. 간석기이지만 청동기 시대의 대표적 유물이다. 간석기는 신석기 시대에만 쓴 것이 아니다. 오히려 청동기 시대에 더 많이 사용했다. 청동 제품이 워낙 귀했기 때문에 일상생활에서 쓰는 도구는 주로 돌로 만들었다. 칼이라고 하니까 무기나 사냥 도구라고 여기기 쉽지만, 사실은 추수용 농사 도구이다. 벼이삭 등을 따는 데 썼다. 구멍에 줄을 넣어 묶어서 손을 고정하고 날이 선 곡선 면으로 추수했다.

청동기 사용

청동기 시대에는 지배층만 청동 제품을 사용했던 것 같다. 농사 도구는 주로 석기였지 청동기가 아니다. 청동은 두 가지 이상의 금속을 섞은 합금으로 매우 까다로운 절차를 거쳐 만들어진다. 구리(동)를 주재료로 하고 여기에 주석 등을 섞었다. 그냥 동으로 물건을 만들지 않고 복잡한 합금 과정을 거쳤던 이유는 대략 두 가지다.

첫째, 구리만으로는 어떤 물건을 만들어 쓰기가 곤란하다. 물렁해서 그렇다. 주석을 섞어야 단단해진다. 그렇다고 주석을 너무 많이 넣으면 안 된다. 쉽게 부서지고 마니까. 조합을 잘해야 한다. 구리에 주석이 17~18% 정도 들어갔을 때 최고 강도의 청동이 만들어진다고 한다.

둘째, 구리를 쉽게 녹이려고 주석을 넣었다. 구리는 대략 1,085℃에서 녹는다. 주석은 232℃쯤에서 녹는다. 구리에 주석을 10% 첨가하면 994℃ 정도에서 녹게 되고, 20% 첨가하게 되면 대략 875℃에서 녹는다고 한다. 합금하면 그만큼 녹는점이 낮아지는 것이다.

철기 시대와 청동기

철은 1,538℃에서 녹는다. 구리보다 500℃ 정도 더 높다. 철을 녹이려면 구리를 녹일 때보다 더 높은 온도를 내는 기술이 필요하다. 철기 시대가 청동기 시대 다음에 오는 이유다. 철기 시대에는 철기가 모든 계층 사람들에게 보급된다. 농기구도 철로 만들게 된다. 철제 농기구를 사용하게 되면서 농업 생산량도 크게 늘어난다. 철기 시대에도 필요에 따라 간석기를 썼다. 물론 청동기도 썼다. 철기 시대의 청동기는 주로 장신구나 종교의식용 도구로 사용되었다. 한반도에서 청동기 시대가 시작된 것은 기원전 2000년 무렵이고, 철기 시대는 기원전 5세기 무렵부터 시작되었다고 본다. 고조선은 청동기 시대에 건국되어 철기 시대를 거치며 더욱 발전했다.

고조선에도
화폐가 있었을까

고조선 후기의 교역

고조선 후반기에 중국은 춘추 전국 시대였다. 여러 나라로 분열되어 서로 다투던 때다. 전국 시대에는 전국 7웅이라고 하여 일곱 나라가 대립하고 있었다. 통일을 이루게 되는 진나라, 고조선과 육지로 국경을 맞댄 연나라, 고조선과 바다가 접해 있는 제나라 등이다. 제나라 재상 관중은 고조선 특산물인 호랑이 가죽이나 표범 가죽을 사면 이익을 얻을 수 있다고 말했다. 고조선의 호랑이 가죽이 중국에서 꽤 인기 있었던 모양이다. 관중의 말 속에서 당시 고조선이 중국과 교역했음을 알 수 있다. 고조선은 연나라와도 교역했다. 물론 전쟁도 했다.

명도전

연나라가 있던 지역과 고조선 땅이었던 지금의 중국 동부 지역, 그리고 한반도 북부에서 명도전(明刀錢)이 아주 많이 나왔다. 명도전은 칼[刀] 모양의 돈인데, 표면에 명(明)자 비슷한 글씨가 새겨져 있어서 명도전이라고 불렸다 한다. 명도전이 중국과 우리나라 땅에서 나온다는 것은 당시 두 나라가 교역 활동을 했다는 근거로 볼 수 있다.

일반적으로는 명도전을 연나라의 화폐로 본다. 하지만 연나라 화폐라는 명확한 증거는 없다. 명도전 앞뒤에 새겨진 글씨가 아직도 해독(解讀)이 안 된다고 한다. 중국 사람들도 해독할 수 없는 문자라면 한자가 아닌 다른 글자일 수도 있겠다. 고조선 법에 일종의 벌금으로 50만 전을 내야 한다는 조항이 있다. 화폐가 사용됐음을 짐작하게 한다. 그런데 고조선의 화폐는 알려진 게 없다. 그래서 명도전이 연나라 화폐가 아니라 고조선의 화폐라는 주장도 있다.

비파형 동검이 남긴
고조선의 흔적

비파형 동검

칼에는 검(劍)과 도(刀)가 있다. 검은 양쪽에 날이 있는 양날 칼이고, 도는 한쪽에만 날이 있는 외날 칼이다. 부엌칼(식도)과 과일 깎는 칼(과도)을 떠올리면 도와 검을 구분하기 쉽다. 양쪽 날이 있는 비파형 동검은 청동기 시대를 대표하는 유물이다. 비파라는 악기처럼 불룩하게 생겼다고 해서 붙여진 이름이다. 옛 고조선 영토였던 요동·요서 지방과 만주 그리고 한반도 북부에서 주로 출토되고 있다.

같은 시대 중국의 동검은 칼날과 손잡이가 하나로 연결된 일체형 동검이다. 그런데 비파형 동검은 칼날 따로 손잡이 따로 만들어 조립하는 형태이다. 비파형 동검의 손잡이는 청동으로 만들기도 했지만 대부분 나무로 만들었던 것 같다. 오랜 세월이 지나면서 나무 손잡이는 삭아 없어지고 칼날 부분만 출토되는 경우가 대부분이다.

고조선의 영역

고조선의 영토가 어느 정도였는지 정확히 알기 어렵다. 고조선 고유의 문화를 보여주는 유물과 유적의 분포 지역을 대략적인 고조선 영토로 짐작한다. 비파형 동검은 미송리식 토기, 탁자식 고인돌과 함께 고조선의 영역을 추정하게 해 주는 중요한 유물이다.

미송리식 토기

미송리식 토기는 미송리형 토기라고도 한다. 평안북도 의주 미송리에서 처음 발견되었는데, 몸체가 둥글고 아가리는 깔때기를 올려놓은 것 같은 모양새다. 몸체 중간쯤에 두 개의 손잡이가 있다. 대개 무덤 유적에서 출토되는데 한 무덤 안에서 비파형 동검과 같이 나오기도 한다.

고인돌과 계급사회

고인돌은 청동기 시대의 대표적인 무덤이다. 받침돌이 높아서 탁자처럼 보이는 탁자식 고인돌, 낮은 받침돌 위에 덮개돌을 올린 모양이 바둑판을 닮은 바둑판식 고인돌, 받침돌이 없는 개석식 고인돌 이렇게 세 가지 형태다. 탁자식 고인돌은 주로 한반도 북부와 만주 지역에 있어서 북방식 고인돌이라고도 부른다. 고

조선의 영역을 추정할 수 있는 유적이다. 바둑판식 고인돌은 주로 한반도 남부에 있기에 남방식 고인돌이라고도 한다. 고인돌 가운데 규모가 아주 큰 것들이 있다. 이런 고인돌은 적어도 수백 명이 동원되어 세웠다고 보아야 한다. 죽어서도 수백 명을 동원할 수 있다면, 그 안에 묻힌 인물은 지배자임이 틀림없다. 그래서 규모 큰 고인돌의 존재는 당시 사회가 지배층과 피지배층으로 나뉜 계급사회였다는 근거가 된다.

조선과 고조선의
차이

우리나라 최초의 국가 고조선

고조선은 단군왕검이 기원전 2333년에 세웠다고
한다. 우리나라 최초의 국가이다. 원래의 나라 이름
은 그냥 조선이다. 그런데 일연이《삼국유사》를 쓰면
서 위만조선과 구분하려고 고조선(古朝鮮)이라는 이름
을 붙였다. 앞 시기는 고조선, 뒤 시기는 위만조선이라
한다. 한참 세월이 가고 이성계가 다시 조선이라는 나
라를 세운다. 이후 고조선을 단군이 세운 조선과 위만
이 왕위를 찬탈한 이후의 조선까지 모두 포함하는 개
념으로 인식하게 되었다. 그래야 이성계가 세운 조선
과 구분이 되니까. 정리하면 이렇다. 원래 고조선은 위
만조선과 구분하기 위한 국명으로 쓰였다. 그런데 지
금은 대개 이성계가 세운 조선과 구분해서 고조선이
라고 한다.

단군왕검과 제정일치

단군왕검이라는 호칭은 보통 '단군'과 '왕검'이 합쳐진 것으로 이해한다. 단군을 종교적 우두머리인 제사장이라는 뜻으로, 왕검은 정치적 우두머리인 임금이라는 뜻으로 해석한다. 제사장이 곧 임금이라는 것은 당시가 제정일치(祭政一致) 사회임을 의미한다.

제정분리와 소도

동서양을 막론하고 처음 세워진 나라들은 제정일치의 모습을 보인다. 그러다가 점점 제정분리 사회로 나아가게 된다. 한국사에서 제정분리의 과정을 보여주는 사례가 있다. 삼한에는 정치적 지배자와 별도로 천군이라는 제사장이 있었다. 천군은 '소도'라는 신성한 지역에서 제사를 주관했다. 그리고 소도에서는 정치적 지배자가 영향력을 행사할 수 없었다.

고조선의 법

고조선에는 8조의 법이 있었는데 팔조법·팔조법금·팔조금법 등으로 부른다. 사회 질서를 유지하기 위해 만들어졌다. 지금은 세 가지 내용만 전한다. 그것도 우리 역사책이 아니고 중국의 역사책인 《한서(漢書)》에 나온다. 사람을 죽인 자는 사형에 처한다는 조항에서 개인의 생명을 존중한다는 의미를 찾을 수 있다. 남에게 상처를 입힌 자는 곡식으로 갚는다는 내용을 통해 사유 재산이 인정됨을 알 수 있다. 내 곡식이 있어야 갚을 수 있으니 말이다. 도둑질한 자는 노비로 삼는데, 용서를 받으려면 50만 전을 내야 했다. 노비가 존재하는 계급사회임을 알 수 있다. 50만 전을 내야 한다는 내용에서 사유 재산 인정과 함께 화폐가 사용되고 있음을 짐작하게 된다.

위만과
고조선의 관계는

위만에 대한 기록

위만에 대한 기록이 《삼국유사》에 나온다. 일연은 중국 쪽 기록을 인용해서 위만의 왕위 찬탈 과정을 소개했다. 비슷한 내용이 《삼국지 위서 동이전》에 나오는데 《삼국유사》보다 상세하다. 다음 글은 《삼국지 위서 동이전》을 옮긴 것이다.

〈중국에서〉 진승과 항우가 군사를 일으켜 세상이 어지러워지자, 연·제·조의 백성들이 괴로움을 견디다 못해 차츰차츰 준(準, 고조선 준왕)에게 망명하므로, 준왕은 이들을 서부 지역에 거주하게 하였다. 한나라 때에 이르러 … 연나라 사람 위만도 망명하여 오랑캐의 복장을 하고 동쪽으로 패수를 건너 준왕에게 항복하였다. 〈위만〉이 서쪽 변방에 거주하도록 해주면 중국의 망명자를 거두어 조선의 번병(藩屏, 울타리)이 되겠다고 준왕을 설득하였다. 준왕은 그를 믿고 사랑하여 … 백 리의 땅을 봉해 주어 서쪽 변경을 지키게 하였다. 위만이 〈중국의〉 망명자들을 유인하여 그 무리가 점점 많아지자, 사람을 준왕에게 파견하여 속여서 말하기를, "한나라의 군대가 열 군데로 쳐들어오니, 〈궁궐〉에 들어가 숙위(宿衛, 수비)하기를 청합니다" 하고는 드디어 되돌아서서 준왕을 공격하였다. 준왕은 위만과 싸웠으나 상대가 되지 못하였다.

진·한 교체기와 고조선

진나라가 한나라로 교체되는 시기에 중국은 몹시 혼란스러웠다. 많은 사람이 평화로운 고조선으로 망명했다. 준왕은 그들을 서쪽 국경 지역에 살도록 허락했다. 그때는 지금만큼 국가에 대한 소속감이 뚜렷했던 것 같지 않다. 한나라 초기 어수선한 상황에서 곤경에 처한 위만이 무리를 이끌고 준왕에게 와서 항복한다. 위만은 옛 연나라 지역에 살던 사람이다. 준왕은 그를 믿고 서쪽 수비 책임자로 임명한다. 그러나 위만은 준왕을 내몰고 자기가 왕이 된다. 위만조선의 시작이다. 믿음을 배신으로 갚은 것이다. "임금님 지금 한나라가 쳐들어옵니다. 제가 얼른 가서 당신을 지키겠습니다" 하며 왔으니 준왕이 당할 수밖에 없었다.

식민사관 타율성론

일본 학자들은 이렇게 주장한다. "단군조선은 신화에 불과하다. 역사적 사실이 아니다. 위만조선부터 실재했던 역사다." 거기서 더 나아가 심지어는 "위만이 중국 사람이니 위만조선은 중국 나라다. 한국사의 시작은 중국의 '식민지'로 출발한 것이다. 그렇게 타율적으로 한국의 역사가 이어졌다. 한민족은 자율적으로 자주적으로 발전할 수 없는 숙명을 가졌다. 그러니 우리의 식민 지배를 긍정하라, 우리 일본이 너희를 발전하게 해 주마" 하는 식으로 주장하기도 했다. 이러한 일본제국주의의 논리을 '식민사관 타율성론'이라고 한다.

단군신화와 역사적 사실

신화 자체를 역사적 사실이라고 할 수는 없다. 그러나 신화를 '화장한 역사'라고 정의하고 싶다. 아득한 옛날, 역사가 입에서 입으로 전해지기 위해서는 재미가 덧붙여져야 한다. 그래야 기억되고 생명력을 얻는다. 흥미 있어야 오래도록 이어진다. 겉으로 허황돼 보이는 신화의 화장을 씻어 내면 보이지 않던 역사가 모습을 나타낸다. 환웅이 하늘에서 왔다는 것은 어디선가 이주해 왔음을 암시하고, 인간이 되기를 원한 곰과 호랑이는 토테미즘(특정 동물이나 자연물을 신으로 섬기는 신앙)으로 해석할 수 있다. 곰을 섬기는 부족과 호랑이를 섬기는 부족이라는 뜻이다. 굳이 이렇게 단군신화를 분석하지 않아도 된다. 단군왕검이 고조선을 건국한 것은 명백한 사실이니까.

위만의 정체

위만은 어디 사람일까? 중국인인가? 중국 쪽에 살고 있던 조선인일 수 있다. 위만이 고조선에 올 때 상투를 틀었고 조선옷을 입었다는 것을 근거로 들기도 한다. 그런데 상투를 틀었다고 꼭 조선인이라고 할 수 있을까? 《삼국지 위서 동이전》에 나온 '오랑캐의 복장'이 조선옷인지도 불명확하다. 만약 상투가 조선만의 풍속이고, 위만이 입은 옷이 조선옷이 확실하다고 해도, 위만이 조선인임을 증명하는 증거로는 부족하다. 중국인 위만이 조선인처럼 보이려고 상투와 조선옷으로 '변장'하고 올 수도 있었을 테니까.

오히려 다음 두 가지가 위만이 조선 사람일 가능성을 보여주는 근거가 될 것 같다. 첫째, 나라 이름을 바꾸지 않았다는 점이다. 중국은 대개 나라 이름이 한 글자다. 진·한·수·당. 우리나라는 두세 글자다. 조선·부여·고구려. 위만은 나라 이름을 그대로 조선으로 하고 조선의 전통을 따랐다. 둘째, 준왕은 위만을 중국과 경계인 서쪽 변경 지역 수비책임자로 삼았다. 중국인에게 중국의 침략을 막는 역할을 준다는 것이 아무래도 어색하다. 위만이 조선인이라면 서쪽 수비를 맡긴 것이 자연스럽게 이해된다.

하지만 가능성일 뿐, 그런 이유만으로 위만이 조선인이라고 단정할 수 없다. 중국인일 가능성도 여전히 남아 있다. 그러나 위만이 중국인이 확실하다고 해도 문제될 게 없다. 중국 출신의 인물이 조선의 왕이 되었다고 해서 조선이 중국이 되는 건 아니기 때문이다.

예를 하나 들겠다. 그냥 만화라고 생각하기 바란다. 미국에 사는 트럼프라는 백인이 있다. 그가 우리나라로 귀화했다. 대한민국 국민이 된 트럼프가 대한민국 대통령 선거에 출마해서 당선됐다. 그러면 대한민국은 미국 땅이 되는가? 대한민국이 미국의 식민지가 된 건가? 아니다. 대한민국은 대한민국일 뿐이다.

고대 국가 발전 단계를
살펴보자

국가의 발전 단계

고대 국가라고 하면 고대에 있던 나라들을 의미하지만, 한국사에서는 일종의 약속으로 고구려·백제·신라 삼국을 지칭하는 용어로 쓴다. 어떤 나라가 처음 세워질 때는 힘이 약하고 영토도 좁았다가 점점 발전하면서 힘이 강해지고 영토도 넓어진다. 국가의 발전 단계를 네 시기 정도로 구분해 보면 다음과 같다.

○ → ● → 연맹 왕국(연맹 국가) → 고대 국가

부여와 가야

앞의 두 단계는 굳이 기억할 필요 없지만, 연맹 왕국에서 고대 국가로 발전해 간다는 것은 알고 있는 게 좋다. 우리 역사에서 연맹 왕국(연맹 국가)까지 왔다가 더 이상 발전하지 못하고 멸망한 나라가 부여와 가야이다. 가야는 삼한 중 변한 지역에 세워진 여러 개의 나라를 말한다. 3세기쯤 김해의 금관가야가 전기 가야 연맹의 중심이었고 5세기 후반쯤은 고령의 대가야가 후기 가야 연맹의 주인공이 된다. 가야 지역에서는 우수한 철기 제품이 제작되었다.

삼국 시대와 사국 시대

고구려·백제·신라가 있던 거의 모든 시기에 가야라는 나라도 있었다. 백제와 신라 사이에서 상당한 영역을 차지했었다. 진짜로 고구려·백제·신라만 존재하던 시기는 대가야가 멸망한 562년부터 백제가 멸망한 660년까지이다. 100년도 안 된다. 그래서 '삼국 시대'라는 시대 구분 명칭 대신 가야를 포함하여 '사국 시대'로 불러야 한다는 견해도 있다.

옥저와 동예

옥저와 동예는 연맹 왕국 단계에 진입하지 못하고 그전 단계에서 멸망한 것으로 본다. 교과서에 아주 간단하게 기록됐다. 그럼에도 각종 한국사 시험에 출제되곤 한다. 옥저와 동예의 풍습과 특산물 등은 외워 두는 게 좋다. 이를테면 옥저는 민며느리제·골장제(사람이 죽으면 임시 매장했다가 나중에 뼈를 추려 커다란 가족용 목곽에 모시는 장례 제도), 단궁·과하마·반어피 등의 특산물을, 동예는 책화와 여(呂)자 형, 철(凸)자 형 집 터를 기억해 두자.

연맹 왕국

연맹 왕국은 왕이 연맹의 대표일 뿐, 권한이 그리 강하지 않았다. 고대 국가가 되면 중앙 집권 체제가 다져지면서 왕권이 강해진다. 연맹 왕국을 거쳐 고대 국가까지 이른 나라가 바로 고구려·백제·신라이다. 고구려는 6대 임금 태조왕(2세기), 백제는 8대 임금 고이왕(3세기), 신라는 17대 임금 내물왕(4세기) 때쯤 고대 국가의 기틀이 마련되는 것으로 본다.

《삼국지》는
소설책일까, 역사책일까

《삼국지통속연의》

《삼국지》하면 우선 소설을 떠올리게 된다. 하지만 한국사 교과서에 나오는《삼국지》는 소설이 아니고 역사책이다. 소설《삼국지》의 정식 이름은《삼국시동속연의》, 줄여서《삼국지연의》라고 한다. 명나라 때 나관중이 지었다. 역사책《삼국지》는 위진 남북조 시대 서진 때 진수(233~297)가 썼다. 기전체 형식이다. 나관중은 진수의《삼국지》를 바탕으로《삼국지연의》라는 작품을 만들었다.

《삼국지 위서 동이전》

기전체 역사책《삼국지》는 위서·촉서·오서로 되어 있다. 위서에 실린 열전 가운데 하나가 동이전이다.《삼국지 위서 동이전》은 하나의 책 제목이 아니라《삼국지》속에 있는 위서에 실린 동이전이라는 뜻이다. 중국은 자기네 동쪽에 사는 이민족들을 동이(東夷)라고 불렀다. 우리나라도 동이족에 포함됐다. 중국의 역

사책《삼국지》는 우리나라 역사도 함께 소개하고 있
는 것이다.《삼국지 위서 동이전》은《삼국지 위지 동
이전》이라고도 한다.

《삼국사기》

지금 전하는 우리 역사책 가운데 제일 오래된 것이 고
려 시대에 나온《삼국사기》이다. 고구려·백제·신라
의 역사를 담았다. 그런데 삼국이 자리를 잡기 전에
부여·옥저 등의 나라가 있었다.《삼국사기》는 부여·
옥저 등의 역사는 제대로 기록하지 않았다. 다행스럽
게도 이 나라들의 역사가《삼국지 위서 동이전》에 실
려 있다. 우리 교과서에 실린 부여 등의 나라에 대한
설명은 대개《삼국지 위서 동이전》에서 따온 것이다.
중국인이 중국인의 시각에서 쓴 것이라서 마음 불편
한 내용도 있지만, 그래도 당시 우리 역사를 밝히는
데 소중한 자료이다.

부여 제천행사 영고는
언제 열렸나

고구려와 백제의 뿌리

부여는 고조선에 이어 우리나라에서 두 번째로 등장한 나라다. 고조선 말기에 해당하는 기원전 3세기 후반쯤 북만주 지역에 세워졌다. 700년 정도 유지되다가 494년에 고구려에 멸망했다. 비록 연맹 왕국 단계에서 끝나고 말았지만, 우리 역사에서 갖는 의미가 아주 크다. 왜냐. 부여에서 고구려가 나왔고 고구려에서 백제가 나왔다. 고구려와 백제의 뿌리가 부여다. 백제는 왕족의 성씨를 부여씨라고 했고, 사비 천도 이후 나라 이름을 남부여라고 했다. 지금도 충청남도에 부여라는 지명이 있다.

부여인의 생활상

부여는 중요성에 비해 알려진 내용이 별로 없다. 그나마 《삼국지 위서 동이전》을 통해 부여 사람들 생활상을 어느 정도 살필 수 있다. 만약 수험생 입장에서 공부한다면, '말·주옥·모피, 마가·우가·저가·구가, 사출도, 순장, 12배 보상, 영고' 등으로 묶어서 기억하면 외우기 쉽다. 나라 최고 지배층인 마가·우가·저가·구가는 순서대로 말·소·돼지·개, 가축의 이름을 땄다. 부여는 비옥한 평야 지대에 자리 잡아 농사가 잘 됐다. 그런데 농경만큼이나 목축도 중요하게 여겼다. 그 흔적을 부여 족장의 이름인 마가·우가·저가·구가 등에서 볼 수 있다.

사출도

부여에서 왕은 중앙만 직접 통치하고 지방은 네 구역으로 나눠 다스렸다고 한다. 이를 사출도(四出道)라고 한다. 연맹 왕국의 성격을 보여 준다. 사출도의 도(道)는 지금의 경기도 같은 도 개념이 아니고, 한자 그대로 길이라는 의미이다. '왕도(王都)에서 사방으로 통하는 큰길과 그 길을 중심으로 형성된 4개의 지역 단위'로 정의된다.

순장

순장은 사람이 죽으면 주변 사람들을 함께 묻는 행위를 말한다. 이런 관습은 중국은 물론 고구려·신라 등에서도 행해졌다. 부여에서 왕이나 지배층이 사망할 때 사람들을 함께 묻었는데 많을 때는 100명이 넘었다. 주로 노비들이 순장당한 것 같다. 어떤 나라는 부인을 순장했다고도 하는데 부여는 아닐 것이다. 형사취수제를 통해 짐작할 수 있다. 순장하는 이유는 영혼 세계를 믿었기 때문이다. 이 세상에서 죽은 이를 모시던 사람들이 저세상에 가서도 계속 죽은 이를 받들게 하려는 생각에서였다.

사유 재산

남의 물건을 훔치면 12배로 갚게 했다. 남의 물건, 내 물건이 있다는 것은 사유 재산이 인정되었다는 말이다. 지금 선거 때 출마자에게 밥을 얻어먹으면 30배 벌금을 물어야 한다. 5,000원짜리 짜장면 한 그릇 얻어먹으면 15만 원을 문다. 탕수육까지 먹으면 큰일 난다. 왜 하필 30배인지 각별한 의미가 없듯이 부여의 벌금 12배도 중요한 의미가 있는 것 같지는 않다.

제천행사 영고

영고라는 제천행사가 있었다. 해마다 12월에 열렸다는 점에 주목하자. 고구려의 동맹, 동예의 무천이 10월에 열렸고 삼한에서도 10월에 제천행사를 했다. 동맹과 무천은 추수감사제의 성격을 보이지만, 12월에 열린 부여의 영고는 성격이 좀 다른 듯하다. 추수감사제와 함께 수렵, 즉 사냥의 전통이 함께 담긴 것 같다. 12월은 본격적인 사냥이 시작되는 때다. 12월에 사냥을 시작하는 이유는 농사를 끝낸 계절이라 사람들이 시간 여유가 있기 때문이다. 또 이 무렵 짐승은 살이 찌고 고기 맛도 좋다고 한다. 짐승들이 동굴에 웅크리고 있는 경우가 많고 눈 위에 발자국을 남겨서 사냥이 한결 수월했다.

	정치	경제	사회
부여	왕 사출도	농경, 목축	1책 12법
고구려	왕 제가	농경, 목축, 수렵	엄격한 법률
옥저	군장 (읍군, 삼로)	농경, 어로	–
동예	군장 (읍고, 삼로)	농경, 어로	책화
삼한	왕 신지·읍차	저수지 축조, 철 생산·수출, 벼농사	천군소도 (제정분리)

	풍습	제천행사	특산물
부여	순장	영고(12월)	말, 주옥, 모피
고구려	데릴사위제	동맹(10월)	맥궁(활)
옥저	민며느리제	–	어물, 소금
동예	족외혼	무천(10월)	명주, 삼베, 단궁, 과하마, 반어피
삼한	두레	계절제 (5월, 10월)	쌀, 철

정말 형수와
결혼을 했을까

형사취수제

부여에는 형사취수제(兄死娶嫂制)라는 특이한 결혼
풍습이 있었다. 형(兄)이 사망하면[死], 동생이 형수
[嫂]를 차지한다[娶]. 시동생이 형수님과 결혼하는 것
이다. 현대인의 시각으로 보면 말도 안 되는 것이지
만, 당시에는 부여뿐 아니라 다른 유목 민족 국가들에
서도 널리 행한 풍습이다. 형이 죽은 뒤 동생이 형수
를 아내로 맞이하는 것은 형의 아내와 형의 자식들을
책임지고 보호하려는 의도였던 것 같다. 형의 재산이
많을 경우 그 재산을 지키려는 목적도 있었을 것이다.
홀로된 형수가 많은 재산을 갖고 다른 곳으로 시집가
버리면 집안에 손실이기 때문이다.

투기의 처벌

부여의 법에도 특이한 내용이 있다. "투기하는 여인
은 사형에 처하고 그 시체를 산에 버려 썩게 한다. 가

족들이 시신을 거두어 묻어 주려면 벌금으로 소와 말을 내야 한다." 사형만큼 무서운 것이 매장 금지였다. 당시 사람들은 죽어서 땅에 묻혀야 영혼이 부활하는 것으로 믿었다고 한다. 투기한 여인의 시신을 매장하지 못하게 한 것은 부활을 막는 행위였다. 그만큼 투기가 무서운 죄로 취급된 것이다. 투기가 뭘까? 쓰레기 투기가 아니다. 여기서 투기는 질투를 말한다. 여인의 질투를 이처럼 기촉하게 처벌한 것은 질투가 집안의 질서를 무너트린다고 보았기 때문인 것 같다.

일부다처제

부인이 한 명이면 집안 질서가 무너질 일이 없다. 부인이 여러 명일 때 그런 일이 벌어질 수 있다. 이를 통해 당시 부여가 일부다처제 사회였음을 짐작할 수 있다. 물론 모든 남자가 부인을 여러 명 둘 수는 없다. 경제력을 갖춘 지배층에서만 가능한 일이었을 것이다. 다시 형사취수제를 보자. 형이 죽어서 형수와 결혼하게 될 동생, 그런데 그 동생이 이미 결혼한 몸이라면? 그래도 형수를 아내로 맞았을 것이다. 그러면 아내가 둘이 된다. 일부다처제의 가능성을 형사취수제를 통해서도 확인하게 된다.

우제점법

부여에서는 특이한 점술도 행했다. 나라에 중요한 일이 있을 때 소를 잡아 발굽의 모양을 보고 길흉을 점쳤다. 어려운 말로 우제점법이라고 한다. 어떤 경우에 길하고 흉한가. 소의 발굽이 합쳐 있으면 좋은 일, 벌어지면 흉한 일로 해석했다. 예를 들어 보자. 전쟁이 있어서 병사들이 모였다. 소를 잡아 점을 친다. 발굽이 합해지니 좋은 징조. 병사들의 용기가 솟는다. 그러면 이길 가능성이 크다. 전장으로 달려간다. 이번엔 거꾸로 소 발굽이 갈라졌다. 나쁜 징조다. 병사들이 자신감을 잃는다. 질 것 같다. 이럴 경우에는 전쟁터로 향하기 어렵다. 아마도 연기될 것 같다. 그런데 소 발굽이 웬만해서는 잘 벌어지지 않는다고 한다. 대개 합쳐 있다. 그러니 점을 쳤을 때 대체로 좋은 징조가 나오기 마련이다. 그래서 어느 학자가 우제점법을 이렇게 해석했다. "한낱 미신 같지만, 사실은 고도의 정치 기술이다."

주몽이
주몽이 된 이유

백제의 건국

백제 초기의 무덤 형태는 대개 계단식 돌무지무덤이다.
이는 고구려의 무덤 형태와 유사하다. 그래서 백제를
건국한 세력이 고구려에서 왔음을 알려 주는 고고학적
증거로 여겨진다. 건국신화를 통해서도 고구려와 백제
가 한 계통임을 짐작할 수 있다. 고구려는 부여에서 내
려온 사람들이 세운 나라다. 부여 → 고구려 → 백제로
이어지는 과정을 건국신화를 통해 살펴보자.

부여 금와왕 때다. 햇빛이 한 여인의 몸에 비치면서 임신이
됐다. 그녀는 물의 신 하백의 딸로 유화부인이라고 불렸다.
아이를 낳았는데 알이다. 소식을 들은 금와왕은 왠지 불길
했다. 알을 빼앗아 이런저런 방법으로 깨 버리려 했는데 깨
지 못했다. 유화부인에게 돌려주었다.
얼마 후 알에서 사내아이가 나왔다. 여러모로 능력이 출중한
청년으로 성장했다. 특히 활을 잘 쏴서 주몽으로 불리게 되

었다. 당시 부여에서 활 잘 쏘는 이를 주몽이라고 칭했다고 한다. 그 호칭이 이름이 되었다. 지금 인기 있는 아이돌만큼이나 부여에서 주몽의 인기가 높았나 보다.

위협을 느낀 부여의 왕자들이 주몽을 죽이려 했다. 주몽은 남쪽으로 피할 수밖에 없었다. 추적해 오는 부여의 군사들, 그런데 주몽은 큰 강에 막혀 있었다. 배가 없으니 그냥 붙잡힐 지경, 그때 물고기·자라 등이 떠올라 다리를 놓아 주었고 주몽은 무사히 강을 건널 수 있었다. 그리고 졸본에 나라를 여니 고구려! 그가 동명성왕이다.

세월이 조금 흐른 어느 날 부여. 사내아이가 있었다. 엄마 혼자 키운다. 아비 없는 자식으로 놀림을 받곤 했다. 아이는 용기 내어 엄마에게 물었다. "제 아버지는 어떤 분입니까?" "네 아버지는 보통 분이 아니시다." 결국, 엄마는 아들에게 아버지에 관해 이야기해 준다.

아이의 아버지는 어쩔 수 없이, 임신한 어머니를 홀로 두고 멀리 떠나야 했다. 떠나면서 말했다. "당신이 아들을 낳거든 나에게 보내시오. 내가 일곱 모가 난 돌 위의 소나무 아래 어떤 물건을 감추어 두었소, 그걸 찾아온다면 내 아들로 믿겠소"

아이는 아버지에게 가려고 한다. 그런데 어머니에게 들은 대로, 아들임을 증명할 수 있는 증표를 찾아 갖고 가야 한다. 아버지는 '일곱 모가 난 돌 위의 소나무 아래'에 뭔가를 두었다고 했다. 아무리 애써도 찾을 수 없었지만, 계속 살펴본 후 드디어 찾았다. 가까운 곳에 있었다. 일곱 모가 난 돌은 건물 기둥을 받치는 초석이었고 소나무는 기둥이었다. 기둥과 초석 사이에 숨겨진 물건은 부러진 칼이었다.

아이는 부러진 칼을 갖고 아버지를 찾아간다. 드디어 만났다. "내 아들이라는 증표를 보여라." 아이는 칼을 내놓았다. 아버지도 갖고 있던 칼 조각을 꺼냈다. 맞춰 보니 꼭 들어맞았다. 아들이다. 둘이 부둥켜안고 울었을지 모른다.

유리왕과 주몽

여기서 아들은 유리이다. 그러면 아버지는? 고구려왕 주몽이었다. 이리하여 유리는 아버지 주몽을 이어 고구려의 2대 왕이 되었으니, 곧 유리왕이다. 그런데 문제가 있었다. 고구려 졸본에도 주몽의 아들, 그러니까 왕자 둘이 있었다. 온조와 비류다. 둘 중 한 명이 고구려의 왕이 될 줄 알았는데 부여에서 온 유리가 그 자리를 차지할 상황이다.

비류와 온조

형제는 미련 없이 남쪽으로 떠났다. 그래서 각각 나라를 세웠다. 비류는 지금 인천인 미추홀에, 온조는 지금 서울 지역에. 비류는 실패했다. 그러나 온조는 나라를 잘 키워냈다. 온조가 세운 나라, 백제다.

왕을 왜 이사금이라고
불렀을까

유리이사금이 즉위했다. 남해의 태자이다. … 원래 남해가 세상을 떠났을 때 유리가 즉위함이 마땅했으나 대보 탈해가 평소에 덕망이 있다고 하여 왕 자리를 미루어 양보하자 탈해가 말했다. "신기대보(神器大寶)는 용렬한 사람이 감당할 바가 못 된다. 내가 들으니 성스럽고 지혜로운 사람은 치아가 많다고 하니 떡을 물어 시험해 보자." 유리의 치아가 많았으므로, 좌우 사람들과 더불어 그를 받들어 세우니 이사금이라 칭했다.

옛 전승이 이와 같으니, 김대문은 말했다. "이사금은 방언으로 잇금을 가리킨다. 예전에 남해가 죽으려 할 때 아들 유리와 사위 탈해에게 '내가 죽으면 너희 박·석 두 성 중 나이가 많은 사람이 왕위를 잇도록 하라'고 말했다. 그 후 김씨 성도 일어나, 3성 중 나이가 많은 사람이 왕위를 이었기 때문에 이사금이라 칭했다."

이사금

《삼국사기》에 실린 글을 옮겨 왔다. 유리와 석탈해가 떡을 살짝 물어 거기에 찍힌 자국을 통해 치아의 개수를 확인했고, 이가 더 많은 유리가 왕이 됐다는 이야기다. 이가 더 많다는 것은 나이를 더 먹었다는 의미이고 그래서 이사금은 연장자를 뜻한다.

이사금을 '잇금'이라고도 했다. '잇금'에서 '임금'이라는 말이 나왔다는 주장이 있다. 신라의 첫 임금이 혁거세이고 두 번째가 남해, 세 번째가 유리, 네 번째가 탈해이다. 이들은 왕이지만, '왕'이라는 왕호를 쓰지 않았다. 순서대로 적으면 거서간·차차웅·이사금·마립간이 왕을 가리키는 용어였다. 공교롭게 신라 3대 유리왕과 고구려 2대 유리왕의 호칭이 같다. 그러나 한자 표기가 다르다.

거서간

거서간의 '거서'는 '처음'이라는 의미이고, '간'은 '한'이라고 한다. '한'은 수장을 뜻하므로 거서간은 '처음왕' 또는 '시조왕'이 된다. 거서간은 당연히 혁거세다. 2대 임금 남해는 차차웅이라고 불렸다. 차차웅은 무당, 즉 제사장이라는 의미라고 한다. '단군왕검'처럼 제정일치의 모습이 담겨 있는 호칭이다. 이사금이라는 왕호를 사용한 것은 3대 유리왕부터 16대 임금 흘해왕까지이다. 17대 임금 내물왕부터는 마립간을 쓰게 된다. 마립간은 보통 대군장·대수장의 의미로 쓰였다. 그만큼 왕권이 강화됐다는 뜻이다.

왕호의 변화

왕을 왕으로 부르게 되는 첫 번째 임금이 지증왕(500~514)이다. 지증왕 4년(503)부터 왕이라는 호칭을 쓰게 된다. 아울러 신라라는 국호도 이때 공식적으로 정하게 된다. 이전에는 사라·사로·서라·서라벌·계림·신라 등 다양하게 불렸다. 관련하여《삼국사기》기록을 한 번 더 보자.

여러 신하들이 아뢰기를 "시조께서 나라를 세우신 이래 나라 이름을 정하지 않아 혹은 사라라고도 칭하고 혹은 사로 또는 신라라고도 칭하였습니다. 신 등의 생각으로는 신(新)은 '덕업(德業)이 날로 새로워진다'는 뜻이고, 라(羅)는 '사방을 망라한다'는 뜻이므로 이를 나라 이름으로 삼는 것이 마땅하다고 여겨집니다. 또 살펴보건대 옛날부터 국가를 가진 이는 모두 제(帝)나 왕(王)을 칭하였는데, 우리 시조께서 나라를 세운 지 지금 22대에 이르기까지 단지 방언만을 칭하고 높이는 호칭을 정하지 못하였으니, 이제 여러 신하들이

한 마음으로 삼가 신라국왕이라는 칭호를 올립니다"라고 하였다. 왕이 이에 따랐다.

왕호와 자주성

거서간·차차웅·이사금·마립간식의 왕호를 쓴 것을, 미개하다거나 후진적이라고 평하는 것은 적절하지 않다. 중국식 한자 표기인 '왕'을 써야만 선진적인 것은 아니다. 오히려 고유의 개성을 드러낸, 또 다른 자주성의 표현으로 볼 수도 있다.

율령과 중앙집권적
고대 국가의 관계

중앙집권적 고대 국가의 기준

한국사를 열심히 공부하지 않았더라도 율령이라는 말은 들어본 기억이 날 것이다. 율령 반포와 불교 공인이 중앙집권적인 고대 국가로 인정받는 기준으로 강조되고 있으니 말이다. 고구려는 소수림왕 때인 373년에, 신라는 법흥왕 때인 520년에 율령을 반포했다. 백제는 3세기 고이왕 때 율령을 반포했다고 하는데 정확한 것은 아니다. 4세기 근초고왕이나 근구수왕 또는 5세기 개로왕 때라는 주장도 있다.

"율령이 뭐야?"

"법이지"

"삼국 시대에 처음 나온 게 맞아?"

"응, 중국의 제도를 받아들인 거야."

"고조선 8조법도 법이잖아?"

"그렇지"

"그럼, 8조법도 율령 아니야?"

"……."

율령

율령은 율(律)과 령(令)을 합한 말이다. 율은 잘못에 대한 처벌을 다룬 형벌법이다. 령은 일종의 행정법으로 나라의 행정 조직과 관직 그리고 조세 등 통치 제도와 관련된 규정이다. 남의 물건을 훔치면 12배로 갚게 한 부여의 1책12법이나 고조선의 8조법 중 전해지는 세 조항 모두 형벌법에 해당한다. 굳이 구분하면 '율'일 뿐, '령'은 아니다. 그래서 고조선 8조법 등은 율령이라고 말하기 어렵다.

관습법

그럼 율령이 반포되기 이전에는 어떻게 통치했을까? 관습(역사적으로 굳어진 전통적 행동 양식이나 습관)에 따른 통치, 즉 관습법 체제였다. 율령은 성문법전으로, 나라를 다스리는 기본 법전이다. 율령이 반포되었다고 해서 관습법이 사라지는 것은 아니다. 제한된 법령으로 복잡한 세상사를 다 관리하고 통제할 수는 없다. 율령으로 해결하기 곤란한 문제는 여전히 관습법에 의존해야 했다. 고려도 그랬고 조선도 그랬다.

지금 우리나라 민법 제1조는 "민사에 관하여 법률에 규정이 없으면 관습법에 의하고 관습법이 없으면 조리에 의한다."이다. 삼국의 율령은 구체적으로 어떤 내용일까? 아쉽지만, 알려 주는 기록이 전하지 않는다. 그러나 추정은 가능하다. 이를테면 신라의 율령에는 17관등제와 골품제에 대한 내용이 들어 있을 것이다. 율령은 율·령·격·식을 줄인 말이다. 격은 율령을 보강하고 개정한 법규이고, 식은 율·령·격의 시행 세칙이다.

진흥왕이 성왕을
배신한 이유

삼국의 전성기

삼국 중에서 국력이 제일 강했던 나라는 고구려로 알려진다. 그런데 늘 그랬던 것은 아니다. 시기에 따라 주도권을 잡았던 나라가 달랐다. 4세기에 백제, 5세기에 고구려, 6세기에는 신라가 제일 강했다. 전성기를 누렸던 4세기 백제의 주인공은 근초고왕, 5세기 고구려는 광개토왕과 장수왕, 6세기 신라는 진흥왕이다.

한강 유역을 둘러싼 다툼

371년, 백제 근초고왕은 3만 병사를 이끌고 고구려 평양성까지 쳐들어가 승리한다. 평양성 전투에서 고구려는 고국원왕이 전사하며 위기에 빠진다. 그만큼 백제가 강했다. 이때 한강은 백제의 것이었다. 삼국은 서로 한강 유역을 차지하려고 치열하게 다투었다. 한강은 4세기까지 백제, 5세기에 고구려, 6세기부터 신라의 차지가 된다. 전성기를 누리는 나라가 예외 없이 한강을 확보했다. 비옥한 평야지대라는 특성 외에도 물길을 이용한 교통상의 편리 그리고 바닷길로 직접 중국과 교류할 수 있는 이점이 있었기 때문이다.

신라 진흥왕의 배신

신라가 한강 유역을 차지한 것은 6세기 진흥왕 때라고 했다. 진흥왕은 551년에 백제 성왕과 연합하여 고구려로 쳐들어가 승리하고 한강을 빼앗는데 성공한다. 당시 백제 성왕은 웅진(공주)에서 사비(부여)로 도읍을 옮기고 중흥을 꾀하고 있었다. 백제는 한강 하류를, 신라는 한강 상류를 갖게 되었다. 얼마 후 진흥왕은 성왕을 배신한다. 기습적으로 군사를 일으켜 백제의 한강 하류까지 독차지해 버린 것이다.

신라의 외교

성왕은 진흥왕에 복수하고 한강을 되찾기 위해 군사를 일으켰으나 관산성(충북 옥천) 전투에서 전사하고 말았다. 성왕의 죽음으로 백제의 중흥은 물거품이 되었고 한강은 신라의 차지가 되었다. 이제 신라는 한강 유역을 완전히 확보하게 됨으로써 중국과의 외교 관계를 긴밀하게 할 수 있었다. 신라의 삼국통일이 외교의 성공에 힘입은 바 크다고 할 때 한강 유역 확보는 삼국통일을 이루는 중요한 기반이 된다.

고구려의 투쟁

고구려는 한강을 되찾으려고 하지 않았을까? 했다. 영
양왕 때인 590년에 한강 유역을 되찾기 위해 군사를
일으켰으나 신라에게 패배하고 만다. 이때 전사한 고
구려 장수 가운데 우리가 아는 사람도 있다. 바보로
알려진 사람, 평강공주의 남편, 온달 장군이다.

대야성 전투

한편 신라가 백제 성왕을 죽인 이후 두 나라의 관계
는 아주 나빠졌다. 그래서 백제가 멸망할 때까지 끊임
없이 전투를 벌이게 된다. 여러 전투 가운데 신라에게
커다란 충격을 준 것이 대야성(합천) 전투이다. 선덕
여왕 때인 642년에 벌어진 이 전투에서 의자왕의 백
제군은 대야성을 함락시키고 많은 사람을 죽였다.

　이때 살해된 사람들 중에 대야성 성주 부부도 포함
되어 있었다. 성주의 부인이 김춘추 딸이다. 그러니까
김춘추는 딸과 사위를 모두 잃은 것이다. 김춘추는 고
구려와 협력해서 백제를 정벌하려는 계획을 세운다.
연개소문에게 직접 가서 도움을 요청했지만, 거절당
한다. 그러자 당나라까지 가서 나·당 연합군 결성을

제의하게 되는 것이다.

삼국 최후의 승자, 신라

신라는 삼국 중에 가장 약했던 나라이다. 선진 문물 도입도 상대적으로 느렸다. 아이로 치면 늦된 아이 였다. 그러나 최후의 승자가 됐다. 백제와 고구려를 멸하고 통일을 달성했다. 인생은 길다. 승부를 예단하지 말자. 결과는 아무도 모른다.

왕의 이름이
결정되는 방식

왕호

소수림왕(371~384)은 고국원왕의 아들이다. 죽어서 소수림(小獸林)이라는 숲에 묻혔기에 소수림왕으로 불리게 되었다. 진짜? 진짜다. 소수림왕·고국천왕·고국원왕·동천왕 등은 왕릉이 자리 잡은 지명을 따서 정한 것이고 장수왕은 오래도록 장수해서 그리 불리게 된 경우이다. 고구려 마지막 임금 보장왕은 '보장'이라는 이름을 그대로 왕호로 쓴 것이다.

광개토왕

광개토왕은? 광개토왕(廣開土王)은 영토를 크게 넓혔다는 업적을 평가한 왕호이다. 그런데 광개토왕이 마음 놓고 영토 확장에 나설 수 있었던 것은 그만큼 국내 기반이 탄탄하게 자리를 잡은 덕이었다. 이걸 미리 해낸 이가 소수림왕이다. 소수림왕의 노력이 있었기에 광개토왕의 영광이 가능했다.

고국원왕

고국원왕은 평양까지 쳐들어온 백제 근초고왕 군대와 싸우다가 죽었다. 국왕이 전사한 위기 상황, 고구려는 최대 위기에 빠졌다. 위기를 기회로 삼아 나라를 바로 세운 이가 바로 소수림왕이다. 그는 임금이 된 지 2년째인 372년에 중국 북조 전진으로부터 불교를 공식적으로 도입했고, 태학도 세웠다. 왕권 강화를 위한 조치이다.

불교의 수용

불교 수용 이전 고구려에는 정치집단별로 전해 내려온 다양한 신앙이 있었다. 나라는 하나이지만 믿는 신은 제각각이었다. 소수림왕이 불교를 수용한 것은 고구려인 모두 불교를 믿게 해서 임금 중심의 통합된 의식 체계를 갖게 하려는 의도였다고 할 수 있다. 특히 왕이 곧 부처라는 왕즉불(王卽佛)사상은 왕권 강화에 매력적인 요소였다. 이는 백제와 신라에서도 마찬가지였다.

태학의 설립

중앙집권적 정치 제도 운영에 필요한 유교적 인재를 키우려면 교육이 필요하다. 그래서 태학이라는 교육 기관을 세웠다. 태학은 우리 역사에 처음 등장하는 학교로, 고려의 국자감이나 조선의 성균관과 유사한 성격이다. 재위 3년째인 373년에는 율령을 반포하여 국가 통치와 사회 질서 유지를 위한 기본적인 규범을 갖추게 된다.

법흥왕

신라에서 소수림왕과 비슷한 업적을 남긴 이가 법흥왕이다. 진흥왕의 영광은 법흥왕이 다져 놓은 기반 위에서 이루어진 것이다. 법흥왕은 상대등과 병부를 설치하고 불교를 공인했으며 율령을 반포했다. 법흥왕은 또 정복 전쟁에도 나서 금관가야를 차지했다. 금관가야의 마지막 왕이 구해왕인데 구해왕은 신라 삼국통일의 주역 김유신의 증조할아버지이다. 축구에 비유하면, 광개토왕과 진흥왕은 골을 넣었다. 소수림왕과 법흥왕은 어시스트를 했다. 골은 화려하다. 어시스트는 아름답다. 어시스트를 잘해야 진짜 축구 선수다. 인생은 어떨까?

전진은
어떤 나라일까

춘추 전국 시대

갑골문자로 유명한 은나라가 중국에 있었다. 은나라가 망하고 주나라가 들어선다. 주나라가 여러 개 나라로 분열한 시대가 춘추 전국 시대(기원전 770~기원전 221)이다. 앞 시기를 춘추 시대, 뒤 시기를 전국 시대라고 한다. 전국 시대는 진시황제에 의해 통일된다. 그런데 진이 바로 망하고 한나라가 등장한다. 한나라 말기, 즉 후한 때 나라는 다시 셋으로 쪼개진다. 유비와 조조가 등장하는 《삼국지》의 무대이니 그 나라가 바로 위·촉·오이다.

위진 남북조 시대

위·촉·오가 통일되어 진(晉, 서진)이 된다. 진은 5호라고 불리는 이민족(선비족·흉노족·갈족·강족·저족)의 침략으로 망한다. 중국 북쪽 그러니까 화북 지방을 장악한 5호 등이 각각 16개의 나라를 세우는데 이를 5호

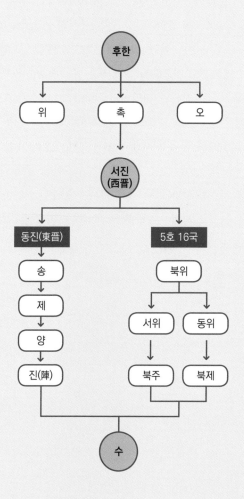

16국이라고 한다. 고구려에 불교를 전한 전진(前秦)은 5호16국 중 한 나라이다. 저족이 세웠다.

5호16국을 통일하는 나라가 북위다. 이들 왕조를 북조라고 한다. 한편 5호에게 본거지를 빼앗기고 강남으로 피난한 한족(漢族)은 동진을 세운다. 동진은 백제에 불교를 전해 준 나라이다. 동진(東晉) 이후 강남 지방은 송→제→양→진(陳)으로 이어진다. 이들을 남조라고 한다. 화북 지방(북조)과 강남 지방(남조)을 하나로 통일하는 나라가 수나라다. 위·촉·오 분열 시대부터 수의 통일(589)에 이르기까지 수백 년 기간을 위진 남북조 시대라고 한다. 위진 남북조 시대에 우리나라는 삼국 시대였다.

고구려 그릇이
신라 땅에서 발견된 경위

호우

신라의 도읍이었던 경주의 한 고분에서 둥그런 모양의 청동제 그릇이 뚜껑과 함께 발굴됐다. 꽤 오래전이다. 그릇 밑바닥에 글씨가 새겨져 있다. "을묘년국강상광개토지호태왕호우십(乙卯年國罡上廣開土地好太王壺杅十)"이라고. 글씨체가 광개토왕릉비의 글씨체와 흡사하다. '을묘년'은 을묘년에 이 그릇을 만들었다는 뜻이다. '국강상광개토지호태왕'은 광개토왕이다. '호우(壺杅)'는 그릇의 한 종류다. 호우의 우(杅) 자가 사발이라는 뜻이다. 마지막 글자 '십(十)'의 의미는 정확하지 않다. 같은 그릇 10개를 만들었다는 뜻인지, 다른 상징적인 의미인지 알 수 없다.

호우총

그릇이 발견된 고분의 이름이 호우총이 되었다. 호우라는 그릇이 나왔기에 여기에 무덤 총(塚) 자를 붙여 호우총으로 이름 지은 것이다. 금관이 나온 고분을 금관총이라 하고 천마도가 나온 고분을 천마총이라고 하는 것처럼.

호우명 그릇

이 그릇을 우리는 흔히 '호우명(壺杅銘) 그릇'이라고 부른다. '명'은 '새길 명(銘)'자다. 호우에 글씨가 새겨져 있어서 호우명이라고 한 것이다. '금동연가7년명여래입상(金銅延嘉七年銘如來立像)'의 '명'과 쓰임새가 같다. 그래서 '호우명 그릇'은 '호우라고 새겨진 그릇'이라는 뜻이다. 그런데 좀 이상하지 않은가. '호우'가 곧 그릇이다. 다시 '호우명 그릇'의 뜻을 풀어 보면, '그릇이라고 새겨진 그릇'이 된다. 역 앞이 역전(驛前)인데 군이 '역전 앞'이라고 쓰는 것과 같다. 적절한 이름이 아니다. '호우명 그릇'의 공식 명칭은 "경주 호우총 출토 청동 '광개토대왕'명 호우"이다. 아휴, 이건 또 너무 길다. 이름 문제는 이 정도로 접자.

신라와 광개토왕

신라 경주 땅에서 고구려 광개토왕을 알리는 글씨가 새겨진 그릇이 나왔다는 것은 고구려와 신라가 긴밀한 관계를 맺고 있었다는 근거가 된다. 다만, 을묘년이 언제인지 알 수가 없어 정확한 사정을 파악하기는 어렵다. 60년 만에 한 번씩 돌아오는 을묘년, 학자들은 '호우명 그릇'에 새겨진 을묘년을 415년(장수왕 3)일 것으로 추정한다. 하지만 확실한 것은 아니다. 다른 주장들도 존재한다.

'호우명 그릇' 명문과 관련지어 볼 만한 사건이 광개토왕릉비에 나온다. 옛 만주 땅에 있는 광개토왕릉비는 광개토왕의 아들 장수왕이 414년에 세운 것이다. 높이가 6m가 넘고 새겨진 글자가 거의 1,800자나 된다. 비문에 따르면, 왜군이 신라를 공격하자 신라 임금 내물왕이 광개토왕에게 도움을 요청한다(399). 이때 신라를 침공한 왜군은 그냥 왜군이 아니고 백제와 가야 그리고 왜의 연합군이었다. 광개토왕은 보병과 기병 5만 명을 보내 왜군 등을 격파하고 신라를 구해 준다.

금관가야의 몰락

싸움의 주요 무대가 하필 가야 땅이었다. 이 전투를 계기로 금관가야가 급격히 약화되고 대가야가 새로운 가야연맹의 대장 나라가 된다. 고구려의 원군 덕분에 나라를 지켜 낸 신라는 일정 기간 고구려의 영향을 강하게 받았던 것 같다. 한동안 고구려 군대가 신라 땅에 주둔하기도 했다.

간지를 알아 두면
뭐가 좋을까

간지와 연대

연대를 표기하는 간지에 대해서 살펴보자. 갑(甲)·을(乙)·병(丙)·정(丁)·무(戊)·기(己)·경(庚)·신(辛)·임(壬)·계(癸). '갑을병정무기경신임계'를 10간(干)이라고 한다. 자(子)·축(丑)·인(寅)·묘(卯)·진(辰)·사(巳)·오(午)·미(未)·신(申)·유(酉)·술(戌)·해(亥). '자축인묘진사오미신유술해', 이를 12지(支)라고 한다. 외워 두기를 권한다. 12지는 쥐·소·호랑이·토끼·용·뱀·말·양·원숭이·닭·개·돼지. 사람의 띠(나이)를 표시하는 방법으로도 쓴다.

간지로 연도 찾기

10간과 12지를 간지(干支)라고 부른다. 이 간지를 가지고 연대를 나타냈다. 방법은 간단하다. 10간과 12지를 각각 하나씩 순서대로 적는다. 갑자·을축·병인·정묘·무진·기사·경오·신미·임신·계유, 이렇게. 만약

올해가 갑자년이면 내년은 을축년이 된다. 그다음 해는 병인년이다.

10간에 맞추다 보니 12지 중 마지막 두 개, 그러니까 '술'과 '해'가 남는다. 그냥 이어서 10간을 다시 시작하면 된다. 계유 다음에는 갑술·을해·병자······, 이렇게 나간다. 쭉 하다 보면 61번째에 가서 맨 처음의 간지인 갑자(甲子)가 다시 나온다. 이를 환갑(還甲)이라고 한다. 415년이 을묘년이면, 60년 뒤인 475년도 을묘년이고, 또 60년 되인 535년도 을묘년이 된다.

갑	을	병	정	무	기	경
자	축	인	묘	진	사	오
신	임	계	갑	을	···	갑
미	신	유	술	해	···	자

잠깐, 주목해 보자. 을묘년이 415년, 475년, 535년, 모두 5년으로 끝난다. 병자호란은 1636년, 병인양요는 1866년, 병자수호조약(강화도조약)은 1876년. 간지가 모두 '병'으로 시작하고, 그 연대가 '6'년으로 끝난다. 우연의 일치일까? 아니다. 다음 표를 보자.

갑	을	병	정	무	기	경	신	임	계
4	5	6	7	8	9	0	1	2	3

간지가 갑으로 시작하면 연대 끝자리는 4년, 을로 시작하면 5년, 병으로 시작하면 6년…, 계로 시작하면 3년이다. 확인해보자. 임진왜란은 1592년, 신미양요는 1871년, 임오군란은 1882년, 갑신정변은 1884년, 을사늑약은 1905년, 경술국치는 1910년이다.

백제의
멸망 과정

웅진 시대

남진 정책을 펼친 고구려 장수왕이 백제를 침공했다.
백제는 졌고 개로왕마저 죽임을 당했으며 한강 유역
과 서울을 빼앗겼다. 이때가 475년이다. 개로왕의 동
생 문주왕이 형을 이어 즉위하면서 수도를 남쪽 웅
진(공주)으로 옮길 수밖에 없었다. 그러나 웅진 시대
(475~538) 60여 년은 어려운 시대였다. 귀족들의 권력
다툼 와중에 임금이 살해되는 일이 벌어지기도 했다.

무령왕과 22담로

성왕의 아버지인 무령왕 때 나라가 어느 정도 안정되
었다. 무령왕은 22개의 담로에 왕족을 파견하여 지방
에 대한 중앙의 통제력을 강화했다. 담로에는 성(城)
이라는 의미가 담겨 있는데, 지방 군현과 비슷한 개념
으로 볼 수 있다. 왕의 혈연집단이 지방 통치의 책임
자가 된 것은 기존 지방 세력을 약화시키고 왕권을 강

화한다는 의미로 볼 수 있다. 한편 담로가 웅진 시대에만 있던 것은 아니다. 이미 이전부터 설치되어 있었던 것인데, 그 수는 시대에 따라 변동이 있었을 것이다.

무령왕릉

무령왕의 무덤이 무령왕릉이다. 벽돌로 만들어진 이 무덤은 중국 남조의 영향을 받아 만들어졌다. 충청남도 공주시 송산리 고분군에 있다. 고분군의 '군'은 '무리 군(群)'자이다. 고분 무리, 즉 고분이 여러 개 있다는 뜻이다. 마찬가지로 '고인돌'이라고 하면 고인돌 하나를 뜻하고, '고인돌군'이라고 하면 여러 개의 고인돌이 모여 있다는 의미가 된다.

사비 천도

무령왕의 아들 성왕은 백제의 중흥을 이끈 임금이다. 538년, 성왕은 공주에서 사비(부여)로 도읍을 옮긴다. 그리고 나라 이름도 남부여로 고쳤다. 사비는 538년부터 660년까지 백제의 마지막 수도다. 660년은 백제가 신라와 당나라의 연합군에게 멸망한 해이다.

당나라와 안동도호부는
어떤 관계인가

도호부

도호부는 중국이 지기네가 정복한 지역에 설치했던 통치기구다. 도호부가 설치된 곳은 어디든지 일단 중국 영토인 셈이다. 당나라는 안동도호부 외에 안서도호부 등 몇 개의 도호부를 운영했다. 안동(安東)이라는 말은 중국을 기준으로 그 동쪽이라는 의미이다. 우리 경상북도 안동이 아니다.

당나라가 신라와 연합해서 고구려를 멸망시키고 일방적으로, 평양에 안동도호부(安東都護府)를 설치했다. 자기들 마음대로 고구려 땅을 모두 차지하겠다는 야욕을 드러낸 것이다. 신라를 너무 우습게 봤다. 백제와 고구려를 멸한 뒤 신라마저 무너트리고 한반도를 통째로 차지하려는 당나라의 음모를, 신라는 눈치 채고 있었을지 모른다. 그래서 준비했을 것이다.

나·당 전쟁

그 결과 신라는 당나라 대군을 격파하고 통일을 마무리할 수 있었다. 삼국통일 막판에 벌어진 나·당 전쟁에서 신라에 패한 당나라는 안동도호부를 요동 지방으로 옮겨갈 수밖에 없었다. 나·당 전쟁 중 벌어진 매소성 전투와 기벌포 전투는 신라의 대표적 승리이다.

도독부

도독부(都督府)라는 것도 있었다. 도독부는 도호부의 아래 있는 기구이다. 당은 고구려 땅에 9개의 도독부를 두고 안동도호부가 관리하게 했었다. 백제를 멸망시킨 후에 그 땅에 웅진도독부 등을 두었다. 심지어 신라 땅에까지 계림도독부를 설치했다. 형식상이나마 삼국을 모두 당나라 영토로 편입했던 것이다.

　그러나 신라의 반격으로 무너지면서 그들이 설치한 도독부들도 무의미해진 것이다. 여기서 몇몇 연대를 확인해 보자. 백제 멸망은 660년이다. 고구려 멸망은 668년이다. 아직 통일된 것이 아니다. 신라는 당나라와 싸워야 한다. 나·당 전쟁이다. 마침내 신라가 믿기지 않는 승리를 거두고 통일을 완성한다. 그해가 676년이다.

고려 시대와 조선 시대에는 정부가 지방 행정기구로 도호부를 설치한다. 삼국통일기의 도호부와 고려 시대, 조선 시대의 도호부는 그 성격이 다르다.

삼국통일을
어떻게 보아야 할까

역지사지와 삼국통일

역지사지(易地思之)라는 단어를 담아 두자. 머리 말고 가슴에. 상대방과 처지를 바꾸어 생각해 본다는 뜻이다. 내가 나 아닌 상대방의 입장에 서서 생각해 보는 것이다. "입장 바꿔 생각해 봐." 역지사지하는 마음으로 신라의 삼국통일을 되짚어 보자. 삼국통일을 안 좋게 보기도 하는데 이유는 대략 두 가지다. 하나는 외세, 즉 당나라를 끌어들여 한 민족인 백제와 고구려를 멸망시켰다는 것이고, 또 하나는 옛 고구려 영토 대부분을 잃어버렸다는 것이다. 2000년대 현대의 시각으로 볼 때, 맞는 얘기다.

하지만, 당시 신라인의 처지에서 보면 그렇지 않다. 과거의 역사를 현재 우리의 시각에서 평가하는 작업은 일정 부분 필요하고 또 의미 있는 일이다. 그러나 너무 쉽게, 단죄하듯 내려버리는 평가는 바람직하지 않다. 지금의 시각이 중요하지만, 그때의 시각도 중요하다.

나·당 연합

천수백 년 전 그때 고구려·백제·신라는 일종의 동류 의식을 갖고 있었다. 중국보다는 서로를 가깝게 여겼다. 다만 지금과 같은 끈끈한 민족의식은 미약했다. 신라 입장에서 고구려나 백제나 왜나 당이나 그냥 다 같은 외국이었고, 외세였다. 고구려나 백제의 인식도 마찬가지였다. 중요한 것은 '내 나라 신라'의 생존이 있다. 백제에 대야성 등을 점령당한 신라는 신각한 생존 위협을 느꼈다. 죽느냐, 사느냐의 갈림길에서 신라는 고구려에 도움을 청했다. 고구려 연개소문은 신라 김춘추의 요청을 거부했다. 김춘추는 결국 당나라에 갔다. 그렇게 당나라와 신라가 연합하게 되었다.

아쉬운 통일 결과

고구려 영토를 잃어버린 문제는 어떤가. 당시 신라의 우선 목표는 백제를 멸망시켜 나라를 안정시키는 것이다. 당나라의 목표는 늘 위협이 되는 고구려를 멸망시키는 것이다. 외교에 공짜는 없다. 당나라는 신라를 돕는 대가로 고구려 영토를 차지하려고 했고 신라는 백제를 차지하려고 했다. 대동강~원산만을 경계로 그 이남을 신라 땅으로 한다는 양국의 약속은 신라에 긍정적인 성과였다. 당나라가 약속을 깨고 한반도 남부까지 모두 차지하려고 하면서 신라는 다시 위기를 맞았으나 그들을 격퇴하면서 평화와 안정을 확보하게 되었다. 비로소 백성들은 두 다리 쭉 펴고 잠들 수 있었다. 그래도 고구려 땅 대부분을 상실한 게 아쉽기는 하다. 너무 아쉬워 말자. 그 땅에 발해가 섰으니.

신라의 삼국통일 과정

백제와 고구려의 신라 압박

↓

나·당 동맹 결성

↓

백제 멸망(660)

↓

고구려 멸망(668)

↓

나·당 전쟁(매소성·기벌포 전투)

↓

신라의 삼국통일(676)

동북공정의
진실

동북공정

중국은 지금, 자국 영토 안의 역사가 모두 중국의 역사라고 주장한다. 고구려와 발해도 한국사가 아닌 중국사라는 것이다. 이를 '동북공정(東北工程)'이라고 한다. 동북공정의 말뜻을 '중국의 동북 지역 역사에 관한 연구 활동' 정도로 풀 수 있다.

중국의 소수민족

중국은 한족 외에 55개의 소수민족으로 구성된 나라다. 이들 소수민족을 비교적 안정적으로 통치하고 있지만, 불안 요소도 적지 않다. 독립을 요구하는 소수민족들이 있다. 티베트족이 특히 적극적이다. 만약 몇몇 소수민족이 독립을 쟁취한다면 도미노가 되어 중국을 위협에 빠트릴 수 있다. 오랜 세월 중국은 분열과 통일을 거듭해 왔다. 그 많은 소수민족 중에 드물게 '모국(母國)'을 가진 민족도 있다. 바로 우리 동포

조선족이다. 그들은 한국과 접촉이 빈번하고, 다양한 교류가 이루어지고 있다. 조선족이 주로 거주하는 연변 지역은 북한 땅과 맞닿아 있다. 지금 조선족은 독립을 요구하지 않지만, 남북한이 통일된다면 상황이 바뀔 수도 있다. 간도 영유권 문제도 언젠가 불거질 사안이다.

역사왜곡

동북공정은 앞으로 닥치게 될 국제 정세 변화에 대한 대응 수단으로 이루어진 정치적 연구 활동이다. 고구려 등을 중국의 지방 정권으로 규정해서 한국의 역사임을 인정하지 않겠다는 데는 여러 의도가 숨어 있다. 고구려와 발해 영토였던 지금의 북한 지역에 대한 영향력 강화에 동북공정을 이용할 가능성도 있다. 중국의 터무니없는 역사 왜곡에 화만 낼 일이 아니다. 면밀한 대응이 필요하다. 일본도 저급하게 역사를 왜곡하고 있다. '독도는 일본 땅'을 강조하고 있다. 누군가 '역사 전쟁'이라고 표현했다. 과장이 아니라고 생각한다. 과거 역사가 머지않은 미래에 총보다 무서운 무기 역할을 하게 될지 모른다.

발해와 고구려는
어떤 관계였을까

발해의 건국

고구려 장군 출신 대조영(재위: 698~719)이 698년에 발해를 세웠다. 926년에 거란에 멸망했다. 발해의 영토는 지금의 북한 땅과 중국 그리고 러시아에 걸쳐 넓게 펼쳐져 있었다. 그런데 중국은 발해사를 한국사로 인정하지 않는다. 중국의 역사라고 한다. 이렇게 주장하는 근거로 말갈의 존재를 내세운다.

고구려인과 말갈인

발해는 대조영이 이끄는 고구려 유민 세력과 말갈족이 연합해서 세운 나라다. 혈통만 따지면 말갈은 우리보다 중국 쪽에 가까워 보인다. 하지만 당시 고구려인과 말갈인 서로가, 지금 우리가 구분하듯 그렇게 상대를 이질적인 종족으로 인식했던 것 같지는 않다.

　말갈은 여러 부족으로 나뉘어 있었다. '○○부 말갈' 식으로 불린다. 대개의 말갈 부족이 우리 역사 속으로 자연스럽게 스며들었다. 그들은 고구려 주민이었으며 병사였다. 통일된 신라에서도 마찬가지였다. 신라가 삼국을 통일하고 만든 부대인 9서당에 말갈인을 포함한 것도 그들을 신라 백성으로 여겼기에 가능한 일이었을 것이다.

발해사 왜곡

발해 구성원 가운데 말갈인이 대략 몇 퍼센트나 되는지 알기 어렵다. 말갈인이 많았다고 해도 발해를 중국 나라라고 하는 것은 사리에 맞지 않는다. 우리가 금나라를 우리나라였다고, 금나라 역사는 한국사라고 주장하면, 중국은 말도 안 되는 소리라고 할 것이다(금을 세운 아구타의 조상이 고려 사람이라고 한다). 결코 발해를 중국이라고 할 수는 없다.

고구려를 계승한 발해

발해는 고구려를 이은 나라다. 발해가 고구려를 계승한 국가임은 여러 장면에서 드러난다. 무왕 대무예는 일본에 보낸 외교문서에, 발해가 고구려의 옛 터전을 회복하고 부여의 풍속을 지니게 되었다고, 밝혔다. 문왕 대흠무는 일본에 보낸 외교문서에 자신을 '고려 국왕'이라고 썼다. 고려는 곧 고구려를 의미하는 말이다. 발해의 문화와 생활 면에서도 고구려를 이은 나라라는 것이 입증됐다. 무덤 양식이나 우리 고유의 난방 장치인 온돌 유적 등이 그 예가 된다. 발해 멸망 전후에 아주 많은 이가 고려로 망명했다. 적게는 수십 명 많게는 수천 명씩 한꺼번에 내려왔다. 그 가운데 발해의 태자 대광현도 있었다. 고려는 발해의 망명객들을 품에 안았다. 발해사는 한국사다.

금나라와 고려

잠시 여담. 금나라의 시조가 정말 고려인이라고 해도 금나라를 우리나라 역사로 볼 수는 없다. 여진의 역사다. 그래도 흥미롭기는 하다. 중국의 역사책인《금사(金史)》에 이런 내용이 있다. 1216년, 고려는 고종 때이고 금은 선종 때다. 금 조정에서 자기 나라 시조가 누구인지 논쟁이 벌어졌다. 어느 신하가 말했다. "우리나라는 고신씨를 이었으니 황제(黃帝)의 후예입니다." 그러자 장행신이 반박했다. 장행신은 금의 시조가 고려에서 왔다고 말한다. 선종은 장행신의 말이 옳다고 했다.

고구려 유민이 발해를 세웠다고 했다. 이때 유민은 한자로 遺民이라고 쓴다. 유(遺)는 '남다', '남기다'라는 뜻이다. 그래서 유민(遺民)은 '망해서 없어진 나라의 남겨진 백성'이라는 뜻이다. 유민을 流民으로 쓰기도 한다. 흐를 유(流)자를 써서 유민(流民)이라고 하면 '흘러 다니는 백성'이 된다. 고향을 떠나 이곳저곳으로 떠도는 사람들을 의미한다. 나라가 망한 것은 아니다. 백성들이 유독 먹고살기 힘들어질 때, 여러 가지 사연으로 농토에서 밀려날 때, 이런 유민(流民)이 증가하게 된다.

발해의
대외정책과 교류

발해의 대외 정책

발해 역사에서 챙겨 익혀야 할 임금이 무왕·문왕·선 왕이다. 당나라에 대한 대외 정책은 제2대 무왕(武王, 719~737) 때와 제3대 문왕(文王, 737~793) 이후가 완전 히 다르다.

무왕

왕의 호칭에 드러나듯 무왕 때는 군사적 대결을 통 해 발해의 국력을 대외에 알렸다. 732년 무왕 대무예 의 명을 받은 장문휴는 수군을 이끌고 산둥반도에 있 는 등주를 공격하여 당나라 군대를 무너트렸다. 당나 라는 등주를 지키는 총사령관이 전사할 정도로 치명 적인 타격을 입었다. 하지만 제대로 반격하지 못했다. 발해가 매우 강했기 때문이다. 당나라는 발해를 직접 공격하는 대신 신라와 외교 관계를 개선한다. 삼국통 일 막판 당나라는 신라와 전투를 벌였다가 낭패를 봤었다. 매소성과 기벌포 전투에서 신라에 패배하면서 한반도 장악 야욕을 포기해야 했다. 이후 신라와의 관계가 좋지 않았는데 이제 신라를 통해 발해를 견제할 필요성에서 다시 손을 내민 것이다.

문왕

문왕 때부터는 당과의 화친을 통해 문물을 수용하며 친선 관계를 유지하게 된다. 사신을 자주 보내서 중국의 책 등 문물과 제도를 받아들였다. 이후 당과의 교류가 활발해지면서 당나라 땅 안에 발해관이 설치되었다. 발해관은 발해인들의 숙소이다. 신라가 당나라에 두었던 신라관과 비슷한 기능이다. 당에서 외국인을 대상으로 시행한 빈공과 합격자들도 여럿 나왔다.

선왕

발해는 제10대 선왕(818~830) 대인수 때 영토를 더 넓히고 전성기를 누린다. 이때 5경 15부 62주로 전국을 개편했다. 각 부는 몇 개씩의 주를 거느렸다. 부의 수령을 도독이라고 했고, 주의 수령을 자사라고 했다. 이때쯤부터 발해는 해동성국(海東盛國)으로 불리게 된다. '바다 동쪽의 매우 번성한 나라'라는 뜻이다. 발해의 5경은 상경 용천부, 중경 현덕부, 동경 용원부, 남경 남해부, 서경 압록부이다. 그냥 상경·중경 등으로 불러도 된다. 상경 용천부는 상경이 용천부를 겸한다는 뜻이다. 중경 현덕부는 중경이면서 현덕부이기도 하다는 뜻이다. 15부는 용천부·현덕부·용원부·남해부·압록부 이렇게 5개에 나머지 10개 부를 합한 것이다. 5경 중에서 상경이 오랜 기간 수도였고 중경과 동경도 한때 수도였다.

《발해고》

조선 후기에 유득공(1748~1807)이라는 인물이 있었다. 박제가 등과 함께 규장각에서 활동했고, 이후 몇 곳의 지방관을 지냈다.《발해고(渤海考)》는 그가 쓴 책이다. 유득공은《발해고》에서 "부여씨(백제)가 망하고 고씨(고구려)가 망하자 김씨(신라)가 남쪽을 영유하고 대씨가 북쪽을 영유하고 발해라고 불렀으니, 이것이 남북국이라 불리는 것이다"라고 했다. 사실 통일신라 시대라는 명칭은 당시 북쪽에 있던 발해를 소외시키는 개념이다. 남쪽의 신라나 북쪽의 발해나 모두 우리 역사인데 말이다. 지금은 '통일신라 시대'보다 '남북국 시대'라는 명칭을 주로 쓴다.

반란의 속출과
후삼국 시대의 시작

신라사의 분기점

신라는 1,000년 역사를 가신 나라디. 고려 사람들은 긴긴 신라 역사를 세 시대로 시기 구분하여 설명했다. 김부식은 《삼국사기》에서 신라를 상대·중대·하대로 구분했고, 일연은 《삼국유사》에서 상고·중고·하고로 신라사를 나눴다. 다음 표를 보면 두 책 모두 진덕여왕까지의 역사와 그 이후의 역사를 뚜렷하게 구분하고 있는 것을 알 수 있다. 진덕여왕까지가 성골 신분의 왕이고 이후 태종무열왕 김춘추부터는 진골 출신이 왕이 되는 시기라서 그렇다.

신라 중대

지금은 대개 김부식의 《삼국사기》를 따라 상대·중대·하대를 쓴다. '신라 중대의 왕권 강화'나 '하대 사회의 동요' 같은 표현이 여기서 나온 것이다. 신라 중대는 삼국통일이 완수되고 왕권이 안정된 시대였다.

삼국사기와 삼국유사 시기 구분

삼국사기	임금	삼국유사
상대	혁거세왕~지증왕	상고
	법흥왕~진덕여왕	중고
중대	태종무열왕~혜공왕	하고
하대	선덕왕~경순왕	

하대는 선덕왕(780~785)부터인데, 혜공왕을 죽이고 왕이 된 상대등 김양상이 선덕왕이다. 선덕왕은 남자다. 선덕여왕이 아니다.

신라 하대

신라 하대는 임금 아들이 다음 임금이 되는 왕위 계승 원칙이 깨진 시대다. 새 왕이 즉위할 때마다 혼란스러웠다. 왕위 찬탈이 잦아 오랫동안 안정적으로 왕위를 지킨 이가 드물었다. 신라 상대 임금의 평균 재위 기간이 약 25년, 중대가 약 16년, 그런데 하대는 8년 정도에 불과했다. 대체로 보아 신라 말, 즉 하대는 정치적으로 불안정한 시대였다. 왕권은 약했고 백성의 삶도 고단했다. 중앙정부의 지방통제력도 형편없이 무너져 갔다. 언제 쫓겨날지 모르는 왕의 말을 누가 듣겠나.

지방 세력이 성장하고 있었다. 호족이라고 불리는 이들이다.

후삼국 시대의 시작

신라 하대 후반, 호족들에 의해 나라가 다시 나뉘기 시작했다. 후삼국 시대가 시작되는 것이다. 진성여왕 때 원종과 애노의 난을 시작으로 반란이 속출하게 된다. 그 반란 세력의 하니인 견훤이 892년에 스스로를 왕으로 칭하고, 900년에 정식으로 후백제를 열었다. 이미 서해안 지역까지 차지한 궁예도 901년에 후고구려를 세운다. 후백제, 후고구려, 아주 작아진 신라, 이렇게 세 나라가 있는 시대, 후삼국 시대가 시작된 것이다. 후삼국 시대는 남북국 시대 말기이기도 하다. 북쪽에 발해가 있었으니까.

신문왕이 관료전을
지급했던 이유는

김흠돌의 반란

신문왕은 삼국통일을 이룬 문무왕의 아들이다. 신문
왕(681~692)이 즉위하고 불과 한 달 만에 반란이 일
어난다. 신문왕의 장인인 김흠돌의 반란이다. 김흠돌
은 김유신의 여동생의 아들, 그러니까 김유신의 조카
이다. 당시 진골 귀족세력의 대표 격인 인물이었다. 왜
반란을 일으켰는지 명확하지 않다. 자신의 딸인 왕비
와 신문왕 사이가 좋지 않았던 것이 원인이라고도 하
고, 문무왕 때부터 강화되고 있는 왕권에 대한 귀족
세력의 반발이라고도 한다.

왕권의 강화

아무튼 반란은 진압되었다. 신문왕은 김흠돌의 반란
과 직간접적으로 관련된 사람들을 대거 숙청하면서
왕권을 강화한다. 반란이 신문왕을 도운 꼴이 되었다.
삼국이 통일되면서 땅덩이가 크게 넓어진 신라에서

신문왕은 중앙 집권 체제를 강화하고 왕권 전제화를 위해 여러 가지 정책을 펼친다. 9주5소경, 9서당과 10정, 국학, 관료전 지급과 녹읍 폐지 등이다.

9주 5소경

신문왕은 지방 행정 조직 정비의 필요성을 느끼고 전국을 9개의 주로 나누었다. 주는 지금의 도와 유사하다. 아울러 도읍지 경주가 한반도 동남쪽에 치우친 점을 보완하기 위해서 5개의 작은 서울, 그러니까 5소경을 설치했다. 경주가 지금의 특별시라면 소경은 지금의 광역시 정도로 볼 수 있다. 9주와 5소경을 모두 신문왕이 설치한 것은 아니다. 이미 통일 전부터 주와 소경이 있었다. 그걸 더 늘려서 9개의 주와 5개의 소경으로 확대, 완결 지은 이가 신문왕이다.

9서당 10정

9서당과 10정은 군사조직이다. 이전의 신라 군사조직은 왕보다 진골 귀족의 영향력이 강했다. 9서당은 귀족의 영향력을 차단한, 왕에게 직속된 중앙군이다. 이러한 개혁은 김흠돌의 난을 진압하면서 귀족 세력을 무너뜨렸기에 가능했다. 한편 9서당에는 옛 고구려와 백제 출신은 물론 말갈인까지 포함시켰다. 신라인 부대 3개, 고구려인 부대 3개, 백제인 부대 2개, 말갈인 부대 1개로 편성했다. 이는 통일에 따른 민족 융합 노력으로 평가할 수 있다. 10정은 지방군이다. 9주에 각 1정씩 설치했는데 북쪽 국경 지대인 한주에는 특별히 2정을 두었다. 그래서 모두 10정이다.

국학의 설립

신문왕은 유교적 학식을 갖춘 능력 있는 관료를 양성하려고 했다. 그러려면 교육 기관이 필요하다. 그래서 세운 학교가 국학이다. 국학은 고구려 소수림왕이 세운 태학과 비슷한 목적으로 세워졌다. 신문왕은 국학을 통해 배출된 관료들을 왕권의 지지기반으로 삼았다. 국학에서 공부하고 관료가 되는 사람들은 주로 6두품과 그 아래 출신이었을 것이다.

녹읍제 폐지

관료전을 새로 지급하면서 녹읍을 폐지한 것도 귀족의 경제 기반을 약화시키고 왕권을 강화하려는 취지로 해석할 수 있다. 녹읍은 일종의 봉급으로 신하들에게 지급되던 땅이다. 녹읍을 받은 신하는 해당 토지에서 백성에게 세금을 거둘 권리가 있었다. 아울러 해당 지역 백성들의 노동력을 징발하는 등 사실상의 지배권까지 갖고 있었던 것 같다. 반면에 관료전은 백성 지배권이 없이 순수하게 세금만 거둘 수 있는 토지이다. 귀족들 처지에서 볼 때 녹읍이 꿩이라면, 관료전은 닭이다. 꿩 대신 닭, 이게 관료전이다. 한편 신라 말에 왕권이 약화되면서 녹읍제가 다시 시행되게 된다.

6부와 6조의
차이는

정책기관

3성6부제는 중국 당나라에서 완성된 중앙 행정조직이다. 발해 등에 도입되었는데 우리 실정에 맞게 적절히 변형되었다. 여기서 3성은 산성과 같은 성(城)의 개념이 아니라 최고의 관청을 의미한다. 당의 3성은 중서성·문하성·상서성이다. 중서성에서는 나라의 중요 정책을 결정하고 황제의 조서(임금의 명령을 기록한 문서)를 작성한다. 문하성은 중서성에서 넘어오는 정책 등을 심의한다. 상서성은 문하성을 거쳐 내려온 정책을 6부(이부·호부·예부·병부·형부·공부) 중 관련된 부서로 보내서 시행하게 한다.

발해의 3성 6부제

발해는 3성 6부의 명칭을 독자적으로 바꿨다. 중서성·문하성·상서성 대신에 중대성·선조성·정당성이라고 했다. 6부는 특이하게 충부·인부·의부·지부·예부·

신부로 불렸다. 유교에서 강조하는 덕목을 중앙 부서의 명칭으로 삼은 것이다. 관리 선발과 같은 인사 행정을 담당하는 관부인 이부를 충부(忠部)라 하고 맨 앞에 세운 것은 국왕에 대한 충성을 강조한 것으로 볼 수 있다.

고려의 2성 6부제

고려에서도 3성 6부제를 수용했다. 성종 대에 정비됐는데 역시 변화가 있었다. 중서성과 문하성을 하나로 합해 중서문하성이라고 했다. 중서문하성과 상서성 이렇게 성이 2개이고 6개의 부가 있어서 2성 6부제라고 한다. 고려가 3성 6부제인지 2성 6부제인지 조금 모호하긴 하지만, 현실적으로 2성 6부가 맞는 것 같다.

조선의 6조제

6부제는 조선 시대로 이어졌다. 조선은 6부를 6조라고 불렀다. 이조·호조·예조·병조·형조·공조이다. 이조는 관리 임명 등 인사권을 가진 곳이고 호조는 재정 업무를 담당했다. 예조는 각종 의식과 교육 그리고 외교 활동을 맡았다. 병조는 국방, 형조는 형벌, 공조는 토목과 건축 담당 부서이다. 그런데 조선은 왜 6부를 6조로 바꿨을까. 3성6부 같은 성(省)과 부(部)라는 관청 명칭은 황제의 나라, 즉 천자국에서만 사용하는 게 원칙이었다. 제후국에서는 격을 낮춰서, 한자가 다른 부(府) 그리고 조(曹)와 사(司)를 관청 이름으로 사용해야 했다.

6부와 4사

고려는 황제국 체제로 운영됐던 나라다. 그래서 성(省)과 부(部)를 썼다. 몽골과의 항쟁이 끝나고 원의 간섭을 받을 때 고려는 중서문하성과 상서성을 첨의부(僉議府)로, 6부를 4사(司)로 바꿔야 했다. 조선은 형식상 천자국 명나라를 섬기는 제후국이었다. 그래서 6부 대신 6조(曹)를 썼다.

삼국 시대에도
세금을 냈을까

당나라의 세금 제도

조용조는 고대 중국의 세금 제도로 당나라 때쯤에 정비되었다. 우리나라도 이 제도를 받아들여 세금 제도를 운용했다. 삼국 시대 국가들은 물론 고려와 조선도 이 틀에서 크게 벗어나지 않았다. 조용조(租庸調)는 세 글자다. 백성이 부담해야 할 대표적인 세금이 세 가지라는 얘기다.

조

먼저 앞의 조(租)는 보통 조세라고 한다. 땅을 가진 사람이 수확한 곡식 일부를 국가에 내는 세금이다. 전세라고도 한다. 일종의 토지세 개념이기에 땅이 없는 백성은 내지 않는 게 원칙이다.

용

용(庸)은 노동력을 세금으로 징발하는 것이다. 한마디

로 몸으로 때우는 세금이다. 이를 '역(役)'이라고 하는데 요역과 군역이 있다. 평민 남자라면 가진 땅이 있건 없건 누구나 부담해야 하는 의무이다. 요역은 국가나 지방 관청에서 벌이는 각종 토목공사에 동원돼서 일정 기간 노동을 하는 것이다. 군역은 군대 가는 것이고. 한편 조선 시대 중간쯤부터 직접 군대 가는 대신, 화폐 구실을 하는 옷감(군포)을 내는 것으로 군역 제도가 바뀐다. 이후 백성의 군포 부담을 덜어 주려고 시행한 제도가 균역법이다.

조

조(調)는 공납이라고 해서 지방 특산품을 세금으로 내는 것이다. 광물·해산물·수공업품 등 종류가 다양하다. 백성에게 참 고통스러운 세금이다. 조선 시대에 이 공납의 문제점을 해결하려고 대동법을 시행하게 된다.

잡세

백성이 부담해야 할 세금이 조세·역·공납, 이 세 가지뿐인 것은 아니었다. 그 외 잡다한 세금들인 잡세도 있었다.

춤추고 노래하는 스님
원효

불교의 대중화

원효대사의 큰 업적으로 '불교의 대중화'가 강조된다.
불교를 일반 대중들이, 백성 누구나가 쉽게 믿을 수
있게 했다는 말이다. 원효 이전에는 불교를 믿는 데
있어 불경 공부가 중요했던 모양이다. 일반 백성은 한
자를 모르니 불경을 읽을 수 없다. 그런데 원효가 "형
식은 중요하지 않다. 진실한 마음으로 '나무아미타불'
을 외우며 기도하면 복을 받는다"고 했다. 참 어려운
불교를 참 쉽게 만들어 준 것이다. 《삼국유사》는 원효
의 업적을 이렇게 평했다.

이 거리 저 마을에서 노래하고 춤추며 부처 말씀을 전하니,
가난하고 무지한 이들까지도 모두 부처를 알게 되고 나무아
미타불을 칭하게 되었으니 원효의 가르침이 컸다.

골품제

원효는 6두품 출신이다. 귀족이다. 백성들이 어려워할 신분이다. 신라는 골품제 사회가 아닌가. 원효는 백성과의 벽을 헐고 사람 대 사람으로 끌어안고 싶었다. 그래서 그들과 어울려 춤추고 노래했을 것이다. 그가 부른 노래 가사는 불경 말씀이었을 것이다. 원효가 형식과 체면을 다 털어버리게 된 계기가 이야기로 전한다.

원효대사의 해골물

원효는 의상과 함께 중국으로 향했다. 불교 공부를 더하기 위해 유학 가는 길이다. 밤이 되었고 주변에 집은 없고 그래서 허름한 토굴로 들어가 잤다. 중간에 목이 말라 잠에서 깬 원효는 두리번거리다가 마침 물이 담긴 바가지를 발견한다. 꿀꺽꿀꺽 잘 마시고 다시 잤다. 잘 잤다. 아침에 일어나서 보니, 바로 옆에 해골 바가지가 있었다. 간밤에 마신 물이 해골에 고인 썩은 물이란 걸 알게 된 순간, 즉각적인 반응이 왔다. 꺽꺽 토해내다가 문득 원효는 깨달았다. 깨달음은 한마디로 일체유심조(一切唯心造). 모든 것이 다 마음먹기에 달려 있다는 뜻이다. 마음이 인간 세상 모든 것을 움직인다.

신라로 귀환

해골바가지에 고인 물을 생수라고 마음먹고 마셨을 땐 시원하고 달았다. 배앓이도 하지 않고 잘 잤다. 그런데 해골바가지 물이라고 마음먹으니 몸도 반응해서 토하고 말았다. 마음이 몸을 움직였다. 마음이 세상을 움직인다. 형식 절차는 중요한 것이 아니다. 깨달았다. 중국에 갈 필요가 없다. 원효는 유학을 접고 신라로 돌아왔다. 그리고 백성 속으로 들어간 것이다. 백성들아, 글을 모르면 어떠랴. 믿는 마음이 중요한 것이다.

화쟁사상

화쟁사상(和諍思想)이라는 용어를 기억하면 좋겠다. 원효가 처음 말한 것은 아니지만, 원효에 의해서 완성됐다고 할 수 있다. 화쟁사상은 불교계의 대립 갈등을 화합으로 이끄는 사상이다. 화(和)는 화목하다 할 때의 화다. '합치다', '화합하다'의 의미로 쓰인다. 쟁(諍)은 '다투다'는 뜻이다. 사람 사는 세상에는 '화'도 있고, '쟁'도 있기 마련이다. 결국에는 '쟁'도 '화'로 동화시켜 나아가야 한다. 그래서 진정한 화합을 이룬다는 것이 화쟁사상이라고 할 수 있다. 화쟁사상은 고려 시대에 의천과 지눌에게 계승된다.

지방 불교와
중앙 불교

고려와 불교 세력

달마대사가 만들었다는 선종은 교종과 대비되는 종파이다. 처음 삼국 시대에 들어와 퍼진 불교는 교종이다. 선종은 통일신라 말에 중국에서 들어왔다. 중앙 귀족들이 주로 교종을 믿고 있었고 선종은 지방 호족들을 중심으로 퍼져 나갔다. 선종과 호족 그리고 6두품은 이후 고려를 세우는 주요 세력이 된다.

선종과 교종의 차이

선종이나 교종이나 다 같은 불교다. 이들이 추구하는 목표도 같다. 마음속의 불성(佛性)을 깨달아 부처가 되는 것이다. 그런데 깨달음에 이르는 방법에서 차이가 있다. 교종이 이론적인 지식인 경전에 치중한다면 선종은 참선을 더 중요하게 여긴다. 교종이 '머리로 공부하기'라면 선종은 '가슴으로 공부하기'쯤 될 것이다.

선종의 가르침

선종의 가르침은 '교외별전(敎外別傳) · 불립문자(不立文字) · 직지인심(直指人心) · 견성성불(見性成佛)'로 정리된다. 경전 밖에 별도로 전해 오는 바가 있으니(교외별전), 문자를 통한 설명에 의하지 않고(불립문자), 사람의 마음을 곧바로 가리켜(직지인심), 원래의 본성을 깨우침으로써 부처를 이룬다(견성성불)는 것이다. 이 가운데 우리가 가끔 듣게 되는 것이 '불립문자'이다.

불립문자는 문자를 알 필요 없다는 게 아니다. 문자로는 진리를 다 표현할 수 없다는 의미이다. 진리를 깨닫기 위해서는 문자에 너무 집착하지 말라는 것이다. 불립문자의 '문자' 속에는 언어, 즉 말도 포함된다. 선종의 '말에 대한 회의'는 선문답이라는 참선 수행법을 낳았다. 참선은 스승이 던져 준 이상한 물음(화두)에 대한 해답을 찾아가는 과정이기도 하다. 책에는 답이 나오지 않는다.

스승이 제자에게 꽃병을 가리키며 "이것이 꽃병이냐?" 묻는다. 제자가 꽃병이라고 답하자 틀렸다며 꾸짖는다. 스승은 다시 묻는다. "이것이 꽃병이냐?" 이번에는 아니라고 제자가 대답한다. 그러자 또 틀렸다고 한다. 어쩌란 말인가. 이것이 화두다. 화두는 이성적인 생각만으로는 답이 안 나오게 되어 있다. 참선 수행을 거치며 정진하다 보면 어느 순간 퍼뜩 답을 찾게 된다. 이렇게 깨달음에 이른다.

　비슷한 상황을 가정해 본다. 교종 입장에서, 학생이 선생님께 어찌하면 공부를 잘할 수 있겠느냐고 물었다. 그러면 선생님은 교과서 열심히 읽고 문제집 많이 풀고 수업 열심히 들으라고 하시겠지. 이번엔 선종 입장에서, 학생이 공부 잘하는 법을 물었다. 선생님의 답변, "짜장면이나 먹어라." 짜장면 먹으라는 말씀의 의미는 어느 책에도 나오지 않는다. 학생은 참선 등을 통해 말씀의 의미를 깨달을 때까지 수행하는 것이다.

불상의 이름은
어떻게 지었을까

마애불

마애(磨崖)의 '마'는 갈다·새기다, '애'는 벼랑·언덕 등의 뜻이다. 절벽이나 커다란 바위 면에 뭔가를 새기는 행위를 마애라고 한다. 마애불은 절벽 등에 새긴 평면 구조의 불상이다. 앞에서만 볼 수 있다. 사찰 대웅전 안에 모셔진 불상은 모든 방향에서 볼 수 있는, 입체적인 형상이다. 이런 불상은 마애불이 아니다. 미술 용어를 빌려오면, 마애불은 부조이고 사찰 건물 안에 모셔진 불상은 환조다. 우리나라 마애불 가운데 '서산 용현리 마애여래삼존상'이 특히 유명하다. 부처님의 온화한 미소가 인상적인데 흔히 '백제의 미소'라고 평한다. 서산 마애불 앞에 서면, 그 부처님의 미소가 서 있는 사람에게로 옮겨지는 것 같다.

불상의 명칭

불상은 그 자세에 따라 여러 이름으로 불린다. 입상·

좌상·반가상 등이다. 입상(立像)은 서 있는 모습이다. 고구려의 금동연가7년명여래입상이 대표적이다. 좌상(坐像)은 부처님이 양반다리처럼 하고 앉아 있는 형상이다. 대개 불상은 이런 모습이다. 이불병좌상(二佛並坐像)이라는 것도 있다. '병(並)'은 '나란히·함께'라는 뜻이다. 이불병좌상은 두 분 부처님이 나란히 앉아 있는 형상이다. 발해의 이불병좌상이 유명하다.

반가상(半跏像)은 의자에 앉아 오른쪽 다리를 왼쪽 다리 위에 얹어 놓은 모양이다. 오른손을 얼굴에 살짝 대고 뭔가 생각(사유)하는 모습이라서 반가사유상(半跏思惟像)이라고 한다. 금동미륵보살반가사유상이 널리 알려졌다. 한편 전라남도 화순 운주사에 가면 땅에 누워 있는 부처님이 있다. 누울 와(臥)자를 따서 '와불'이라고 부른다.

02

고려

-------- MENU --------

1. 선사~남북국

2. 고려

3. 조선

4. 개항~대한제국

5. 일제강점기~현대

01

03

04

05

태자와 세자의
차이

태자와 세자

왕의 아들을 왕자라고 한다. 그럼 왕자들 가운데 다음 왕위계승자를 뭐라고 할까. 태자? 세자? 사도세자는 있어도 사도태자는 없잖아. 그러니까 세자? 태자·세자 둘 다 맞다. 다만, 시대에 따라 다르게 쓰였다. 고려 시대에는 태자라고 했고 조선 시대에는 세자라고 했다. 태자는 황제의 아들, 세자는 그냥 왕의 아들을 의미한다. 그렇다면 고려의 임금이 황제였다는 말인가?

황제국 체제

옛날 동아시아 지역의 나라들 가운데 임금을 황제로 칭하는 나라는 원칙적으로 중국 하나였다. 주변 나라들은 일종의 제후국이다. 그런데 고려는 황제국 체제로 나라를 운용했다. 나라 밖으로 굳이 황제국임을 강조해 드러내지는 않았지만, 내부적으로는 황제국이었다. 그 어떤 나라에도 꿀리지 않는다는 당당함을 갖고 있었다. 그래서 임금을 폐하라고 불렀고, 다음 왕이 될 아들을 태자라고 했다. 임금이 자신을 가리켜 말할 때는 "짐이"라고 했다. 백성과 신하들은 임금에게 "만세"를 외쳤다. 폐하·태자·짐·만세, 모두 황제국에서 쓰는 말들이다.

제후국 조선

조선은 임금을 폐하라고 부르지 못했다. 대신 전하라고 했다. 다음 왕이 될 아들은 태자가 아니고 세자였다. 조선의 임금은 자신을 '짐' 대신 '과인'이라고 했다. 백성과 신하들은 임금에게 만세를 외칠 수 없었다. 대신 "천세"를 불렀다. 인터넷에서 영조 임금의 초상화를 검색해 보라. 붉은 옷을 입었다. 조선의 왕들은 붉은 옷을 입었다. 태조 이성계의 초상화를 검색해 보라. 푸른 옷을 입었다. 특별한 경우다. 이성계가 왜 푸른 옷을 입었는지 알 수 없다. 푸른색은 동쪽을 상징한다. '동방의 나라 조선'의 왕이라는 의미에서, 이성계가 푸른 옷을 입었을 거라는 추정이 있을 뿐이다. 중국의 황제들은 무슨 색 옷을 입었을까? 붉은색보다 높은 황제의 색, 노란색 옷을 입었다. 고려의 임금들도 노란색 옷을 입었다.

동아시아의 국제질서

'황제국' 고려가 '제후국' 조선보다 더 멋있게 느껴질 수 있겠다. 그렇다고 해서 고려를 대단한 나라, 조선을 쩨쩨한 나라로 평가하는 것은 온당하지 않다. 그 당시의 상황, 지도층의 성향, 국제 정세 등을 함께 생각해 보아야 한다.

고려와 송나라

고려 때 중국은 송나라였다. 송나라는 문화적·경제적으로 성숙한 발전을 이루었다. 다만, 군사력은 상대적으로 약했다. 송의 서쪽 그리고 동북쪽에 송을 능가하는 군사력을 갖춘 나라가 여럿 있었다. 서하·거란·여진·몽골 등이다. 송은 이들에게 계속 시달림을 당했다. 절대 강자가 없었다. 고려가 황제국 체제로 운용될 수 있었던 이유 가운데 하나다.

조선과 명나라

조선 당시 중국은 명나라였다. 주변국들이 거의 명에 복속됐다. 명은 절대 강자였다. 그런 나라와 군이 부딪힐 필요가 없었다. 적절히 숙여 주며 실속을 챙기고 평화를 유지하는 것이 더 가치 있는 일이었다. 황제가 아니어도 괜찮다. 조선은 부끄러운 나라가 아니다.

왜 광종은
광종을 모를까

묘호

광종과 쌍기가 대화한다고 가정하자. 쌍기가 말한다. "광종대왕님, 과거제를 시행해서 인재를 선발하는 것이 어떻겠습니까?" 그러면 광종이 뭐라고 대답할까. yes? no? 그 이전에 이렇게 물을지 모른다. "광종이 누구인가?" 광종이 광종을 모른다? 그렇다. 광종은 자신이 광종인 것을 모른다. 그가 죽은 후에야 붙여진 이름이니까. 이를 묘호(廟號)라고 한다. 임금이 죽은 후 종묘에 모실 때 올리는 이름이 묘호인데, 주로 끝 자가 조나 종으로 끝난다. 광종·성종·정조… 이런 이름이 바로 묘호이다. 조선의 연산군과 광해군도 왕이다. 그런데 그들은 왕위에서 쫓겨나 죽을 때는 왕이 아니었다. 묘호를 받지 못했다. 그래서 그냥 연산군·광해군으로 부른다.

시호

시호(諡號)라는 것도 있다. 주로 공을 세운 신하가 죽은 뒤 임금이 내려 주는 존칭인데 두 글자로 돼 있다. 거기에 '공'자를 붙여 이름처럼 부른다. 고려 시대 최충의 시호는 문헌, 그래서 문헌공이라고 한다. 그가 세운 학교를 문헌공도라고 하는 것은 시호를 따온 것이다. 시호 가운데 널리 알려진 것이 충무공(忠武公)이다. 우리는 충무공 하면 자동으로 이순신을 떠올린다. 그런데 고려 시대 충무라는 시호를 받은 인물이 3명, 조선 시대에는 이순신 포함해 9명이 있었다고 한다. 충무공이 모두 12명인 것이다. 시호가 같은 인물들이 여럿인 것은 시호를 정하는 글자가 한정돼 있어서이다. 정해진 글자 중에서 두 글자를 조합하다 보니 같은 시호가 등장하곤 했다.

호

옛날 사람들은 이름을 아주 소중하게 여겼다. 어른이 되면 서로 이름을 부르지 않았다. 그게 예의였다. 그럼 뭐라고 불렀을까? 본명 대신 호(號)라는 이름을 별도로 만들어 썼다. 서로 호를 불렀다. 책을 낼 때 글쓴이의 호로 책이름을 정하기도 했다. 우리가 지금 이름으로 알고 있는 게 사실은 호인 경우가 꽤 있다. 한석

봉의 석봉은 이름이 아니고 호다. 본명은 한호. 그런데 한호는 낯설고 한석봉은 낯익다.

고려의 인물 이규보의 호는 백운거사다. 조선의 이이는 호가 율곡, 이황의 호는 퇴계, 김정희의 호는 추사, 정약용의 호는 다산이다. 정약용의 글을 모은 책, 《여유당전서》의 여유당도 정약용의 호이다. 호는 한 사람이 한 개만 쓴 것이 아니라 여러 개 쓰기도 했다. 그러면 여인도 호를 썼을까. 드물지만 썼다. 신사임당의 사임당이 호다. 허난설헌의 난설헌도 역시 호다.

김구 선생은 호를 백정의 백(白)과 보통사람을 의미하는 범인(凡人)의 범을 따서 백범(白凡)으로 정했다. "가장 미천한 사람까지 모두 나와 함께 애국심을 가져야겠다는 것이 나의 소원임을 표시하는 것"이라고, 백범을 호로 정한 사연을 밝혔다.

장희빈의 희빈도 호일까? 아니다. 희빈은 벼슬 명칭이다. 관료뿐 아니라 후궁에게도 벼슬이 있었다. 숙원(종4품), 소원(정4품), 숙용(종3품), 소용(정3품), 숙의(종2품), 소의(정2품), 귀인(종1품), 빈(정1품).

고려의 임금들

태조 혜종 정종 광종 경종 성종 목종 현종 덕종 정종 문종 순
종 선종 헌종 숙종 예종 인종 의종 명종 신종 희종 강종 고종
원종 충렬왕 충선왕 충렬왕 충선왕 충숙왕 충혜왕 충숙왕 충
혜왕 충목왕 충정왕 공민왕 우왕 창왕 공양왕

고려의 임금

고려의 임금을 재위 순으로 적어 봤다. 태조~원종까
지는 정상적인 묘호이다. 원종 때 몽골에 항복하고 그
들의 간섭을 받게 되면서 왕의 호칭에 충(忠)자가 들
어가기 시작했다. 충렬왕·충선왕·충렬왕·충선왕. 이
렇게 중복되는 것은 폐위와 복위가 반복되었기 때문
이다. '충'을 떼어낸 임금이 공민왕이다. 공민왕은 반
원(反元) 자주 정책을 펼쳤다.

우왕과 창왕

우왕과 창왕은 왕의 호칭, 즉 묘호를 받지 못했다. 우

와 창이라는 이름에 그냥 '왕'을 붙여 우왕, 창왕이라고 했다. 우왕이 공민왕의 자식이 아니라 신돈의 자식이라는 주장의 결과라고 할 수 있다. 마지막 임금 공양왕, 한자로 恭讓王이라고 쓴다. '공손하게 (왕위를 이성계에게) 양보했다'는 의미이다. 공양왕이라는 호칭은 고려 처지에서 모욕적일 수도 있겠다.

조의 권위

태조부터 원종까지의 묘호를 다시 보자. '조'를 찾아보면 태조 왕건 하나뿐이고 나머지 임금은 모두 '종'이다. '조'의 권위를 존중해서 개국 군주 외에는 함부로 쓰지 않은 것 같다. 조선은 다르다. 태조 이성계 외에도 세조·선조·인조·영조·정조·순조가 있다.

조공종덕

어떤 임금에게 조를 붙이고 어떤 임금에게 종을 붙일까. 그 기준이 '조공종덕(祖功宗德)'이라고 한다. 왕이 공이 있으면 조요, 덕이 있으면 종이라는 것이다. 그런데 해당 임금이 공이 많은지 덕이 많은지, 이를 객관적으로 구분하기가 어렵다. 대개 나라를 개국한 임금과 개국에 버금가는 공을 세웠다고 평가한 임금에게 조를 붙였다. 개국에 버금가는 공은 전쟁이나 커다란 반란 등 위기를 극복해서 망할 뻔한 나라를 되살린 것을 말한다. 조와 종에는 높고 낮음의 차이가 없다고 당시 사람들은 말했다. 그렇지만, 내심 조를 종보다 더 높은 것으로 인식했다.

묘호의 수정

조선 후기로 갈수록 조를 높게 보는 인식이 뚜렷해졌다. 그래서 애초의 묘호 '○종'을 '○조'로 바꾸는 경우가 꽤 있었다. 영조·정조·순조가 그렇다. 원래는 묘호는 영종·정종·순종이었는데 나중에 영조·정조·순조로 바꾼 것이다. 인터넷에서 《정조실록》 이미지를 검색해 보라. 실록 표지에 '정종대왕실록'이라고 나올 것이다.

중국의 분열과
고려의 건국

중국의 분열

중국은 역사적으로 분열과 통일이 반복되었다. 춘추
전국 시대는 우리나라의 고조선 시대다. 위진 남북조
시대에 우리나라는 삼국 시대였다. 삼국은 중국의 분
열을 적절히 이용하면서 국력을 증대시킬 수 있었다.
고구려에 불교를 전해 준 나라 전진은 5호16국의 하
나이고, 백제에 불교를 전해 준 동진은 한족(漢族)이
남쪽으로 내려가 세운 나라다.

5대10국

위진 남북조 시대를 끝내고 중국을 통일한 수나라는
무모한 고구려 원정이 실패하면서 망하게 된다. 고구
려에 을지문덕이 있었다. 이어서 당나라(618~907)가
들어선다. 당이 망하고 중국은 다시 분열한다. 이번 분
열의 시기는 짧아 50여 년 정도였다. 이때를 5대10국
시대(907~960)라고 부른다.

5대는 중국 북쪽에 세워졌던 다섯 왕조를 말하는데 동시에 여러 왕조가 존재했던 것이 아니고 후량→후당→후진→후한→후주의 순서로 교체되었다. 10국은 중국 남쪽에 난립했던 10개 왕조를 가리킨다. 5대 마지막 왕조인 후주의 조광윤이 960년에 송나라를 세우게 되면서 5대10국 시대가 끝난다.

고려의 건국

5대10국 시대에 고려가 건국되었다(918). 태조 왕건의 시대에 중국은 이처럼 분열되어 있었다. 중국의 분열이 끝나고 다시 통합되면서 송(宋)이 섰을 때, 고려의 임금은 광종이었다.

궁예는 영웅일까
미치광이일까

궁예에 대한 평가

'역사는 승자의 기록'이라는 말은 꽤 설득력 있어 보
인다. 왕 자리를 놓고 벌어지는 다툼에서 특히 그러
하다. 패배자는 단순히 패배자로 끝나지 않고 실제
보다 많이 덧붙여져 몹시 나쁜 사람으로 역사에 기록
되곤 한다. 그렇게 해서 승자의 정당성을 세운다. "백
성을 위해서 나쁜 놈을 내몰았다" 하는 식으로.

궁예는 말년에 잘못된 정치로 민심을 잃고 몰락했
지만, 한 시대의 영웅으로 모자람이 없는 인물이라고
할 만하다. 하지만 잔인한 미치광이 정도로 취급받고
있다. 고려 시대에 나온 역사책 《삼국사기》는 궁예를
흉악한 인물로 묘사하며 "어찌 우리 태조(왕건)와 서
로 겨룰 수 있겠는가?"라며 왕건의 승리를 당연한 것
으로 적었다.

왕건은 말했다. "잔혹하고 포악하고 간사한 궁예가
'하늘과 땅이 용납하지 못하고 귀신과 사람이 함께 원

한을' 품을 만큼 잘못했기에 내가 백성을 위해 새 나라를 열었다"라고. 《고려사》에 실린 얘기다. 역사 인물을 공부할 때는 평가가 내려지는 당시의 시대 상황을 함께 고려하며 들여다볼 필요가 있다.

후고구려 건국

후고구려를 세운 궁예는 나라 이름을 마진으로, 다시 태봉으로 바꿨다. 마진은 마하진단(摩訶震旦)의 줄임말이라고 한다. 마하는 범어로 '크다'는 뜻이다. 진단은 'cinitana'의 음역으로 진인이 거주하는 땅이라는 뜻이다. 본디 인도 사람들이 중국을 가리켜 '진단'이라고 했다는데 그 의미가 확대되면서 동방 전체를 의미하는 표현이 되었다고 한다. 따라서 마진은 대동방국(大東方國)을 뜻한다. 궁예는 고구려·백제·신라를 아우르는 대동방국 건설을 꿈꾸며 나라 이름을 마진으로 고쳤던 것이다.

고려 건국 전후 사건

왕건의 고려 건국 전후 사건을 그 순서대로 기억하면 좋겠다. 통일신라 말 견훤이 먼저 후백제를 세웠고(900), 이어서 궁예가 후고구려를 세우면서(901) 후삼국 시대가 시작된다. 왕건은 궁예의 부하가 된다.

918년에 왕건은 궁예를 몰아내고 나라 이름을 고려로 정했다. 아직도 후삼국 시대다. 작아진 신라, 견훤의 후백제, 왕건의 고려. 이 무렵 발해가 거란에 멸망하자 (926) 왕건은 발해의 유민들을 받아들인다.

고려는 후백제와 대결하면서 신라에는 고개를 숙이고 예로써 존중하는 정책을 펼쳤다. 결국, 신라는 고려에 스스로 항복하고(935) 이제 고려와 후백제만 남았다. 얼마 뒤 고려는 후백제를 무너뜨리고 후삼국을 통일한다(936). 연대는 외우지 않더라도, 후백제 건국, 후고구려 건국, 왕건의 고려 건국, 발해 멸망, 신라 항복, 후백제 멸망과 고려의 통일 완수, 이렇게 흐름은 알아 두자.

궁예는 어릴 때부터 한쪽 눈은 볼 수 없었다고 한다. 실명한 사연이 기록된 《삼국사기》 내용을 옮긴다. "왕이 중사(中使)에게 명하여 그 집에 가서 그를 죽이도록 하였다. 사자가 포대기에서 빼앗아 그를 다락 아래로 던졌다. 유모인 여자 종이 몰래 그를 받았는데 실수하여 손가락으로 눈을 찔러 한 쪽 눈을 멀게 하였다. 안고 도망가서 힘들고 고생스럽게 길렀다." 궁예 삶의 흔적을 간단하게 정리해 본다. 신라 어느 왕의 아들로 태어난 듯. 십대 때 출가, 세달사의 승려가 됨. 891년, 죽주(경기도 안성) 호족 기훤의 부하가 됨. 892년, 북원(강원도 원주) 호족 양길의 부하로 활약함. 894년, 강릉을 중심으로 강원도에서 자립에 성공하고 서쪽으로 진출. 896년, 송악(개성) 호족 왕건 가문이 귀부함. 이때 철원에 도읍. 898년, 송악으로 천도. 901년, 후고구려 건국. 904년, 국호를 마진으로 바꿈. 905년, 철원으로 다시 천도. 911년, 국호를 태봉으로 다시 바꿈. 918년, 사망.

기인 제도와
사심관 제도

국초에 향리의 자제를 선발하여 서울에 볼모로 삼고 또 그 고을의 일을 자문하는 일에 대비하게 하였는데 이를 기인(其人)이라고 불렀다.

기인

《고려사》에 실려 있는 기인에 대한 설명이다. 태조 왕건이 지방 호족의 아들을 개경으로 불러 살게 했다는 것이다. 지방 호족이 딴마음을 품지 못하도록 견제하고 왕권을 강화하려는 의도였다. 각 지방 호족의 아들들을 일종의 인질로 삼은 셈이다. 그러나 무슨 죄인 취급한 것은 아니다. 기인은 일정한 대우를 받으며 자기 고향 일에 대한 각종 정보를 조정에 제공했다. 사심관 선정에 영향력을 행사하기도 했다. 호족들도 자기 아들이 기인으로 가는 것에 거부감이 별로 없었다.

지방 세력 견제 정책

기인 제도는 지방 행정조직이 정비되지 않은 국초에 지방 세력을 견제하는 효과가 있었다. 차차 지방조직이 정비되고 중앙 집권 체제가 안정되면서 폐지되어야 자연스러운 제도였다. 하지만 어인 일인지 고려 시대 내내 계속 유지되었다. 그러면서 기인의 지위가 하락하고 그 기능도 변질되어 갔다.

사심관 제도

태조 왕건이 시행한 정책으로 기인 제도와 함께 말해지는 것이 사심관 제도이다. 《고려사》에 사심관 제도가 어디서 비롯했는지에 대한 기록이 있다.

태조 18년(935)에 신라의 왕 김부가 항복해 오자 신라국을 없애서 경주로 삼고, 김부를 경주의 사심관으로 임명하여 부호장 이하의 관직 등에 관한 일을 맡게 하였다. 이에 여러 공신들 역시 이를 본받아 각각 자기 주(州)의 사심관이 되게 하였으니, 사심관은 여기에서 비롯되었다.

신라 마지막 왕 경순왕이 고려에 항복하자 왕건이 경순왕을 경주의 사심관으로 삼고 그곳의 통치를 허락했다는 것이다. 이후 중앙의 관리들도 자기

고향의 사심관이 되어 향리 선발 등 여러 분야에서 영향력을 행사하게 된다. 왕건이 사심관 제도를 시행한 것은 기인 제도와 마찬가지로 지방 세력을 통제하고 왕권을 안정시키기 위해서이다.

지방 통제

중앙의 관료들은 고향에 적지 않은 세력 기반이 있다. 그래서 '말발'이 선다. 지방 세력이 뭔가 불만을 나타낼 때, "여보시게, 참게. 내가 애써보리다" 하면서 무마시킬 수 있는 것이다. 왕건은 중앙 관료들에게 사심관이라는 또 하나의 명예를 주는 대신 그들로 하여금 해당 고향 지역을 통제하게 하려는 의도로 이 제도를 시행했던 것이다.

제도의 변질과 폐단

세월이 흘러 사심관 제도도 변질된다. 중앙 관리는 고향뿐 아니라 처가가 있는 지역, 외가가 있는 지역 등의 사심관이 되었다. 권력을 이용하여 해당 지역에서 백성의 토지를 빼앗는 등 이익을 탐하는 경우가 많아졌다. 결국, 고려 말에 폐지되었다. 사심관 제도가 폐지되자 백성들이 기뻐했다.

왕건이 남긴 유언,
훈요십조

훈요십조

훈요십조(訓要十條)의 훈(訓)자는 '훈민정음'할 때의 훈이다. '가르치다'라는 뜻이다. 요(要)는 중요하다는 뜻이고. 그러니까 훈요십조의 말뜻을 풀면 '중요한 가르침 열 가지' 정도가 된다. 훈요십조는 태조 왕건이 후손에게 남긴 유언 열 가지를 말한다. 943년(태조 26)에 박술희에게 전했다. 모든 후손에게 이르는 말은 아니고, 자신을 이어 왕이 될 인물들에게 남긴 말이다. 후대 왕들에게 어떻게 나라를 발전시킬 것인지, 해야 할 일과 하지 말아야 할 일을 소상히 알려 주고자 하는 충고이자 부탁의 글이다.

다만 두려운 것은 후사가 정욕을 따라 하고 싶은 것을 마음대로 하여 국가의 기강을 어지럽힐까 하는 것이니, 이것이 크게 근심할 만하다. 이에 훈요를 지어 후세에 전하노니, 바라건대 밤낮으로 펼쳐 보아 길이 귀감으로 삼으라.

불교와 풍수지리

훈요십조의 내용을 보면, 우선 불교의 중요성을 강조한다. 그러면서도 불교 사찰을 너무 많이 짓지 말라고 했다. 태조 당시의 절들은 도선이 좋은 터를 잡아 주어 지은 것인데, 여기에 더해서 함부로 짓게 되면 땅의 기운이 쇠해져서 나라에 좋지 않을 것이라고 했다. 절터 잡는 이야기를 보니 풍수지리의 영향도 느껴진다. 풍수지리와 관련된 유언이 더 있다. 서경(평양)은 우리나라 지맥의 근본이 되는 땅으로 만대 왕업의 기지이니 왕들은 이 땅을 중히 여기라고 강조했다.

팔관회

불교 행사인 연등회와 토속 신앙이 스며 있는 팔관회를 중시했다. 행사를 너무 화려하거나 너무 허접스럽게 치르지 말라고 일렀다. 이 밖에 왕건은 고려가 중국과 지역이 다르고 사람들의 성품도 다르니 중국의 제도를 다 따를 필요는 없다고 하여 우리나라 고유의 제도나 풍속을 소중히 하는 면모를 보여준다.

역사의 중요성

또한, 장남으로 왕위를 잇게 하되, 장남이 왕 그릇이 못되면 차남에게 물려주고 차남도 그릇이 아니면 그 형제 가운데 뭇사람들이 추대하는 왕자에게 물려주어 대통을 잇게 하라고 했다. 왕건은 또 후대 왕들이 공부에 게을리하지 말도록 당부했다. 경전과 역사책을 널리 읽어서 과거를 거울삼아 지금을 경계해야 한다고 강조했다.

만부교 사건

훈요십조에는 거란에 대한 내용도 있는데 왕건은 거란을 "짐승과 같은 나라"라고 했다. 상당한 적대감을 드러냈다. 《고려사》를 보면, 훈요십조를 내리기 1년 전인 942년(태조 25)에 이런 일이 있었다.

거란에서 사신을 파견하여 낙타 50필을 보냈다. 왕은 거란이 일찍이 발해와 지속적으로 화목하다가 갑자기 의심을 일으켜 맹약을 어기고 멸망시켰으니, 이는 매우 무도(無道)하여 친선관계를 맺을 이웃으로 삼을 수는 없다고 생각하였다. 드디어 교류를 끊고 사신 30인을 섬으로 유배 보냈으며, 낙타는 만부교(萬夫橋) 아래에 매어 두니 모두 굶어죽었다.

'만부교 사건'이다. 사실, 외교적 결례다. 먼저 친하게 지내자는 거란의 요청을 노골적으로 거부했다. 발해를 멸망시켰기 때문이라고 이유를 설명했다. 이제 고려 백성이 된, 상당히 많은 발해 유민들의 소속감과 충성심을 유도하려는 의도였을 것이다. 아울러 거란과 적절한 긴장 관계를 유지하여 호족 세력을 억누르려는 속내도 있었던 것 같다.

문제의 제8조

한편 훈요십조에는 지금까지 논란이 되는 부분도 있다. 제8조 내용이다.

차현 이남과 공주강 바깥쪽[車峴以南, 公州江外]은 산의 모양과 땅의 기세가 모두 배역(背逆, 반역)으로 뻗어 있는데 사람들의 마음도 그러하다. … 비록 양민(良民)이라 하더라도 마땅히 그를 관직에 올려 일을 맡겨서는 안 된다.

차현 남쪽과 공주강 바깥 지역 사람들은 반역할 사람들이니 관직에 쓰지 말라는 소리이다. 차현이 어디이고 공주강이 어디인지 명확하지 않지만, 대개 차현은 충청남도 천안과 공주를 연결하는 고개로 보고 공주강을 금강으로 본다.

차현과 공주강

이렇게 본다고 해도 어느 지역민을 차별하라는 내용

인지 여전히 불확실하다. 차현과 공주강에만 주목하면 공주를 중심으로 충청도 지역민이 대상이 된다. 차현의 '남쪽'과 공주강의 '밖'에 주목하면 옛 후백제 영토인 전라도 지역이 될 수도 있다. 후백제의 중심이었던 전주 지역만을 가리키는 것이라는 연구도 있다.

후대 조작설

훈요십조 제8조, 이 조항이 후대에 조작됐을 것이라는 주장도 있다. 통합을 강조했던 왕건이 특정 지역민에 대한 차별을 명령했을까 하는 의문, 고려 초기 한때 훈요십조가 행방불명됐었다는 사실, 고려가 후백제 지역 사람들을 차별 없이 등용해 왔다는 현실 등을 반영한 주장이다. 진실이 무엇인지는 잘 모르겠다. 하지만 조작은 아닌 것 같다. 바람직한 것은 아니지만, 특정 지역에 대한 차별이 존재했던 것 같다(실제 차별인지 의식상의 차별인지 몰라도). 사료를 뒤적이다가 《고려사절요》 현종 2년(1011) 기록에서 이런 내용을 만났다.

삼례역에 이르자 전주절도사 조용겸이 야복을 입고 어가를 맞이하였는데, 박섬이 아뢰기를, "전주는 옛 백제 땅이므로 성조 역시 이곳을 싫어하셨습니다. 행차하지 마시기를 청합니다"라고 하였다. 왕은 이를 옳다고 여겨 곧장 장곡역으로 가서 묵었다.

거란의 2차 침략 때의 상황이다. 거란군이 개성을 점령했다. 궁궐은 물론 민가까지 불태웠다. 임금 현종은 피난길, 전라도에 이르렀다. 삼례역에 묵으려 했다가 장곡역으로 가서 묵었다. 전주가 백제 땅이므로 왕건이 싫어했던 곳이라는 게 이유다. 백제는 후백제를 가리키는 것이다. 견훤이 전주를 수도로 삼고 왕건에게 맞섰었다. 삼례역은 지금 전북 완주군 삼례읍인데 당시에는 전주에 속했던 것 같다. 장곡역은 지금 전북 완주군 이서면 지역인데 고려 당시 전주에 속하지 않았던 것 같다. 전주에 대한 고려 조정의 거부감이 읽히는 사료이다.

노비안검법을 시행한
이유는 무엇일까

후삼국 통일

후고구려 궁예가 민심을 잃자 그의 부하였던 왕건이 궁예를 몰아내고 즉위했다. 고려라는 나라가 시작됐다. 왕건은 나라를 통합해 가면서 신라를 흡수했고 후백제와의 전쟁에서 승리하면서 후삼국을 통일하게 된다.

호족의 통합

이 과정에서 왕건은 그 많은 지방 무장 세력, 즉 호족을 어떻게 통합했을까? 무력보다는 포용을 앞세웠다. 전투를 통해 굴복시키면 왕건 쪽에도 피해가 발생한다. 무력에 굴복당한 호족 세력의 반발도 두고두고 문제가 될 수 있다.

결혼 정책

왕건은 몸을 낮추고 호족을 예우했다. 심지어 항복해

오는 호족을 환영하는 행사를 열기 전에 예행연습까지 할 정도였다. 호족을 자기편으로 삼기 위해 결혼을 이용하기도 했다. 전국 유력 호족의 딸을 아내로 맞았는데 무려 29명이다. 왕건의 노력으로 고려는 점차 안정되어 갔다. 그렇지만 왕권이 약할 수밖에 없었다. 고려는 일종의 호족 연합정권으로 출발한 셈이다. 이제 왕건 이후가 문제가 된다. 왕비가 29명이니 자식도 많을 터. 왕건은 25명의 아들과 9명의 딸을 두었다. 자식이 34명이었다. 왕 자리를 놓고 여러 집안이 대립하게 된다. 즉위한 임금들도 위태위태했다.

2대 왕 혜종

왕건의 장남 혜종이 2대 왕으로 즉위했다. 호족들에게 시달리다 재위 2년 만에 죽고 말았다. 혜종의 이복동생, 3대 왕 정종도 혜종과 비슷한 처지였다. 재위 4년 만에 사망했다. 이어서 정종의 동생 광종(949~975)이 고려의 네 번째 임금으로 즉위한다.

4대 왕 광종

광종의 목표는 왕권의 안정과 강화일 수밖에 없었다. 당연히 호족 세력의 힘을 약화시켜야 했고. 그는 노비안검법, 과거 제도, 공복 제도 시행을 통해 왕권을 강화했다. 즉위 초에는 몹시 조심스러웠다. 무리한 정책을 삼가고 관망하는 자세를 보이기도 했다. 그냥 있으나 마나 한 왕처럼 행동하기도 했다. 은밀히 힘을 키우면서. 그렇게 몇 년을 지내고 나서야 과감한 개혁에 나선다.

노비안검법

광종이 시행한 첫 개혁이 노비안검법(956)이다. 노비안검법(奴婢按檢法)은 평민 출신 노비를 해방하는 일종의 노비해방법이다. 안(按)은 '조사하다'라는 뜻이고, 검(檢)은 '검사하다'라는 뜻이다. 비슷하다. 안검(按檢)은 "어떤 사실을 자세히 조사하여 살핌"이라는 뜻으로 쓰인다. 그러니까 노비안검법이라는 용어를 풀면, "노비인지 아닌지 자세히 조사하도록 한 법"쯤 된다. 노비의 노(奴)는 남자, 비(婢)는 여자다.

국가 경제 기반 확충

당시 호족이 거느린 노비들 가운데 상당수는 고려 통일 전쟁 과정에서 포로로 붙잡힌 평민이었다. 또 대호족의 강압으로 노비로 전락한 평민들도 많았다. 이들은 호족의 경제 기반이자 무력 기반이기도 했다. 호미를 들게 하면 농군이 되고 무기를 쥐어 주면 병사가 되는 것이다. 노비안검법 시행은 많은 노비가 원래의 평민 신분으로 되돌아갔다는 것을 의미하며, 이는 호족들의 경제적·군사적 기반이 약화되었음을 뜻한다. 세금을 내지 않는 노비가 세금을 내는 평민 신분을 회복하게 되면서 국가의 재정에도 보탬이 되었다.

최초의 과거제 시행

광종은 노비안검법에 이어 우리 역사에서 처음으로 과거제를 시행한다(958). 중국 후주에서 쌍기라는 사신이 고려에 왔다. 병이 나서 돌아가지 못하고 고려에 머물렀다. 광종은 쌍기가 맘에 들어 귀화시켜서 고려에 살도록 했다. 물론 높은 벼슬도 주었다. 쌍기의 건의와 주도로 과거제를 추진하게 되었다. 왕은 과거를 통해 학문 능력을 갖춘, 자신에게 충성할 수 있는 인재를 확보하고자 했다.

호족의 반발과 개혁 강행

당시 조정 관료들은 대개 호족 출신으로 고려 건국과 통일 과정에서 공을 세웠거나, 무력을 제공한 사람들이다. 학문보다는 무예와 가깝다. 과거제 실시에 거부감을 가질 수밖에 없었다. 더구나 과거제는 호족 자제들의 정계 진출을 어렵게 하는 장치이기도 했다. 이러한 개혁 과정에서 호족 세력의 반발이 심했다. 광종은 많은 사람을 죽이기까지 하면서 개혁을 밀어붙였다.

감옥이 항상 가득 차서 따로 임시 감옥을 설치하였으며, 죄 없이 죽임을 당하는 자들이 잇달았다. 왕의 시기가 날로 심해져서 왕실의 일족으로서 (목숨을) 보전하지 못한 자들이 많았으며, 비록 외아들 왕주(王伷, 경종)라 할지라도 또한 의심하여 가까이하지 못하게 하였다. 사람마다 모두 두려워하여 감히 서로 마주하며 말도 하지 못하였다.

《고려사절요》 광종에 대한 기록이다. 아들마저 경계했음을 알 수 있다. 일련의 개혁을 통해 자신감을 갖게 된 광종은 '광덕'·'준풍' 등의 독자적 연호를 사용하고 수도 개경을 황도(皇都)로 부르게 했다. 스스로 황제를 자처했다.

고려의
인재 등용 방법

과거제를 통한 인재 등용

시험을 통해 관리를 선발하는 과거 제도는 광종에 의해 시작되었다. 이후 1894년 갑오개혁으로 폐지될 때까지 거의 1,000년간 유지되었다. 광종은 958년 이래 18년 동안 모두 여덟 번 과거를 시행해서 39명을 선발했다. 한번 과거 때마다 평균 다섯 명 남짓 뽑은 것이다. 연평균으로 따지면, 한 해 두 명꼴이다. 생각보다 상당히 적다. 과거제에 대한 기득권층의 반발을 최소화하려고 그랬던 것 같다.

문과와 잡과

광종 이후 과거 합격자 수가 증가하게 된다. 문과 합격자는 성적순으로 갑과, 을과, 병과, 동진사로 구분했는데 나중에 갑과는 폐지된다. 그래서 을과 3명, 병과 7명, 동진사 23명 총 33명을 선발하는 원칙이 세워졌다. 전체 합격자 중 1·2·3등이 을과가 되는 것이다.

관료 등용 제도

고려 시대에 관료가 되는 주요 통로는 과거와 음서였다.
과거는 제술과를 가장 우위에 두어 문학적 재능을 중시했다.
무과는 고려 말 공양왕 때 처음 실시되었다.

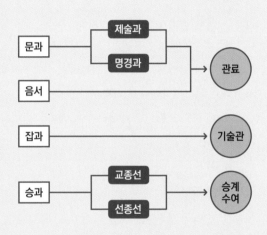

과거는 문신 관료를 뽑는 문과와 기술관을 뽑는 잡과(잡업)가 있었다. 무신을 뽑는 무과는 거의 시행되지 않았다. 없었다고 해도 괜찮다. 문과는 다시 제술업과 명경업으로 나누어진다.

제술업과 명경업

제술업은 사장(詞章), 즉 문학과 문장 능력을 평가했다. 명경업은 유교 경전으로 시험을 치렀다. 고려 시대 동안 제술업(제술과)은 총 250회 시행되었고 거기서 6,330명을 뽑았다고 한다. 명경업(명경과)은 139회 시행되고 거기서 458명을 선발했다고 한다. 명경업 선발자가 아주 적다. 고려 시대의 문과 하면 제술업을 떠올리면 될 것 같다.

국자감시와 예부시

문과의 경우, 지역별 1차 시험을 치르고 합격자들을 대상으로 국자감에서 2차 시험을 봤다. 이를 국자감시(사마시)라고 한다. 국자감시에는 국자감과 사학12도에서 자체 선발된 학생들도 응시할 수 있었다. 2차 시험 합격생들은 예부에서 주관하는 최종 시험인 예부시를 치렀다.

전시의 도입

왕권 강화를 위해 도입된 과거제이지만, 사실 왕이 직접 인재를 뽑는 것은 아니었다. 그래서 종종 임금들이 직접 나서서 합격자를 선발하기도 했다. 이를 제도화한 사람이 공민왕이다. 공민왕은 과거에 전시(殿試)를 도입했다(1369). 전시는 조선 시대에 그대로 계승됐다. 초시·회시·전시 3단계로 과거를 치르게 한 것이다. 조선 시대 과거의 1단계 초시는 일종의 지역별 예선이다. 합격자는 예조 주관의 회시(복시)를 치른다. 문과 33명, 무과 28명 등을 뽑는다(조선 시대에는 무과도 있었다). 문과의 경우 갑과 3명, 을과 7명, 병과 23명, 이렇게 33명의 합격자를 낸다. 마지막 전시는 임금 앞에서 시험을 본다. 전시에서는 탈락자가 원칙적으로 없다. 순위결정전인 셈이다.

소과와 대과

조선 시대 문과를 대과라고도 한다. 대과가 있으면 소과도 있겠지. 소과는 문과(대과) 예비시험 성격이다. 생원시와 진사시가 있었다. 생원시는 유교 경전, 진사시는 문학 능력을 시험했다. 생원시에 합격하면 생원이라고 부르고 진사시에 합격하면 진사라고 불렀다. 소과에 합격하면 성균관에 입학할 수 있었다. 그럼, 소과 합격자만 문과(대과)에 응시할 수 있었을까? 꼭 그랬던 것은 아니다.

과거제 실시 기간

과거는 몇 년에 한 번씩 있었을까. 3년에 한 번이 원칙이었다. 이를 식년시라고 한다. 간지에 병자년, 정묘년처럼 자·묘·오·유가 포함된 해를 식년이라고 한다. 자·축·인·묘·진·사·오·미·신·유·술·해. 3년에 한 번 식년에 치르는 시험이라 식년시라고 한다. 세 번 떨어지면 9년이 훅 간다. 너무한 거 아닌가. 그래서 정기 시험인 식년시 외에 증광시, 알성시 같은 별시가 수시로 치러졌다. 거의 해마다 과거 시험이 있었던 셈이다.

　증광시는 새 임금의 즉위 등 나라에 큰 경사가 있을 때 이를 기념하려고 시행하는 과거이고, 알성시는 임금이 성균관 문묘에 가서 작헌례(酌獻禮)를 올린 후 여는 과거다. 증광시를 시행하려는데 그해가 하필 식년이면 어떻게 할까? 식년시와 증광시 둘 다 시행한다. 한 해에 과거가 여러 번 열리는 것이다. 1774년(영조 50)에는 과거가 여섯 번이나 있었다.

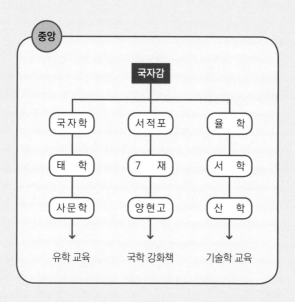

중앙

국자감

국자학	서적포	율 학
태 학	7 재	서 학
사문학	양현고	산 학

유학 교육   국학 강화책   기술학 교육

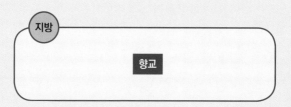

지방

향교

관료의 직위를
어떻게 구분했을까

공복과 상하 질서

공복은 관료들이 궁궐에 들어갈 때 입는 출근복이다. 관복이라고도 한다. 공복 입은 신하의 모습은 TV 사극에서 흔히 보게 된다. 임금이 공식적으로 공복 제도를 마련하는 이유는 궁극적으로 왕권 강화를 위해서라고 할 수 있다. 신하들의 지위가 높고 낮음에 따라 옷 색깔을 달리 정해서 상하 질서를 드러내고, 아울러 임금과 신하의 상하 수직적 관계를 강조하는 장치가 바로 공복이다. 오늘날 군대에서 높고 낮은 계급에 따라 서로 다른 계급장을 다는 것과 비슷한 이치이다.

왕권 강화를 위한 정책

노비안검법과 과거제를 통해 왕권 강화를 추진한 고려 광종이 960년(광종 11)에 공복 제도까지 마련했다. 그러면 광종 이전에 관료들은 공복을 입지 않은 것일까? 그렇지 않다. 이미 태조 왕건 때도 공복이 있었다.

광종은 지금까지의 공복 제도를 개선하고 정비한 것이다. 참고로, 신라 법흥왕 당시 공복 색깔은 높은 사람부터 자색·비색·청색·황색 순이었다. 고려 광종이 정한 공복은 자(紫)·단(丹)·비(緋)·록(綠) 이렇게 네 가지 색깔이었다. 대체로 높은 사람이 자색 관복을 입고 아랫사람들이 단색, 비색, 녹색 순으로 입었다. 그렇지만 업무 영역을 구분하려는 이유로 하급 관리가 자색을 입는 경우도 있었다. 단색(丹色) 공복은 광종 대 이후 폐지된다. 대략 성종 대부터 자색·비색·녹색, 이렇게 3색 공복제도가 정착하게 된다. (자색은 자주색에 가깝고, 단색은 붉은색, 비색(緋色)은 짙은 분홍색, 녹색은 초록색에 가깝다. 고려청자도 비색이라고 하는데, 한자가 다르다. 청자색 비색은 '翡色'이다.)

음서제와
귀족의 지위

음서제

고려 시대에 관료가 되고 싶으면 과거에 합격해야
한다. 그런데 과거 시험을 보지 않고도 관료가 될 수
있었다. 아버지가 높은 자리에 있다면 아버지 '빽'으
로 자식이 벼슬을 받았다. 음서란 5품 이상 문무 관료
의 자손에게 벼슬을 주는 제도이다. 성종 때쯤부터 시
행됐다. 아들뿐 아니라 손자·외손자·형제·조카·사
위까지도 음서의 혜택을 받았다. 과거제에 대한 지배
층의 반발을 무마하는 정책으로 보인다. 고위관료의
자손들은 대개 스무 살이 되기 전에 음서로 벼슬에 나
아갔다. 과거 합격자보다 어린 나이에 관직을 받기에
승진에서도 과거 합격자보다 유리한 면이 있었다. 그
래서 고려의 고위직 중에 음서 출신자가 많았다.

과거 출신과와 음서 출신

그렇다고 음서 출신 관리가 과거 출신 관리와 완전히

동등했던 것은 아니다. 음서 출신자는 임금의 명령서 작성, 역사책 편찬, 과거 시험 관리, 왕세자 교육 등 학문 능력과 관련된 업무는 맡을 수 없었다. 그래서 음서로 관료가 된 사람들 가운데 상당수가 다시 과거에 응시해서 합격했다. 정정당당하게 실력으로 경쟁해서 벼슬살이하는 것이 더 떳떳하다고 여겼는지도 모르겠다.

문벌귀족과 권력 승계

한 가지 가정해 보자. 대대로 농사짓는 어느 집의 젊은이가 열심히 공부해서 과거에 급제하고 벼슬이 계속 올라 최고위직인 문하시중이 되었다고 치자. 이 사람은 문벌귀족일까, 아닐까? 아무리 벼슬이 높아도 아직은 문벌귀족이 아니다. 그 후손들이 계속 높은 벼슬을 하면서 집안의 위세를 유지해야 비로소 문벌귀족으로 인정받게 된다. 문벌이라는 말은 '대대로 내려오는 그 집안의 사회적 신분이나 지위'를 말한다. 그런데 아버지의 아들의 아들이 계속해서 과거에 합격하기는 쉽지 않다. 그 어려움을 해결해 주는 장치가 음서제다. 고려의 음서제는 귀족들의 지위 유지를 보장해주는 역할을 했다. 따라서 음서제의 존재로 당시 사회가 문벌귀족 사회였음을 알 수 있다.

알아두면 쓸모있는 역사상식 Tip!

조선 시대에도 음서가 있었을까? 있었다. 다만, 고려에 비해 자격이 제한되고 조정에서의 비중도 아주 낮았다. 조선 시대에는 5품이 아니라 3품 이상 관리의 자손만 음서 혜택을 받을 수 있었다. 그냥 되는 것도 아니고 별도의 시험을 치러서 통과해야만 했다.

성종의 정치 파트너는
누구였을까

최승로와 성종

태조 왕건을 이어 혜종·정종·광종·경종·성종이 왕위를 이었다. 혜종·정종·광종은 모두 태조의 아들이다. 우리가 주목해야 할 임금은 4대 광종과 6대 성종이다. 성종하고 실과 바늘처럼 연결되는 인물이 최승로(927~989)다. 그는 신라의 6두품 출신이었다. 신라가 고려에 스스로 항복한 해가 935년이다.

신라의 마지막 임금 경순왕을 따라 최승로의 아버지도 아들 최승로를 데리고 고려에 귀부했다. 왕건은 총명한 꼬마 최승로를 귀여워했다고 한다. 신라에서 태어나 고려의 백성이 된 최승로는 성장하면서 여러 임금을 섬겼고 성종 대에 두드러진 활약을 하게 된다. 최승로가 올린 개혁안을 바탕으로 성종의 개혁이 펼쳐진다.

시무28조

그가 성종(981~997)에게 올린 개혁안이 바로 시무 28조이다. 대개 시행되었다. 최승로는 우선 역대 임금의 잘잘못을 평가하여 성종이 교훈으로 삼게 하고 이어서 28가지의 개혁안을 상세히 적어 올렸다. 태조 왕건에 대한 평가는 우호적이었다. 혜종부터 경종까지는 잘한 점과 잘못한 점을 나눠 평가했다. 광종의 노비안검법 등은 잘못된 정책이라며 비판했다. 28조 개혁안 가운데 현재 전해지는 것은 22개조이다. 6개 조항은 어떤 내용인지 알 수 없다. 22개조에는 정치, 국방, 대외 관계, 종교 등 다양한 내용이 담겼는데 일부 내용을 살펴보자.

외관 파견

우선 지방에 외관(外官)을 파견하자고 했다. 이에 성종은 12목에 외관, 즉 지방관을 파견했다. 왕의 명령을 받는 지방관(수령)을 파견해서 지방민을 다스린다는 것은 지방 호족 세력의 권한을 약하게 하고, 중앙집권화를 강화한다는 의미이다. 이제 지방 주요 지역의 호족은 중앙에서 파견된 수령에게 통치권을 넘기고 수령을 보좌하는 향리가 된다. 외관 파견을 청하는 최승로의 말을 《고려사》에서 옮겨 본다.

우리 태조께서 통일하신 후에 외관(外官)을 두고자 하셨으나, 대개 초창기였으므로, 일이 번잡하여 미처 그럴 겨를이 없었습니다. 이제 제가 보건대 향리의 토호들이 늘 공무(公務)를 빙자하여 백성들을 침해하고 학대하므로 백성들이 명령을 감당하지 못하니, 요청하건대 외관을 두시옵소서. 비록 일시에 모두 다 보낼 수 없을지라도, 우선 10여 개 주현에 합하여 1명의 관리를 두고, 그 아래 각기 2~3명의 관원을 두어서 위임하여 백성을 어루만지며 돌보게 하시옵소서.

고유 문화 존중

최승로는 또 중국에서 본받을 것은 본받되 의복 제도 등 우리 풍습은 그대로 지키자고 했다. 맹목적인 중국 문물 수용에 반대하고 적절한 취사선택의 필요성을 말한 것이다. 이는 훈요십조에 드러난 왕건의 생각과도 비슷하다.

백성들의 부담 감면

우리나라는 봄에 연등회를 열고 겨울에 팔관회를 개최하여 사람들을 널리 징발해 노역(勞役)이 대단히 번거로우니, 원컨대 이를 대폭 줄여 백성의 수고를 덜어 주십시오.

연등회와 팔관회 준비에 동원되는 백성들의 부담을 덜어 주어야 한다고 주장했다. 연등회와 팔관회를 폐지하자고 한 것은 아니다. 그런데 최승로의 영향 때문인지 한때 두 행사가 중단되기도 했었다.

종교와 정치의 분리

유학자인 최승로는 불교에 부정적인 편이었다. 그러나 불교 자체를 거부하지는 않았다. 불교 때문에 일어난 사회적 폐단을 지적했을 뿐이다. 그러면서 개혁안에 이러한 주장을 담았다. "불교를 믿는 것은 수신(修身)의 근본이고, 유교를 행하는 것은 나라를 다스리는 근원입니다. 수신은 실로 내세를 위한 바탕이며, 나라를 다스리는 일은 오늘의 급선무입니다." 즉 '불교는 자신을 다스리는 데 필요할 뿐이다. 먼 내세의 일이다. 나라를 다스리는 데는 유교가 제격이다'라고 말함으로써 불교는 종교로 그 존재의 필요성을 인정해 주고 정치 이념으로서 유교의 중요성을 강조했다. 종교와 정치의 분리를 주장한 셈이다.

공무역의 시행

《고려사》에는 공무역과 관련해서 다음과 같은 내용도 있다.

우리 태조께서는 … 몇 해에 한 번씩 사신을 보내시어 빙례 (聘禮, 물품을 선물하는 예의)를 행하셨을 따름이었습니다. 지금은 방문하는 사신뿐만 아니라 무역으로 인해 사명을 띤 사람들이 번거롭게 많으니, 중국에서 천하게 여길까 염려됩니다. 또한 〈잦은〉 왕래로 배가 난파되어 목숨을 잃는 사람들도 많습니다. 요청하건대 지금부터는 교빙하는 사신에게 무역을 겸하여 행하게 하고, 그 나머지 때에 맞지 않는 매매는 모두 금지하십시오.

사신을 통한 공무역을 시행하되, 개인 상인이 송나라에 가서 교역하는 행위는 금지하자는 내용으로 해석된다. 그래서인가, 성종 이후 고려 상인들은 무역하러 송나라에 가기가 어려워졌다. 사실상 금지다. 대신 벽란도로 들어오는 송나라 상인들과 교역했다.

성종 때 서희가 거란에게서 강동6주를 획득했고, 국자감을 설치한 이도
성종이다.

중서문하성에서 담당했던 일들

2성 6부제

'3성 6부제'가 고려에서 완전히 자리 잡은 것은 성종 때이다. 중서성에서 제일 높은 사람은 중서령이고 문하성에서 제일 높은 사람은 문하시중이다. 그런데 중서령은 권한이 없는 명예직이다. 사망한 관리에게 명예를 더해주기 위해서 중서령이라는 벼슬을 내려 주기도 했다. 그러니까 실권을 가진 가장 높은 사람은 문하시중이다. 중서령은 없는 거나 마찬가지이다. 겉보기에 중서성과 문하성이 별도로 존재하는 것 같지만, 실상은 문하시중이 이끄는 중서문하성 하나로 보는 것이 적절하다. 그렇다면 고려는 중서문하성과 상서성 이렇게 두 개가 있는 2성 6부제가 되는 셈이다.

중서문하성

중서문하성에서는 어떤 일을 하는가. 같은 중서문하성 소속이라도 높은 사람과 낮은 사람들이 하는 일이

전혀 다르다. 1품과 2품의 높은 신하들은 재신이라고
하는데 나라의 중요한 일을 회의를 통해서 결정하는
일을 했다. 또 6부의 장관직을 겸해서 맡았다. 재신들
이 판이부사, 판병부사 식으로 6부의 장관직을 겸해서
맡다 보니 6부만의 주체성, 독립성은 부족했다. 한편,
6부도 높고 낮은 순서가 있다. 고려의 6부는 이부·병
부·호부·형부·예부·공부 순이다. 국방을 책임지는
병부의 서열이 2위이다. 한편 조선은 이조·호조·예
조·병조·형조·공조 순이다.

중추원

중추원이라는 기구도 있다. 나중에 추밀원으로 이름이
바뀐다. 송의 제도를 참고해 만든 것이다. 중추원의 높
은 관리들을 추신, 또는 추밀이라고 했다. 중서문하성
의 고위직은 재신, 중추원의 고위직은 추신이다. 합해
서 재추! 재추는 고려의 고위직 관리에 대한 호칭으로
쓰이기도 했다. "내전에서 재추(宰樞)에게 잔치를 베풀
었다" 또는 "재추를 불러 동계의 변방 상황을 물었다"
는 등《고려사》에 재추라는 단어가 참 많이 나온다.

낭사

이제 중서문하성의 하위직 관료를 보자. 중서문하

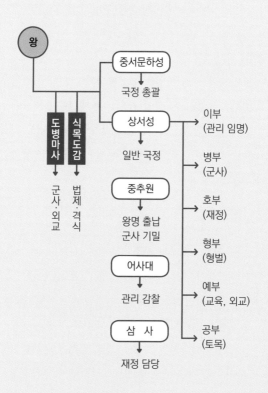

성의 낮은 신하들은 낭사라고 하는데 3~6품 관리들이다. 낭사는 간쟁·봉박·서경을 담당했다. 낭사는 이 일을 감찰 담당인 어사대의 관원과 함께했다. 그래서 낭사와 어사대 관원을 합해 대간이라고 불렀다.

대간

대간이 행한 간쟁은 임금과 신하들의 잘못을 지적하고 비판할 수 있는 권한이다. 임금은 대간에게 비판을 받아도, 원칙적으로 그들을 처벌할 수 없다. 봉박은 임금의 명령이 잘못되었을 때 이를 거부할 수 있는 권한이다.

서경

서경은 관리 후보자의 자격 여부를 심사하고 동의해 주는 제도이다. 대간에서 부적합한 인물로 지목하여 서경을 거부하면 임금이라도 그 관리 후보자를 관리로 임명하기 어려웠다. 고려에서 대간의 서경 범위가 모든 관리에 해당하는지, 높은 관리 임명에만 해당하는지, 아니면 낮은 관리에게만 해당하는지 명확하지 않다. 반면 조선에서는 5품 이하의 하위직 관리 임명 때만 서경이 적용되었다.

재상과 정승의
차이는

"우리 조상 중에 정승을 하신 분이 많아."

"정승이 재상이지?"

"아마 그럴걸?"

재상

정승이 재상이기도 한 것은 맞다. 그런데 모든 재상이 곧 정승은 아니다. 무슨 소리인지 알아보자. 조정에서 높은 지위에 있는 관료들을 재상(宰相)이라고 한다. 고려 시대 재상을 '재추' 또는 '상국(相國)'이라고도 했다. 이규보의 문집《동국이상국집》의 '이상국'은 '이규보 재상'이라는 뜻이다. 중서문하성과 중추원에 소속된 2품 이상의 관료가 대개 재상으로 불렸다. 시기별 변화가 있기는 하지만, 고려 시대의 재상은 20명 정도였다. 조선 시대에는 2품 이상의 모든 관료를 재상이라고 했다. 영의정·좌의정·우의정, 6조 판서와 참판, 대사헌 그리고 지방의 관찰사 등 대략 60명이었다.

정승

재상과 비교되는 게 정승이다. 정승이라는 호칭은 고려 말에 가서 문하시중 한 사람을 가리키는 용어로 주로 쓰였다. 조선 시대에는 의정부의 영의정·좌의정·우의정을 정승이라고 했다. 세 명이라서 보통 삼정승으로 불렀다. 그러니까 재상 중에서 제일 높은 사람이 정승인 것이다. 사극을 보면 "영상 대감"이라는 호칭이 나오기도 한다. 영상(領相)의 영(領)은 '거느리다', '다스리다'라는 뜻이다. 상(相)은 '재상'이라고 할 때의 '상'이다. 영상은 영의정(領議政)을 말한다. 좌상은 좌의정, 우상은 우의정이다.

영의정

영의정의 영(領)자와 관련해서 조금 더 알아보자. 영(領)에는 주로 지도자의 의미가 담긴다. 무리의 우두머리를 말하는 수령(首領)이 그 예이다. '대통령(大統領)'에도 이 글자가 들어간다. 주의할 게 있다. 조선 시대 지방관을 수령이라고도 하는데 이때의 수령은 '守令'이라고 쓴다. 대통령 부인을 영부인이라고도 하는데, '令夫人'이 맞다. '領夫人'이 아니다. 원래 영부인(令夫人)이라는 말은 남의 아내에 대한 존칭이다. 그런데 언제부턴가 대통령 부인을 가리키는 말로 변용되었다.

영수

영(領)자는 대개 수(袖)자와 붙어, 영수(領袖)로 쓰였다. 그 의미는 '대표', '우두머리'이다. "그는 사림의 영수가 되었다" 또는 "남인의 영수는 허적이다" 같은 식이었다. 그런데 오늘날 '영수'의 쓰임새가 다소 바뀌었다. '영수회담'이 그렇다. 보통 대통령과 야당 대표의 회담을 영수회담이라고 한다.

좀 의외인데, 영(領)자와 수(袖)자의 원뜻은 '우두머리'와 관계가 없다. '거느리다'라는 뜻도 가진 영(領)자는 원래 옷깃이라는 의미이다. 수(袖)는 소매다. '옷깃과 소매'가 지도자를 뜻하게 된 데는 몇 가지 설이 있다. 그 한 가지를 소개하면 이렇다. 옷에서 옷깃과 소매는 다른 부위보다 때가 잘 탄다. 빨래할수록 잘 닳아 해진다. 그래서 보통 검은색 천으로 옷깃과 소매를 덧댄다. 공민왕 때 명 태조가 관복을 보내 왔는데, 깃과 소매가 검은색이라고 《고려사》에 나온다. 황금색 천을 깃과 소매로 쓰기도 했다. 심지어 금으로 장식했다는 이야기도 있다. 그러면 옷깃과 소매가 눈에 확 띈다. 그래서 옷깃과 소매가 옷의 상징이 되고 그 옷을 입은 사람 신분의 상징이 되기도 했다는 얘기다. 그러면서 옷깃과 소매, 즉 영수(領袖)가 대표자를 의미하는 뜻으로 쓰이게 되었다는 것이다.

거란의 침략과
서희의 활약

고려의 대외관계

고려 시대에 중국은 한족(漢族) 왕조 송나라였다. 거란의 침략에 시달리던 송은 결국 금나라의 침략을 받고 망한다. 이후 남쪽으로 내려가 새로 나라를 여니 그 나라를 남송이라고 한다. 남송은 몽골에 망한다. 당시 고려 땅 북쪽에는 여러 유목민족이 살았는데, 거란·여진·몽골이다. 이들 유목민족 가운데 먼저 강대해진 나라가 거란, 즉 요나라다. 이어서 여진이 금을 세워 힘을 떨쳤고, 뒤를 이어 몽골이 강해지면서 거란족과 여진족 모두 몽골의 지배를 받게 된다. 고려의 대외 관계에서 우선 기억할 것은 세기별로 어떤 나라와 대결했는가이다. 큰 사건을 기준으로 볼 때 10·11세기는 거란, 12세기는 여진, 13세기는 몽골이라는 점을 알아 두자.

거란의 침략

북방의 유목민족들이 꼭 차지하려고 한 곳은 중국 지역, 즉 송의 영토이다. 그런데 먼저 고려에 쳐들어온 것은 고려에게 뒤통수를 맞을지 모른다는 두려움 때문이었다. 대표적인 경우가 거란의 침략이다. 거란은 자기들이 송을 공격할 때 고려가 자기 나라의 본거지로 쳐들어올까 겁냈다. 앞에서 송이 반격하고 뒤에서 고려가 공격한다면 큰 위기에 빠질 것이 뻔했다. 그래서 고려와 송의 관계를 끊어 놓으려고 고려를 침공한 것이다. 따라서 거란은 장기전을 펼칠 의도도 능력도 없었다. 최대한 빨리 끝내고 돌아가야 했다. 그래야 송나라를 칠 수 있다.

외교사의 귀감, 서희

이러한 거란의 속내를 읽고 대응했던 인물이 서희이다. 고려 조정 신하들 대개 거란의 침략 의도를 알아채지 못했다. 그래서 고려 땅 일부를 거란에 떼어주고 물러가도록 청하자고 주장하기도 했다. 서희는 땅을 떼어주기는커녕 오히려 땅을 얻어서 돌아왔다. 그 사연을《고려사》는 이렇게 전한다. 우선 적장 소손녕과 담판하기에 앞서 두 사람의 기 싸움이 시작된다.

소손녕이 말하기를, "내가 큰 나라의 높은 사람이니, 〈네가〉 마땅히 뜰에서 절해야 한다"라고 하였다. 서희가 말하기를, "신하가 임금에게 절을 올리는 것은 예의지만, 두 나라의 신하가 서로 만나는데 어찌 이처럼 할 수 있겠소?"라고 하였다. 두세 번 〈절충하려〉 왔다 갔다 했지만, 소손녕은 허락하지 않았다. 서희가 노하여 돌아와 관사에 드러누운 채 일어나지 않으니, 소손녕은 마음속으로 그를 기이하게 여기고 마침내 허락하여 마루로 올라와 〈대등하게〉 예를 행하도록 하였다.

소손녕과의 회담

소손녕은 처음부터 서희의 기를 누를 생각이었다. 서희에게 절을 하라고 했다. 서희는 같은 신하끼리 무슨 절을 하느냐고 거부했다. 그러자 소손녕은 자신에게 절을 해야만 회담을 하겠다고 고집을 부렸다. 그러자 서희는 과감하게 회담을 거부하고 나와 누워 버렸다. 결국, 기 싸움에서 소손녕이 졌다. 소손녕이 조급하다는 것을, 고려와 오랜 전쟁을 치를 형편이 안 된다는 것을 서희는 확실히 알아챘다. 이제 회담이 시작됐다.

소손녕이 서희에게 말하기를, "너희 나라는 신라 땅에서 일어났고, 고구려 땅은 우리 소유인데, 너희들이 침범해 왔다.

… 서희가 말하기를, "그렇지 않다. 우리나라가 바로 고구려의 옛 땅이기 때문에, 국호를 고려라 하고 평양에 도읍하였다. 만일 국경 문제를 논한다면, 요(遼)의 동경도 모조리 우리 땅에 있는데, 어찌 〈우리가〉 침범해 왔다고 말하는가?

소손녕은 고려가 신라를 계승한 나라이고 거란은 고구려 땅에서 일어난 나라로 옛 고구려 땅은 거란 땅이라고 우겼다. 그러자 서희는 고려야말로 고구려를 계승한 나라이며 나라 이름 '고려'가 이를 증명한다고 맞섰다. 오히려 옛 고구려 땅이 고려의 영토이기에 지금 거란의 중심지도 고려 땅이 될 수 있다는 듯 밀어붙였다.

서희가 고려의 도읍이 평양이라고 한 것은 평양을 도읍만큼이나 중하게 여기고 있음을 표현한 것 같다. 평양을 서쪽 도읍, 서경(西京)이라고 했으니까. 그런데 고려가 고구려를 계승했다는 얘기보다 현실적으로 더 중요한 이야기는 다음에 나온다. 《고려사》를 조금 더 따라가 보자. 서희가 하는 말이다.

압록강 안팎 또한 우리 땅인데, 지금 여진이 그 땅을 훔쳐 살면서 완악하고 교활하게 거짓말을 하면서 길을 막고 있으니, 〈요로 가는 것은〉 바다를 건너기보다 더 어렵다. 그동안 사신을 교류하지 못했던 것은 여진 때문이니, 만약 여진을 쫓아내고 우리의 옛 영토를 돌려주어 성과 보루를 쌓고 도로를 통하게 해 준다면, 어찌 감히 국교를 맺고 교류하지 않겠는가? 장군께서 만일 나의 말을 천자께 전달해 준다면, 어찌 〈천자께서〉 애절하게 여겨 받아들이지 않겠는가?"라고 하였다.

서희의 지략

정리하면 이렇다. 고려가 거란과 교류하지 않은 것은 여진이 길을 막았기 때문이다. 그 길은 지금 거란 소유지만 옛 고구려 땅이다. 실질적으로는 여진이 살고 있다. 그 땅을 고려에 돌려주면 여진을 내몰고 길을 뚫어 거란과 교류하겠다는 얘기다.

거란의 철수

결국, 거란은 고려에 땅을 내주고 철수했다. 거란과 교류하겠다는 고려의 약속은 송과의 관계를 끊는다는 의미가 내포되어 있다. 어찌 됐든 거란은 군사 피해 없이 뜻을 이룬 셈이니 작전 성공이다. 소손녕은 떠나면서 서희에게 낙타 10마리, 말 100필, 양 1,000마리, 비단 500필을 선물로 주고 갔다. 거란의 1차 침략(993)은 이렇게 끝났다.

강동6주

이후 고려는 이 지역의 여진족을 내몰고 곳곳에 성을 쌓아 요새처럼 만들었다. 그리고 새로운 행정구역으로 강동6주를 설치했다. 홍화진·통주·용주·철주·곽주·귀주다. 강동6주 설치로 고려는 압록강 지역까지 영토를 확대하게 되었다. 그런데 고려가 송과의 교류를 재개했다. 거란은 불쾌했다. 뒤늦게 강동6주 지역의 중요성을 인식한 거란은 고려에 반환을 요구했다. 고려는 강동6주 반환을 거부했다. 거란은 강조의 정변(1009, 강조가 목종을 폐위하고 현종을 즉위하게 한 사건)을 구실로 고려를 다시 침공한다. 2차 침입(1010)이다. 개성이 함락되고 임금 현종이 남쪽으로 피난 가는 위기를 겪었지만, 결국 고려는 거란을 몰아냈다. 이때 양규의 활약이 두드러졌다.

귀주대첩

그리고 이어지는 3차 침입(1018), 강감찬은 소배압이 이끄는 거란 대군을 귀주에서 물리친다. 거란군은 거의 궤멸됐다. 이를 귀주대첩이라고 한다. 귀주? 강감찬이 대승을 거둔 귀주는 서희가 획득한 강동6주의 한 곳이다.

따로 별무반을
만든 이유는

동북9성

10세기와 11세기에 고려는 거란의 침략을 막아 냈다. 12세기에는 여진과 전쟁을 벌여야 했다. 1104년(숙종 9), 윤관이 별무반을 조직하여 여진을 정벌하고 그 땅에 동북9성을 쌓았다. 하지만 얼마 뒤 동북9성을 여진에게 돌려주고 말았다. 동북9성의 위치는 명확히 알 수 없다. 다음 글은《고려사절요》의 별무반 관련 기록이다.

윤관이 아뢰기를, "신이 여진에게 패배한 까닭은 그들은 기병이고 우리는 보병이어서 상대가 되지 않았기 때문입니다"라고 하였다. 이에 건의하여 비로소 별무반을 만들었다. … 모든 말을 가진 자들은 신기군으로 삼고, 말이 없는 자는 신보군 … 등으로 삼았다. … 승도를 선발하여 항마군으로 삼아, 다시 거병할 것을 꾀하였다.

별무반의 탄생

처음에 윤관이 보병을 이끌고 여진과 싸웠는데 졌다. 여진은 말 탄 기병인데 고려는 보병이라 불리했다. 설욕전이 필요했다. 그래서 임금에게 건의해 기병 중심의 군대를 만들게 된다. 별무반의 탄생이다. 별무반은 지배층을 포함한 모든 백성을 징병 대상으로 삼아 기병 부대 신기군, 보병 부대 신보군, 승려 부대 항마군으로 편성했다.

별무반은 한자로 '別武班'이라고 쓴다. 다를 별(別)자에는 '따로, 달리'라는 뜻도 있다. 그냥 쉽게 '별도로' 정도로 이해하자. 뭐와 별도로? 기존의 군대와 별도로 새로운 군대를 만들었다는 뜻이다. 고려가 몽골과 항쟁하던 때의 삼별초(三別抄)와 개항 이후에 설치되는 '신식 군대' 별기군(別技軍)의 '별(別)'도 별무반과 쓰임새가 같다.

이자겸은 왜
난을 일으켰을까

이자겸은 십팔자(十八子)가 왕이 된다는 도참설을 믿고 반역을 도모하려고 떡 속에 독을 넣어 〈왕에게〉 올렸다. 왕비가 몰래 왕에게 일러주자 떡을 까마귀에게 던져 주니 까마귀가 죽었다. 또 독약을 보내어 왕비로 하여금 왕에게 바치게 하였으나 왕비가 사발을 들다 거짓으로 넘어진 척하고 독약 사발을 엎질러 버렸는데 왕비는 곧 ○○○의 넷째 딸이었다.

이자겸

○○○에 들어갈 답은? 바로 이자겸(?~1126)이다. 《고려사》 열전 내용을 중심으로 이 사건을 따라가 보자. 십팔자(十八子)를 합하면 이(李)자가 된다. 이자겸을 암시한다. 그가 독살하려고 한 임금은 인종 (1122~1146)이다. 인종은 이자겸의 외손자이자 사위이다. 어떻게 외손자가 사위가 될 수 있었나.

인종의 근친혼

문벌귀족들은 '격'이 맞는 귀족 집안끼리 결혼해서 특권을 유지했다. 인기 있는 집안은 아무래도 왕실이다. 이자겸은 인주이씨다. 인주이씨 집안은 오래전부터 왕비를 배출하면서 조정의 실세가 되었다. 이자겸도 둘째 딸이 예종의 비가 되면서 확 컸다. 예종의 아들이 태어났다. 이자겸의 외손자다. 그 외손자가 14살에 즉위하니 인종이다. 이자겸은 자신의 셋째 딸과 넷째 딸을 인종과 결혼시킨다. 인종은 이모들을 부인으로 맞은 것이다.

이자겸은 다른 성이 왕비가 되어 권세와 총애를 나누는 것을 두려워하여 세 번째 딸을 왕에게 바칠 것을 강하게 요청하니 왕이 부득이 그를 따랐다. 이날 큰바람이 불어 기와가 날리고 나무가 뽑히었다. 뒤에 또 네 번째 딸을 왕비로 들이니 또 크게 비바람이 일었다.

하늘이 큰 비바람을 보내 이자겸에게 경고한 모양이다. 그러나 이자겸은 더욱 거만해졌다. 아들들도 덩달아 기고만장했다.

아들들이 다투어 지은 저택은 거리마다 이어 있었으며, 세력이 더욱 뻗치니 뇌물이 공공연하게 오가고 사방에서 선물이 모여들어 늘 수만 근의 고기가 썩어났다. 남의 토지를 강탈하고 종들을 풀어 백성들의 수레와 말을 빼앗아 자기의 물건을 실어 나르니, …

이자겸의 난

처음 인종은 이자겸을 좋아했을지도 모른다. 이자겸이 어린 자신을 왕이 되게 해주었으니 말이다. 그러나 이제는 아니다. 마치 자기가 임금인 것처럼 구는 이자겸, 외할아버지이자 장인어른이지만, 정말 싫다. 내시 김찬이 왕의 속뜻을 헤아리고 사람을 모아 이자겸 제거를 계획한다. 그러나 상황은 역전되고 이자겸과 척준경 세력의 반란으로 인종은 궁지에 몰리고 궁궐까지 불탄다.

인종의 계획

인종은 척준경을 살살 구슬렸다. "경은 더욱 수신에 힘쓰고 옛일은 염두에 두지 말 것이며 성심을 다하여 보좌함으로써 앞으로의 어려움을 없게 하라." 그 무렵 이자겸과 척준경 사이가 벌어진다. 인종은 은밀히 척준경에게 쪽지를 보낸다. 이번엔 내용이 구체적이다.

통탄할 만한 바는 태조께서 창업하고 선대의 성군들께서 왕위를 계승하여 나에게까지 이르렀는데, 만약 왕의 성씨가 바뀌게 된다면 이는 짐 혼자만의 죄일 뿐 아니라 실로 재상과 대신들에게도 큰 수치가 되는 일이다. 경은 잘 생각하여 도모하라.

이자겸의 사망

결국 이자겸은 척준경에 의해 진압된다. 이자겸은 영광으로 귀양 갔는데 얼마 뒤 그곳 영광에서 죽었다. 1126년(인종 4)의 일이다. 문종 때부터 80여 년 동안 왕실과 혼인 관계를 맺으며 부귀를 누리던 인주이씨 집안은 이렇게 몰락의 길을 걷게 되었다.

서경파와 개경파

광종·성종을 거치며 안정기에 들어갔던 고려, 거란의 침략까지 극복해내며 성장하던 고려가 흔들리게 된 원인은 내부에 있었다. 이자겸의 반란이 결정적이었다. 귀족 사회는 크게 동요하기 시작했다. 이 와중에 묘청의 서경천도 운동이 일어나게 되면서 귀족 세력은 서경파와 개경파로 분열하여 다투게 된다. 급기야 무신정변에 이르게 된다. 이자겸의 난(1126년), 묘청의 난(1135~1136) 둘 다 인종 임금 때이다. 이어서 무신정변은 1170년(의종 24).

인종은 서경 천도에 찬성했을까? 그랬다. 서경(평양)에 궁궐까지 짓게
했다. 다시 시작한다는 마음에 설렜을 것이다. 그러나 반대가 너무 심해
천도를 단념했다. 왕권이 그만큼 약했다. 그러자 묘청이 서경에서 반란
을 일으킨 것이다. 반란은 김부식에게 진압됐다. 인종은 개경에 정떨어
졌을 것이다. 궁궐은 불타고, 되는 일도 없다. 그때 풍수지리를 내세워
개경은 끝이라며 서경으로 도읍을 옮기면 모든 게 잘 된다고 설득하는
묘청. 그의 말에 솔깃할 수밖에 없었을 것이다.

칭제건원과
국가의 주체성

칭제건원

광종이 칭제건원(稱帝建元)했다고 한다. 묘청이 금국 정벌과 함께 칭제건원을 주장했다. 조선 고종은 대한 제국을 세우고 칭제건원했다. 한국사에서 칭제건원 은 자주국임을 표방하는, 주체성을 강조하는, 그런 의 미로 평가된다. 칭제건원은 '칭제'와 '건원'이 합해진 말이다. 우리나라에서는 칭제하지 않고 건원만 한 경 우도 있었던 것 같다. 칭제(稱帝)는 임금이 황제를 칭 한다는 뜻이다. 건원(建元)은 독자적인 연호를 쓴다 는 의미이다. 중국에서 연호를 처음 쓰기 시작했는데 그 공식적인 시작이 한무제 때라고 한다. 그때 연호가 건원이었다. 그래서 건원이라는 단어가 연호를 제정 한다는 의미로도 쓰이게 되었다.

연호

연호란 옛날 동양의 연대 표기 방법이다. 원칙적으로

중국 황제만 정할 수 있다. 황제가 즉위해서 연호를 '김밥'으로 결정했다면 즉위 첫해는 김밥 1년, 그다음 해는 김밥 2년, 이런 식으로 기록했다. 이때 주변 나라들은 중국과 똑같이 김밥이라는 연호를 사용한다. 다음 황제가 즉위하면 연호를 바꾼다. 주변 나라들도 이에 따라 바뀐 연호를 사용한다.

독자적 연호

그런데 삼국 시대와 고려 시대에는 중국과 다른 독자적 연호를 쓰는 경우가 많았다. 조선 시대에는 명나라 연호를 그대로 따라 썼다. 고려의 칭제건원을 분수에 맞지 않는 짓이라고 비판하기도 했다(《세종실록》). 병자호란 이후 조선은 공식적으로 청의 연호를 썼다. 공식적으로? 그렇다. 비공식적으로는 명나라 연호를 여전히 썼다. 명이 멸망한 뒤에는? 그래도 명나라 연호를 썼다. 망해 버린 나라 명나라, 그럼 연호가 없는데 어떻게 쓰나?

명과 조선

몇 가지 방법이 있다. 그 가운데 하나. 1753년(영조 29)을 예로 들어 본다. 1753년은 청나라 연호를 써서 '건륭 18년'이다. 그런데 굳이 '숭정 기원후 126년'으로 쓰는 거다. '숭정'이라는 연호는 명나라 마지막 황제 의종이 1628년부터 1644년까지 사용했던 연호다. '숭정 기원후 126년'은 숭정이란 연호를 쓰기 시작한 1628년 이후 126년이 지난 때를 말한다. 그해가 1753년이다. 강화 충렬사는 병자호란 때 순절한 인물을 주로 모신 사우이다. 1866년(고종 3)에 크게 수리하였다. 그 기록문에 '숭정기원후 네 번째 병인년'이라고 연대를 적었다. 1628년 이후 병인년은 1686년, 1746년, 1806년, 1866년 등이다. 네 번째 병인년이 바로 1866년이다. 복잡하다. 1866년을 그냥 청나라 연호로 쓰면, '동치 5년'이다. 간단하다. 조선의 명에 대한 의리, 정말 대단했다.

최우가 아픈데
왜 종이값이 오를까

무신정변

고려 18대 임금 의종 대에 무신정변(1170)이 일어난다. 이의방·정중부 등이 주도한 무신정변으로 고려 사회는 무신들이 권력을 쥐고 나라를 다스리는 무신정권 시대가 되었다. 칼로 잡은 권력은 또 다른 칼의 도전을 받는 법, 무신정권 실력자들의 권력 다툼으로 고려 사회는 어수선하기만 했다.

이의방과 이의민

최초의 집권자는 이의방이었다. 이의방을 이어 정중부·경대승·이의민이 차례로 권력을 잡게 된다. 이때의 임금은 명종(1170~1197)이었다. 무신들에 의해 왕위를 얻은 명종은 재위기간 내내 계속 바뀌는 실권자를 만나야 했다. 1196년(명종 26)에 최충헌이 이의민을 죽이고 권력을 잡게 된다.

최충헌

최충헌의 권력은, 마치 왕처럼, 그의 후손들에게 이어졌다. 그래서 최우·최항·최의가 차례로 집권하게 된다. 최우는 최충헌의 아들이고, 최항은 최우의 아들, 최의는 최항의 아들이다. 최우·최항·최의가 집권할 때 임금은 고종(1213~1259)이었다. 최충헌·최우·최항·최의 집권기를 최씨 정권 또는 최씨 무신정권 시대라고 한다. 이 시기, 백성들의 삶이 크게 나아진 것은 없지만, 어찌 됐든 중앙 권력이 안정된 시기였다.

무신정권의 해체기

최의에서 무신정권이 끝난 것이 아니다. 그를 이어 김준·임연·임유무가 실권을 잡았다. 그러나 이 시기는 무신정권의 해체기라고 할 수 있다. 집권자의 힘은 예전만 못했고, 상대적으로 문신 세력의 발언권이 강해졌다. 이때의 임금은 원종(1259~1274)이었다. 정리하자면, 고려 무신집권기는 1170년부터 1270년까지, 이의방·정중부·경대승·이의민·최충헌·최우·최항·최의·김준·임연·임유무, 이렇게 11명의 집권자를 내며 100년간 지속되었다.

몽골의 침략

무신집권기, 대외적으로 가장 큰 사건이 몽골의 침략이다. 최우(나중에 이름을 최이로 바꾼다) 정권 때 몽골이 고려 침략을 시작한다. 최우는 개성에서 강화도로 천도하여 오래도록 항쟁을 이끈다. 김준 정권 때 몽골과 화친 조약을 맺는다. 그리고 임유무 정권 때 강화도에서 개경으로 환도한다(1270). 개경 환도는 몽골과의 전쟁이 사실상 끝났음을 뜻하는 동시에, 무신정권이 막을 내렸음을 의미한다.

무신의 막강한 권력

무신집권기 집권자의 힘은 막강했다. 왕을 마음대로 바꾸기도 했다. 왕은 자리만 차지하고 있을 뿐, 왕 노릇은 무신집권자가 한 셈이다. 최우 당시의 사례를 보자. 《고려사절요》에 나오는 이야기를 풀어서 정리한 것이다.

어느 날, 최우가 아팠다. 몸에 종기가 생겼는데 좀 심했던 모양이다. 그러자 개성에 종이 값이 크게 올랐다. 최우가 아프다고 종이 가격이 왜 오르나? 사연이 이러하다. 고종 임금이 높고 낮은 모든 관리에게 명했다. 최우가 빨리 낫도록 음식을 차려 기도하고 아울러 쾌유를 비는 글을 쓰라! 많은 관리가 한꺼번에

기도문을 짓기 위해 종이를 사들이니 귀해진 종이 가격이 오를 수밖에.

그때 일본

고려에 무신정권이 들어선지 얼마 안 돼서 일본에도 막부라고 부르는 무신정권이 등장했다. 고려는 꼭 100년, 그런데 일본은 그때부터 메이지유신 시기까지 대략 700년간 무신정권이 나라를 다스렸다. 고려시대에도 조선시대에도 일본은 계속 무신정권이었다. '士'라는 글자를 보면 한국인은 선비를 떠올리고 일본인은 무사, 그러니까 사무라이를 떠올린다고 한다. 두 나라 문화 인식의 차이를 보여준다. 민주주의 국가이면서 민주주의 국가가 아닌 듯 보이는 지금 일본, 필요 이상으로 순종적이기도 한 일본 국민, 오랜 무신정권의 유습일지도 모르겠다.

교정도감이
설치된 이유

임시기구

《고려사》에 이런 말이 나온다.

모든 도감은 사업이 있으면 설치하였다가 사업이 없어지면 폐지하는 것이 법식입니다.

우리는 여기서 '도감'이라는 것이 임시기구임을 짐작하게 된다. 도감이라는 명칭이 붙는 관청은 어떤 목적을 위해 임시로 설치했다가 그 일이 끝나면 폐지되는 것이 원칙이다. 이를테면 산릉도감은 왕릉을 만들기 위해 설치했다가 왕릉 공사가 모두 끝나면 폐지하는 임시 관청이다.

교정도감

교정도감도 원래는 임시 관청으로 출발했다. 하지만 폐지되지 않고 오래도록 지속되었다. 예외적인 경우다. 고려 무신집권기에 최충헌이 정권을 잡자 이에 반발하는 세력이 그를 없애려는 시도를 거듭했다. 그러자 최충헌이 반대 세력을 제거하여 안정적인 집권 체제를 갖추려고 만든 기구가 교정도감이다. 그런데 최충헌은 안정을 찾은 이후에도 교정도감을 폐지하지 않았다. 오히려 무신정권의 최고 권력 기관으로 키워 나라의 크고 작은 일들을 여기서 결정하고 처리했다. 교정도감은 무신정권이 무너질 때까지 계속 그 기능을 수행했다.

중방

무신정권 시대의 기구로 우리가 검토해 보아야 할 것들이 교정도감 외에 몇 곳 더 있다. 중방·도방·정방·서방이다. 중방은 무신정권 전반기, 이의방·정중부·경대승·이의민 집권기에 고려 최고의 권력 기관이었다. 물론 무신들이 주도했다. 그러다가 최충헌이 집권하게 되면서 유명무실해진다. 최씨 정권에서는 교정도감이 중방의 역할을 대신했다. 유의할 점이 있다. 중방이 무신정권기에 처음 만들어진 것이 아니라는 점이다. 고려 초에 이미 설치되었는데 무신 정권이 들어서면서 최고 기관으로 올라선 것이다. 《고려사》에 이렇게 적혀 있다.

〈태조〉 2년(919)에 6위를 설치하였다. 목종 5년(1002)에 6위의 직원을 마련하여 두었는데, 뒤에 응양군과 용호군 2군을 설치하고, 6위의 위에 있게 하였다. 뒤에 또 중방을 설치하고, 2군·6위의 상장군과 대장군들이 모두 모이게 하였다. 의종과 명종 이후 무신들이 권력을 잡으면서 중방의 권한이 더욱 강해졌다. 충선왕 때에 〈중방을〉 폐지하였다가 다시 설치하였으며, 고려의 치세가 끝날 때까지 폐지하지 못하였다.

도방

도방은 무신집권자의 신변을 보호하는 사적 군사기구이다. 경호 집단이라고 할 만하다. 도방을 처음 만든 이는 경대승이다. 그는 정중부 세력을 제거하고 집권한 후 자신을 지키는 군사를 뽑아 도방이라고 이름 붙였다. 도방은 경대승이 죽은 후 폐지되었다가 다시 설치되어 무신정권이 끝날 때까지 계속된다.

정방

정방은 최우가 설치했다. 관리를 뽑는 인사 행정 기관이다. 원래 문신 선발은 이부 담당이고 무신은 병부에서 담당했다. 그런데 정방이 모든 문무 관리의 선발, 승진 등 인사 권한을 장악하게 되었다. 최우는 무신집권자임에도 문인 학자들을 우대하고 또 관리로 많이 뽑았다. 정방은 무신정권 이후 폐지와 재설치를 반복하면서 고려 말까지 유지되었다.

서방

서방은 최우가 설치하여 무신정권이 끝나는 1270년 (원종 11)까지 지속됐다. 문인으로 구성된 숙위기관이라고 흔히 설명한다. 원래 '숙위'는 '밤에 숙직하여 지킴'이라는 뜻이다. 최우 주변에서 그를 호위하며 지키는 역할이다. 이런 일은 도방에서 하는 게 제격이다. 그러면 문인 학자들로 구성된 서방의 진짜 역할은 무엇일까. 서방이 하는 일은 학문적으로 무신집권자를 돕고 자문하는 일이다. 한마디로 무신집권자의 두뇌 집단(Think Tank)이라고 할 수 있다.

최우 시대를 기준으로 각 기관의 역할을 정리해보자. 최우는 교정도감
과 정방을 통해 공식적으로 최고 권력을 행사한다. 무인으로 구성된 도
방이 그의 신변을 보호하고 문인으로 구성된 서방에서는 학문적으로
최우를 지원한다. 중방은 고려 초에 설치돼서 무신정권 전반기에 최
고 기관이 되었다. 도방은 경대승이 설치했고 교정도감은 최충헌이 설
치했다. 최우 때는? 정방과 서방을 두었다. 삼별초도 최우가 설치한 것
이다. 최충헌 때는 삼별초가 없다.

봉건제와
군현제의 차이는

봉건제

옛날 중국에 주나라가 있었다. 주나라는 봉건제로 나라를 통치했다. 이후 유럽에서도 중세 시대에 봉건제가 시행된다. 봉건제는 나라 땅의 일부 영역만 임금이 직접 통치하고 나머지 지역은 제후(영주)들이 나누어 다스리는 정치 형태이다. 제후는 임금의 신하이지만, 자신의 통치 영역에서는 거의 왕과 같았다. 또한 자식에게 자리를 물려주었다. 봉건제의 특징은 왕권이 약했다는 것이다.

군현제의 도입

봉건제와 대비되는 개념으로 등장한 것이 군현제이다. 주나라 이후 중국은 춘추 전국 시대가 되는데 이때부터 군현제가 도입되기 시작했다. 군현제는 지방 행정 체제를 갖추고 각 지방의 지방관을 왕이 직접 임명하여 보내서 통치하는 방식이다. 봉건제와 달리 왕권이 강화되는 것이 특징이다. 봉건제는 지방에 왕의 영향력이 미치지 못하지만, 군현제는 왕을 대리한 지방관이 왕의 명을 받아 통치하는 형식이기에 지방까지 왕이 장악하는 구조이다.

중앙 집권 체제의 강화

그래서 군현제가 정비될수록 중앙 집권 체제가 강화된다. 중앙 집권(中央集權)이란 중앙으로 권력이 집중된다는 의미이다. 우리나라는 삼국 시대에 이미 군현제가 도입되어서 계속 정비되어 갔다. 신라의 9주 5소경이나 고려의 12목, 5도 양계 등이 모두 군현제 정비 과정에서 성립되었다.

12목은 12주목

오늘날 광역시, 도, 시·군, 읍 등이 있는 것처럼 고려 시대에는 목, 도호부, 군, 현 등이 설치됐다. 일반 군현과 구분되는 특수행정구역도 있었는데 향·소·부곡이 그것이다. 고려의 양계는 국경 지역에 설치된 북계와 동계이다. 북계는 서북면, 동계는 동북면이라고도 불렀다. 성종 때 설치된 12목은 12주목이라고도 한다. 양주목·진주목·나주목 등 주(州) 자가 들어가는 지방 주요 도시 열두 곳에 설치했다.

고려 시대 고을 명칭에 주(州)가 들어가는 곳이 꽤 많았다. 12주목만 있던 것이 아니다. 그런데 조선시대에 크게 줄어든다.

무릇 군·현의 이름 가운데 주(州)자를 띤 것은 모두 산(山)자, 천(川)자로 고쳤으니, 영주를 영산으로 고치고, 금주를 금천으로 고친 것이 그 예이다.

《태종실록》 내용이다. 1413년(태종 13)에 태종이 지방 행정구역 명칭을 변경하면서 일부의 주만 남겨두고 나머지는 모두 지명을 바꾸게 했다. '주' 대신 '산'이나 '천'을 붙이게 한 것이다. 괴주가 괴산이 되고 인주가 인천이 되는 식이다.

알아두면 쓸모있는 역사상식 Tip!

조선 시대에는 8도다. 도의 명칭은 대개 그 지역 대표 도시의 이름 첫
글자를 따서 지었다. 예를 들어 강원도라는 지명은 강릉과 원주, 충청도
는 충주와 청주, 전라도는 전주와 나주, 경상도는 경주와 상주에서 나온
말이다. 경기도는? 경기도의 '경기(京畿)'는 '서울 근처'라는 의미이다.

현과
향·소·부곡

망이·망소이의 난

망이·망소이가 공주의 명학소에서 봉기한 것은 무신 정권기인 1176년(명종 6)이다. 그들은 어렵지 않게 공주를 점령했다. 주변 군현의 백성들도 망이 세력에 합세한 것 같다. 봉기군은 조정에서 보낸 진압군마저 격퇴했다. 그러자 임금은 명학소를 충순현으로 승격시켰다. 달래기에 나선 것이다.

그래도 망이·망소이는 그치지 않고 충주까지 점령했다. 다시 진압군이 내려왔다. 망이는 강화(講和)를 요구했고 조정은 이를 받아들였다. 망이의 봉기군은 해산했다. 그런데 얼마 뒤 망이 등이 다시 일어났다. 망이가 조정으로 보낸 편지에 재봉기한 이유가 나와 있다.

이미 우리 고향을 현으로 승격시키고 또 수령을 두어 주민을 위로하더니, 다시 군대를 일으켜 토벌하러 와서 우리 어머니와 아내를 옥에 가두었으니 그 뜻은 어디에 있는가? 차라리 칼날 아래에서 죽을지언정 끝내 항복하여 포로가 되지 않을 것이며, 반드시 개경까지 가고야 말겠다.

개경까지 가고 말겠다던 망이·망소이의 봉기군은 결국 정부군에게 진압되고 말았다. 봉기군을 완전히 진압한 정부는 반란의 죄를 물어 충순현을 다시 명학소로 내렸다. 사실 명학소가 충순현으로 승격됐던 것은 비정상적인 경우이다. 봉기군을 진압하기 어려워지자 정부에서 술수를 부렸다고 봐야 한다.

처인부곡 전투

이번에는 '부곡'을 보자. 몽골이 쳐들어왔다. 지금 경기도 용인 땅, 처인성에서 김윤후가 이끈 처인부곡 주민들이 몽골군을 무찔렀다(1232). 몽골군 총사령관 살리타가 이 전투에서 죽었다. 처인부곡은 몽골과의 전투에서 승리한 대가로 처인현으로 승격되었다. 마을 전체에 대한 집단 포상이다.

지역과 계급 차이

어떤 지역민이 큰 공을 세울 때 그 지역 행정단위의 등급을 올려 주고, 잘못했을 때는 등급을 내리는 정책이 고려에서 시행됐다. 처인부곡과 명학소의 사례에서 보았듯 향·소·부곡은 일반 군현보다 아래 급이다. 그만큼 차별을 받았다. 일반 백성보다 세금 부담도 컸다. 그래서 전에는 향·소·부곡 주민을 천민으로 보았다. 지금은 아니다. 양인, 즉 평민으로 본다. 다만 일반 군현과 구분해서 '특수 행정 구역'이라고 말한다. 향과 부곡의 주민은 농사를 지었다. 향과 부곡의 차이점이 있을 텐데 그 차이점이 무엇인지는 알 수 없다. 소의 주민들은 수공업, 광업 등에 종사했다. 금을 캐는 소는 금소(金所), 소금을 만드는 소는 염소(鹽所), 도자기를 생산하는 소는 자기소(瓷器所), 이런 식으로 불렀다.

향·소·부곡의 탄생

향·소·부곡이 어떻게 해서 생기게 되었는지도 명확하지 않다. 보통 다음 두 가지로 말한다. 가진 땅이 없어 먹고 살기 힘든 농민들이 사람이 살지 않는 벽지에 모여들어 개간하고 작은 마을을 이루었을 때 그 마을을 향·소·부곡으로 삼았을 것이다. 후삼국 통일 과정에서 왕건에게 저항했던 호족의 지배 지역을 향·소·부곡으로 삼았을 것이다. 물론 소는 금·은·동·철 등이 생산되는 지역을 우선으로 정했다고 보아야 할 것 같다.

노비들의 꿈

노비

만적은 최충헌의 노비라고 한다. 개인에 속한 사노비는 솔거노비와 외거노비로 나뉜다. 외거노비는 주인집과 떨어진 곳에 따로 살면서 그곳에 있는 주인의 농토에서 농사짓는다. 솔거노비는 주인집에 살면서 주인이 시키는 모든 일을 해낸다. 솔거노비는 외거노비보다 훨씬 고달픈 삶을 살아내야 한다. 만적은 솔거노비다. 솔거노비가 하는 일 가운데 하나가 땔감을 구해 오는 일이다.

노비의 꿈

1198년(신종 1) 최충헌이 권력을 잡은 지 얼마 되지 않았을 때다. 산에 땔나무 하러 간 만적은 다른 노비들을 모아 놓고 함께 반란을 일으키자고 말한다. "무신정변 이래로 우리 같은 천한 신분들도 높은 관직에 올랐다. 장군·재상 등 벼슬아치가 씨가 따로 있겠느냐.

때가 되면 누구나 다 할 수 있다. 우리는 왜 맨날 죽도록 일하면서도 매질을 당하는 고통을 겪어야만 하는 것이냐." 듣던 노비들이 동조했다. 이에 만적은 반란 방법을 제시한다. "각자 자신의 주인을 죽이고 노비문서를 불태워서 이 땅에 노비가 없게 하면, 아무리 높은 벼슬이라도 우리가 다 할 수 있다." 신분 해방과 정권 장악을 목표로 내세운 것이다.

만적의 난

만적이 정권을 장악하려는 목표를 세울 수 있었던 것은 이의민의 영향일 수 있다. 이의민은 천민 출신으로 무신정권 최고의 권력자가 됐다. 만적은 이의민의 성공을 통해 노비이기 이전에 다 같은 인간이라는 자존감을 느끼게 된 것으로 보인다. 노비도 사람이다. 개·돼지가 아니다!

먹구름

드디어 반란을 일으키기로 약속한 날이 되었다. 만적은 비장한 각오로 약속 장소에 갔다. 다른 노비들도 왔다. 그런데 너무 적게 왔다. 수백 명이 모였을 뿐이다. 계획대로라면 1,000명 이상 모여야 했던 것 같다. 고민 끝에 만적은 며칠 뒤에 다시 모이기로 한다. 그리고 참석한 이들에게 비밀 유지를 당부한다.
비밀이 새면 끝이니까.

불고지죄

참석자, 불참자 포함해서 반란 계획을 알고 있는 사람
이 대략 1,000명이다. 살려면 주인이나 관청에 가서
얼른 신고해야 한다. 안 그러면 처벌받는다. 고지(告
知)하지 않은 죄, 불고지죄다. 그런데도 그 많은 노비
가 신고하지 않았다. 한 명 빼고.

만적의 죽음

순정이라는 노비가 주인에게 반란 계획을 불었다. 순
정의 주인은 즉시 최충헌에게 보고했다. 결국, 만적을
포함하여 100여 명의 노비가 붙잡혀 죽임을 당했다.
신분 해방과 정권 장악까지 기도했던 만적의 꿈은 시
작도 하지 못하고 허무한 물거품이 되었다. 그 대가는
죽음이었다. 반면에 배신자 순정은 백금을 상으로 받
았고 더해서 노비 신분에서 벗어났다. 면천하여 양인
이 된 것이다.

만적은
최충헌의 노비였나

만적과 최충헌

만적이 최충헌의 사노비로 알려졌다. 거의 상식처럼. 그런데 최충헌의 노비가 아니라고 주장하는 학자들도 있다. 《고려사》 등에 만적의 난에 대한 기록이 있는데 대개 "사동(私僮, 사노비) 만적(萬積)"이라고만 나오고 누구의 노비라는 내용이 없다. 주인을 밝히지 않았다. 그래서 만적이 최충헌의 노비가 아니라는 주장이 가능한 것이다.

《고려사》 최충헌 열전

그런데 왜 최충헌 노비로 알려진 걸까? 만적에 대한 기록이 《고려사》의 최충헌 열전에 수록됐기 때문인 것 같다. 최충헌의 삶을 정리한 열전 안에 만적이 등장하니까 자연스럽게 최충헌의 노비라고 해석한 것이다. '최충헌'이라는 주어가 생략된 것으로 파악한 셈이다.

다음은 만적의 난을 기록한《고려사》최충헌 열전의
일부다.

사동 만적 등 6명이 … 율학박사 한충유의 가노(家奴) 순정이
한충유에게 변란을 고하자 한충유가 최충헌에게 알렸다.

같은 사노비인데 만적의 주인은 기록하지 않고 밀
고자인 순정의 주인이 한충유임은 밝혔다. 이로보아
만적의 주인은, 기록이 생략되었을 뿐, 최충헌이라고
보는 것이 더 설득력 있는 것 같다.

《치평요람》 기록

만적이 최충헌의 사노비라고 밝힌 사료는 정말 없는
가? 있다.《치평요람》에 "고려 최충헌의 집에서 부리
던 종 만적"이라는 내용이 나온다.《치평요람》은 조선
세종이 정인지 등에게 명해서 편찬한 책이다. 역대 역
사책 가운데 정치에 교훈이 될 만한 내용을 뽑아서 엮
었다.《치평요람》에《고려사》의 만적 기록을 뽑아 실
었는데 그 과정에서 만적을 최충헌의 노비로 해석하
고, 그렇게 풀어서 기록한 것 같다.

필자는 만적이 최충헌의 노비가 맞다고 생각한다. 수많은 노비를 반란 세력으로 모을 수 있었던 것은 만적 개인의 리더십 때문만은 아닐 것이다. 거기에 더해서 최고 권력자 최충헌의 노비라는 후광 효과도 작용했을 것으로 보인다. 확실하다고 의심 없이 믿었던 사실 가운데 확실하지 않은 것들이 의외로 많다. 역사라는 학문이 그렇다.

문벌귀족과 권문세족은
무엇이 다를까

고려 지배층의 변화

고려가 몽골과의 항쟁을 끝내고 그들의 간섭을 받게 되는, 원 간섭기에 고려 조정을 주도한 세력을 권문세족이라고 한다. 권문세족 중에 훌륭한 사람들도 있었을 테지만, 일반적으로 나쁘게 본다. 대개 나라와 백성보다 자신과 가문의 이익에 몰두했다. 그 과정에서 원나라에 잘 보이기 위해 나라를 욕보이기도 했다. 이들을 친원파로 분류하는데 일제강점기 친일파와 비슷한 점이 있다. 이제 권문세족 전후 지배층의 변화 과정을 살펴보자. 이해를 돕기 위해 단순화한 것이다.

호족

통일신라 말 지방에서 새로운 세력이 힘을 키운다. 호족이라고 한다. 이들은 각자의 능력으로 군사들까지 거느렸다. 학자라기보다는 장수에 가깝다. 중앙 귀족과 대립하면서 새 나라 건국에 참여하게 된다. 호족들

문벌귀족	• 권력·경제력 장악 • 중첩된 혼인 관계 • 고려 전기의 정치 주도(음서, 공음전) • 문벌귀족 사회의 동요(이자겸의 난, 묘청의 난) • 무신 정권 수립으로 문벌귀족 사회 붕괴

권문세족	• 고위 관직 장악, 대농장 지배 • 친원 세력 • 고려 후기의 정치 주도(도평의사사)

신진사대부	• 성리학 수용 • 과거로 정계 진출 • 신흥 무인 세력과 제휴

의 연합으로 후백제와 후고구려가 세워진다. 그리고 개성의 호족인 왕건에 의해 통일을 이루게 된다.

문벌귀족

왕건이 고려를 세우는 데 힘을 보탠 호족들이 중앙으로 진출해서 고려 조정을 주도하게 된다. 광종 때 과거 제도가 시행된 이후 우수한 학자들이 지배층에 흡수되기 시작했다. 이들 고려 전기의 지배층을 보통 문벌귀족이라고 말한다. 고려 전기는 문벌귀족, 고려 후기는 권문세족이다.

권문세족

문벌귀족은 무신정변으로 무너진다. 이제 무신들의 시대다. 최우가 정권을 잡고 있을 때 몽골과 항쟁이 시작되고 수도를 개경에서 강화도로 옮긴다. 몽골과 화의를 맺고 개경으로 환도하면서 100년간의 무신정권도 끝난다. 무신정권 이후 지배층으로 등장한 세력이 바로 권문세족이다.

신진사대부

고려 말, 권문세족을 비판하면서 등장한 새로운 지배세력이 힘을 키우게 된다. 신진사대부라고 한다. 학문 능력을 갖춘 신진사대부들은 권문세족과 대립한다. 그러다가 이성계와 손을 잡고 조선 건국에 힘을 보탠다. 이들 신진사대부, 조선을 이끌어간 초기의 지배층을 훈구(훈구파)라고 부른다.

사림

그런데 고려 말 모든 신진사대부가 이성계 편이 된 것은 아니다. 정도전 등은 이성계를 적극적으로 돕고 건국에 기여했으나, 정몽주 등은 고려 왕조 유지를 주장하며 이성계의 건국에 반대했다. 조선이 세워진 후 정몽주와 같은 생각을 가졌던 신진사대부들은 시골로 내려가 학문에 전념했다. 이들을 사림(사림파)이라고 한다.

사화

조선 초기 조정엔 훈구, 재야에는 사림이 있었다. 이들이 직접 충돌할 일은 없었다. 그러나 세월이 좀 흐르면서 사림의 후손들이 중앙으로 진출하기 시작했다. 조정에 사림 출신이 늘어갈수록 훈구 세력은 그만큼 줄어든다. 결국 기득권을 지키려는 훈구 세력과 빼앗으려는 사림 세력 간에 정치적 충돌이 몇 번 벌어지게 된다. 그 과정에서 사림이 큰 피해를 입었다. 이를 사화(士禍)라고 한다. 주로 사림들이 화를 당했기에 사화라고 부르는 것이다. 그럼에도 사림의 생명력이 대단했다. 임진왜란 전, 선조 임금 때쯤 사림이 조정을 완전히 장악하게 된다. 16세기 이후 조선은 사림의 세상이다.

훈구와 사림은 뿌리가 같은 신진사대부 출신이다. 이들은 성리학자다. 훈구는 성리학을 중시하면서 부국강병과 민생(民生) 등 현실적인 문제에도 관심을 두고 대처했다. 나름의 융통성도 있었다. 하지만 부패한 모습도 보이면서 사림의 비판을 받았다. 사림은 성리학 자체에 충실했다. 원칙과 명분을 중시했다. 때로는 지나치게.

붕당정치의 시작

사화 이후 조정을 장악한 사림은 여러 가지 이유로 다시 분열하여 동인과 서인으로 나뉘게 된다. 동인과 서인은 조정에서 주도권 다툼을 벌였다. 붕당정치(朋黨政治)의 시작이다. 붕당정치는 예전에 당쟁(黨爭)이라고 불렀다. 한편 동인은 다시 남인과 북인으로 서인은 노론과 소론으로 분화하게 된다.

알아두면 쓸모있는 역사상식 Tip!

호족 → 문벌귀족 → 무신정권 → 권문세족 ↔ 신진사대부, 그리고 훈구
와 사림. 지배 계층의 흐름을 파악해 두자. 특히 조선 시대 훈구와 사림
의 충돌은 사화, 이후 사림 내부의 분화와 대립을 붕당정치라고 한다는
점을 잊지 말자.

고려의 향리와
조선의 향리

향리

향리(鄕吏)는 지방 관청에서 행정 실무를 처리하던 관리이다. 지방관, 즉 수령을 보좌하여 호적 관리, 세금 징수, 군사 행정을 비롯해 고을을 다스리는 업무에 관여한다. 이들은 업무 수행의 대가로 나라에서 토지를 받았고 향리 직을 자식에게 물려주었다. 세습이다. 신라 말 지방 세력을 호족이라고 하는데 고려가 건국된 후 세력이 강한 호족들은 중앙의 관료가 되고 귀족이 되었다. 상대적으로 세력이 약한 호족은 그대로 지방에 남아 해당 지역에서 영향력을 행사했다. 사실상 지방의 통치자였다. 그런데 성종 때부터 지방관이 파견되면서 호족 세력은 지방관을 보좌하는 향리가 되어 갔다.

지방관 파견

지방관이 파견됐다고 해서 향리의 권한이 크게 줄지

는 않았다. 그들은 여전히 나름의 권한을 유지했다. 고려 시대에는 모든 군현에 지방관이 파견된 것도 아니다. 파견된 곳은 주현, 파견되지 못한 곳을 속현이라고 한다. 11세기 초반 기준으로 고려 전체 군현 가운데 지방관이 파견된 곳은 30%도 안 됐다. 약 70%의 군현에는 지방관이 없는 것이다. 이론상 속현은 인근 주현 수령의 통치를 받지만, 사실 속현의 통치자는 향리였다.

향리의 계급

향리도 일종의 계급이 있었다. 자색·비색·녹색, 중앙 관료처럼 공복의 색깔도 달랐다. 각 고을의 향리 집단 중에서 제일 높은 사람을 호장, 그다음을 부호장이라고 했다. 그 아래 문서 행정을 담당하는 호정, 재정 업무를 맡는 창정, 군사 업무를 담당하는 병정 등이 있었다. 향리의 아들은 과거를 통해 중앙 관료가 될 수 있었다. 출세할 수 있는 사다리가 안정적으로 유지됐다. 최충·이규보·안향 등도 향리 집안 출신이다. 무신집권기에 기존 문벌귀족 세력의 위세가 꺾인다. 대신 학문과 행정 능력을 갖춘 향리 출신들이 조정으로 진출했다.

조선 시대의 향리

그런데 조선 시대에는 상황이 크게 달라진다. 향리의 지위가 추락한다. 지방 세력으로서의 힘을 잃고 단순히 수령을 보좌하는 말단 관리로 전락한다. 지방 세력으로서의 권위와 지위는 향리 대신 양반이 누렸다. 속현도 거의 사라졌다. 대부분 군현에 지방관이 파견된다. 조선의 지배층은 신분적 특권을 자신들, 즉 양반만 누리려고 했다. 양반이 많아지면 값어치가 떨어진다. 그래서 향리가 중앙 관료가 되지 못하게 막았다. 향리가 조정으로 올라오던 사다리를 걷어차 버렸다. 이제 향리는 양반이 될 수 없었다.

고려 시대에는 향리에게 토지를 지급했으나 조선 시대에는 그마저 지급하지 않았다. 그럼 어떻게 먹고 살았을까? 조선의 향리도 대개 먹고살 정도의 땅은 있다. 지방 행정 운영 과정에서 비공식적으로 보수를 챙겼다. 욕심 많은 향리는 나쁜 짓도 했다. 불법적인 방법으로 백성을 착취하여 배를 불렸다. 때로는 수령과 함께, 때로는 수령 몰래.

내시와
환관의 차이

고려의 내시

내시의 내는 안 내(內), 시는 모실 시(侍)이다. 궁궐 안에서 임금을 모신다는 의미가 담겨 있다. 고려 시대 내시는 신체에 이상이 없는 정상인이다. 왕의 측근으로 다양한 일을 하던 관리들이다. 과거 급제자와 귀족의 자제 등이 내시로 선발되었다. 한마디로 내시는 고려의 엘리트 관료였다.

환관

이들 내시와 별도로 환관이 있었다. 환관은 거세된 남자들로 왕 가까이에서 시중들던 사람들이다. 남자가 거세되면 성호르몬의 변화로 수염이 나지 않는 등 신체상의 변화를 겪게 된다고 한다.

조선의 내시

그런데 조선 시대에는 환관을 내시라고 불렀다. 고려

시대에 내시와 환관이 전혀 다른 집단이었지만, 조선 시대에는 내시가 환관이고 환관이 곧 내시였다.

호칭 의미의 변화

같은 용어가 시대에 따라 다른 의미로 쓰이는 경우가 종종 있다. 내시가 그랬듯 백정도 그러하다. 고려 시대에 백정은 일반 백성을 의미하는 용어로 쓰였다. 주로 농사를 짓는 평민들을 백정이라고 불렀다. 그런데 조선 시대에는 그 쓰임새가 달라져서 가축을 도살하는 천민층을 백정으로 부르게 된다.

관청 명칭의 변화

관청 명칭 중에서 '삼사'도 주의할 필요가 있다. 고려의 삼사는 송나라 제도를 참고하여 설치한 관청인데 세금 업무 등을 보던 재정 기관이다. 반면 조선의 삼사는 간쟁과 같은 언론 기능을 하던, 사헌부·사간원·홍문관을 합해서 부르는 말이다.

장가간다는 말은
어디에서 유래했을까

노비라는 재산

고려 시대에 이런 일이 있었다. 아마도 아버지가 유산 상속을 하지 않고 돌아가신 모양이다. 자식들이 모여서 아버지가 남긴 재산을 나누는데 문제는 노비였다. 노비도 재산으로 취급되던 시대다. 건강한 노비, 병약한 노비, 젊은 노비, 늙은 노비. 공평하게 나누기가 어렵다. 누군들 병약하고 나이 많은 노비를 택하고 싶겠는가. 아들, 딸들이 머리를 맞대고 상의했다.

유산 상속과 제비 뽑기

드디어 방법을 찾았다. 제비뽑기였다. 자식들은 제비뽑기로 노비들을 분배했다. 딸도 노비를 받았다고? 그렇다. 고려 시대에는 유산 상속에 딸, 아들 차별이 없었다(이 과정에서 노비 가족들이 뿔뿔이 흩어지는 고통을 겪기도 했을 것이다). 아버지 제사도 아들, 딸이 같이 모셨다. 만약 아들 없이 딸만 있다면? 당연히 딸들이 제사를 지냈다.

장가를 가서 처가에 있으며 내 몸에 쓰이는 것을 처가에 의
지했으니 장인 장모의 은혜가 부모와 같다.

이규보와 장가

이렇게 말한 인물은 고려의 문장가 이규보이다. 이규
보는 처가살이했다. 이규보는 이를 부끄러워했을까.
아니다. 그때는 대개 처가살이다. 남자가 결혼하는 걸
장가간다고 한다. 장가(丈家)의 원래 뜻은 '장인의 집'
즉 처가다. 장가간다는 것은 장인의 집으로 들어간다
는 말이다. 처가살이 풍속에서 '장가간다'라는 말이
나온 것 같다.

고려 시대 여성의 지위

고려 시대 박유라는 신하가 임금에게 건의했다. 남자
들이 처 외에 첩도 거느릴 수 있게 하자고. 재상들 가
운데 부인을 무서워하는 이들이 있어서 박유의 건의
는 채택되지 못했다. 박유가 임금을 모시고 연등회에
가는데 그를 알아본 어떤 할머니가 외쳤다. "마누라
를 여럿 두자고 청한 자가 저 빌어먹을 노인네란다."
그러자 수많은 여인네가 손가락질하면서 나무랐다.

고려 시대에는 여성의 사회경제적 지위가 상대적으로 높았다. 부모 유산을 공평하게 분배받았고, 집안의 호주(戶主)가 될 수 있었으며, 개가(재혼)도 비교적 자유로웠다. 재혼에 따른 불이익도 없었다.

조선 시대 여성의 지위

그런데 대략 조선 중기 이후가 되면 여성의 지위에 큰 변화가 생긴다. 유산상속과 제사에서 딸은 배제됐다. 딸들만 있는 집안에서는 양자를 들여 제사를 모시게 했다. 결혼하면 친정이 아닌 시댁으로 가서 시부모님을 모셨다. 남편이 일찍 죽어도 평생 재혼할 수 없었다. 만약 어기고 재혼하면 그 자식들은 과거 시험을 볼 수 없었다. 양반 신분을 잃게 되는 것이다.

처가살이의 역사가 생각보다 길다. 고구려에 서옥제가 있었으니까. 서옥제는 '남자가 혼인 후 일정 기간 처가에서 살다가 남자 집으로 돌아와 사는 혼인풍속'이다. "겉보리 서 말만 있어도 처가살이하지 않는다"라는 속담이 있다. 이런 속담은 조선 시대 후기에 가서야 생겨났을 것이다.

몽골의 침략과
고려 백성의 뜨거운 항쟁

세계 대국 몽골

한국사에서나 세계사에서나 '13세기' 하면, 우선 몽골을 떠올릴 필요가 있다. 그들은 짧은 기간에 어마어마한 세계 제국을 건설했다. 몽골의 말발굽 아래 세계 수많은 나라가 사라졌다. 그러나 고려는 버텨냈다. 비록 전쟁 후 그들의 간섭을 받게 되지만, 멸망하지 않고 나라를 지켜낸 자체가 대단한 일이다. "짐이 보건대 지금 천하에 백성과 사직 그리고 임금이 있는 것은 삼한(고려)뿐이다"(《고려사》). 원 황제가 충선왕에게 한 말이다.

백성들의 항쟁

나라를 보존할 수 있었던 비결은 육지 백성들의 뜨거운 항전에 있다. 물러섬이 없었다. 또 개경에서 강화도로 도읍을 옮긴 덕이기도 하다. 임금과 신하들이 강화도로 피해 들어온 것은 비겁한 행동이었다. 하지만 그렇게 해서 왕실과 조정이 안정적으로 유지되고, 강화도 조정을 중심으로 항쟁을 지휘할 수 있었다는 점은 인정해야 할 것이다. 길었던 전쟁 기간, 해전(海戰)을 부담스러워 한 몽골은 한 번도 강화도를 치지 못했다.

지형의 변화

강화도는 섬이다. 그런데 강화도와 육지 사이의 바다 폭이 아주 좁다. 서울 한강보다 좁다. 그래서 '몽골이 아무리 물을 겁낸다 해도 이 정도 바다도 못 건너나' 싶기도 하다. 사실은 오해다. 대몽항쟁을 하던 그때 강화도와 육지 사이 바다는 지금보다 몇 배 넓었다. 갯벌도 훨씬 더 길었다. 지금은 간척해서 땅이 넓어지고 바다 폭이 좁아진 것이다.

몽골과 원

대몽항쟁과 관련해서 조금 애매한 부분이 있다. 고려에 쳐들어온 나라는 몽골일까, 원나라일까? 크게 보아선 몽골이나 원이나 결국 같은 나라이니 둘 다 맞다고 할 수도 있겠다. 하지만 몽골과 원을 구분하는 게 적절하다. 전쟁 당시는 그냥 몽골이다. 원이라는 나라는 고려와 몽골의 전쟁이 끝난 후에 세워진다. 1271년 (원종 12), 칭기즈칸의 손자 쿠빌라이가 몽골제국의 영

역 중에서 동아시아 지역을 중심으로 원나라를 건국
했다.

대몽항쟁의 과정

항쟁의 과정을 간단히 정리하면 이렇다. 고려에 왔던
몽골 사신 저고여가 돌아가는 길에 누군가에게 피살
된다. 몽골은 저고여를 고려에서 죽였다고 주장하며
쳐들어온다. 그때가 1231년(고종 18)이다. 고려는 다음
해인 1232년(고종 19)에 수도를 개성에서 강화도로 옮
기고 항쟁을 계속한다. 고려가 전쟁을 끝내고 몽골과
화친 조약(사실상 항복)을 맺는 것은 1259년(고종 46)
이다. 그런데도 고려 조정은 개경으로 돌아가지 않고
계속 강화도에 머문다. 개경 환도가 이루어지는 것은
1270년(원종 11)이다. 이때 환도를 거부하고 삼별초가
봉기한다. 삼별초는 강화도에서 진도, 진도에서 제주
도로 옮겨가며 항쟁을 계속하다가 1273년(원종 14)에
야 고려·원 연합군에게 진압된다.

원나라의 일본원정

삼별초를 진압하고 나서 원나라는 일본 원정을 두 차
례 시도한다. 1274년(원종 15)과 1281년(충렬왕 7). 두
번 다 실패한다. 일본군의 반격이 만만치 않았지만, 태

풍으로 인한 피해가 결정적이었다. 이때 고려는 원나라의 강요로 배를 만들고 군사와 뱃사공을 동원하고 식량을 마련하기에 큰 고통을 겪었다.

원나라의 일본 원정을 보통 '여·몽 연합군의 일본 원정'이라고 말하는데 곰곰이 생각해 보면 적절한 표현이 아닌 것 같다. 고려 정부와 몽골 정부의 연합이라기보다는 몽골의 강요로 고려 사람들이 강제 동원된 것이다. 그리고 원정 당시 몽골은 몽골이 아니라 원이었다.

대몽항쟁의 '대'의 의미를 알아 두면 좋다. 여기서 '대'는 크다[大]는 의미가 아니다. '1반 대 2반의 축구 시합'처럼 '~에 대한'을 의미하는 대(對)이다. 상대라는 뜻이 담겨 있다. 따라서 대몽항쟁은 '큰 몽골과의 항쟁'이 아니라 '몽골에 대한, 몽골을 상대로 한 항쟁'이라는 뜻이다.

공민왕은
왜 좌절했을까

기철의 죽음

궁궐에 큰잔치가 있는 날이었다. 임금이 신하들을 위해 베푸는 잔치다. 초청받은 이들이 각별한 예우를 받으며 궁으로 들어선다. 유독 당당한 모습의 사내가 보인다. 그 사내가 궁 안에 나타난 순간, 숨어 있던 검객이 나타나 칼을 휘두른다. 사내는 그대로 쓰러져 죽었다. 순식간이었다. '임금'은 공민왕, '사내'는 기철이다. 공민왕(1351~1374)은 기철을 궁으로 유인해 죽였다. 때는 1356년(공민왕 5) 5월 18일. 이날, 역사에 기록될 수밖에 없는 중요한 사건들이 줄줄이 일어나게 된다.

공민왕의 반원 자주 정책

공민왕이 죽인 기철은 기황후의 친오빠다. 기황후는 당시 원나라 황제의 부인이다. 막강한 힘을 가졌다. 이를 믿고 기철은 고려 조정에서 너무 심한 위세를 부렸다. 왕조차 우습게 여겼다. 공민왕은 친원 세력의 대표 격인 기철을 제거하면서 반원(反元) 자주 정책을 본격적으로 펼친다. 원나라를 반대하고 그 간섭에서 벗어나 고려의 자주성을 회복하겠다는 의지를 드러낸 것이다. 더불어 왕권을 강화하려는 마음도 당연히 있었다.

쌍성총관부 공격

기철을 제거한 그날, 공민왕은 고려 내정을 간섭하던 정동행성을 폐지한다. 그리고 쌍성총관부 공격을 명한다. 어떻게 이런 일이 하루에 벌어질 수 있었을까. 오랜 기간 치밀하게 그리고 비밀스럽게 준비했기에 가능했을 것이다. 고려의 병사들은 쌍성총관부로 진격했다. 마침내 승리, 거의 100년간 원나라가 다스리던 땅을 되찾았다.

한족의 반란

공민왕이 모험과도 같은 결단을 내릴 수 있었던 것은 당시의 국제 정세를 냉정하게 살핀 덕이다. 세계 제국 원이 몰락하고 있었다. 원 왕실과 조정이 어수선했다. 그동안 몽골족의 지배를 받던 한족(漢族)들이 곳곳에서 반란을 일으켰다. 원은 반란을 진압하지 못하

고 쩔쩔매고 있었다. 공민왕은 생각했을 것이다. '지금이다.'

홍건적의 침략

이대로라면 공민왕의 시도는 성공이었다. 원나라의 간섭에서 벗어나 고려 왕조의 중흥을 이끌게 될 것이다. 그런데 암초를 만났다. 홍건적이 쳐들어온 것이다. 홍건적은 머리에 붉은 두건을 둘렀다고 해서 붙여진 호칭이다. 그들은 원의 지배를 받던 한족인데, 이때 반란을 일으켰다. 원 진압군의 공격에 밀리면서 고려 국경을 넘은 것이다. 고려 처지에서 볼 때 황당한 침략이다.

공민왕의 피난

홍건적은 두 번 쳐들어왔다. 처음은 약 4만 병력이었는데 고려군이 힘겹게 막아냈다. 두 번째 침략은 10만 명 정도. 고려군은 그들을 막아내지 못했다. 홍건적이 개경을 점령했고 공민왕은 저 멀리 경상도 안동까지 피난 가야 했다. 몇 개월 만에 홍건적을 격퇴했지만, 고려의 국력 소모는 심각했다. 백성들의 삶은 비참해졌다.

공민왕의 승전

어쩔 수 없이 공민왕은 원에 다시 고개를 숙였다. 또 있을지 모를 홍건적의 침략을 대비해서 그렇게 했다. 그러나 원은 공민왕을 제거하려고 했다. 죽이려고 했으나 실패하자 폐위시키기로 하고 1만 명 병사와 함께 새로운 왕을 고려로 보냈다. 공민왕은 거부하고 맞섰다. 고려군은 원나라 군대와 싸워 승리했다. 공민왕은 왕 자리를 지켰다. 원도 어쩔 수 없었다.

노국대장공주의 죽음

공민왕은 환호했을까. 아니, 지쳤다. 정신적으로 너무 큰 고통을 겪었다. 밖에도 적(원나라), 안에도 적(친원세력, 권문세족), 외롭다. 무기력해졌다. 거기다 사랑하는 여인까지 잃고 말았다. 왕비 노국대장공주가 사망한 것이다(1365). 노국대장공주는 몽골 여인이다. 하지만 남편 공민왕의 뜻을 따랐고 또 도왔다. 둘의 사랑은 갖은 난관 속에서도 빛을 잃지 않았다. 공민왕은 죽은 아내의 초상화 앞에 앉아 이야기하고 밥을 먹고 울고 했다고 한다.

공민왕의 죽음

이후 공민왕은 그저 그런 왕의 길을 간다. 추한 이야

기들도 전해진다. 신돈을 내세워 개혁을 다시 시도해 보기도 했지만, 결과적으로 실패하고 만다. 전민변정 도감의 효과는 오래가지 못했다. 그러다가 환관 최만 생에게 죽임을 당한다. 쓸쓸하지 않은 죽음이 어디 있 으랴만, 공민왕의 죽음은 유독 더 쓸쓸하게 느껴진다. 그래도 공민왕의 개혁을 바탕으로 새로운 인물들이 등장하게 된 것은 의미 있는 일이다. 국자감을 성균관 으로 개칭하고 과거 제도를 정비했는데 이를 통해 신 진사대부가 성장할 수 있었다. 정몽주와 정도전은 공 민왕 때 과거에 급제하고 성균관에서 내공을 쌓은 인 물들이다.

내정 간섭 기구,
정동행성

내정 간섭 기구

정동행성(征東行省)은 동쪽[東] 나라를 정벌[征]하기 위해 설치한 기구라는 뜻이다. 동쪽 나라는 일본이다. 원나라가 일본 원정을 준비하고 추진하는 지휘 본부 같은 기관을 고려에 두었는데 그 이름이 바로 정동행성이다. 일본 원정은 실패로 끝났다. 그런데 원은 정동행성을 없애지 않았다. 그대로 두고 오히려 권한을 강화하면서 고려 조정에 대한 통제 감시 활동을 하게 했다. 한마디로 정동행성은 고려의 내정을 간섭하기 위한 기구였다.

정동행성의 하위 기관

정동행성의 지휘를 받는 하위 기관으로 좌우사·유학제거사·이문소 등이 있었다. 이문소는 지금의 법무부나 검찰청 비슷한 역할을 한 것 같다. 한편 정동행성에서 제일 높은 사람을 승상이라고 했다. 처음에는 고려왕이 승상을 겸하면서 고려 사람들을 정동행성의 관리로 뽑기도 했으나 나중에는 원나라 사람들이 정동행성을 장악하게 된다.

정동행성의 축소

1356년(공민왕 5)에 공민왕이 정동행성을 폐지했다고 보통 말한다. 그런데 엄밀히 말하면 정동행성을 통째로 없앤 것이 아니고 정동행성에 소속된 산하기관인 이문소 등을 없앤 것이다. 그래서 어떤 책에는 공민왕이 정동행성을 폐지했다고 나오고, 또 어떤 책에는 정동행성이문소를 폐지했다고 나온다. 이제 축소된 정동행성은 원이 아닌 고려의 정부 기관이 되어 외교 관련 업무를 맡아 보게 된다.

쌍성총관부

쌍성총관부의 쌍성은 화주(지금의 함경남도 영흥)를 말한다. 몽골이 이 지역을 장악하여 총관부를 설치하고 그 주변 지역까지 자기네 땅처럼 다스렸다. 몽골이 화주를 장악할 수 있었던 것은 당시 고려인들의 배신 덕이다. 대몽항쟁기 막판에 조휘와 탁청이 중심이 되어 화주 등을 몽골에 넘기고 스스로 항복한 것이다 (1258). 그냥 땅을 들어 바쳤다. 몽골은 그 대가로 조휘를 총관으로 삼았다. 총관 자리는 조휘의 자손에게 세습되었다.

이자춘의 쌍성총관부 함락

그렇게 대략 100년이 흘렀다. 1356년(공민왕 5) 7월, 고려는 쌍성총관부를 공격하여 마침내 함락시켰다. 잃었던 옛 땅을 수복한 것이다. 총관부의 저항이 만만치 않았다. 그런데 그 지역 지배층인 이자춘이 고려군을 도와 총관부를 함께 공격했다. 쌍성총관부 수복에 이자춘이 큰 공을 세웠다. 이자춘, 그는 조선을 세우게 될 이성계의 아버지이다.

전민변정도감에서는
어떤 일을 했을까

전민변정도감

전민변정도감(田民辨整都監)의 말뜻부터 따져 보자. 토지[田]와 백성[民]의 상태를 잘 따져 보고 밝혀서[辨] 바르게 정리[整]하려고 임시로 설치한 기관[都監]이라는 의미이다. 고려 시대에 권력가들이 불법적으로 차지한 토지를 찾아내 원주인에게 돌려주고, 평민 출신으로 억울하게 노비가 된 사람들을 찾아내 원래의 신분을 회복시켜 주려고 설치한 기관이다. 전민변정도감은 원종과 충렬왕 때도 설치됐었다. 한 번만 설치됐던 것이 아니다. 하지만 우리는 공민왕 때 신돈(?~1371)에 의해 설치됐던 전민변정도감만 알고 있으면 될 것 같다. 다음《고려사》기록이 전민변정도감을 이해하는 데 도움이 된다.

신돈이 전민변정도감을 설치할 것을 청하고 스스로 판사가 되어 전국에 방을 붙여 알리기를, "근래에 기강이 크게 무너져서 탐욕을 부리는 것이 풍습이 되었으며, … 백성들이 대대로 업으로 이어온 농토를 권세가들이 거의 다 빼앗아 점유하였다. … 일부는 백성을 노예로 만들기도 하였으며, … 백성과 나라를 병들게 하여 … 이제 도감을 설치하여 바로잡고자 하여 개경은 15일을 기한으로 하여, 여러 도는 40일을 기한으로 하여 스스로 잘못을 알고 고치는 자는 〈죄를〉 묻지 않을 것이나, 기한을 넘겨 일이 발각되는 자는 죄를 조사하여 다스릴 것이며 …"라고 하였다. 명령이 나가자 권세가 중에 전민을 빼앗은 자들이 그 주인에게 많이 돌려주었으며, 전국에서 기뻐하였다.

신돈의 권력

전민변정도감의 활동으로 경제 기반이 약해진 권문세족 등 지배층은 신돈을 증오했을 것이고, 백성들은 대개 좋아했을 것이다. 그런데 이러한 개혁을 지속하지는 못했던 것 같다. 신돈의 권력이 강할 때는 그 힘이 공민왕을 능가했다. 공민왕이 국왕으로 정치의 중심을 잡고 신돈에게 적절히 힘을 실어주어 개혁하게 했다면 좋았을 것을, 공민왕은 그러지 않았다. 아예 통치에 신경을 끊고 거의 모든 걸 신돈이 알아서 하게 했다. 그러다 보니 부작용이 커졌다. 공민왕이 오랜만에 얼굴이나 보자고 사람을 보내 연락하니 신돈이 말하기를, "내가 오늘은 피곤하니 내일 가겠습니다"
할 정도가 됐다. 심지어 옷까지 왕처럼 입고 다녔다고
한다. 결국, 신돈은 공민왕에 의해서 죽임을 당한다.

공민왕의 신뢰

한눈에 반한다는 말이 있다. 이성 간에 사랑이 시작될
때 이런 일이 생기기도 한다. 공민왕이 어떤 신하의
소개로 신돈을 처음 만났을 때, 이미 공민왕은 신돈에
게 푹 빠졌다. 무조건적인 신뢰를 보냈다. 어찌 가능했
는지 모르겠는데 그 이유가 될 법한 사연이 《고려사》
에 전한다.

공민왕의 꿈에 어떤 사람이 칼을 뽑아 자기를 찔러 죽이려고
하는데, 어떤 승려가 구해 주어서 모면한 적이 있었다. 다음
날 태후에게 고하고 있을 때, 마침 김원명이 신돈을 알현시
키는데 그 모습이 매우 닮았다. 왕이 크게 기이하게 여겨 함
께 말을 나누었는데, 총명하고 사리 분변이 좋고 스스로 도
를 깨달았다고 하며 큰소리를 치는 것이 모두 〈왕의〉 뜻에 부
합하였다.

　꿈에 목숨을 구해 준 사람이 다음 날 진짜로 나타나
니, 공민왕이 놀랄 수밖에 없었을 것이다.

'알현'은 뵐 알(謁), 뵐 현(見)자를 쓴다. 見은 '볼 견' 자인데 '뵐 현'으로도 쓰인다. 그래서 알현(謁見)의 뜻이 '지체가 높은 사람을 찾아가 뵘'이 된다. 주로 신하가 임금을 찾아가 만나는 것을 알현이라고 한다.

고려의
마지막 왕

폐가입진

신돈은 나중에 이성계가 조선을 건국하는 과정에서 이용된다. 이성계가 창왕을 내치고 공양왕을 세울 때의 명분이 폐가입진(廢假立眞)이다. 가짜 왕[假]을 자르고[廢] 진짜 왕[眞]을 세운다[立]는 뜻이다. 공민왕은 신돈의 여자였던 반야와 관계하여 우왕을 낳았다고 한다. 그런데 이성계 세력은 우왕(1374~1388)이 공민왕의 아들이 아니라고 했다. 신돈의 자식이라고 주장했다. 그리되면 우왕의 아들 창왕(1388~1389)도 신돈의 핏줄이 된다.

창왕의 폐위

"왕씨 왕조 고려에서 신씨가 왕이 될 수는 없는 법이다. 신씨 성 가진 가짜 왕을 폐위하고, 왕씨 성 가진 진짜 왕을 세워 나라를 바로잡아야 한다"는 것이 이성계 세력의 주장이다. 이성계 세력에는 그를 따르는 신진사대부도 포함된다. 결국 창왕이 폐위되고 만다.

공양왕의 즉위

이렇게 해서 고려의 마지막 왕 공양왕(1389~1392)이 즉위하게 된다. 억울하게 쫓겨난 우왕과 창왕은 어떻게 되었을까. 우왕은 강화로 유배됐다가 여주로, 다시 강릉으로 옮겨져 죽임을 당했다. 창왕은 강화로 유배되어 살해됐다. 창왕이 죽임을 당한 그때 나이, 10살.

《고려사》 우왕 열전

우왕은 진짜 누구의 아들일까? 잘 모르겠다. 다만 상식적으로 생각해 볼 때 공민왕의 아들일 가능성이 커 보인다. 공민왕은 신돈을 죽였다. 자신이 죽인 신돈의 아들에게 군이 왕위를 물려줄 이유가 없다. 아들이 없으면 왕실 인물들 가운데 한 명을 지정해서 왕위를 잇게 하면 된다. 다음 사료를 보자. 《고려사》 우왕 열전에 뽑은 것이다.

A. 신우(辛禑, 우왕을 신우라고 썼다) … 신돈의 비첩인 반야의 소생이다. … 공민왕은 항상 후사가 없는 것을 근심하다가, 하루는 신돈의 집에 은밀히 갔는데, 신돈이 그 아이를 가리켜 말하기를, "원컨대 전하께서는 〈이 아이를〉 양자

로 들여 후사로 삼으소서"라고 하였다. 왕이 곁눈질하고 그냥 웃을 뿐 대답하지 않았으나, 내심 허락했다.

B. "내가 일찍이 신돈의 집에 가서 그 집 여종에 성은을 입혀 아들을 낳았으니 경거망동하지 말고 그 아이를 잘 보호 하라."

C. "아름다운 여인이 신돈의 집에 있었는데 듣기에 아들을 낳을 수 있다 하여 마침내 성은을 입혀 곧 이 아이를 얻었소."

　A만 읽으면 우왕은 공민왕의 친아들이 아니라 양 자다. 진짜 아버지는 신돈인 것처럼 보인다. B와 C는 A에 이어서 나오는 내용인데 공민왕이 신하들에게 한 말이다. 우왕을 자신이 낳은 친아들이라고 말했다. 좀 이상하다.《고려사》편찬자들이 A를 강조하려면 B와 C는 기록하지 말았어야 했다. 아니면, 공민왕이 B, C 라고 거짓말했다는 식으로 기록했어야 흐름이 맞다. 그런데 공민왕의 말만 기록했을 뿐, 아무런 비판도 하 지 않았다. 마치 공민왕의 말을 사실로 인정하는 것 처럼.

관리에게
땅을 준 이유는

관리의 봉급

과거에 급제하고 관리가 되면 봉급을 받게 된다. 처음에는 적은 금액이지만, 승진하면서 많아진다. 고려 시대 봉급은 화폐가 아니라 땅이었다. 농사짓는 농토만 준 것이 아니다. 땔감, 그러니까 나무할 수 있는 임야도 함께 주었다. 그래서 밭 전(田)자와 땔나무를 의미하는 시(柴) 자를 써서 전시과(田柴科)라고 한다. 시지(柴地)에서는 땔감과 함께 소와 말에게 먹일 꼴도 조달했다.

수조권

고려 시대 관리에게 봉급으로 농토를 주었다고 했는데 정말 준 것이 아니다. 소유권을 준 것이 아니다. 그 땅에서 세금을 거둘 수 있는 권리, 즉 수조권(收租權)을 준 것이다. 주의할 필요가 있다.

민전

개인 소유의 땅을 민전이라고 한다. 민전을 갖고 농사 짓는 농민 A가 있다고 치자. 그는 수확량의 일부를 나라에 세금으로 내고 있다. 그런데 나라에서 A의 땅에 대한 수조권을 관리 B에게 봉급으로 주었다. 그러면 A는 나라에 내던 세금을 B에게 내면 된다. 나라에는 안 낸다. 땅 주인은 당연히 소유권을 가진 농민 A다.

녹봉

말단 관리는 수조권 받는 땅이 적다. 그래도 걱정할 필요 없다. 봉급이 하나 더 있다. 녹봉이라는 거다. 녹봉은 곡식 등 현물을 나라에서 지급해주는 것이다. 그러니까 관리가 되면 수조권과 함께 현물도 받는 것이다. 거기에 더해서 관리들은 대개 자기 소유의 땅이 있다.

토지의 부족

세월이 가면서 관리들에게 지급할 토지가 부족해진다. 원래 관리가 퇴직하면 수조권 받은 토지를 국가에 반납해야 한다. 퇴직자에게 봉급을 주는 건 말이 안 되니까. 나라에서는 퇴직자에게서 받은 수조권을 새로 뽑은 관리에게 주면 된다. 그럼 부족할 일이 없다.

왜 줄 땅이 부족해질까. 이런저런 이유로 토지 반납

이 제대로 이루어지지 않았기 때문이다. 그래서 전시과를 개정하고 또 개정하게 된다. 원래의 전시과를 시정전시과(976), 개정한 전시과를 개정전시과(998), 다시 개정한 전시과를 경정전시과(1076)라고 한다.

시정전시과

전시과는 문무 관리와 향리 그리고 군인 등을 18등급으로 나누어 토지 수조권과 시지를 지급하는 제도이다. 시정전시과에서는 관직의 높고 낮음과 함께 관리의 '인품'을 반영해서 지급했다. 인품은 객관적으로 평가할 수 없다. 아무래도 공정성이 떨어졌다. 개정 전시과에서는 '인품'이 빠지고 관직에 따라 토지를 지급했다. 경정전시과에서는 '현직 관료'에게만 토지를 지급하는 것으로 바뀐다.

여기서 '현직 관료'는 '전·현직' 개념으로 보기보다 실직(實職), 즉 실무를 담당하는 실제 관직으로 보는 것이 적절하다. 이전의 개정전시과에서 전·현직 관리 모두에게 주다가 경정전시과에서 현직 관리에게만 주는 것으로 오해하지 말라는 얘기다.

개정전시과와 경정전시과

개정전시과 때까지는 실직 외에 산직에게도 토지를

주었다. 산직은 뭐랄까, 관직 예비군이다. 과거에는 합격했으나 아직 실무 관직을 받지 못한 사람들이다. 경정전시과에서는 산직을 제외하고 실직을 받은 이에게만 토지를 지급하였다. 전시과가 개정되면서 지급 규모도 줄어들게 된다. 하급관리들에게는 땔나무 구할 땅, 즉 시지(柴地) 지급도 중단한다. 그런데도 형편은 별로 나아지지 않았고 그러다가 뒤에 가서 전시과 체제가 무너지고 만다.

광종의 양전 사업

시정전시과를 시행한 임금은 경종(975~981)이다. 경종은 광종의 아들이다. 아버지 광종 때 전국적인 양전 사업이 시행됐다. 양전(量田)이란 논밭을 측량하는 것이다. 토지의 주인이 누구이며, 위치는 어디이고, 면적은 얼마나 되는지, 농사를 짓는 땅인지 아닌지 등을 조사하고 기록한다. 아주 복잡하고 힘든 일이다. 광종의 양전 사업이 있었기에 경종 때 전시과 시행이 가능했다고 할 수 있다.

전시과에서 관리에게 지급한 토지는 수조권을 준 것이라고 했다. 그런데 수조권이 사실은 면조권(免租權)으로 운영됐을 것이라는 주장이 있다. 관리도 자기가 소유한 토지에 대한 세금을 나라에 내야 한다. 그걸 전시과로 면제해 주었다는 얘기다. 관리 소유 토지 규모에 따라 수조권과 면조권이 겸해지기도 했을 거라고 한다. 예를 들어 어떤 관리가 개인 토지, 즉 민전 100결을 갖고 있다고 치자. 그 관리가 봉급으로 전시과 토지 70결을 받았다고 하자. 그럼 관리는 자기 소유 100결 가운데 70결에 대한 세금을 면제받고 나머지 30결에 대한 세금만 나라에 납부한다는 얘기다. 그 관리가 승진해서 전시과에 따라 150결을 받게 되면? 일단 자기 땅 100결에 대한 세금을 면제받고 별도로 남의 토지 50결에 대한 수조권을 받는다는 것이다.

자영농의 몰락과
권력가의 착취

조선의 토지 제도

고려에서 전시과라면, 조선의 토지 제도는 과전법이다. 동서양 어느 나라에서나 거의 공통적인 현상이 있다. 나라가 잘 돌아가고 왕권이 안정될 때는 자영농이 튼튼하다. 자영농은 자기 땅을 갖고 농사짓는 농민이다. 사람 몸으로 치면 척추 같은 존재다. 나라에 조세를 내고 각종 역에 동원되어 일하거나 군사가 되어 나라를 지킨다. 나라에서도 자영농을 보호하고 육성하려고 노력한다.

자영농의 몰락

그런데 나라가 무너질 때쯤 되면 자영농 계층이 먼저 무너진다. 토지를 잃고 몰락하는 것이다. 그들의 토지는 권력가들 차지가 된다. 왕은 힘을 쓰지 못한다. 권력가들은 갖은 방법을 동원해서 대토지 소유자가 된다. 통상 지배층이 소유한 대토지를 농장이라고 부른다. 지금의 '사슴 농장' 같은 농장 개념과는 다르다.

권력가의 착취

고려 말에는 권문세족이 농장의 주인이다. 그들은 대개 세금도 내지 않아서 국가 재정을 어렵게 한다. 황당한 일도 벌어진다. 하나의 땅에 수조권자라고 나서는 이가 대여섯 명씩 나타나 서로 다투는 것이다. 민전을 소유한 농민은 한해에도 몇 번씩 이놈 저놈에게 세금을 뜯겼다. 뜯어가는 이들이 권력가이니 저항하기도 어려웠다. 세월이 가면서 점점 더했다. 일부 농민은 자신의 땅을 권력가에게 바치고 그 권력가의 전호가 된다. 자발적으로 자영농을 포기하고 소작농이 되는 것이다. 수조권자라고 나서는 인간들에게 수없이 뜯기는 것보다 소작농이 되어 수확량의 반이라도 챙기는 것이 오히려 나으니, 자기 땅을 포기하는 아픈 결정을 하게 되는 것이다.

수조권의 정비

개혁이 필요했다. 백성의 생활을 안정시킬 조치가 필요했다. 그래서 나오는 것이 과전법이다. 과전법은 백성 생활 안정과 신진사대부 등 이성계 세력의 경제 기반 확보 필요에 따라 추진되었다. 수조권에 대한 정비가 이루어졌다. 이제 자영농이 대여섯 명에게 세금을 뜯기는 일이 사라졌다. 수조권자 1명에게만 내면됐다.

과전법

과전법은 전시과와 그 성격이 비슷하다. 관리들에 대한 봉급으로 수조권을 지급한 것이니까. 전시과처럼 관리들 지위의 높고 낮음에 따라 18등급으로 나누어 토지를 지급했다. 후대로 가면서 지급할 토지가 부족해지는 문제점도 같다. 토지 부족이 심각해지자 세조가 과전법을 폐지하고 직전법을 시행하게 된다(1466). 과전법과 전시과의 차이점도 있다. 전시과가 경기 지역과 양계 지방을 제외하고 나머지 지역에 수조권을 준 것인데 반해 과전법은 경기 지방으로만 수조권을 지급했다. 전시과에서는 땔감 등을 수취할 수 있는 시지(柴地)도 지급했지만, 과전법에서는 시지를 지급하지 않았다.

주의할 점이 있다. 과전법이 공포된 것은 1391년(공양왕 3)이다. 아직은 고려 말, 조선이 건국되기 전이다. 나라부터 먼저 세우고 그다음에 각종 개혁을 하는 것이 보통인데, 조선은 개국하기 전에 과전법이라는 경제 개혁을 먼저 한 것이다. 이성계는 위화도회군(1388)을 계기로 정치권력을 장악하고 과전법 시행(1391)으로 경제권까지 장악한 뒤 조선을 건국(1392)한다.

어디에 쓰려고
수은을 수입했을까

수은의 수입

수은주(水銀柱)라는 단어를 국어사전에서 찾아보면 '수은 온도계나 수은 기압계의 유리 대롱에 채워진 수은의 기둥'이라고 나온다. "수은주가 뚝 떨어져 너무 춥다"처럼 수은주는 온도와 같은 의미로 쓰이기도 한다. 수은은 온도계·체온계·건전지·형광등 등에 쓰였다. 고려는 일본·아라비아·중국에서 수은을 수입했다. 조선 시대에는 직접 만들게 되었다. 무엇에 쓰려고 수은을 수입했을까. 우선 불상 등의 도금에 쓰기 위해서다. 좀 더 자세한 설명을 《한국민족문화대백과사전》에서 옮겨 본다.

백제에서는 청동 불상을 주조하고 수은에 금을 흡수시킨 아말감으로 금도금하는 기법이 뛰어났다. 즉, 금을 판조각으로 만들어 4~8배 무게의 수은 속에 넣고 녹인 뒤 청동불상의 표면을 볏짚으로 문질러 곱게 하고, 약한 산인 매초로 표면의

산화물을 제거한 다음 금을 녹인 아말감을 바르고 350℃ 정도의 온도로 가열하여 수은을 증발시킨다. 이와 같은 방법을 되풀이하여 완성시킨다.

수은은 오늘날의 페인트 같은 칠감으로도 쓰였다. 또 다른 나라의 예로 보아 고려에서도 먹는 약이나 화장품 재료로 쓰기도 했을 것이다. 수은은 고대 중국에서 불로장생의 명약으로 알려졌다. 피부에 바르면 단기적으로 미백 효과가 있다고도 한다. 수은이 건강에 얼마나 치명적인지, 얼마나 위험한지 몰랐던 시대였다.

고려의 무역항과
국제 교역

고려의 국제 무역항

벽란도는 고려 시대 국제 무역항이다. 한자로 '碧瀾渡'다. '도' 자가 들어가 섬이려니 싶은데, 벽란도는 섬이 아니라 예성강가에 있는 항구다. 병자호란 때 인조가 항복한 삼전도도 섬이 아니다. 원래 예성항으로 불렸는데 중국 사신이 주로 묵던 벽란정이라는 관사가 있어 그 이름을 따 벽란도가 됐다고 한다. 벽란도는 수도 개성과 가깝기에 국제적인 무역항이 될 수 있었다. 수입품은 대개 지배층이 쓸 물건이다. 송에서 책도 많이 들어왔다. 이를 사용할 사람들이 수도에 많으니 수도 근처에 무역항이 생기는 것이 자연스럽다. 신라 때 경주와 가까운 울산이 국제 무역항 역할을 했던 것처럼.

고려의 국제 교역

벽란도에 송나라 상인들이 오갔다. 국제 무역항이라

면 송나라뿐 아니라 다른 나라 상인들도 드나들어야 제격이다. 국제정세 변화에 따라 변동이 생기기는 하지만, 거란·여진·일본 그리고 대식국이라고 불렸던 아라비아 상인들이 왔다. 거란과 여진은 대개 은·말·모피 등을 가져와 곡식과 농기구를 사 갔다. 일본은 황과 수은을 갖고 와서 인삼·곡식·책 등을 가져갔다. 아라비아 상인들이 고려에 가져온 물품 중에 향신료가 있다. 향신료는 향수 같은 게 아니다. 향신료(香辛料)의 향(香)은 향기, 신(辛)은 '신라면' 할 때의 신, 맵다는 뜻이다. 향신료는 향이 있는 매운 조미료라는 뜻이다.

후추

널리 알려진 향신료가 후추이다. 후추는 약재로도 쓰일 만큼 쓰임새가 많았다. 그러나 값비싼 수입품이라 아무나 가질 수가 없었다. 임진왜란 전 도요토미 히데요시가 조선에 사신을 보냈다. 예조판서가 일본 사신을 위해 잔치를 열어 주었다. 그런데 잔치판이 난장판이 되었다. 왜 그랬는지 다음 사료를 보자. 유성룡의 《징비록》이다. 같은 내용이 《선조실록》에도 실려 있다.

(일본 사신 야스히로가) 후추를 한주먹 꺼내더니 자리에 뿌렸다. 그러자 기생들과 악사들이 달려들어 후추를 줍느라 잔칫상은 금세 아수라장이 되었다. 이를 물끄러미 바라보던 야스히로는 숙소로 돌아와 통역에게 말했다. "너희 나라가 망할 날이 머지않았다. 아랫사람들의 기강이 이 모양이니 이러고서 어찌 나라가 온전키를 바라겠느냐."

외국 상인들이 고려 상인만 상대한 것은 아닐 것이다. 벽란도에서 외국 인들끼리도 교역했다. 여진이 가지고 온 말을 송나라 상인이 사가는 식으로. 고려의 상인들이 송나라로 직접 가서 무역을 하곤 했지만, 성종 이후에는 그게 사실상 금지된 것 같다. 국내로 들어온 외국 상인들과 교역할 수 있었을 뿐이다.

9재학당의
인기 비결

고려 국립대학 국자감

고려 시대 개경에 국립대학 격인 국자감이 있었다. 고려 최고의 학교다. 최충(984~1068)이라는 인물이 있었다. '해동공자'로 칭해질 만큼 학문이 높았다. 최충은 관직에서 은퇴하고 개경에 학교를 열었다. 최충 개인이 세웠으니 사립학교다. 학생들이 아주 많이 모여들었다. 국자감은 인기가 없어졌다. 명성에 금이 가고 말았다.

사학12도

최충의 학교가 인기 높아지니 덩달아 학교를 세우는 이들이 많았다. 그래서 11개 학교가 새로 생겼다. 최충의 학교를 포함해서 모두 12개의 사립학교가 개경에 들어선 것이다. 이를 사학12도(私學12徒)라고 부른다. 사학, 즉 사립학교가 학생들에게 인기를 끌게 된 것은 과거 시험 합격자가 많이 나왔기 때문이다. 국자감에

진학하는 것보다 사립학교 가는 것이 과거 시험 준비에 유리하니까 학생들이 몰렸던 거다.

9재학당

최충의 학교는 아홉 개 반으로 구성됐다. 그래서 9재학당이라고 한다. 당시 사람들은 최충의 학교 학생들을 '시중최공도'로 호칭했다고 한다. '시중을 지낸 최공의 학교 학생들' 정도의 의미이다. 최충이 죽은 후에는 그의 시호를 따서 문헌공도(文憲公徒)라고 했다. '도(徒)'는 무리라는 뜻인데 제자·학생이라는 의미도 있다. 그러니까 문헌공도는 '문헌공 최충을 따르는 무리', '문헌공 최충의 제자들' 정도로 풀이할 수 있다. 그렇지만, 문헌공도는 학교 이름으로 더 널리 불린다.

지공거

문헌공도 즉 9재학당이 과거에서 좋은 실적을 낸 것은 과거 시험에 특화된 교육을 시행한 덕분이기도 하다. 최충은 벼슬할 때 '지공거'라는 직책을 맡기도 했다. 지공거는 과거 시험 전반을 관리하는 책임자이다. 그 경험이 학생 지도에 보탬이 되었을 것이다.

7재와 양현고

사학에 밀린 관학(官學) 국자감에 비상이 걸렸다. 부흥이 필요했다. 국자감의 명성을 회복하려고 애쓴 임금이 예종(1105~1122)이다. 예종은 국자감 안에 특별 강좌로 7재를 설치했다. 그리고 양현고라는 장학 재단도 만들었다. 7재 중 하나인 무학재는 장래 장군을 배출하기 위해 무과 교육을 시행한 곳이다. 그러나 얼마 안 가서 무학재가 폐지되고 만다.

주요 역사서의
편찬

역사서의 체제

우선 이건 외워두는 게 좋겠다. 《삼국사기》·《고려사》
는 기전체, 《고려사절요》·《조선왕조실록》은 편년체.
《고려사》는 기전체, 《고려사절요》는 편년체. 옛날 나
라에서 펴낸 역사책은 구성 틀이라고 할까, 그 체제에
따라 기전체·편년체 등으로 나뉜다.

편년체

편년체는 그냥 연대순으로 편성한 것으로 기억하면
된다. 시대순이니까 《조선왕조실록》은 태조실록으로
시작한다. 태조실록은 태조 이성계가 즉위한 처음부
터 마지막까지 연대 날짜순으로 정리되어 있다. 이후
실록들도 마찬가지이다.

기전체

편년체가 시대순 서술이라면, 기전체는 주제별·내

용별 서술이다. 예를 들어 일제강점기 문학의 역사를 정리한다고 가정하자. 1910년대·1920년대·1930년대·1940년대, 이 순서로 구분해서 쓰면 편년체라고 할 수 있다. 그런데 시·소설·희곡·수필로 분야를 나눠 쓴다면 기전체가 되는 것이다.

사마천의 《사기》

처음 기전체로 역사를 쓴 이는 중국 한나라의 사마천이다. 그가 지은 《사기》가 기전체 역사책의 시작이다. 《사기》는 본기·표·서·세가·열전으로 구성됐다. 본기에는 각 임금의 일을 기록한다. 표는 본기를 보강하는 일종의 연표라고 할 수 있다. 서는 보통 '지'라고 하는데 각종 제도 등을 소개하는 글이다. 세가에서는 제후국의 일을 다룬다.

열전

열전은 높은 신하부터 일반 백성에 이르기까지 다양한 개개인의 삶을 기록한 일종의 전기이다. 충신은 물론 간신도 기록한다. 개인의 삶을 차례로 나열[列]함으로써 후대에 그 사실을 전하게[傳] 한다는 의미에서 열전(列傳)이라 했다. 그럼 왜 기전체라고 하는가. 본기의 '기'자와 열전의 '전'자를 따서 기전체로 부르게 되었다.

기전체 구성

	본기	세가	지	표	열전
삼국사기	○		○	○	○
고려사		○	○	○	○

《삼국사기》와《고려사》

《삼국사기》와《고려사》는 기전체인데 그 구성이 살짝 다르다.《삼국사기》는 본기·지·표·열전으로 돼 있다. 《고려사》는 세가·지·표·열전이다. 무엇이 다른가. 《삼국사기》는 고구려·백제·신라 각 왕의 기록을 본 기에 기록했다. 그런데《고려사》는 본기가 없다. 대신 세가에 왕의 기록을 담았다.

세가

세가는 사마천의《사기》기준으로, 그러니까 중국 기 준으로 제후국에 대한 기록이라고 했다.《고려사》는 고려 때가 아니라 조선 전기에 편찬된 역사책이다. 조 선의 편찬자들이 고려 왕대 기록을 본기가 아닌 세가 에 담은 것은 당시 조선이 명나라에 형식적인 사대를 취하는 제후국 지위였기 때문이다.

고구려·백제·신라 본기

《삼국사기》는 고려 시대에 김부식 등이 임금의 명령을 받고 편찬한 것이다. 고구려·백제·신라를 각각 본기로 엮었다. 당시 고려가 황제국 체제였기에 본기를 편성한 것이다. 《삼국사기》가 사대주의에 물든 역사서라는 평가는, 그래서 다시 생각해 볼 필요가 있다.

주요 역사서 편찬 시기

교과서에 등장하는 주요 역사책들이 언제 나온 것인지, 그 편찬 시기를 잘 헤아려야 한다. 연대까지 외울 필요는 없을 것 같다. 우선 김부식의 《삼국사기》는 고려 전기에 나왔다. 현재 남아 있는 역사책 가운데 제일 오래된 것이다. 일연 스님의 《삼국유사》와 이승휴의 《제왕운기》는 고려 후기에 나왔다. 몽골 침략을 겪으면서 지친 백성들에게 힘을 불어넣어 주고자 민족의 자존감을 드러낸 서술이 특징이다. 《삼국사기》와 달리 《삼국유사》와 《제왕운기》는 단군에 대한 기록을 담았다.

다시 말하지만, 《삼국사기》는 고려 시대에, 《고려사》와 《고려사절요》는 조선 시대 전기에 편찬된 것이다. 《조선왕조실록》은 조선 시대 내내 편찬되었다. 왕이 사망하고 다음 왕이 즉위하면 죽은 왕의 실록을 만드는 식으로 계속됐다.

고려 시대에도 왕조실록이 있었다. 고려왕조실록이라고 한다. 조선 전기까지도 존재했지만, 지금 전하지 않는다. 여기서 퀴즈! 우왕과 창왕에 대한 기록은 《고려사》 어디에 들어 있을까? 당연히 세가! 아니다. 열전에 들어 있다. 조선은 우왕과 창왕을 왕으로 인정하지 않았다. 그렇게 해야 조선 건국의 정당성이 확보된다고 여겼던 모양이다.

유학은 도덕인가,
정치사상인가

학문의 도입

학문으로써 유학은 공자·맹자 이후 훈고학·성리학·
양명학·고증학·공양학 순으로 등장하면서 성숙해지
고 다양해졌다. 우리나라 역사에서 중요한 것은 성리
학과 양명학이다. 특히 성리학이 고려 말에 원나라에
서 우리나라에 들어왔다는 점을 기억해야 한다. 고려
전기나 신라 때의 유학은 성리학일 수 없다. 그때는
훈고학 계통이다. 당연히 성종 대 최승로가 강조한 유
학 역시 성리학이 아니다.

유학

중국 춘추 전국 시대는 정치적으로 매우 혼란했다. 여
러 나라로 쪼개져 오래도록 싸웠다. 하지만 사상사 쪽
으로는 독보적이다. 오늘날 추앙받는 대표적인 인물
들이 거의 이 시대에 나왔다. 공자와 맹자도 춘추 전
국 시대에 활동했다. 공자와 맹자의 말씀에서 유학이

시작되었다. 춘추 전국 시대를 끝내고 중국 통일을 이뤄낸 이가 진나라 시황제이다. 그는 유학을 독하게 탄압했다. 경전을 불 지르고 유학자들을 생매장해 죽였다. 이를 분서갱유라고 한다.

훈고학

진시황이 죽은 후 진나라는 바로 망했고 이어 등장한 나라가 한나라다. 한나라 때 훈고학이 등장한다. 불에 타지 않고 용케 감추어진 책들을 모으는 것이 우선이었다. 훈고학은 유학 경전을 수집 정리하고 다시 베끼고 풀어쓴, 거기에 해석을 곁들인 학문이다.

성리학의 성립

송나라(남송) 때 이르러 성리학이 성립된다. 주희(朱熹, 1130~1200)에 의해 완성됐다. 주희를 주자라고 부른다. 그래서 성리학을 보통 주자학이라고도 한다. '자'는 대학자에 대한 존칭이다. '선생님' 정도로 풀이하면 될 것 같다. 공구는 공자로 불리고 맹가는 맹자로 불린다. 성리학은 철학적인 요소가 강화된 사상으로, '인간의 심성과 우주의 원리를 탐구하는 신유학'이라 한다. 신유학이라는 단어가 나오면 우선 성리학을 떠올리면 된다.

'수신제가치국평천하(修身齊家治國平天下)'라는 말을 들어 봤을 것이다. 성리학의 목표는 몸과 마음을 수양하는 수신에 머물지 않는다. 치국(治國)을 지향한다. 공부를 바탕으로 조정에 나아가 나라를 다스리는 데 기여하는 것이 성리학자들의 현실적인 목표였다.

성리학의 도입

고려 말, 원나라를 통해 성리학이 들어왔다. 본격적으로 고려에 성리학을 도입한 이는 안향(1243~1306)이다. 권문세족과 대립하던 신진사대부를 중심으로 성리학이 퍼졌다. 신진사대부들의 도움으로 건국된 조선은 성리학을 통치 이념으로 삼는다. 조선 전기 관료들은 성리학자이지만, 나름의 융통성이 있었다. 현실적 부국강병을 위해 고민했다.

그런데 16세기 이후 정권을 잡은 사림 출신 관료들은 점점 딱딱하게 굳어졌다. 현실보다는 의리와 대의명분을 지나치게 강조한 감이 있다. 성리학 이외의 다른 사상을 적으로 간주하고 매몰차게 공격하는 배타성을 드러냈다. 순수하게 성리학을 신봉한다기보다 성리학의 권위를 이용하여 권력을 장악하려는 것처럼 보이기도 했다.

양명학의 성립

중국 명나라 때 왕수인(1472~1528)이라는 사람이 있었다. 호가 양명이라 왕양명이라고 한다. 그에 의해 새로운 유학, 양명학이 성립된다. 양명학은 성리학과 다른 해석을 시도한다. 무엇이 중요한가? 선택의 문제에서도 성리학과 다른 시각을 보여 주기도 한다. 양명학이 성리학을 비판했다면, 그것은 주희의 학설을 비판한 것이지 공자·맹자를 비판한 것이 아니다. 공자가 A라고 말했고 주희가 A의 의미가 B라고 설명했다고 치자. 왕양명은 A의 의미는 B가 아니고 C라고 말하는 식이다. 공자 말씀 A와 B를 놓고 주희가 A의 중요성을 강조했다면 왕양명은 B가 더 중요하다고 말하기도 했다.

성리학이 머리를 더 중요하게 여긴다면 양명학은 마음을 더 값지게 여긴다. 그래서 심학(心學)이라고도 한다. 알면[知] 행(行)하는 것이 도리이다. 성리학은 지(知)를 해야 비로소 행(行)할 수 있다고 한다. 공부해서 알아야 행동할 수 있다는 얘기다. 양명학은 지가 곧 행이요, 행이 곧 지라고 해서 둘을 군이 구분하지 않는다. 공부 잘해야 효자가 되는 게 아니다. 한글을 몰라도 어떤 게 효도인지 그냥 안다. 효도를 행하면 그게 진실로 아는 것이다. 양명학에서 말하는 지행합일

(知行合一)은 결국 실천을 강조하는 것이다.

양명학의 도입

양명학은 조선으로 바로 흘러들어 왔다. 여러 학자가 관심을 가졌다. 그러다가 정제두(1649~1736)에 의해 본격적으로 연구되고 또 퍼졌다. 조선의 관료들은 성리학자다. 그들은 "성리학이 옳다"가 아니고 "성리학만 옳다"고 외쳤다. 양명학을 배척했다. 정제두는 강화도로 가서 살면서 제자를 키웠다. 그렇게 조선 양명학은 강화에서 꽃피고 이어졌다. 그래서 조선 양명학을 강화학(江華學), 그 학자들을 강화학파라고 부른다.

고려에도 국교가
있었을까

의천 스님

고려 문종 임금에게 아들이 여럿 있었다. 넷째 아들이
출가하여 스님이 되었다. 화엄종에 속한 승려였으나
나중에 천태종을 창시하게 된다. 왕자 출신, 이 스님이
의천(1055~1101)이다. 의천은 교관겸수를 주장하여
교종과 선종의 통합을 모색했다. 원효의 화쟁사상을
계승한 것이다.

교관겸수

교관겸수(敎觀兼修)란 교와 관을 함께 닦는다는 의미
이다. 교(敎)는 교종에, 관(觀)은 선종에 가깝다. 대개
교종은 경전 공부에만 매달리고 선종은 책을 등한시
한 채 참선 등 수행만을 중시했다. 의천은 이를 비판
하며 이론 공부와 수행이 모두 필요함을 강조했다.

불교의 폐단

고려 시대엔 불교의 위세가 대단했다. 익을수록 숙이면 좋으련만 불교는 그렇게 하지 못했다. 대개 권력을 탐했고 재물을 탐했다. 많은 노비를 절에서 부렸다. 고통 속에 있는 중생을 구제하기는커녕 고통만 더해주었다. 욕심 많은 귀족과 다를 게 없었다. 오히려 더했다. 무소유? 헛소리가 되어 버렸다.

수선사 결사 운동

무신집권기, 드디어 지눌(1158~1210)이 일어났다. 처음으로 돌아가자, 불경 말씀대로 살아보자. 뜻있는 이들을 모아 개혁 운동을 벌였다. 직접 청소하고 직접 농사지어 먹을거리를 해결하면서 치열하게 수행하고 공부했다. 이를 '수선사 결사 운동'이라고 한다. 스님들뿐 아니라 일반 백성들도 동참했다.

수선사란 결사 운동을 펼치는 단체명이면서 사찰 이름이기도 하다. 나중에 송광사로 이름이 바뀌었다. 결사(結社)란 '뜻이 같은 사람들이 공통의 목적을 이루기 위해 모여 단체를 만듦, 또는 그 단체'를 말한다. 여기서 공통의 목적은 참된 신앙 활동이 될 것이다. 이 수선사 결사는 나중에 조계종으로 불리게 된다.

돈오점수

지눌은 수행방법으로 돈오점수(頓悟漸修)를 강조했다.
어느 순간 깨달음을 이루었다고 하여도[頓悟] 꾸준히
수행을 계속해야 한다[漸修]는 의미이다. 비록 깨달
았다고 해도 깨닫기 이전 오랜 세월 동안 몸과 마음에
밴 때는 그대로다. 그러니 '점수'를 통해 때를 씻어
내야 한다는 것이다.

정혜쌍수

지눌이 돈오점수의 방법으로 제시한 것이 정혜쌍수
(定慧雙修)이다. 정과 혜를 함께 수행한다는 뜻이다. 정
(定)은 산란한 마음이 한곳으로 모여 정신적 통일을
이룬 상태이고, 혜(慧)는 이렇게 고요한 마음을 바탕
으로 사물의 있는 모습 그대로를 아는 지적 통찰력을
의미한다. 정은 선종에, 혜는 교종에 가깝다.

의천과 지눌

지눌도 의천처럼 원효의 화쟁사상을 이어받았다. 선
종과 교종의 화합을 위해 애썼다. 참선만 고집하는 것
은 바보짓이요, 글만 찾아 헤매는 것도 바보짓이다. 그
는 말했다. "선(禪)은 곧 부처의 마음이요, 교(敎)는 곧
부처의 말씀이다." 선종과 교종이 모두 중요하다는 것

이다. 의천이 교종에 무게 중심을 두었다면, 지눌은 선종을 더 중시했다는 것도 기억할 만한 특징이다. 고려를 대표하는 두 스님, 의천은 교관겸수요, 지눌은 돈오점수와 정혜쌍수다.

독일에 루터(1483~1546)라는 이가 있었다. 당시에는 교회가 썩었다. 교황부터 성직자들까지 돈·권력·술·여자를 가까이했다. 면벌부(면죄부라고도 한다) 1장 사면 천당에 간다며 팔았다. 루터는 성경으로 돌아가자고 외쳤다. 성경이 가진 원래의 그 순수를 회복하자고 했다. 종교개혁이 시작된 것이다. 그 결과 새로운 종교, 신교(기독교)가 나오게 된다. 루터에게서 고려의 스님 지눌을 본다.

팔만대장경과
인쇄 기술

팔만대장경

팔만대장경은 대략 8만 장의 목판에 부처님 말씀 등을 새긴 것이다. '몽골군의 침략을 물리칠 수 있도록 힘을 주소서, 부처님' 하는 간절함을 담았다. 고려대장경·재조대장경 등으로도 불리는데 지금 합천 해인사에서 보관 관리하고 있다.

목판 인쇄

이러한 목판 인쇄는 한 가지 책을 많이 찍어 내거나, 두고두고 필요할 때마다 찍어 내기 편리하다. 그렇지만 손이 많이 가는 일이고, 목판 보관을 위해서 아주 넓은 공간이 필요하며, 관리에도 정성을 들여야 한다. 그럼 그 목판에 새겨진 글자를 활자라고 할 수 있을까?

목 활자와 금속 활자

목판 글자는 활자가 아니다. 활자(活字)란 활동하는 글자, 즉 움직이는 글자라는 뜻이다. 하나하나의 낱글자를 말한다. 하나의 목판에 '이경수'라고 새겼다면 이건 활자가 아니다. 작은 도장만 한 나무 세 개에 각각 '이'·'경'·'수'를 따로따로 새겼다면? 이게 활자다. 나무에 새겼으니 목 활자이다. 금속에 새기면 금속 활자!

활자 인쇄

활자 인쇄는 미리 활자를 만들어 놓고 글에 따라 해당 글자(활자)를 뽑아 판에 배열해서 찍어 낸다. 활자를 배열해 짜 맞춘 인쇄판을 활판이라고 한다. 그래서 활자 인쇄를 활판 인쇄라고도 한다. 짧은 기간에 여러 종류의 서적을 조금씩 인쇄하기에 적합하다. 작은 공간에 많은 활자를 보관할 수 있고 또 재활용도 할 수 있다. '수' 자로 '이경수'를 인쇄하고 다시 '수소'를 인쇄할 수 있으니 말이다.

세계 최초의 금속 활자

세계 최초로 금속 활자를 사용한 나라가 고려다. 몽골의 침략에 맞서던 시절에 강화도에서 금속 활자로 《상정고금예문》을 찍었다. 《상정예문》·《고금상정예문》 등으로도 불린다. 1234~1241년 사이 어느 해엔가 이 책을 인쇄했다. 독일에서 구텐베르크가 금속 활

자로 인쇄를 시작한 것은 《상정고금예문》이 나오고
나서 200여 년 뒤이다. 하지만 지금 《상정고금예문》
은 전해지지 않는다. 언젠가 어디선가 나타났으면 좋
겠다.

직지심체요절

실물이 남아 있는 세계에서 가장 오래된 금속 활자 인
쇄물은 《직지심체요절》이다. 흔히 줄여서 《직지》라고
부른다. 상·하권으로 구성됐는데, 남아 있는 것은 하
권이다. 하권에 청주 흥덕사에서 1377년(우왕 3)에 금
속 활자로 찍었다는 기록이 있다. 이 책은 우리나라에
없다. 프랑스에 가 있다. 비록 외국에 있지만 존재 자
체가 고맙다.

종이와 먹의 발달

고려에서 금속 활자 인쇄술이 발달한 것은 종이와 먹
의 발달이 함께 이루어졌음을 의미한다. 번지지 않고
쉽게 찢어지지 않는 양질의 종이, 매끈한 쇠붙이에도
잘 먹혀드는 기능성 먹, 여기에 금속활자, 이렇게 삼박
자가 맞아떨어져서 깔끔한 인쇄물이 나올 수 있었다.
고려의 금속활자·종이·먹, 모두 당시 세계 최고의 기
술이었다.

팔만대장경을 재조대장경(再雕大藏經)으로도 부른다. 재(再)는 '다시'라는 뜻으로, '재방송' 할 때의 재이다. 조(雕)는 '새기다'라는 뜻이다. 재조대장경은 다시 새긴 대장경, 두 번째 대장경이라는 의미이다. 처음 새긴 대장경은 초조대장경(初雕大藏經)이다. 11세기에 거란의 침략을 막아내려는 염원을 담아 만들었다. 그런데 13세기에 고려를 침략한 몽골군이 초조대장경을 불질렀다. 대장경이 사라지자 고려는 힘을 모아 다시 대장경을 만든 것이다. 대몽항쟁기, 그 어려운 시기에. 다시 만든 대장경이 재조대장경이다.

03

조선

X

01

02

04

05

왕을 가르치는
선생님이 있었을까

경연

조선의 임금으로 산다는 것은 참 힘든 일이었을 것 같다. 나라를 책임져야 한다는 압박감이 상당한 스트레스로 작용했을 것이다. 더구나 새벽부터 밤늦도록 진행되는 몹시도 빡빡한 일과. 그중에는 수업 시간도 있었다. 학식이 뛰어난 신하들을 선생님 삼아 공부를 해야 하는 것이다. 이를 경연이라고 한다. 졸업이 있는 것도 아니다. 죽을 때까지 계속이다. 경연은 한마디로 '왕의 평생교육 프로그램'인 셈이다.

왕의 공부

하루에 한 번 하면 할 만하다. 그런데 아침·점심·저녁 이렇게 하루에 세 번 열리는 게 원칙이다. 일어나서 일, 공부, 일, 공부, 일, 공부, 일, 그러면 잘 시간. 엄청난 고통이었을 것이다. 모든 임금이 평생 하루 세 번의 경연을 다 해낸 것은 아니다. 경연을 게을리한 임금들도 있었고, 세조나 연산군처럼 경연을 폐지해 버린 임금도 있었다. 그래도 조선 왕조가 지속되는 동안 꽤 알차게 경연이 시행되었다.

왕의 선생님

왕의 '선생님'으로 경연에 참여하는 신하들은 승지, 홍문관 소속 관리, 의정부 대신 등이었고 때로는 벼슬은 없으나 학문이 높은 대학자를 초빙하기도 했다. 경연에서 쓰는 교과서는 유교 경전과 역사책이었다. 경연관이 교재를 읽고 설명하고 서로 질문도 하고 토론도 하고, 그런 식으로 수업이 진행됐다. 그렇게 왕은 왕으로서의 소양을 쌓아 갔다.

학문 수준과 임금의 권위

공부가 왕 노릇 하는 데 정말 필요할까? 그렇다. 현실적인 가정을 해 보자. 공부를 통해 어떤 정책을 펼칠지 구상한다. 신하들에게 유교 경전을 인용하면서 자신의 구상을 밝힌다. 그래야 설득력이 있다. 신하들이 반대할 땐 역사적인 사례를 들어가면서 왜 이 정책을 펼쳐야 하는지 논리적으로 말한다. 그러면 신하들이 숙이게 된다. 임금의 학문 수준이 높으면 그 자체가 일종의 권위가 된다.

유교정치의 단면

이번에는 경연을 약간 다른 시각으로 보자. 이 제도를 만든 이는 임금이 아니고 신하들이다. 신하들의 교육 활동에는 일종의 '임금 길들이기'를 하겠다는 의도도 있었을 것이다. 경연은 "훌륭한 임금들은 정치를 이렇게 했으니 당신도 이렇게 하시라"는 식의 왕권 견제 기능이 내포된 제도이다. '왕권과 신권(臣權)의 조화'를 꾀하는 유교정치의 한 모습이다.

정책 논의

여기까지만 보면 경연은 순수한 공부 모임이다. 그런데 기능이 하나 더해진다. 경연은 공부 자리이면서 동시에 나라 정책을 논의하는 정치 공간이다. 공부 중에 또는 공부가 끝나고 임금은 그때그때의 국정 현안에 대해 경연관들에게 묻거나 자기 생각을 이야기하면서 서로 의견을 나누게 된다. 그 과정에서 중요한 정치적 결정이 이루어지기도 했다.

알아두면 쓸모있는 역사상식 Tip!

경연이 임금과 신하과 모여 학문을 강론한 자리라면, 왕세자에게 경서
를 강론한 자리를 서연이라고 한다.

의정부서사제의
장단점

의정부

의정부는 조선 시대 나랏일을 총괄하던 최고 기관으로 고려의 도평의사사와 비슷한 성격이다. 도당·묘당으로도 불렸다. 제일 높은 이를 영의정이라고 했고 그다음이 좌의정·우의정이다. 시기에 따라 또 당시의 정치 상황에 따라, 의정부의 기능이 축소되기도 하고 또 강화되기도 한다. 교과서를 보면 '의정부서사제(議政府署事制)'라고 하는 조금 어려운 용어가 나온다. 이것과 비교되는 것이 '6조직계제'이다. 둘 중 어느 것이 좋다 나쁘다, 말할 수 없다. 나름의 장점과 단점을 다 갖고 있으니까. 이제 두 제도의 성격을 알아 보자.

의정부서사제

세종 때 의정부서사제가 시행되었다. 의정부서사제의 '서사(署事)'라는 단어가 낯설다. 여기서 '서사'는 '나랏일을 처리하다'라는 의미로 쓰였다. 의정부가 6조를 지휘하면서 국정 운영을 주도하는 구조가 의정부서사제이다. 6조에서 의정부에 뭔가를 보고하면 의정부에서 그 문제를 논의하고 걸러 낼 것은 걸러서 임금에게 올린다. 임금의 지시사항도 의정부를 거쳐 6조로 내려간다. 의정부서사제를 도식화하면, '왕 ⇄ 의정부 ⇄ 6조'가 된다.

의정부서사제는 유교정치의 이상에 맞는 제도다. 의정부의 권한이 강화되면서 상대적으로 왕권이 약해지는 경향을 보이기도 한다. 왕이 뜻한 대로 개혁을 추진하기가 좀 어렵다. 왕이 정치에 관심이 적거나 무능해도 큰 문제가 생기지 않는다. 웬만한 건 의정부가 알아서 해 주니까. 일 처리는 아무래도 오래 걸릴 수밖에 없다.

6조직계제

6조직계제(六曹直啓制)에서 '직(直)'은 '직접'이라는 의미이다. '계(啓)'는 '관청이나 벼슬아치가 임금에게 올리는 말'이라는 뜻이다. 그러니까 6조직계제는 6조가 의정부를 거치지 않고 직접 임금에게 보고하고, 또 임금의 명령을 6조가 직접 받는다. '왕 ⇄ 6조'의 구조이다. 일 처리가 자연히 빨라진다.

6조직계제에서 의정부는 임금의 자문 역할 정도에

머문다. 때로 '왕따'가 되기도 한다. 대신 임금의 영향력이 강해진다. 태종과 세조가 6조직계제를 시행한 것은 왕권 강화를 위해서이기도 하다. 왕이 능력과 의욕을 갖추었을 때 6조직계제는 좋은 결실을 보기도 한다. 하지만 왕이 무능할 때는 재앙이 될 수 있다.

국정 운영 제도의 변천

참고할 게 있다. 태종이 6조직계제를 시행한 시기는 즉위하고 나서 10여 년 뒤인 1414년부터다. 즉위하고 처음 10여 년간은 의정부서사제로 통치했던 것이다. 태종의 아들 세종이 의정부서사제를 시작한 것은 왕이 되고 거의 20년이 지난 1436년이다. 그전에는 6조직계제로 국정을 운영했었다. 태종이 처음부터 6조직계제를 시행한 게 아니고, 세종이 처음부터 의정부서사제를 시행한 것이 아니다. 다음 사료는 세종 18년 (1436)의 실록 기록이다. 6조직계제를 의정부서사제로 바꾼다는 세종의 명령이다. 읽어보면서 다시 한번 정리해 보기 바란다.

우리 태조께서 개국하시던 처음에 도평의사사를 설치하여 일국의 정치를 도맡게 했으며, 뒤에 의정부가 되어서도 그 임무는 당초와 같았는데, 지난 갑오년(1414)에 예조에서 아뢰기를, "대신은 작은 일까지 친히 간섭할 필요가 없고, 군사에 관계되는 나라의 중대한 일만을 의정부에서 회의하여 아뢰게 하고, 그 외의 일은 6조로 하여금, 맡은 자가 직접 아뢰어서 시행하게 하소서" 하였으므로, 이로부터 일의 경중과 대소가 없이 모두 6조로 돌아가고, 의정부에서는 관계하지 않게 되어, 의정부에서 아뢰는 것은 오직 사형 죄수들의 논결뿐이었다. … 지금 태조께서 제정하여 놓으신 법에 따라 6조에서는 각각 맡은 직무를 먼저 의정부에 품의하고, 의정부에서는 가부를 의논하여 아뢴 뒤에 분부를 받아서 도로 6조로 돌려보내서 시행하게 하고, … 예조에서는 세상에 밝게 알리라.

삼사를 소금에
비유했던 이유는

바른 정치를 위한 기구

사헌부·사간원·홍문관을 삼사라고 한다. 이들 기관
은 각각의 고유 업무가 있으나 특정 업무에 대해 공동
으로 대처했기에 묶어서 삼사(三司)라고 했다. 조정에
서 소금과 같은 구실을 했다. 권력 독점과 부패 부정
을 막아 바른 정치가 펼쳐지도록 하는 것이 이 기관들
의 존재 이유였다. 사헌부와 사간원만을 따로 묶어 양
사(兩司)라고도 한다.

사헌부와 사간원

사헌부에서는 관리들의 비리를 감찰하고 탄핵하는 일
을 주로 했다. 수장은 대사헌이다. 사간원 소속 신하
들의 주요 업무는 간쟁이다. 간쟁은 사간원뿐 아니라
사헌부에서도 같이 했다. 간쟁이란 임금이 뭔가 잘못
했을 때 이를 지적하고 비판해서 바로 잡게 하는 권한
이다. 임금은 기분 나빠도 이들을 처벌할 수 없다. 원칙이 그렇다. 사간원의 수장을 대사간이라고 한다.

간쟁

간쟁이라는 제도 자체를 놓고 왕권이 형편없이 약하다는 식으로 평가하지 말았으면 좋겠다. 임금이 신하의 비판을 당당히 수용할 수 있다는 것은 부끄러움이 아니라 왕의 자신감으로 해석할 수도 있다. 건강한 간쟁과 수용이 이루어지는 조정은 나쁜 길로 빠지지 않는다. 제왕학 교과서처럼 말해지는 《정관정요》에도 신하의 간쟁을 수용하는 군주의 미덕이 강조되어 있다고 한다.

서경권

사간원과 사헌부는 간쟁 외에 서경권도 행사했다. 서경이란 임금의 관리 임명을 통제할 수 있는 권한이다. 임금이 5품 이하의 관리를 임명할 때, 사헌부와 사간원에서는 관리 후보자가 자격을 갖추었는지 심사하고 일종의 동의서에 서명한다. 만약 자격 미달이라고 판단하면 서명을 거부한다. 그러면 임금은 해당 인물을 관리로 임명하기 어려웠다. 고려에서도 이런 제도가 시행됐다. 오늘날 대통령이 고위공직자를 임명하려 할 때 국회의 동의를 얻는 절차도 고려·조선의 서경 제도와 유사한 부분이 있다.

홍문관

홍문관은 학문 기구로 왕의 자문에 임하며 소속 관리들은 경연에 참여한다. 그런데 양사의 기능을 함께 수행하기도 해서 사헌부·사간원과 함께 삼사에 포함되었다.

삼사가 제 기능을 발휘할 때는 임금의 독단적인 일 처리를 예방하고 신권(臣權)의 부패와 비대화를 막아서 조정의 균형을 잡을 수 있었다. 그러나 국익이 아닌 자신들의 이익, 당파의 이익을 위해 권한을 행사하게 될 때는 조정의 균형이 깨지고 지저분한 싸움질이 되기도 했다.

왕명 출납 기구

그럼 임금의 권위를 유지하고 강화하는 데 중점을 둔 기구는 없을까? 있었다. 승정원과 의금부가 그것이다. 승정원이라고 해서 맹목적으로 임금을 따랐던 것은 아니지만, 그래도 임금을 가까이서 돕는 측근 그룹이다. 승정원의 역할은 한마디로 왕명 출납이다. 왕의 명령을 해당 부서로 전달하고, 각 관청에서 올라오는 보고를 임금에게 전한다.

승정원

승정원은 지금의 대통령 비서실과 비슷하다. 청와대에 정무수석·민정수석 등이 있는 것처럼 승정원에는 승지가 6명 있었다. 6명인 이유는 6조 체제와 관련이 있다. 도승지는 이조, 좌승지는 호조, 우승지는 예조, 좌부승지는 병조, 우부승지는 형조, 동부승지는 공조 업무를 맡는 것이 원칙이었다.

의금부

의금부는 죄인을 잡아들이고 심문하고 처벌하는 사법 기관이다. 주로 왕권 유지에 해를 끼치는 중요 범죄를 다룬다. 반란이나 반란 모의, 사회를 혼란하게 만드는 소문 유포, 왕명을 거역하는 행위 등이 있을 때 의금부가 나섰다. 소매치기는 포도청이 나서서 잡았다.

사화의 구실이 된
조의제문

조선왕조의 흐름

태정태세문단세 예성연중인명선 광인효현숙경영 정순헌철고순. 아직 안 외웠다면 지금이라도 외워두도록 하자. "한국사는 태정태세문단세 같은 쓸 데 없는 것들만 암기시킨다"고 비판하는 이들이 있다. 적절하지 않은 비판이다. 구구단을 외워야 각종 수학 문제를 풀 수 있듯이 태정태세문단세를 외워야 조선사의 흐름을 쉽게 잡을 수 있다.

중종반정과 인조반정

성종 다음이 연산군, 그다음이 중종이다. 성종의 아들이 아버지를 이어 즉위하니 연산군이다. 연산군이 쫓겨나고 그 자리를 차지한 인물이 중종이다. 이를 중종반정이라고 한다. 반정이 한 번 더 있다. 광해군을 내몰고 왕위를 차지한 인조, 그 사건은 인조반정이다.

사림 세력의 성장

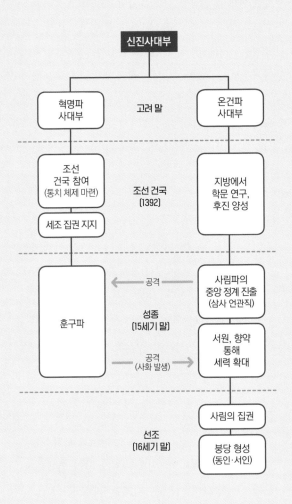

신진사대부

혁명파
사대부 ─ 고려 말 ─ 온건파
사대부

조선
건국 참여
(통치 체제 마련) ─ 조선 건국
(1392) ─ 지방에서
학문 연구,
후진 양성

세조 집권 지지

훈구파 ← 공격 ─ 사림파의
중앙 정계 진출
(삼사 언관직)

성종
(15세기 말)

공격
(사화 발생) → 서원, 향약
통해
세력 확대

사림의 집권

선조
(16세기 말)

붕당 형성
(동인·서인)

성종과 연산군

성종 때에 사림이 중앙으로 많이 진출한다. 성종은 사림을 통해 훈구를 견제하면서 왕권을 다지려고 했다. 그래서 사림들을 적극적으로 불렀다. 사림들은 주로 삼사에서 근무했다. 성종이 죽고 연산군이 즉위했다. 연산군은 바른 소리만 하고 사사건건 간섭하는 사림들이 거북살스러웠다. 그래서 훈구와 사림의 갈등을 이용해 사림들을 숙청한다. 이를 사화라고 한다. 조선시대에 크게 보아 네 차례 사화가 벌어진다.

네 차례의 사화

우선 연산군 때 두 번 무오사화(1498)와 갑자사화(1504)가 있었고 중종 때 기묘사화(1519), 명종 때 을사사화(1545)가 터진다. 신경 써서 봐 두어야 할 것이 무오사화와 기묘사화이다. 무오사화의 계기가 된 것이 조의제문, 기묘사화의 원인은 조광조(1482~1519)의 개혁정치이다.

조의제문

조의제문(弔義帝文)은 의미 단위로 떼어써 보면 '조 의제 문'이다. 항우에게 죽임을 당한 초나라 의제를 조문하여 지은 글이라는 뜻이다. 그런데 조의제문을 지

은 사람의 의도는 의제를 단종에, 항우를 세조에 빗
댄 것이라고 한다. 어린 단종을 내몰고 즉위한 세조
의 집권을 반인륜적 행위라고 비판한 셈이다. 연산군
은 세조의 후손이다. 결국 현재 임금 연산군의 정통성
까지 문제 삼는 글로 확대 해석이 가능하다. 훈구파는
이 글을 찾아내 사림파를 제거하기 위한 명분으로 삼
았다.

무오사화

이 글을 지은 사람은 큰일이 난 것이다. 누구냐, 사림
김종직이다. 그런데 김종직은 이미 저세상 사람이다.
벌을 줄 수가 없다? 아니다. 김종직은 부관참시에 처
해진다. 무덤을 헤쳐 관을 열고 그 시신의 목을 베는
아주 지독한 형벌이다. 그리고 김종직의 제자들까지
엮여서 줄줄이 죽고 귀양 가야 했다. 이 사건이 무오
사화이다.

조광조와 개혁정치

중종은 연산군의 이복동생이다. 반정 세력에 의해 왕
으로 추대되었다. 중종은 보답을 해야 했다. 반정에 참
여한 이들을 공신으로 삼았다. 훈구파인 공신들의 권
력이 더 강해졌다. 중종은 왕권 강화의 필요성으로 사

림들을 중용하기 시작했다. 그렇게 해서 중앙에 등장한 인물이 조광조다. 조광조는 소격서 폐지 등 다양한 개혁정치를 펼친다. 개혁을 지속할 지지 세력이 필요한데 조정은 훈구파가 대세였다. 과거 시험만으로는 사림들을 모을 수 없다. 한번에 능력 있는 사림들을 조정에 들여야 하는데.

현량과

조광조는 중종에게 현량과를 시행하자고 요청해서 승낙받았다. 훈구파는 반대했으나 왕의 의지를 꺾을 수 없었다. 현량과는 과거 시험 생략하고 간단한 테스트만으로 관리를 선발하는 제도이다. 일종의 서류 심사 통과자가 임금 앞에서 시험을 치렀다. 그렇게 학문 능력과 덕행을 갖춘 사림파 인재 28명이 선발됐다.

위훈삭제 사건

이제 사림 세력은 훈구세력에 정면 도전한다. 위훈삭제(僞勳削除) 사건이다. 거짓 위, 공 훈. 공신들의 거짓 공을 삭제하자는 의미이다. 공신 지위가 박탈되면 정치적으로 경제적으로 큰 타격을 받게 된다. 조광조의 주장은 대략 이러하다.

중종반정에 참여해 공신이 된 사람들 가운데 상당수가 사실은 반정에 참여하지 않았다. 참여하는 척만 했다. 참여했다고 해도 사리사욕을 채우기 위한 목적이었다, 그러니 자격이 없는 공신들의 지위를 박탈해야 한다.

기묘사화

결국 전체 공신의 4분의 3에 해당하는 76명이 공신 직을 박탈당했다. 이러한 급진적인 개혁은 훈구파의 강한 반발을 불러왔다. 훈구의 반격이 시작되었으니 기묘사화가 바로 그것이다. 사랑도 변한다고 한다. 중종의 마음도 변했다. 조광조 세력의 과격함에 염증이 났다. 결국 훈구파의 손을 들어 주게 된다. 많은 사람이 죽어 나갔다. 조광조도 죽임을 당했다. 그는 조정의 부패를 씻어 내고 바른 정치를 펼쳐 보고자 했다. 이상적인 유교정치를 꿈꿨다. 하지만 지나치게 급진적이고 과격했다는 평가도 듣는다.

반정은 좋은 뜻일까,
나쁜 뜻일까

반정

반정(反正)의 반(反)은 '반대하다'라는 뜻으로 쓰이지만, 원뜻은 '되돌리다'이다. 정(正)은 바를 정. 그러니까 반정은 바르게 되돌려 놓는다는 뜻이다. 국어사전은 반정을 '정도(正道)를 잃은 왕을 몰아내고 새 임금을 세워 나라를 바로잡던 일'로 풀었다.

바른 세상으로

반정이란《춘추》등에 보이는 '발난세반제정(撥亂世反諸正)'이라는 구절에서 나온 말이라고 한다. '어지러운 세상을 다스려 바른 세상으로 되돌려 놓는다' 정도의 뜻이다. 한마디로 좋은 말이다. 일으킨 사람들의 명분이 내포된, 승리자의 단어가 반정인 셈이다. 연산군이 중종반정으로 폐위되고 광해군이 인조반정으로 쫓겨났다. 중종과 인조는 자신들의 행위를 당연히 반정이라고 했을 테고, 연산군과 광해군은 반정이라는 표현이 달갑지 않았을 것이다.

혁명과 쿠데타

오늘날도 비슷한 사례가 있다. 혁명과 쿠데타다. 쿠데타가 부정적인 사건인데 비해 혁명은 긍정적인 사건이다. 다만 혁명은 많은 희생이 따르기에 무조건 찬양만 하기 어려운 측면도 있다. 정권이 엉망진창이고 그래서 세상이 어지럽고 국민의 삶이 고통스러워 더는 참을 수 없는 지경에 이르렀을 때, 마침내 국민이 일어나 정권을 무너뜨리고 새로운 정권을 세웠다면, 이게 혁명이다. 쿠데타는 국민의 동의와 참여 없이 일부 야심가(주로 고위 군인)들이 무력을 동원해서 정권을 빼앗는 행위를 말한다. 쿠데타에 성공한 세력은 자신들의 행위를 혁명이라고 강변하기도 한다.

기본적으로 혁명은 정치 용어이지만, 다방면으로 쓰인다. 신석기혁명·
산업혁명·정보혁명 식으로 말이다. 이 경우 혁명은 앞 시대에 비해 매
우 현격한 변화 발전이 이루어진 상태를 의미한다고 볼 수 있다.

조선의 통신 수단
봉수

봉수의 의미

봉수(烽燧)는 횃불과 연기로 긴급한 소식을 중앙으로 전하던 통신 수단이다. 주로 국경 지방에서 적의 침입이 있을 때, 이를 알리는 군사 목적으로 쓰였다. 드문 경우이기는 하지만, 고려 시대에 외국 사신의 길 안내를 위해 봉수를 올리기도 했다. 봉(烽)은 횃불이라는 의미이고, 수(燧)는 연기라는 뜻이다. 낮에는 불이 잘 안 보이기 때문에 연기를 피워서 신호를 보내고, 밤에는 횃불로 연락을 취했기 때문에 봉수라고 한다. 고려 때는 봉수를 1~4개 올렸다. 평상시 아무 일 없을 때는 횃불이나 연기를 한 개 올리고 상황의 급박함 정도에 따라 네 개까지 올렸다.

통신 수단, 봉수

조선 시대에는 봉수를 1~5개 올렸다. 평상시에는 "이상 없음!"의 의미로 정해진 시간에 1개를 올린다. 국경에서 적이 나타나면 2개, 적이 국경에 접근하면 3개, 국경을 침범하면 4개, 전투가 벌어지면 5개를 올리도록 했다. 해안을 끼고 설치된 봉수의 경우, 평상시 봉수 1개, 적선이 바다에 나타나면 2개, 해안에 가까이 접근하면 3개, 우리 병선과 전투가 벌어지면 4개, 적병이 뭍에 상륙하면 5개를 올리게 했다. 각 지방의 봉수는 서울까지 이어진다.

봉수대

불이나 연기를 피우기 위해서는 봉수대를 설치해야 한다. 전망이 좋은 산 정상 부분에 봉수대를 세우는데 너무 높은 산은 피했다. 앞뒤로 연결되는 봉수대와 쉽게 확인할 수 있는 위치여야 하고, 또 봉수군들의 교대 근무가 편리하도록 배려하는 차원에서 높지 않은 산들이 선택된 것이다. 너무 높은 산은 구름에 가리는 경우가 많아 봉수 전달이 어려운 문제도 있었다.

봉수군의 일

비바람이 몰아치거나 해서 봉수를 올릴 수 없을 때는 봉수군이 다음 봉수대까지 달려가서 소식을 전했다고 하는데 쉽지 않았을 것이다. 봉수제는 당시에 가장 신속한 연락 방법이지만, 봉수군의 근무 자세나 날씨에 따라서 연락이 끊기는 일이 잦았다. 봉수를 올리지 않을 경우 봉수군은 물론 해당 고을의 수령까지 처벌받기도 했다.

봉수의 도착 시간

그러면 남북 국경 지방에서 서울까지 봉수가 도착하는 시간은 대략 얼마나 걸렸을까? 12시간 정도가 걸렸다고 한다. 그러나 이는 평상시의 경우일 뿐이다. 정해진 시간에 매일 똑같이 올리는 봉수이기에 비교적 신속한 게 당연하다. 불시에 발생하는 실제 상황에서는 5~6일이 걸렸던 것 같다. "국초에 봉수가 경계를 늦출까 염려하여 남몰래 변방으로 하여금 시험 삼아 봉화를 들게 하자 5~6일 만에 서울에 이르렀었는데"라는 《중종실록》 기록을 통해 알 수 있다.

봉수제의 폐지

봉수제가 공식적으로 폐지된 것은 1895년(고종 32)이다. 당시 실록에 이렇게 쓰여 있다. "각 처의 봉수대와 봉수군을 폐지하라고 명하였다. 군부에서 주청하였기 때문이다." '주청'이란 임금에게 아뢰어 요청하는 것을 말한다.

사대 정책이
부끄러운가

조선의 사대교린

조선이 주변 나라들과 외교를 할 때의 원칙이 사대교린이다. 목적은 상호 공존과 평화다. 사대교린은 사대와 교린이라는 두 단어가 합해진 말이다. 조선의 사대 대상국과 교린 대상국이 다르다. 사대는 한자로 事大라고 쓴다. '일 사(事)'자는 '섬길 사' 자이기도 하다. 여기서는 '섬기다'라는 뜻이다. 그래서 사대란 '큰 나라를 섬기다'라는 뜻이다. 작은 나라가 큰 나라를 섬기면 큰 나라는 작은 나라를 보호해 주는 것이 원칙이다. 이러한 사대 개념을 만들어 낸 나라가 중국이다. 어느 왕이 맹자에게 외교 방법에 관해 묻자 맹자가 이렇게 대답했다.

큰 나라가 도리를 지켜 작은 나라를 아끼고 섬긴다면 천하를 지킬 수 있고 작은 나라가 규범을 두려워해 큰 나라를 사대해 섬긴다면 나라를 지킬 수 있다.

사대라는 외교 방식

작은 나라는 큰 나라를 섬기고 큰 나라는 작은 나라를 보살피고 보호하는, 이를테면 쌍방 의무 같은 조건이 '사대'에 스며 있다. 맹자 당시는 춘추 전국 시대이다. 중국이 여러 개 크고 작은 나라로 쪼개져 있을 때이다. 맹자는 당시 중국 나라들 사이의 외교 방법을 말한 것이다. 이후 사대는 중국과 주변 국가 간의 외교 규범으로 그 의미가 확대되어 적용되었다.

조공과 책봉

조선의 사대 대상은 명나라였다. 병자호란 이후에는 어쩔 수 없이 청이 된다. 일본도 명에 사대했다. 당시 동북아시아 국제 질서가 그러했다. 사대의 방법은 조공과 책봉이다. 조선은 명에 조공(예물)을 바치고 답례품을 받았다. 이는 공식적인 무역 형태이기도 하다. 왕이 즉위할 때는 명나라 황제의 책봉을 받았다. 책봉은 왕의 직위를 공식적으로 인정받는 행위이다. 대개 상징적이고 형식적인 절차에 불과했다.

교린의 의미

교린(交隣)은 '사귈 교'에 '이웃 린' 자이다. 이웃 나라와 사귄다는 뜻이다. 그냥 평화롭게 잘 교류한다는 의미로 이해하면 된다. 조선의 교린 대상국은 여진·일본·유구(류큐) 등이다. 유구는 1879년에 일본에 강제 병합되었다. 지금의 오키나와이다.

국제관계를 바라보는 시선

사대에 대한 느낌이 그다지 유쾌하지는 않을 것이다. 그러나 부끄럽게 여길 필요는 없다. 명과 조선의 땅덩이와 인구를 비교해 보라. 크고 작은 차이가 뚜렷하다. 형식적으로 숙여 주고 그 이상의 이익을 얻는다면 나쁠 것이 없다. 조선 백성은 죄다 배고프고 명나라 백성은 잘살았나. 그렇지 않다. 현대 국제관계에는 조공 책봉이 없다. 모든 나라가 국제적으로 동등하다.

그러나 현실도 그러한가? 아니다. 세계 대부분 나라가 미국의 눈치를 살핀다. 유럽의 떵떵거리는 나라들도 마찬가지다. 중국의 눈치까지 본다. 힘의 차이는 늘 있다. 그러면 미국과 중국의 국민이 세계에서 가장 행복한가? 아니다. 가장 잘 먹고 잘 사나? 그렇지도 않다.

쿠데타 등 정통성이 취약한 방법으로 대통령이 되고, 그래서 국민의 지지를 받지 못하는 사람은 취임하자마자 자기 나라에서 미국으로 날아간다. 미국 대통령과 웃으며 악수하고 사진 찍는다. 그리고 미국 대통령의 공인을 받은 것처럼 행동한다. 그러면 정통성이 생기는 것으로 여기기도 한다. 현대판 책봉 같다.

향교는
학교일까, 사당일까

지방 교육의 활성화

고려 시대와 조선 시대에 각 지방에 설치된 학교가 향교다. 이곳에서 학생들이 과거 준비를 한다. 나라에서 세웠으니 지금의 국공립학교라고 보면 된다. 고려 때는 주현보다 속현이 많았다. 그래서 향교가 전국에 골고루 설치되지는 못했다. 조선 시대에 속현이 사라지고 모든 현에 수령이 파견되는데 이와 함께 전국에 향교가 설치되어 지방 교육이 활성화된다.

향교와 사당

향교가 학교는 학교인데 한 가지 기능이 더 있다. 사당을 겸한다. 공자를 주인공으로 하고 그 외 중국과 우리나라의 대학자를 함께 모신다. 중국 인물은 사성(四聖)이라고 부르는 안자·증자·자사·맹자다. 우리나라 인물로는 아국18현(我國十八賢)을 모신다. 설총·안향·김굉필·조광조·이황·이이·김장생·김집·송준길·최치원·정몽주·정여창·이언적·김인후·성혼·조헌·송시열·박세채다.

대성전

학교와 사당을 겸하니 향교 건물 구조도 그것에 걸맞게 되어 있다. 학교 교실 역할을 하는 명륜당이 있고 공자 등의 위패를 모신 사당도 있다. 사당이 바로 대성전이다. 유교에서 공자를 대성지성문선왕(大成至聖文宣王)으로도 부른다. 대성전의 대성(大成)은 공자를 가리킨다. 지금 전국에 많은 향교가 남아 있는데 건물 구조나 모시는 인물이 비슷하다.

서원의 확장

고려 때부터 지방교육을 책임지던 향교가 조선 중기에 이르면서 힘을 잃기 시작한다. 백운동서원(소수서원) 이후 많은 서원이 세워진다. 학생들이 서원으로 몰렸다. 그래서 지방교육의 중심은 서원이 된다. 이제 교육 기능이 크게 약화된 향교는 공자 등에 대한 제사 기능에 치중하게 된다. 서원도 학교다. 그런데 지역 지도층 중심으로 건립한 사립학교다. 향교처럼 교육과 제사 기능을 겸한다. 향교는 공자를 비롯해 여러 인물을 모시지만, 서원은 대개 소수 인원을 모신다. 이 서원은 조헌, 저 서원은 안향. 이런 식이다.

서원의 철폐

서원은 지방 교육의 중심으로 학문 보급에 기여했다. 그러나 세월이 흐르면서 교육이 부실해졌다. 당파 이익 다툼의 본거지가 되어 분란을 일으켰다. 소유 토지의 불법적인 확산으로 나라 경제를 힘들게 하고 백성의 삶을 지치게 했다. 대원군은 당시 서원을 '도적 떼의 소굴'로 규정하고 거의 모든 서원을 없앤다. 이를 '서원 철폐'라고 한다. 수백 개의 서원이 철폐되고 47개 서원만 살아남았다. 양반 유생의 반대가 극심했다. 대원군을 분서갱유를 일으킨 진시황에 빗대 비난하기도 했다. 그러나 대원군은 "백성을 해치는 자는 공자가 다시 살아난다 해도 내가 용서하지 않겠다"라며 서원 철폐를 밀어붙였다.

백운동서원과
소수서원

백운동서원의 명칭

백운동서원·소수서원·사액서원은 어떤 관계일까?
조선 최초의 서원은 백운동서원이다. 1543년(중종 38)
풍기군수 주세붕이 세웠다. 풍기는 지금의 경상북도
영주 지역이다. 백운동서원은 풍기 출신인 고려 후기
의 유학자 안향(1243~1306)을 모셨다. 몇 년 뒤 풍기군
수로 부임한 이황이 임금에게 사액(賜額)을 요청했다.

사액

사(賜)는 임금이 하사, 즉 내려준다는 뜻이고 액(額)은
액자, 현판 같은 걸 말한다. 서원 이름을 쓴 현판을 나
라에서 내려주는 것이 '사액'이다. 1550년(명종 5) 백
운동서원은 소수서원(紹修書院)이라고 쓴 현판을 임금
에게서 받았다. 이제 백운동서원의 이름이 소수서원
으로 바뀐 것이다. 임금이 사액해 주었기에 이를 사액
서원이라고 한다.

사액서원의 확장

사액서원이 됐다는 것은 나라에서 공인했다는 의미이다. 국가공인 서원이라 일반 서원과 격이 다르다. 더구나 사액서원이 되면 나라에서 노비와 책도 받는다. 약간의 토지를 받거나 서원 소유 땅에 대한 세금을 면제받는다. 그래서 이후 세워지는 서원마다 사액서원이 되려고 애썼다. 되는 곳도 있고 안 되는 곳도 있었다. 어쨌든 사액서원이 점차 늘어나게 되었다.

백운동서원·소수서원·사액서원의 관계는 이제 이해했을 것이다. 백운동서원이 곧 소수서원이다. 이름이 다를 뿐 같은 서원이다. 사액서원은 하나일 수 없다. 소수서원을 비롯해 전국에 많이 생겼다.

사고는 왜
산으로 갔을까

조선왕조실록

보통 조선왕조실록은 《태조실록》부터 《철종실록》까지를 말한다. 마지막 두 임금 고종과 순종의 실록도 있지만, 《고종실록》과 《순종실록》은 조선왕조실록에 포함하지 않는 편이다. 고종과 순종은 조선의 왕이면서 대한제국의 황제이기도 해서 앞의 왕들과 다른 면이 있다. 보통 실록 표지에 '○○대왕실록'이라고 적혀 있는데, 고종과 순종의 실록은 '○○황제실록'으로 돼 있다. 또 고종과 순종은 일제강점기에 세상을 떠났다. 그들의 실록은 일본 제국주의자들의 주도로 편찬됐다. 일정 부분 역사로서의 순수성을 상실했다. 그래서 온전한 조선왕조실록과 약간 다른, 차별을 받는 경향이 있다.

지방 사고

조선 시대에 실록을 서울 춘추관과 지방 사고(史庫)

에 보관했다. 세종 때 춘추관·충주사고·성주사고·전주사고, 이렇게 4대 사고 체제가 성립됐다. 임진왜란 (1592~1598)이 일어났다. 왜군에 의해 춘추관·충주사고·성주사고가 불탔다. 사고 안의 실록들도 재가 됐다. 전주사고 실록만 무사했다. 전주사고가 위험에 처하자 안의·손홍록·오희길 등이 전주사고에 모셔 졌던 실록을 다른 곳으로 옮겨 지켜낸 덕분이다. 만약 전주사고 실록마저 불탔다면, 우리는 조선 전기의 역 사를 제대로 배울 수 없었을 것이다.

5대 사고 체제

임진왜란이 끝나자 정부는 전주사고 실록을 몇 부 더 인쇄한다. 그리고 새로 지은 사고에 나누어 보관한다. 춘추관, 정족산사고, 태백산사고, 적상산사고(묘향산 사고에서 옮겨옴), 오대산사고이다. 조선 전기에는 지 방 도시 중심으로 4대 사고를 운영했지만, 조선 후기 에는 5대 사고 체제로 확대했다. 지방 사고들은 외 적의 침략에서 상대적으로 안전한 깊은 산중에 두어 졌다. 임진왜란으로 얻은 교훈이다.

사고의 소실

춘추관 사고는 조선 시대 후기에 이미 사고의 기능을

잃었다. 이괄의 난 등 사건, 사고로 보관하던 실록이 거의 사라졌다. 오대산사고 실록은 일제강점기에 일본인들이 일본으로 빼돌렸고, 이후 관동대지진(1923)으로 대개 불타버렸다. 적상산사고 실록은 6·25전쟁 때 북한군이 가져갔다. 그래서 지금 남한에 남아 있는 것은 태백산사고 실록과 강화도 정족산사고 실록이다.

조선의 역법을
만들라

서운관에서 일찍이 일식이 있으리라고 알리었는데, 이때 이르러 보이지 않았다.

－《태종실록》

일식 예보

일식을 예보한 날, 일식이 일어나지 않았다. 난감한 일이다. 이때 태종과 신하들은 소복을 입고 모여 있었을 것이다. 일식이 진행되면 정해진 의식을 올려야 하니까. 그런데 아무 일도 일어나지 않았다. 태양은 찬란히 빛나야 한다. 그래야 임금도 빛난다. 태양이 빛을 잃으면 임금도 빛을 잃을 수 있다. 하늘의 경고이다. 따라서 일식이 있을 때 임금은 죄인이 된 심정으로 예를 올린다. 일식이 끝나고 태양이 빛을 찾으면 임금도 비로소 용서받은 게 된다. 그땐 그랬다.

독자적인 역법

당시 조선에서는 중국의 역법을 쓰고 있었다. 역법이란 천체의 주기적 운행을 시간 단위로 구분하여 정하는 방법이다. 지금의 달력과 비슷하다. 조선 서운관의 관리는 중국 역법을 따라 계산해서 일식 날짜를 뽑았다. 그런데 맞지 않았다. 중국의 역법은 북경을 기준으로 작성한 것이다. 조선 한양과는 위도 차이가 꽤 크다. 그래서 한양을 기준으로 한 역법이 필요했다. 일식 날짜만을 알기 위함이 아니다. 조선의 방식으로 하늘을 읽고 대처하기 위해서 독자적인 역법이 필요했다. 세종은 조선의 역법을 만들라 명했고, 신하들은 각고의 노력 끝에 만들어 냈다(1442). 칠정산(七政算)이다.

칠정산

칠정산의 산(算)은 계산한다는 뜻이고 칠정은 해와 달 그리고 목·화·토·금·수의 5개 행성을 가리킨다. 칠정산은 이 천체의 운행에 관한 내용을 담았는데 내편과 외편으로 구성되었다. 칠정산 내편은 중국 원나라 때의 역법인 수시력과 명나라의 대통력을 조선 기준으로 새롭게 계산하고 풀어서 정리한 것이고, 칠정산 외편은 이슬람력(회회력)을 기초로 연구한 결과를 정리한 것이다. 칠정산 외편이 내편보다 좀 더 정확했던 것 같다. 《중종실록》에 "해가 내편법의 시각을 지나도록 일식하지 않더니, 외편법의 시각인 미초 삼각에 이르러서야 일식하였다"라는 내용이 있다. 내편법은 칠정산 내편, 외편법은 칠정산 외편을 말한다.

자연재해와 천문현상의 기록

일식을 나라와 왕실에 안 좋은 일이 있을 징조로 보고 반성의 마음을 담아 의식을 올리는 행위. 오늘날 시각으로 보면 미신이요, 비과학이다. 하지만 이를 비웃는 것은 옳지 않다. 옛날에 극심한 자연재해와 특이한 천문 현상을 꼼꼼하게 역사에 기록한 것은, 이를 인간의 잘못에 대한 하늘의 경고로 인식했기 때문이다.

자연에 대한 경외

옛 사람들은 하늘의 기운이 인간에게 영향을 미치고 인간의 기운은 하늘에 영향을 미친다고 믿었다. 따라서 하늘의 이상한 변화는 인간 탓이라고 여겼다. 중국 한나라 때의 사상가 육가는 "군주가 부덕하여 형벌로써 다스리면 삿된 기운이 생긴다. 재해는 천하가 평화롭지 못할 때 발생한다. 악한 정치는 악한 기운을 만들며, 악한 기운은 재해를 생기게 한다"라고 했다.

특이한 자연현상과 재해에 임금은 긴장할 수밖에 없었다. 이러한 의식은 자연에 대한 인간의 경외(敬畏), 겸손한 마음가짐, 아울러 성찰의 계기가 된다는 점에서 오히려 교훈적이기도 하다.

직전법 시행의
결과

직전법의 시행

과전법을 없애고 직전법을 시행한 임금은 세조이다 (1466). 직전법은 한마디로 현직 관리에게만 토지를 지급하는 것이다. 세조는 지급하는 토지의 양도 줄였다. 과전법 때 정1품이 150결, 정9품이 15결을 받았는데, 직전법 때는 정1품이 110결, 정9품이 10결을 받게 되었다.

수신전·휼양전의 폐지

과전법에서도 토지를 받은 사람이 죽으면 국가에 반환함이 원칙이다. 그러나 사실은 수신전·휼양전 등의 이름으로 가족에게 세습되었다. 수신전은 죽은 관리의 아내에게, 휼양전은 남겨진 자녀에게 지급한 토지이다. 그러니 새로 뽑은 관리에게 줄 땅이 부족해질 수밖에 없다. 직전법에서는 수신전과 휼양전을 폐지했다. 토지 세습이 끝난 것이다. 관리들은 반발했지만,

어쩔 수 없었다. 세조의 왕권이 그만큼 강했다.

수조권 행사의 폐단

그렇게 되자 관리들의 수조권 행사가 집요해졌다. 지금까지 관리들은 수조권을 평생 누리고 자손에게 세습까지 했다. 농민을 굳이 닦달할 필요가 없었다. 그런데 직전법으로 바뀌면서 현직에 있을 때만 수조권을 행사하게 됐다. 언제 수조권이 날아갈지 모른다. "있을 때 잘해"가 아니라 "있을 때 한몫 잡자"는 욕심이 생긴다. 그래서 조금이라도 더 거두려고 농민을 들볶았다.

관수관급제와 국권 강화

이에 성종이 대책을 마련했다. 관리가 농민에게 직접 곡식을 거두지 못하게 했다. 농민은 관청에 곡식을 내고 관청에서 수조권을 가진 관리에게 그 곡식을 전달하는 것이다. 이를 관수관급제(1470)라고 한다. 관수관급이란 말 그대로 관에서 거두어서 관에서 지급한다는 뜻이다. 이제 관리 개인과 토지의 연결고리가 끊어졌다. 관리와 농민의 연결고리도 끊어졌다. 국가의 토지지배권이 그만큼 강화되고 있는 것이다.

직전법의 폐지

한편 1556년(명종 11)이 되면 직전법마저 폐지된다. 이제 관리들은 토지 수조권을 박탈당한 채, 단순히 봉급의 의미인 녹봉만 현물로 받게 된다. 직전법 폐지로 수조권 지급이 사라지면서 관리들은 토지 소유에 더 관심을 두게 된다. 지주로서 토지를 확대할수록 소작농도 많아질 수밖에 없다. 이는 조선 후기에 널리 퍼지는 지주전호제의 한 배경이 된다.

금난전권은
무슨 권리일까

시전

시전(市廛)은 나라의 허가를 받고 물건을 파는 상설 상점이다. 전(廛)은 '가게'라는 뜻이다. 고려 이전에도 시전으로 불리는 가게가 있었다. 그러나 시전 또는 시전 상인이라고 하면 보통 조선 시대의 상업 활동을 하는 사람들을 가리킨다. 조선 초에 나라에서 한양 거리에 시전 건물을 지어 상인들에게 장사하게 했다. 시전 상인들은 건물주인 나라에 임대료 격의 세금을 냈다. 나라에서 상인에게 가게를 대여해 준 것은 상업 활동을 적극적으로 도와서 발전시키려는 것이 아니었다. 오히려 상업 활동을 적절히 통제하고 관리하기 쉽게 하려는 조치였다. 나라에 필요한 물품을 쉽게 공급받으려는 의도도 있었다.

육의전

서울 시전 가운데 유독 규모가 커진 가게가 나중에 육

의전이 되었다. 육의전은 여섯 가지 대표 상품을 취급하는 상점이다. 시기에 따라 변동이 있는데 주로 비단 가게, 무명 가게, 명주 가게, 종이 가게, 모시·베 가게, 생선 가게였다. 종이와 생선을 빼면 네 군데가 옷감 가게다.

금난전권

세월이 흐르면서 시전의 부담은 점점 증가했다. 육의전이 특히 더했다. 상업 활동에 따른 기본적인 세 부담 외에 궁궐 수리, 왕실 행사, 사신 파견 등에 드는 물품과 경비까지 거의 공짜로 공급해야 했다. 시전 상인들은 이에 대한 대가로 나라에서 독점판매권을 받게 된다. 이를 금난전권(禁亂廛權)이라고 한다. '난전을 금지할 수 있는 권한'이라는 뜻이다. 금난전권 해당 지역은 서울 도성 안과 도성 밖 10리 지역까지였다.

물가 상승과 소비자 부담

시전 상인들이 금난전권을 갖게 되는 것은 17세기 초쯤부터다. 조선 시대 후기이다. 전매 특권을 갖게 된 시전 상인들은 물품의 가격을 올리게 되고 이는 소비자에게 부담이 될 수밖에 없었다. 물가가 오르게 되면 예나 지금이나 없는 사람들이 더 고통스럽다. 더구나

금난전권은 자유로운 상공업 발전을 막는 행위이기도
했다.

난전

난전이란 전안(廛案, 시전상인들의 인적사항과 판매 물품
을 등록한 명부)에 등록되지 않는 상인들의 가게를 말
한다. 등록되지 않은, 사사로이 상업 활동을 하는, 개
인이 운영하는 가게다. 개인 상인의 상업 행위 자체도
난전이라고 할 수 있다. 경제가 발달하면서 난전도 늘
어났다. 난전 상인이 늘어나면서 시전의 이익이 줄게
되었다. 그러자 시전 상인들이 정부에 요구하여 난전
의 활동을 금하는 금난전권을 확보하게 된 것이다. 이
제 난전의 상업 행위는 정부나 시전에 의해 처벌받게
되었다.

신해통공

그럼에도 난전의 생명력은 끈질겼다. 왕성하게 퍼
졌다. 억지로 틀어막는 것이 어려워졌다. 결국, 정조
는 신해통공(辛亥通共)을 발표한다. 신해년(1791)에 이
루어진 통공 정책이다. 지금은 쓰지 않는 용어가 통공
이다. 한자를 풀어 보면 '다 함께 통하게 한다' 정도가
된다. 신해통공은 금난전권 폐지를 말한다. 이제 난전

이 자유롭게 활동할 수 있게 되었다. 단, 육의전은 예외다. 육의전은 여전히 금난전권을 행사하고 그 외 나머지 시전의 금난전권만 없앤 것이다. 육의전의 금난전권은 갑오개혁 때 폐지된다.

조선 시대 경제 활동

조선 시대 경제 활동은 전기와 후기의 차이점이 뚜렷하다. 전기에는 나라에서 상공업 활동 전반을 통제한다. 그래서 전기에는 시전 상인, 공영 수공업 등이 중심이 된다. 후기에는 나라와 연결되지 않은 순수 민간 상공업이 발달한다. 민영 수공업 그리고 경강상인·송상 등 사상(私商)의 활동이 두드러진다.

속담에 '종로에서 뺨 맞고 한강에서 눈 흘긴다'라는 표현이 있다. 욕을 당한 자리에서는 아무 말도 못 하고 다른 데 가서 불평한다는 의미이다. 왜 하필 종로와 한강일까. 서울 종로에는 시전이 있고 한강 나루에는 난전이 있다. 종로 시전에 가서는 물건 값이 비싸도 한마디 못하고 한강 난전에 와서는 "왜 이리 비싸!" 하며 호통치던 세태를 풍자한 것이라고 한다.

시전상인과
어용상인

어용상인

어용이라는 단어를 알아두면 좋다. 한자로 御用이라고 쓴다. '어'는 임금을 의미하고 '용'은 '사용하다'라는 뜻이니, 어용의 원래 말뜻은 '임금이 쓰는 것'이다. 그래서 임금이 기용한 사람이나 쓰는 물건을 가리키기도 한다. 이는 나라와 연결된 무언가를 의미한다. 그래서 시전상인을 어용상인이라고 표현한 책들이 있다. 맞다. 시전상인은 어용상인이다. 조선 후기에 대동법이 시행되면서 공인이라는 상인이 등장한다. 공인은 나라에 물건을 대는 사람들이니 이들도 어용상인이다. 이때 어용이란 용어에는 좋고 나쁨의 평가가 담겨 있지 않다.

오늘날의 어용

그런데 오늘날 쓰는 어용이라는 단어는 매우 부정적인 의미이다. '자신의 이익을 위해 정부나 그 밖의 권력 기관에 영합하여 자주성 없이 행동함을 낮잡아 이르는 말', '정부나 그 밖의 권력 기관의 요구에 영합하여 그 이익을 위해 활동하는 것을 경멸하여 일컬을 때 쓰는 말', 이렇게 사전은 풀이한다. 대학교수의 본분은 학문 연구와 수업이다. 특히 학생에게 정성을 다하는 자세가 돼 있어야 한다. 그런데 일부 교수는 본분을 잊고 대충 가르치고 공부도 제대로 안 하면서 높은 곳에 잘 보여서 국회의원 되고 장관 될 궁리만 한다. 이런 교수를 학생들이 좋아할 리 없다. 이름하여 어용 교수.

삼포왜란은
어떤 사건일까

개항장 삼포

조선은 일찍부터 일본인들의 왕래를 통제할 필요가
있다고 여겼다. 개항장을 지정하고 그곳에서만 교역
할 수 있게 하는 것이다. 그래서 1407년(태종 7)에 부
산포(지금 부산 동래)와 제포(내이포, 지금 경남 진해 웅
천)를 개항하고, 1426년(세종 8)에 염포(지금 울산)를
추가로 열었다. 이 삼포에서만 일본인의 왕래와 교역
을 허락했다.

왜관의 설치

삼포에는 각각 왜관(倭館)이 설치됐다. 조선은 삼포에
상주하는 일본인 수, 입국 가능 선박 수 등을 규정하
여 제한했다. 하지만 잘 지켜지지 않았다. 삼포에 사는
일본인들은 세금 면제 혜택을 받으면서도 불법적으
로 농토를 넓혀가 조선 농민과 충돌하기도 했다. 연산
군 시기에 재정의 어려움을 겪은 조선은 1506년(중종

1)부터 삼포에 대한 통제를 강화했다. 1510년(중종 5),
삼포의 왜인들이 이에 반발해 삼포왜란을 일으켰다.

일본과의 무력 충돌

우리는 삼포왜란을 삼포에 거주하고 있던 일본인들
이 일으킨 소소한 난동 정도로 생각하는 경향이 있다.
그렇지 않다. 삼포왜란은 그때까지 조선이 겪은 최고
의 무력 충돌이었다. 물론 이후에 벌어질 임진왜란에
비하면 아무것도 아니지만, 그 성격과 규모가 만만하
지 않았다. 연산군 당시 삼포 거주 왜인이 1만 호가 넘
었다. 삼포를 직접 공격한 왜인의 수도 적지 않았다.
1510년(중종 5) 4월, 제포에 살던 왜인 4,000~5,000명
이 성을 공격했는데, 그들은 어느새 갑옷을 입고 활과
창검에 방패까지 든 완전 병사들이 되어 있었다. 더구
나 대마도에서 삼포의 왜인을 지원하는 군사들이 병
선 수백 척을 타고 건너와 전투에 참여했다. 대마도주
가 보낸 것이다.

치밀한 침략 전쟁

삼포왜란은 우발적 폭동이 아니라 치밀하게 기획된
침략 전쟁이었다. 충돌 초 제포가 함락되는 등 조선군
은 고전했다. 그러나 조정에서 급파된 황형 장군 등의

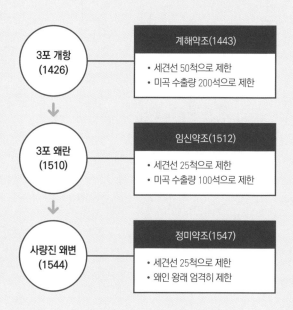

3포 개항 (1426)

계해약조(1443)
- 세견선 50척으로 제한
- 미곡 수출량 200석으로 제한

3포 왜란 (1510)

임신약조(1512)
- 세견선 25척으로 제한
- 미곡 수출량 100석으로 제한

사량진 왜변 (1544)

정미약조(1547)
- 세견선 25척으로 제한
- 왜인 왕래 엄격히 제한

지휘로 왜군을 격퇴한다. 한편 조선군에 패한 후, 대마도에서는 일본 본토의 무력을 끌어들여 다시 조선을 치자는 논의가 있었다고 한다. 그때는 논의로 끝나고 말았지만 80여 년 뒤, 결국은 다시 왔다. 임진왜란이다.

일본 막부와
조선의 관계

막부와 다이묘

일본에도 고려와 비슷한 시기에 무인정권이 들어섰는데, 그 기간이 아주 길어 근대 시대까지 계속됐다. 일본의 무인 정권을 막부[바쿠후]라고 하고 그 우두머리를 쇼군[將軍]이라고 했는데 1180년대에 들어선 가마쿠라 막부가 처음이다. 막부 시대 일본은 일종의 봉건 체제였는데 각 지역의 영주를 다이묘[大名]라고 했다. 다이묘들은 사무라이라고 부르는 무사 집단을 거느렸다. 이때 그들의 왕, 천황이 존재했으나 실권은 없었다.

무로마치 막부의 통일 정권

고려 말인 1333년에 일본 가마쿠라 막부가 무너졌다. 고려군을 동원한 원나라의 침공이 가마쿠라 막부 붕괴에 영향을 주었다. 이어서 무로마치 막부가 등장했지만, 나라가 둘로 쪼개졌다. 기존의 천황 세력이 남쪽에 또 하나의 나라를 연 것이다. 북쪽과 남쪽에 두 개의 정권이 들어섰다고 해서 남북조라고 부른다. "니네는 가짜야, 우리가 진짜고" 하면서 서로 정통성 싸움을 벌였다. 이 시기 왜구의 고려 침략이 매우 심했다. 1392년에 남북조 분열이 끝나고 무로마치 막부는 전국적인 통일 정권이 될 수 있었다.

계해약조

이때 조선은 건국 초기였고, 왜구의 침략이 계속됐다. 명나라가 해외 교역을 막는 해금 정책을 펼친 것도 왜구 침략의 한 원인이 되었다. 세종이 즉위한 해인 1418년, 조선은 이종무를 지휘관 삼아 왜구의 본거지인 쓰시마(대마도)를 정벌한다. 비로소 왜구의 침략이 스러졌다. 대마도주의 요청을 받은 세종은 제포·부산포 외에 염포를 추가로 개방해서 교역을 허락한다. 그리고 양국 교역의 조건을 제시한 계해약조(1443)를 맺는다.

일본의 전국 시대

한편 일본 무로마치 막부가 다시 혼란에 빠져든다. 쇼군의 후계자 자리다툼으로 내란이 발생했다. 오닌의 난(1467~1477)이라고 한다. 이후 막부가 통제력을 잃으면서 지방 세력들 간에 정권 쟁탈전이 벌어진다. 이를 전국 시대라고 한다. 다이묘들에 의한 패권 다툼이 계속되던 전국 시대가 1590년에 끝난다. 일본이 다시 통일을 이룬 것이다. 그 주인공이 임진왜란을 일으키는 도요토미 히데요시다.

기유약조

도요토미 히데요시가 죽은 후 도쿠가와 이에야스가 1603년에 에도 막부를 열고 쇼군이 된다. 에도 막부 때 조선과 일본은 기유약조(1609)를 맺고 국교 정상화를 이룬다. 임진왜란 이후 조선은 일본과 외교 관계를 끊고 적대시했다. 그런데 에도 막부의 국교 재개 요청을 수용하여 기유약조를 맺은 것이다. 이후 조선은 다시 통신사를 여러 차례 파견한다. 에도 막부는 미국에 의해 개항된 이후인 1867년에 무너진다. 그리고 왕정복고가 이루어진다. 천황 중심 지배 체제인 메이지 정부가 들어선 것이다. 일본의 무인집권기는 거의 700년이었다.

여진족은
어떤 민족일까

북방민족

여진족은 유목민족이다. 가축을 기르고 사냥하면서
살기에 말을 잘 탄다. 그들의 군대는 자연히 기병이다.
한국사에 자주 등장하는 유목민족은 거란·여진·몽골
이다. 이들은 대개 만리장성 북쪽에 살기에 북방민족
이라고도 부른다. 한족(漢族) 중국 왕조는 이들 유목민
족의 침략에 시달렸다. 거란과 여진은 중국의 일부를
다스렸고 몽골은 중국 전 지역을 장악하고 한족을 다
스렸다.

유목민족의 힘

유목민족은 군사력이 강하다. 약점은 하나의 국가
로 통합하기 어렵다는 점이다. 부족 단위로 이동하며
살다 보니 통합이 어렵다. 중국은 이들 부족이 통합하
지 못하도록 통제하고 이간하는 정책을 썼다. 중국의
힘이 약해져서 유목민족을 통제하기 어려울 때, 유목

민족에 유능한 지도자가 등장하면 통합을 이룬다. 그러면 중국도 그들을 막아내기 어렵다. 이들은 우리나라에도 쳐들어왔다. 항상 그런 것은 아니지만, 중국을 치기 전에 우선 우리나라를 공격해서 중국과의 관계를 끊어 놓으려는 의도였다. 중국으로 쳐들어갔을 때 우리나라가 뒤에서 그 나라의 본거지를 공격하면 큰 위험에 빠지게 되니까. 거란이 송을 치기 위해 고려를 공격하고 여진이 명을 치기 위해 조선을 공격했던 것이 그 사례다.

여진족의 뿌리

여진의 뿌리는 발해의 통제를 받던 흑수부 말갈이라고 한다. 발해 멸망 전후에 독자적 세력으로 등장하면서 여진으로 불리게 되었다. 고려 시대 초 여진은 고려를 상국(上國)으로 모시며 조공했다. 옷이나 식량 등을 고려에서 구해 갔다. 그런데 점점 힘을 키우더니 고려를 침략하곤 했다. 결국, 윤관이 이끈 별무반에 의해 토벌된다. 여진의 본거지를 장악한 고려는 거기에 아홉 개의 성을 쌓고 고려 영토로 삼았다(1107). 하지만 몇 년 후 되돌려 주게 된다. 《고려사》에 보면 다음과 같은 기록이 나온다.

만약 9성을 되돌려 주어 우리의 생업을 편안하게 해 주시면, 우리는 하늘에 맹세하여 자손대대에 이르기까지 공물을 정성껏 바칠 것이며 감히 기와 조각 하나라도 국경에 던지지 않겠습니다.

금나라의 성립

여진의 거듭된 침략으로 고려 백성이 너무 지쳤다. 여진은 동북9성을 돌려달라고 거듭 요청해 왔다. 만약 되돌려 주면 고려를 받들어 섬기며 또 절대로 침입하지 않겠다고 맹세했다. 그래서 돌려주었다. 그런데 얼마 뒤 여진은 부족을 통합하고 나라를 세운다(1115). 금나라다. 이때부터 기세가 무섭다. 거란을 멸망시키더니 중국 송나라까지 점령한다(이후 송은 남송이 된다). 이제 처지가 바뀌어 고려에 사대(事大)의 예를 요구한다. 고려의 상국(上國)이 되겠다는 것이다. 고려는 여진의 요구에 응한다. 당시 집권자 이자겸이 그렇게 결정했다.《고려사》인종 4년(1126) 3월 25일자에는 다음과 같은 기록이 있다.

백관을 소집하여 금을 섬기는 일의 가부를 의논하게 하니 모두 불가하다고 하였다. 유독 이자겸과 척준경만이 말하기를, "금이 과거 소국일 때는 요와 우리나라를 섬겼습니다. 그러나 지금 금이 급격하게 세력을 일으켜 요와 송을 멸망시켰으며, 정치를 잘 다스리고 병력도 강성하여 나날이 강대해지고 있습니다. 또 우리와는 서로 국경이 맞닿아 있어서 섬기지 않을 수 없는 상황입니다. 게다가 작은 나라가 큰 나라를 섬기는 것은 선왕의 도리이니, 사신을 보내어 먼저 예를 갖추고 위문하는 것이 옳습니다"라고 하니, 왕이 그 말을 따랐다.

금나라의 멸망

묘청이 서경 천도 운동을 전개하면서 금나라 정벌을 주장한 연유가 이자겸에게 있다. 나라의 자주성 회복을 내세운 것이다. 13세기에 여진의 역사가 일단 끝난다. 몽골한테 금나라가 멸망한 것이다(1234). 이때 몽골은 고려에도 쳐들어와서 전쟁 중이었다.

조선과 여진

고려를 이어 조선이 건국됐다. 조선 초의 여진은 고려 초의 여진과 형세가 비슷했다. 조선은 여진족을 어르고 달래고 때로 혼내면서 관리했다. 세종은 군대를 보내 여진족을 북쪽으로 내몰고 4군과 6진을 개척했다. 그래서 압록강과 두만강까지 영역을 넓혔다. 이후 여진과의 충돌이 거듭됐으나 조선은 큰 위협 없이 그들을 물리쳤다.

후금의 성립

그랬는데, 임진왜란이 문제다. 명나라는 힘이 약해
진데다가 조선에 원군을 파견하면서 여진을 통제하
지 못했다. 조선 역시 북방 여진에 신경 쓸 겨를이 없
었다. 여진은 급속도로 컸다. 조선에 구원병을 보내 주
겠다고 제의할 정도였다. 1616년, 누르하치가 여진족
을 통합해서 나라를 세운다. 그 나라가 후금이다. 이때
조선의 왕은 광해군이었다.

인조의 즉위

후금의 목표는 명이다. 후금이 20대 청년 체력이라면,
명은 80대 노인의 체력이다. 누가 이길지 결과는 뻔
하다. 명이 조선에 구원군을 요청했다. 광해군의 고민
이 깊어진다. 신하들은 임진왜란 때의 은혜를 들먹이
며 구원병 파견을 외친다. 할 수 없이 강홍립에게 군
대를 주어 보냈다. 그러면서 가능하면 중립을 지키려
고 애썼다. 그러다가 광해군이 폐위되고 인조가 즉위
한다.

정묘호란

인조의 서인정권은 친명배금(親明拜金)을 내세웠다. 명나라와 친하게 지내고 후금을 배척한다는 것이다. 임진왜란 때 조선을 도와 준 명에 대한 의리를 지켜야 한다는 것이다. 친명배금 정책 때문만은 아니지만, 어쨌든 이 정책이 중요한 원인이 되어 후금이 조선을 침략하니, 정묘호란(1627)이다. 인조는 강화도로 피난했다. 얼마 후 후금과 조선은 형제관계를 맺고 전쟁을 끝낸다. 정묘호란(丁卯胡亂)의 '호(胡)'는 오랑캐라는 뜻이다. 곧 정묘호란은 '정묘년에 오랑캐가 일으킨 난리'라는 의미이다. 병자호란도 '병자년에 오랑캐가 일으킨 난리'라는 뜻이다.

병자호란

1636년(인조 14) 병자년, 후금이 또 쳐들어온다. 병자호란이다. 이번엔 나라 이름을 청으로 바꾸고 임금을 황제로 칭했다. 대략 이때부터 여진족을 만주족이라고 부른다. 청은 조선에 군신 관계를 요구했다. 조선의 임금이 청 황제의 신하가 되라는 요구다. 조선은 거부했다. 그래서 쳐들어왔다. 인조는 왕자, 늙고 병든 신하들, 궁궐 여인들을 먼저 강화도로 보냈다. 얼마 뒤 자신도 궁궐을 나와 강화도로 향했다.

강화도 함락

그런데 청군이 강화도 가는 길목을 막아 버렸다. 어쩔 수 없이 남한산성으로 들어갔다. 어느 날 남한산성에 비보가 날아들었다. 믿었던 강화도가 청군에게 함락됐다는 것이다. 강화도의 지형조건이 고려 때와 다르게 변해 있었다. 바다 폭이 좁아졌고 아무데나 배를 대기도 쉬워졌다. 간척의 결과이다. 더구나 김경징 등 수비책임자들이 싸우지 않고 가장 먼저 도망갔다. 함락될 수밖에 없었다. 결국, 인조는 삼전도에서 항복한다.

북학운동

이후 만주족의 청은 한족 왕조 명나라를 완전히 무너트리고 중국 전역을 장악하여 발전해 간다. 청은 한족을 효율적으로 통치했다. 조선은 병자호란 이후 청을 공격하려고 준비했다. 북벌운동이다. 특히 효종 때 왕성했다. 그러나 현실적으로 어려운 일이었다. 뒤늦게 나온 북학운동이 오히려 현실적이다. 청나라를 배워 나라를 부강하게 하자는 주장이었다.

청의 몰락과 신해혁명

그렇게 세월은 흘렀다. 이제 청이 기운다. 영국과의 아편전쟁에서 패하면서 무너져 내리기 시작했다. 제국주의 국가들의 탐욕이 청나라를 비틀거리게 했다. 결정타는 청일전쟁(1894) 패배다. 그리고 1911년, 청나라에서 신해혁명이 일어난다. 만주족의 나라 청이 망하고 한족의 나라 중화민국이 등장하는 것이다.

병자호란과
삼배구고두례

삼전도

삼전도(三田渡)는 세종 때 만들어진 한강 나루다. 서울 송파에 있었다. 병자호란 당시 청 태종이 여기 머물면서 남한산성에 있던 인조를 불러내 항복을 받았다. 1637년 1월 30일자《인조실록》은 당시의 모습을 이렇게 적었다.

상(인조)이 … 삼전도에 따라 나아갔다. 멀리 바라보니 한(汗, 청 태종)이 황옥(黃屋)을 펼치고 앉아 있고 갑옷과 투구 차림에 활과 칼을 휴대한 자가 방진을 치고 좌우에 옹립하였으며, … 상이 걸어서 진(陣) 앞에 이르고, 용골대 등이 상을 진 문 동쪽에 머물게 하였다. 용골대가 들어가 보고하고 나와 한의 말을 전하기를, "지난날의 일을 말하려 하면 길다. 이제 용단을 내려 왔으니 매우 다행스럽고 기쁘다" 하자, 상이 대답하기를, "천은이 망극합니다" 하였다. … 상이 세 번 절하고 아홉 번 머리를 조아리는 예를 행하였다.

삼배구고두례

인조가 청 태종에게 절하고 이마가 땅에 닿을 듯 세 번 머리를 조아렸다. 두 번을 더 그렇게 했다. 해서 세 번 절하고 아홉 번 머리를 조아리는 예를 끝냈다. 이를 삼배구고두례(三拜九叩頭禮)라고 한다. 피가 흐를 만큼 이마를 땅에 세게 부딪는 장면이 TV 사극 등에 나오지만, 과장된 연출이다.

삼전도의 굴욕

삼전도에서의 항복 의식을 '삼전도의 굴욕'이라고 한다. 그렇게 부르게 된 데는 삼배구고두의 영향이 컸을 것이다. 그런데 청나라가 인조를 특별히 망신 주려고 이런 절을 강요한 것은 아니다. 청나라 고유의 예법이다. 누구든 청 황제에게 인사할 때는 이렇게 한다. 정조 임금 때 청나라에 갔던 조선의 사신도 청 황제에게 세 번 절하고 아홉 번 조아렸다. 심지어 청 황제 강희제도 명 태조 왕릉인 효릉에 가서 삼배구고두를 했다.

작은 나라의 임금이 큰 나라 임금에게 항복하고 절하는 것이 과연 굴욕인가? 조선 당시의 관점에서 보면 굴욕이다. 크고 작고를 떠나 오랜 역사를 통해 조선은 청을 야만적이고 미개한 아랫것들로 인식했다.

한마디로 오랑캐다. 그 오랑캐에게 조선의 왕이 절을 올리는 행위는 충분히 굴욕적이다. 그래서 청나라를 치자는 북벌론이 힘을 받을 수 있었던 것이다. 그런데 지금의 시각으로 봐도 '굴욕'인지는 생각해 볼 문제이다.

대청황제공덕비

병자호란이 끝난 후 청은 조선에 청 태종의 공덕을 칭송하는 비를 세우게 한다. 그만하지, 굳이 그런 비까지 세우게 하나. 조선은 할 수 없이 비를 세웠다. '대청황제공덕비'이다. 삼전도에 세웠기에 삼전도비라고 한다.

실록에 삼배구고두례(三拜九叩頭禮)의 다른 표현으로 삼궤구고두례
(三跪九叩頭禮)도 나온다. 둘은 같은 것이다.

비변사 강화의
결과는 어땠을까

김익희의 상소

효종(1649~1659) 때 김익희라는 신하가 임금에게 상
소문을 올렸다.《효종실록》에 실려 있는데, 그 내용 중
에 다음과 같은 건의가 있다.

성종 임금 때 건주위의 역(役)에 임시로 비변사(備邊司)를 설
치했는데, … 이것은 일시적인 전쟁 때문에 설치한 것으로
서 국가의 중요한 모든 일을 참으로 다 맡긴 것은 아니었습
니다. 그런데, 오늘에 와서는 큰일이건 작은 일이건 중요한
것으로 취급되지 않는 것이 없는데, 의정부는 한갓 헛이름만
지니고 육조는 모두 맡은 업무를 상실하였습니다.
명칭은 '변방의 방비를 담당하는 것[備邊]'이라고 하면서 …
비빈을 간택하는 등의 일까지도 모두 여기를 거쳐 나옵니다.
… 신의 어리석은 소견으로는 비변사를 혁파하여 … 육조의
판서와 참판으로 하여금 각기 해당 사항을 대신에게 품의 결
정하게 해서 조종조의 옛 법을 회복한 뒤에야 체통이 바르게

되고 각자의 직무에 충실하게 될 것이니 … 만약 '비변사를 혁파한 후에 국방의 중요한 기밀을 어디에 맡길 것인가'라고 한다면 이것은 바로 병조판서의 직무입니다.

건주위는 여진 부족의 하나이다. 역은 여기서 침략·전투·전쟁과 같은 의미이다. 성종(1469~1494) 때 여진족의 침략에 효율적으로 대응하려고 임시 군사기구인 비변사를 만들었는데 그 권한이 오히려 점점 커지면서 나라의 크고 작은 일을 모두 비변사에서 결정한다는 지적이다. 심지어 왕비·후궁·세자빈을 뽑는 일까지 비변사가 관여했다. 그러다 보니 의정부와 육조가 있으나마나 한 존재가 되어 버렸으니, 문제다. 이제 비변사를 혁파, 즉 없애고 의정부와 육조의 기능을 회복하자고 효종에게 요청했던 것이다.

조선의 정치 체계
원래 조선은 임금을 중심으로 의정부와 육조 그리고 삼사의 조화 속에서 운영되는 정치 체계를 갖춘 나라이다. 의정부가 임금의 허가를 받아 정치적 결정을 내리면 그에 따라 육조가 행정 실무를 처리하고, 삼사는 그 과정에 문제가 없는지 감시하고 견제하는 역할을 맡았다. 군사 관련 업무 역시 의정부와 병조에서 처리할 일이었다.

비변사

처음에는 임시 군사기구에 불과했던 비변사가 정식 관청이 되고 그 권한이 점점 커졌다는 것은 국방상의 위협이 거듭됐다는 뜻이다. 북쪽 여진의 침략으로 설치된 비변사가 남쪽 일본이 저지른 을묘왜변(1555)으로 상설기구, 즉 정식 관청이 되고 임진왜란을 겪으면서 의정부의 권한까지 가져간 것이다. 비변사는 비국·묘당 등으로도 불렸다.

비변사 폐지

앞에서 본 대로 효종 때 김익희가 비변사 폐지를 주장했다. 임진왜란·병자호란 다 끝난 뒤이다. 그러나 실현되지 않았다. 조선 후기 내내 최고의 정책 기관으로 유지되다가 흥선대원군이 실권을 잡았을 때에 가서야 폐지된다. 비변사가 나라의 정치·외교·재정·국방 등 모든 업무를 장악하면서 왕권마저 약해지는 경향을 보였다. 집권 붕당이, 뒤에 가서는 세도 가문이 비변사 요직을 장악하고 위세를 부렸다.

삼군부

그래서 대원군이 왕권을 강화하려는 등의 목적으로 비변사를 없애고 의정부의 기능을 되살렸던 것이다. 비변사에서 맡고 있던 국방 관련 업무는 삼군부에 맡겼다. 비변사가 의정부와 삼군부로 나뉜 셈이다. 그러면, 대원군이 국방 문제를 병조가 아닌 삼군부에 맡긴 이유는 무엇일까?

삼군부 폐지

당시의 국방 문제가 그만큼 중요했기 때문이다. 삼군부가 설치된 것은 1868년(고종 5)이다. 2년 전인 1866년에 무슨 일이 있었나. 프랑스의 침략, 병인양요다. 병인양요를 겪은 대원군은 외침을 대비하여 군사 체제를 정비하고 전력을 강화하기 위해 삼군부를 설치했다. 삼군부의 책임자는 전·현직 정승이 맡았고 그 아래 병조판서, 포도대장, 각 군영의 대장 등이 포함됐다. 그런데 대원군이 장악하고 있던 삼군부는 대원군이 권력을 잃으면서 폐지되고 만다.

비변사가 막강하던 때 의정부의 삼정승, 즉 영의정·좌의정·우의정도 완전히 힘을 잃었을까? 그렇지는 않다. 삼정승이 비변사에 참석했고 최고 책임자(도제조)를 맡기도 했다. 여전히 나름의 권한을 갖고 있었다.

장례 예법과 관련된
당파싸움, 예송논쟁

예송 논쟁

예송 논쟁은 조선 현종(1659~1674) 때 벌어진, 장례와 관련된 예법에 대한 당파 간의 다툼을 말한다. 그런데 이해가 쉽지 않다. 다음 글은 필자의 다른 책에서 예송 논쟁을 설명한 것이다. 적절히 다듬어서 여기에 옮긴다. 그냥 쭉 읽으면서 대강의 내용만 이해하자.

장렬왕후

여기 한 여인이 있다. 자의대비 조씨, 시호를 따라 장렬왕후(1624~1688)로 불리는 여인이다. 그녀는 열다섯 살에 조선의 왕비가 되었다. 소현세자와 효종을 낳은 인렬왕후가 사망하자, 그 자리를 이어받아 인조의 계비가 된 것이다. 남편 인조의 그때 나이는 마흔넷. 나이 차이가 무려 서른이었다. 남편의 나이가 너무 많다 보니 자식들과의 나이 터울 또한 민망했다. 아들 효종은 새어머니 장렬왕후보다 5살이 많았고, 며느리 인선왕후마저 시어머니 장렬왕후보다 6살이나 많았다.

효종의 죽음

1659년(현종 즉위년) 기해년, 효종이 세상을 떠났다. 장렬왕후가 상복을 얼마 동안 입어야 하는지 문제가 됐다. 아들이 죽었는데 어머니가 상복을 입는다? 그렇다. 조선 시대에는 부모상 때만 자식들이 상복을 입는 것이 아니고 아들과 며느리의 상 때도 부모가 상복을 입었다.

예법 논쟁과 권력 다툼

당시 조정은 서인과 남인이 대립하고 있었다. 이때 서인은 장렬왕후가 상복을 기년(期年), 즉 1년간 입어야 한다고 주장했다. 반면에 남인은 3년 동안 입어야 한다고 했다. 장렬왕후가 상복을 1년 입든 3년 입든 그게 싸움거리가 되나 싶다. 상복을 몇 년 입을 것인가는 겉보기에 단순한 예법 논쟁으로 보이지만 그 속은 복잡하다. 갖은 이론과 학문적 근거들을 들이대며 서로 옳다고 다투지만, 본질은 권력을 쥐기 위한 신하들 간의 다툼이요, 더 나아가 왕과 신하들 간의 기 싸움이기도 했다.

서인과 남인의 주장

서인이 1년을 주장한 것은 효종이 장남이 아니기 때문이다. 인조의 맏아들은 효종이 아니라 소현세자다. 효종이 장남이라면 3년이 맞지만, 그렇지 않으니 1년이면 된다는 것이 서인의 논리였다. 남인은 효종이 왕이기 때문에 일반인의 관점에서 보면 안 된다, 왕실의 특수성을 인정해야 한다, 왕위를 계승했다는 자체가 곧 적장자의 의미이다, 그러므로 3년이 옳다고 맞섰다. 그러자 서인은 왕실의 예법이 양반 사대부의 예법과 다르지 않다고 주장했다. 서인과 남인, 치열하게 맞섰다.

현종의 고민

아버지 효종에 대한 논쟁을 지켜보는 현종의 속마음은 어땠을까? 당연히 효종을 존중해서 3년을 주장하는 남인 편을 들고 싶었을 것이다. 사실 서인의 주장에는 효종의 정통성에 문제가 있음을 암시하는 뭔가가 스며 있다. 소현세자가 죽었을 때 그의 아들이 왕위를 잇는 것이 순리였지, 동생인 봉림대군(효종)이 즉위한 것은 순리가 아니었다는 뉘앙스를 풍기는 것이다. 반면에 남인들은 효종의 정통성을 강조하고 있다. 왕권의 우월성을 내세워 조정에서의 입지를 확대하려는 남인들의 속마음을 현종인들 모를까. 그래서 현종은 남인의 손을 들어 주고 싶었을 것이다. 그러나 승리는 서인의 몫이었다.

기해예송

장렬왕후는 1년간 상복을 입게 되었다. 왜? 현종은, 아직은 서인이 너무 강하다고, 그들을 제압할 수 없다고 생각했다. 이 논쟁이 기해년에 있었기에 기해예송(己亥禮訟)이라고 하고, 첫 번째 예송이기에 1차 예송이라고도 한다. 기해예송으로 승세를 탄 서인의 기세가 더욱 드세졌다. 남인은 무더기로 숙청됐다. 3년을 주장하는 상소를 올렸던 윤선도가 귀양을 가야 했다. 현종은 윤선도가 고마웠을 것이다. 그러나 "음험한 상소문으로 상·하의 사이를 너무도 낭자하게 헐뜯고 이간질하였으니, 그 죄가 빠져나가기 어렵게 되었다"라며 윤선도를 오히려 비판했다. 정치가 이런 것인가 보다.

인선왕후 사망

10여 년 세월이 흐르고 맞은 갑인년, 1674년(현종 15년), 이번엔 효종의 왕비 인선왕후가 사망했다. 며느리의 죽음을 맞은 장렬왕후는 다시 상복을 입어야 한다. 맏며느리가 죽으면 1년[期年], 둘째 며느리부터

	발생 시기	서인 주장	남인 주장	결과
1차 예송 (기해예송)	효종 상 1659(현종 즉위년)	1년	3년	서인 승리
2차 예송 (갑인예송)	효종비 인선왕후 상 1674(현종 15)	9개월	1년	남인 승리

는 9개월[大功]이라고 《경국대전》에는 나와 있는데, 아직은 모른다. 서인과 남인이 어떤 주장을 했을지는 짐작이 간다.

대공설과 기년설

서인은 대공설, 즉 9개월을 주장했다. 효종이 소현세자의 동생으로 장자가 아니듯, 인선왕후도 맏며느리가 아니니 장렬왕후는 9개월만 상복을 입으면 된다는 것이다. 남인은 기년설, 즉 1년을 주장했다. 이번에는 현종이 남인의 손을 들어 줄 수 있었다. 19살에 왕이 되자마자 맞았던 기해예송. 그때는 뭔가 자신이 없었을 것이다. 기득권을 가진 세력을 그대로 인정해 주는 것이 안전하다고 여겼을 법하다. 이제 재위 15년, 나이도 서른이 넘은 현종이다.

갑인예송

현종은 속내대로 기년설로 결정했다. 자신과 부모의 정통성을 세워 국왕과 왕실의 권위를 회복하려는 의지였다. 장렬왕후에게, 며느리 상에 1년간 상복을 입게 한 이번 예송은 두 번째이기에 2차 예송, 갑인년에 일어났기에 갑인예송으로 부른다. 갑인예송으로 서인들이 처벌되고 남인들이 중용되기 시작했다. 현종을 이어 즉위한 숙종 주변엔 그래서 남인들이 대거 모여 있었다.

세력 투쟁

이제 예송 논쟁을 정리해 보자. 예송 논쟁은 효종과 효종비의 장례 때 장렬왕후의 상복 입는 기간 문제를 표면에 내세우고 일어난 서인과 남인 간의 이념 논쟁이자 정치 투쟁이었다. 서인들은 국왕의 위상을 끌어내리고 자신들의 권력 기반을 강화하려고 했다. 반면에 세력 기반이 약했던 남인들은 예송 논쟁에서 왕실의 우월성을 강조함으로써 현종과 손을 잡고 힘을 키워 정권을 장악하려고 했다.

환국정치의 영향은
어떠했을까

숙종의 업적

숙종(1674~1720)은 장희빈의 남자 정도로만 알려졌지만, 사실 의미 있는 업적을 남겼다. 조선의 17세기를 마감하고 18세기를 열어간 군주이자 영조·정조가 빛날 수 있도록 기반을 다져준 임금이다. 대동법을 마무리했고, 상평통보를 발행했다. 장단점이 뚜렷한, 환국정치를 펼친 것도 숙종이다. 조선 조정에서 환국이 일어난 사례들이 더 있지만, 숙종 때가 대표적이다.

환국정치

환국(換局)이란, 어떤 일의 형편이 바뀐다는 뜻이다. 역사에서 환국은 정치 국면의 변화, 그것도 아주 급격한 변화를 말한다. 숙종 시대 정국의 변화는 정치 주도세력의 교체를 통해서 이뤄졌다. 조정을 주도하던 A 붕당이 어느 날 갑자기 임금에 의해 밀려나고 그 자리를 B 붕당이 채우고, 다시 B 붕당이 대거 쫓겨나고

A 붕당이 돌아와 요직을 차지하는 식으로 환국정치가
펼쳐졌다.

왕권의 견고화

신하들의 의견과 거의 무관하게 숙종 홀로 환국이라
는 결단을 내리고 시행할 수 있었다는 자체가 왕권이
상당히 안정됐음을 의미한다. 조정 요직 인물을 대거
교체해도 나랏일 돌아가는 데 별 지장이 없다는 것은
그만큼 시스템이 잘 갖춰져 있다는 의미이기도 하다.
환국의 결과로 신하들의 힘이 위축되고 왕권은 더 탄
탄해졌다고 할 수 있다.

붕당정치의 변질

그러나 붕당정치의 묘미인 당과 당의 경쟁, 그리고 견
제와 균형을 통한 국정 운영의 틀이 깨지는 결과도 가
져왔다. 하나의 당이 모든 것을 장악하는 일당 전제
체제가 되어 버리면서 상대 당에 대한 인식도 바뀌
었다. 지금까지는 서로 치열하게 싸워도 상대의 존재
자체를 부정하지는 않았다. 사사건건 시비 거는 게 미
워도 '저들도 조정에 필요한 사람들이지' 하는 공존의
식이 있었다. 이제 상대는 '우리가 살기 위해 제거해
야 할 적'이 되고 말았다. 그래서 숙종의 환국정치는

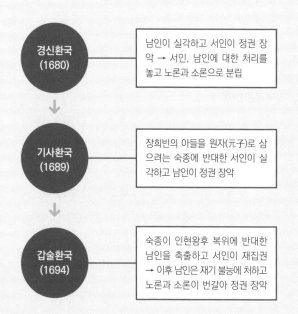

예송논쟁

1659년 효종의 죽음과 1674년 효종 비의 죽음으로 인조의 계비인 자의대비 조씨의 복상 기간을 둘러싸고 서인과 남인은 두 차례에 걸쳐 대립했다.

경신환국 (1680)

남인이 실각하고 서인이 정권 장악 → 서인, 남인에 대한 처리를 놓고 노론과 소론으로 분립

기사환국 (1689)

장희빈의 아들을 원자(元子)로 삼으려는 숙종에 반대한 서인이 실각하고 남인이 정권 장악

갑술환국 (1694)

숙종이 인현왕후 복위에 반대한 남인을 축출하고 서인이 재집권 → 이후 남인은 재기 불능에 처하고 노론과 소론이 번갈아 정권 장악

'붕당정치의 변질'이라는 평을 받는다.

숙종 대 세 번의 환국

숙종 대의 환국정치는 1680년(숙종 6)·1689년(숙종 15)·1694년(숙종 20), 이렇게 세 번 벌어진 것으로 본다. 각각 경신환국·기사환국·갑술환국이라고 부른다. 경신환국으로 서인이 집권하고 남인이 축출됐다. 기사환국으로 남인이 집권하고 서인이 축출됐다. 갑술환국으로 다시 서인이 집권하고 남인이 축출됐다.

숙종과 허적

경신년으로 가 보자. 숙종 즉위 이래 조정은 남인들에 의해 주도되고 있었다. 1680년(숙종 6) 어느 날, 남인인 영의정 허적이 잔치를 열었다. 하필 그날 비가 내렸다. 숙종은 궁중에서 쓰는 천막을 허적의 집에 보내 주라고 특별히 명했다. 아랫사람이 천막을 꺼내러 가 보니 없다. 궁궐 행사에 쓰는 물건이 어디로 간 걸까. 허적이 임금에게 알리지도 않고 제멋대로 가져간 것이다. 보고받은 숙종은 몹시 화가 났다. 신하에게 무시당했다는 생각도 들었다.

경신환국

이 일이 하나의 계기가 되어 남인들이 조정에서 줄줄이 쫓겨났다. 영의정 등 주요 벼슬은 모두 서인에게 돌아갔다. 눈 깜짝할 사이에 조정이 남인에서 서인에게로 넘어간 이 사건을 경신환국이라고 한다. 허적이 장막을 멋대로 가져가지 않았다면, 남인은 무사했을까? 아닐 것이다. 숙종이 허적에 대한 분노로 순간적으로 벌인 일이 아니다. 남인 정권에 염증을 느낀 숙종이 꽤 오래 치밀하게 준비하다가 천막 사건을 빌미로 터트린 것 같다.

숙종과 송시열

이후 거의 10년 조정은 서인정권이었다. 서인이 너무 강해진 것 같다. '니들이 자꾸 대들어? 많이 컸구나' 하고 숙종은 생각했을 것이다. 그때 하필 서인 송시열이 숙종을 비판하는 상소를 올렸다. 너무 이르게 원자(元子)를 결정했다고 숙종을 몰아세우는 내용이었다. 원자(元子)는 왕과 왕비 사이에서 태어난 맏아들을 말한다. 원자는 차기 왕위계승자인 세자가 되게 돼 있다. 그런데 이때 원자로 책봉된 아이는 왕비 인현왕후의 자식이 아니라 남인 계열인 후궁 장희빈의 아들이었다. 엄밀히 따지면 자격 미달인 셈이다. 송시열은 같은 서인 계열인 왕비 인현왕후가 뒤늦게 아들을 낳아도 그 아들이 원자가 되기 힘든 현실을 우려해서 상소문을 올렸던 것이다.

기사환국

숙종은 분노했다. 망설임 없이 송시열의 관직을 박탈하고 성문 밖으로 내쳤다. 정권이 서인에서 남인으로 바뀌는 환국이 시작됐음을 알리는 신호탄이었다. 이후 전직 관료 현직 관료 가리지 않고 100여 명의 서인이 처벌됐다. 1689년(숙종 15) 기사년의 격변, 서인이 떠난 자리에 남인들이 돌아왔다. 다시 남인 시대가 열린 것이다. 이것이 기사환국이다.

인현왕후와 장희빈

이제 인현왕후가 문제다. 숙종이 장희빈을 아꼈다고 해서 인현왕후를 미워했다고 보기는 어렵다. 오히려 가엾고 미안했을 것이다. 첩과 바람나서 아내를 홀대하는 못난 남편의 심정이라고 할까. 그럼에도 숙종은 왕으로서 인현왕후를 곱게 볼 수 없었다. 그녀의 집안 사람들이 서인의 거물이었기 때문이다. 결국, 숙종은 인현왕후마저 내친다. 왕비 자리를 박탈했다.

갑술환국

1690년(숙종 16)에 원자, 즉 장희빈이 낳은 아들이 세자로 책봉됐다. 그리고 장희빈은 왕비가 되었다. 궁녀에서 출발해 후궁을 거쳐 왕비 자리까지 올라선 특기할 만한 성취였다. 그러나 장희빈의 영광도 몇 년 가지 못했다. 숙종의 마지막 환국, 갑술환국(1694)이 벌어진 것이다. 숙종은 조정에서 남인들을 대거 내몰고 그 자리에 서인들을 임명했다. 이때 처벌된 남인들이 워낙 많아서 정치적으로 재기할 수 없게 되었다고 한다. 이제 조선은 서인들의 세상이 되었다. 그리고 장희빈은 우여곡절을 겪다가 사약을 받고 죽었다. 그 아들이 숙종을 이어 임금이 되니, 경종(1720~1724)이다.

붕당정치와 당쟁

일제의 한국사 교육

일제강점기에 일본은 한국인을 대상으로 한국사 교육을 했다. 우리 역사를 비틀고 왜곡해서 배우는 학생들에게 부끄러움을 느끼게 했다. "우리 민족은 참 못났다. 한심하다. 일본이 우리를 지배해 주는 것이 차라리 다행이다" 같은 잘못된 의식을 심는 것이 한국사 교육의 목적이었다. 그렇게 해서 한국인의 독립 의지를 없애 버리려고 한 것이다.

당쟁에 대한 왜곡

이에 이용된 역사 소재 가운데 하나가 당쟁(黨爭)이다. "보아라, 조선이 왜 망했느냐. 동인·서인 서로 편 가르며 맨날 당파싸움만 해대서 망한 것이다. 너희 민족은 모래알 근성이라서 서로 헐뜯는 게 일이다. 너희 힘만으로는 결코 일어날 수 없다. 희망이 없다. 역사가 증명하지 않느냐. 그러니 식민지로 삼아 준 일본에 감사하고 말 잘 들어라" 하면서 당쟁을 우리의 국민성으로 몰아갔는데, 한마디로 궤변이다. 마치 지구상에서 조선만 당파싸움을 한 것처럼 꾸몄다.

당쟁과 정치의 균형

모든 나라의 정치는 기본적으로 당파싸움이라고 할 수 있다. 지금도 마찬가지다. 정당 정치가 곧 당쟁이다. 나라마다 싸움의 격이 다르기는 하지만, 당과 당의 경쟁을 통해 정치가 발전한다. 조선이 망한 이유를 몇 마디 말로 설명할 수 없다. 다만 당쟁 때문에 망했다고 하기는 어렵다. 당쟁이 없어져서 망했다고 하는 것이 차라리 나을지도 모른다. 조선의 당파들은 서로 싸우면서도 상대의 존재를 인정하는 공존의식이 있었다. 서로 견제하여 부패를 막고 정치의 균형을 이루려고 했다.

탕평책과 붕당정치

숙종의 환국정치로 균형의 원리가 깨졌다. 하지만 영조와 정조가 당파를 떠나 고루 인재를 등용하는 탕평책을 펼쳐 새로운 균형을 추구했다. 문제는 세도정치기이다. 정조 이후 순조·헌종·철종 때 당쟁의 구도가 무너지고 하나의 집안이 정권을 잡는 정치 구조가 되

고 말았다. 붕당정치(朋黨政治)의 붕(朋)은 벗, 친구라
는 의미다. 친구처럼 뜻이 맞는 사람들이 모여 당을
만들고 정치를 한다는 의미이다. 당파싸움, 즉 당쟁(黨
爭)의 어감이 부정적이다 보니 지금은 '당쟁'이라는
용어 대신 '붕당정치'를 주로 쓴다.

선비들이
왜 산림에 살았을까

산림지사

알다시피 산림(山林)은 산과 숲이다. 그런데 사람을 가리키기도 한다. 산림을 산림지사(山林之士), 즉 '산림에 묻혀 사는 선비'의 줄임말 정도로 생각하면 이해하기 쉽다. 산림에 사는 선비는 어느 시대에나 있다. 하지만 한국사 용어로서의 산림은 주로 조선 시대 후기에 한정된다.

산림의 범위

자 이제 산림의 범위를 좀 좁혀 볼 필요가 있겠다. 조선 시대 후기의 산림은 지방에 있는 선비 중에서도 학덕이 높아 이름이 널리 알려진 인물을 가리킨다. 과거 시험에 연연하지 않고 벼슬에 목매지도 않고 공부하고 수양하면서 제자도 키우는 학자다. 산림을 따르던 이들이 관직에 나아가고 점차 승진하면서 덩달아 그 산림의 정치적 영향력도 커진다.

산림과 정치

그러면 산림은 관직에 일절 나아가지 않을까. 그렇지 않다. 산림들도 기본적으로 정치 지향적이다. 성리학 자체가 윤리 도덕이면서 정치 철학이다. 공부를 현실 정치에 펼쳐 보고 싶은 마음이 대개 있다. 적절한 때를 기다리고 있는 것이다. 그래서 임금에게서 관직을 받고 가끔 조정에 나아가기도 한다. 그저 그런 자리를 받고 그저 그렇게 물러나기도 하지만, 국정을 주도하는 역할을 하기도 한다. 때로 왕도 함부로 할 수 없을 만큼 강한 힘을 행사하기도 한다.

산림 천거 제도

임금은 산림에 대해서는 과거 시험을 생략하고 특별 채용으로 뽑는다. 천거 제도의 일종이다. 인재를 널리 구하고 싶어 하는 것은 모든 임금의 공통된 바람이다. 산림은 대개 왕이 벼슬을 내리면 한 번에 받지 않는다. 계속 거절한다. 임금은 산림이 거부하는 것을 '나에게 허물이 있어서 그러하나' 생각하는지, 거듭 벼슬을 내린다. 결국, 산림은 벼슬을 받는다.

산림의 권위 변화

임금은 조정에 들어온 산림이 자기 뜻을 잘 받들어 좋

은 정치를 해 주길 바란다. 그런데 산림이 임금에게 도움이 되기도 하지만, 오히려 부담이 되기도 한다. 붕당을 이끌며 왕권을 견제하기도 한다. 산림은 조선 정치에서 긍정적인 측면도 있고 부정적인 측면도 있다. 영조는 부정적으로 보았다. 그래서 산림의 권위를 인정하지 않았다. 영조 이후 산림은 그 이전과 달리 크게 주목받지 못한다. 상징적인 존재로 모셔지는 정도였다. 이에 관해 《숙종실록》에는 다음과 같은 기록이 있다.

김집·송준길·송시열은 산림에 숨은 현사였다. 효종 초년에 이들을 불러 서울에 오게 하여 산인(山人)이라 불렀으며, 김자점의 당파를 물리쳐 쫓아내어 조정을 깨끗이 하였다. 그러나 김집이 재상인 김육과 의견이 맞지 않아 물러갔다. 효종 말년에 다시 송시열·송준길을 임금께서 불러서 사우(師友)로 대접하고 나라의 정사를 맡기었다.

정조의 호위부대
장용영

5위 체제

조선 전기의 중앙군은 5위 체제였다. 조선 후기에는
5군영 체제가 된다. 5군영은 수도 및 그 외곽을 방어
하기 위해 설치한 다섯 개의 군영으로 훈련도감·어영
청·금위영·총융청·수어청이다. 훈련도감·어영청·
금위영은 수도를 방어하는 군영이고 총융청·수어청
은 수도 외곽의 방어를 맡은 군영이다. 한 번에 다섯
군영이 설치된 것이 아니고 그때그때 상황과 필요에
따라 하나하나 설치되었다.

훈련도감

1593년(선조 26) 임진왜란 중에 훈련도감이 설치됐다.
도감이라는 단어가 들어간 것에서 짐작할 수 있듯 훈
련도감은 왜란을 극복하기 위한 임시군영으로 출발
했다. 그런데 전쟁 후에도 필요성이 인정되어 체제가
정비되면서 중앙 핵심군영으로 자리 잡게 되었다. 포

수(砲手)·살수(殺手)·사수(射手), 즉 삼수병으로 편성
됐다. 이들은 나라에서 봉급을 받는 일종의 직업군인
이었다.

어영청

어영청은 인조반정으로 국내 정세가 어수선하고 국
제적으로 후금과의 관계가 위급해진 상황에서 설치
됐다. 1652년(효종 3) 효종은 어영청을 강화하고 이완
을 어영대장으로 임명해서 북벌의 핵심 군영으로 키
운다. 평안도와 함경도를 제외한 6도의 지방군이 차례
대로 서울로 올라와 근무하는 체제였다.

금위영

금위영은 훈련도감·어영청과 더불어 국왕 호위와 수
도 방어를 책임지는 군영으로 1682년(숙종 8)에 설치
되었다. 5군영 중 가장 늦게 편성된 부대다. 숙종은 병
조판서에게 금위영의 대장을 겸하게 했다. 영조 때 가
서야 병조판서 따로, 금위영 대장 따로 임명하는 쪽으
로 바뀌게 된다.

총융청

총융청은 이괄의 난을 계기로 1624년(인조 2)에 설치

됐다. 조선왕조에서 전쟁으로 임금이 서울을 비운 일은 있었지만, 반란군에게 서울이 점령당한 적은 없었다. 그런데 이괄에게 서울을 빼앗겼고, 인조는 멀리 피난을 가야 했다. 겨우 반란을 진압했으나 충격은 컸다. 외적의 침략이나 반란군의 공격에서 서울을 지키려면 서울은 물론 서울 외곽 경기 지역에 대한 방어망도 단단히 해야 한다고 인조는 생각했다. 그래서 탄생한 부대가 총융청이다.

수어청

수어청은 1626년(인조 4)에 남한산성이 개축된 후 설치됐다. 수어청은 남한산성을 거점으로 서울 남쪽을 방어하는 역할을 맡았다. 이에 따라 총융청은 북한산성을 거점으로 서울 북방만을 맡는 쪽으로 수비 범위가 축소됐다.

5군영 체제

이렇게 하여 5군영 체제가 완성되었다. 그런데 대개의 군영이 서인 주도로 설치되었다. 이들 군영은 외적의 침입으로부터 나라를 지키기 위해 설립된 것이지만, 한편으로 서인들의 정치적 기반이 되기도 했다. 서인들은 군권 장악을 바탕으로 정치적 영향력을 확대하고자 했다. 이후 5군영은 대개 집권 붕당의 영향력 안에 있었다.

장용영

5군영과 구분해야 할 것이 장용영이다. 장용영은 정조가 왕권을 강화하기 위해 1793년(정조 17)에 설치한 부대다. 5군영과 다른 별도의 부대로 국왕 호위를 전담으로 하는 부대다. 내영과 외영이 있었는데 내영은 도성을 중심으로, 외영은 수원 화성을 중심으로 활동했다. 장용영은 강력한 왕권의 상징 같은 존재였으나 정조가 죽은 후인 1802년(순조 2)에 혁파되고 말았다.

외규장각이
왜 필요했을까

규장각

정조(1776~1800)가 즉위 초에 규장각을 세웠다(1776).
자리한 곳은 창덕궁 안이다. 역대 임금의 글씨 등과
국내외 주요 도서들을 보관하는 일종의 왕실 도서관
이면서 출판사이고 또 학문 연구 기관이다. 더 나아가
나라의 정책을 연구하고 추진하는 역할까지 하게 되
었다. 정조 개혁 정치의 중추 기관이 된 것이다.

외규장각

한편 정조는 만약을 대비해서 강화도에 외규장각을
세웠다(1782). 규장각의 책 가운데 중요한 것을 뽑아
외규장각으로 옮겨 보관하게 했다. 반란이나 전쟁,
기타 사고로 규장각 책이 불탈 수도 있음을 걱정해
서 강화도로 중요 도서를 옮긴 것이다. 외규장각에는
5,000여 권이 있었다고 한다.

병인양요

그러나 병인양요(1866)가 문제였다. 그때 프랑스군이 강화 외규장각에 불을 질러 안에 있던 책이 대부분 사라지고 말았다. 차라리 서울 규장각에 그냥 두었으면 무사했을지도 모를 책들이었다. 프랑스군은 외규장각에 불 지르기 전에 300여 권의 귀한 책을 꺼내 프랑스로 가져갔다. 어람용, 그러니까 임금이 보도록 특별 제작한 의궤가 대부분이었다.

의궤

의궤(儀軌)란 나라의 주요 행사 때마다 그 일의 시작부터 끝까지 모든 내용을 기록한 책이다. 필요한 경우 자세한 그림도 삽입했다. 한국과 프랑스의 오랜 교섭 끝에 지난 2011년, 외규장각 의궤가 우리나라로 돌아왔다.

규장각과 유사한 점이 있는 집현전. 정조 당시에 집현전은 없었다. 집현전은 조선 전기 세종 때 세워졌다(1420)가, 세조 때인 1456년에 폐지된다. 유지 기간은 37년으로 의외로 역사가 짧다. 세조는 단종의 왕위를 빼앗았다. 단종을 다시 왕으로 모시려는 움직임이 있었다. 거기에 가담한 신하 중에 집현전에 소속된 인물들이 많았다. 그래서 세조가 집현전을 없애 버렸다.

서얼 차별과
검서관 제도

적자와 서자

정식 부인이 낳은 아들을 적자라고 하고 다른 여인이 낳은 아들을 서자라고 한다. 조선 시대 서얼은 서자와 비슷한 의미로 쓰였다. 양반이 첩과 관계하여 아들을 낳으면 그 아이가 서얼이다. 서와 얼을 구분하기도 했다. 서는 양반과 양인 첩 사이에서 태어난 아들을, 얼은 양반과 천민 첩 사이에서 태어난 아들을 말한다.

서얼에 대한 차별

서얼에 대한 차별이 엄격했다. 과거 시험 문과에는 응시할 수 없었고 잡과에 제한적으로 응시할 수 있었다. 그래서 서얼 중에 잡과를 통해 기술관이 되는 이가 많았다. 집안에서도 학대가 심했다. 한울타리 안에 살면서도 아버지를 아버지라 부를 수 없었고 형(적자)을 형이라 부를 수 없었다. 홍길동처럼.

양반 혈통의 유지

그래도 자기 자식인데 어찌 그럴 수 있나 하고 생각하겠지만, 제도가 그랬다. "서얼을 아버지 신분 따라 양반으로 인정하면 양반이 너무 늘어난다. 양반의 희소성이 지켜져야 한다. '순수 혈통'도 지켜야 한다. 상속문제로 분란이 생겨서도 안 된다. 집안에 질서가 바로서야 한다" 등등 이유가 많다. 모순이다. 낳지나 말지.

양반 가문의 유지를 위해

만약 어느 양반이 적자 없이 서얼 아들만 남기고 죽었다면 서얼 아들이 집안의 가장이 되어 제사를 모실까? 그럴 가능성이 별로 없다. 그 양반은 죽기 전에 친척 집안의 아이를 양자로 들였을 것이다. 서얼이 가장이 되면 과거를 볼 수 없고 그렇게 되면 양반 가문이 끝나는 것이다. 그래서 친자식을 버리고 양자를 들이는 것이다.

서얼 허통

서얼에 대한 차별을 없애자는 주장이 조정에서 간간이 있었다. 효과는 별로 없었다. 조선 후기에 서얼들이 집단으로 상소를 올려 '서얼 허통(許通)'을 요구하기도 했다. 허통은 '통(通)하도록 허락[許]하다' 정도의 뜻이다. 과거에 통하도록, 즉 서얼에 대한 차별을 없애고 과거에 응시할 수 있도록 해달라는 주장이다.

검서관 제도

영조 때 변화가 생긴다. 서얼에게 일부 벼슬길이 열렸다. 그리고 아버지를 아버지로 부를 수 있게 됐다. 정조 때 관직에 나아갈 기회가 더욱 확대되었다. 정조는 1779년(정조 3)에 규장각에 검서관 제도를 마련해서 학식 있는 서얼들을 뽑아 근무하게 했다. 유득공·이덕무·박제가 등이 이때 활동한 서얼이다. 정조 주변에 능력 있고 학식 깊은 서얼 출신 관료가 많았다.

초계문신,
인재양성의 큰 뜻

문신 가운데 인재

초계라고 하면, 나는 초계탕이 먼저 떠오른다. 식초 할 때의 초(醋)에, 닭 계(鷄) 자를 쓰는 초계탕은 맛있는 음식이다. 초계문신은 초계탕과 아무런 관련이 없다. 아니, 초계문신들이 초계탕을 먹었을 수는 있겠다. 초계문신의 초(抄)는 '뽑다, 선발하다'라는 뜻이고 계(啓)는 '아뢰다, 보고하다'라는 뜻이다. 초계문신(抄啓文臣)이라는 용어 자체의 의미는 '인재로 뽑혀 임금에게 보고된 문신' 정도가 된다.

초계문신제

초계문신제가 시행된 것은 정조 임금 때이다. 문과에 급제한 37세 이하의 젊은 신하 중에서 인재를 선발하여 규장각에서 일종의 재교육을 했는데, 이를 초계문신제라고 한다. 초계문신이 되면 40세까지 규장각에서 유교 경전을 공부했다. 아니, 유교 경전은 과거 시험 준비하면서 충분히 공부한 거 아닌가? 물론이다. 적어도 10여 년 동안 죽어라 공부했던 책들이다. 그러나 그때의 공부는 과거 합격을 위한 공부였을 뿐이다. 경전은 그냥 수험서였다. 이제 초계문신이 되어 제대로 된 공부, 경전의 참뜻을 찾아가는 진정한 공부를 하는 것이다.

정약용

공부하는 기간에는 일을 하지 않아도 된다. 관리로서의 업무를 면제받고 공부만 했다. 물론 봉급도 받으면서. 시험 등 평가를 잘 받으면 승진도 할 수 있었다. 이 제도를 통해 신하들의 학문 수준이 향상됐다. 초계문신으로 선발된 사람들 가운데 우리에게 익숙한 인물이 정약용이다.

정조와 개혁 추진 세력

정조는 정기적으로 초계문신들에게 '특강'을 하면서 그들과 교류하는 시간을 가졌다. 자연스럽게 그들을 자신의 사람들로 만들려고 했다. 학문 능력을 갖춘 초계문신들을 개혁 추진 세력으로 키우려고 했던 것 같다. 물론 왕권을 강화하려는 마음도 있었을 것이다. 초계문신제는 1781년(정조 5)에 시작되었다. 1800년

(정조 24), 정조 사망 때까지 10번에 걸쳐 138명이 뽑혔다고 한다. 이후 헌종 임금 때도 이 제도가 시행된 적이 있기는 하지만, 우리는 그냥 정조만을 기억해도 될 것 같다.

사가독서제

초계문신제처럼 임금이 신하들에게 공부하도록 기회를 주던 제도가 또 있었다. 세종(1418~1450)이 실시했던 사가독서(賜暇讀書)이다. 세종은 인재를 선발해서 일정 기간 특별 휴가를 주고 집에서 공부하게 했다. 사(賜)는 '주다'라는 뜻이다. 가(暇)는 '틈'이라는 뜻이다. '휴가'할 때의 가이다. 틈을 주고, 즉 휴가를 주고 독서하게 한다는 의미이다. 사가독서제는 세종 이후에 시행과 중단이 반복되면서 영조 때까지 이어졌다. 1426년(세종 8)부터 1773년(영조 49)까지 총 48차례에 걸쳐서 320명이 사가독서의 혜택을 입었다고 한다. 정조 때 폐지되고 대신 초계문신제가 나왔다.

《목민심서》는
누구를 위한 책인가

사마천과 《사기》

보통 사람은 고난이 닥치면 좌절하기 쉽다. 위대한 사람은 차라리 고난을 너그럽게 포용하면서 더 큰 성취를 이루어낸다. 중국 한나라 때 사마천은 특별히 잘못한 것도 없이 궁형을 받는다. 궁형이란 남자의 생식기를 자르는 형벌이다. 졸지에 '고자'가 된 사마천은 이에 굴하지 않고 공부에 몰입한다. 그래서 《사기》라는 역사책을 세상에 내놓았다.

다산 정약용

실학을 집대성한 다산 정약용(1762~1836) 역시 잘못도 없이 거의 20년, 강진에서 귀양살이했다. 원래 정조는 개혁을 추진할 핵심 인물로 정약용을 꼽고 있었다. 그리되었으면 좋으련만, 정조가 갑자기 사망하고 어린 아들 순조가 즉위했다. 노론 벽파인 정순왕후가 수렴청정하면서 정약용 등을 천주교 신자라는 죄를 씌

위 탄압했다. 정약용은 가까스로 죽임을 면하고 유배
당했다.

1표 2서

나를 버린 나라, 나에게 죄를 씌우고 벌을 내린 나라,
밉기도 하련만 정약용은 나라 걱정, 백성 걱정으로 날
을 지새웠다. 어찌하면 이 나라를 부강하게 할 것인가,
어찌하면 이 백성을 행복하게 할 것인가. 그의 고민과
열정과 공부의 결과물이 수많은 책으로 나왔다. 대표
적인 것이 《목민심서》·《흠흠신서》·《경세유표》이다.
이 세 권의 책을 묶어 '1표 2서'라고 한다. '1표 2서'
는 비틀린 조선의 구조를 바로 잡으려는 정치학·경제
학·법학·사회학 관점의 연구서라고 할 수 있다.

《목민심서》

목민은 무슨 뜻인가. 목민(牧民)은 백성을 다스린다는
의미이다. 지방관, 수령을 목민관(牧民官)이라고 한다.
백성을[民] 다스리는[牧] 관리[官] 정도의 의미다.《목
민심서(牧民心書)》는 지방 수령이 지켜야 할 지침을 밝
힌 책이다.

요즈음의 목민관들은 이익을 추구하는 데만 급급하고 어떻

게 목민해야 할 것인가는 모르고 있다. 이 때문에 백성들은 곤궁하고 병들어 줄을 지어 진구렁에 떨어져 죽는데도 그들 목민관은 바야흐로 고운 옷과 맛있는 음식에 자기만 살찌고 있으니 어찌 슬픈 일이 아니겠는가.

고을 백성은 배곯아 쓰러지고 고을 사또는 배가 터지는 현실을 비판한다. 그러면서 정약용은 제대로 된 사람이 수령이 되어야 함을 강조한다. 그러한 정약용의 경고는 지금도 유효하다.

수령 노릇의 어려움은 공후(公侯)보다도 백 배나 더하니, 이 어찌 구할 수 있겠는가. 비록 덕망을 갖추었다 하더라도 위엄이 없으면 하기 어렵고, 비록 하고 싶은 뜻이 있다 하더라도 밝지 못하면 하지 못한다. 무릇 그런 능력이 없는 자가 수령이 되면 백성들은 그 해를 입어 곤궁하고 고통스러우며, 사람이 비난하고 귀신이 책망하여 재앙이 자손들에게까지 미칠 것이니, 이 어찌 구할 수 있겠는가.

《흠흠신서》

《흠흠신서(欽欽新書)》는 형법서다. 주로 살인사건의 처리 문제를 다뤘다. 정약용은 "관료들은 글이나 짓고 경전이나 읽을 뿐 법에 대해서는 제대로 알지 못한다. 사건 처리도 대개 형식적이고 무성의하다"고 지적했다. 그래서 《흠흠신서》를 지었다. 사람의 목숨을 소중히 여기는 마음이 책 제목에 스며있다. 흠흠신서의 흠(欽) 자에는 '삼가다'의 뜻이 있다. 삼가고 또 삼가서, 조심하고 또 조심해서 신중하게 처리한다는 의미이다. 그 흠 자가 두 번 들어갔다. 흠흠, 죄인을 처벌할 때 죄는 미워할지라도 그 사람은 불쌍히 여겨야 한다. 따라서 선입견과 감정에 휘둘리지 말고 사건의 자초지종을 신중히 다루어 억울한 형벌을 받지 않게끔 해야 한다. '흠흠'에 담겨 있는 정약용의 마음이다.

《경세유표》

《경세유표(經世遺表)》의 경세(經世)는 '세상을 경영하다', 즉 '나라를 다스리다'라는 뜻이다. 이 책에는 행정 기구 개편, 토지 제도와 조세 제도 개혁 등 부국강병과 민생안정을 위한 구체적인 내용을 담았다. 정약용은 《경세유표》에서 그의 절박한 심정을 이렇게 표현했다.

그윽이 생각건대 대개 터럭 하나만큼이라도 병통 아닌 것이 없는바, 지금이라도 고치지 않으면 반드시 나라가 망한 다음이라야 그칠 것이다.

정약용은 정조가 각별하게 아끼던 인물이다. 초계문신이 되는 '영광'도 안았다. 그런데《경세유표》에서 정약용은 뜻밖의 주장을 했다. 초계문신제를 폐지하자고 했다. 왜 그랬는지, 그의 주장을 들어보자.

비록 총명한 사람이라도, 임금 가까이에 돌아앉아서 여러 가지 경서를 강하도록 하니, 잘못 실패하는 때도 있어서 황송하고 두려움에 땀을 등을 적시기도 한다. … 한 번이라도 이 선발을 거친 자는 의기가 움츠러들어서 감히 낯을 들어 일을 논하지 못하고 종신토록 머뭇거리기만 하며, … 이것은 좋은 법제가 아니다. … 초계해서 과시(課試)하는 법은 지금부터 혁파하는 것이 마땅하다고 생각한다.

실학의 집대성

정약용의 업적을 압축해서 '실학의 집대성'이라고 말한다. 이전 실학자들의 주장을 학문적으로 소화해서 그만의 색깔로 완성한 실학이라는 의미이다. 그런데 정약용은 정치적으로도 실학을 집대성했다고 할 수 있다. 무슨 소리인가. 조선후기 실학은 남인 계열에서 먼저 일어났다. 17세기 후반에 유형원이 나왔고 이어서 이익이 나왔다. 이어 서인 소론 계열의 박세당이 등장했다. 18세기 후반에는 홍대용과 북학파 실학자

박지원 등 서인 노론 계열이 활동했다. 정약용은 이익과 같은 남인 계열이지만, 소론과 노론 실학까지 두루 품으며 자신의 학문 체계를 세웠다.

왕을 대신해
나라를 다스리다

섭정

왕이 몹시 아파서 나랏일을 할 수 없을 때가 있다. 너무 어린 나이에 즉위해도 정사(政事)를 돌볼 수 없다. 이럴 때 누군가가 왕을 대신해서 조정을 이끌게 된다. 이를 보통 섭정(攝政)이라고 한다. 섭(攝)은 대신한다는 뜻이고, 정(政)은 정치이다. 섭정했던 대표적 인물이 흥선대원군이다.

친정

수렴청정은 섭정의 하나로 조선 시대에 시행됐다. 왕실 최고 어른(주로 대왕대비)이 어린 왕을 도와 국정 운영에 참여하는 제도다. 대왕대비는 왕과 다름없는 결정권을 갖는다. 왕의 나이 20세 정도가 되면 수렴청정이 끝난다. 그때부터 왕이 왕으로서 모든 권한을 직접 행사한다. 이를 친정(親政)이라고 한다.

수렴청정의 뜻

수렴청정을 하는 이는 여성이다. 왕의 어머니일 수도 있고 할머니일 수도 있다. 여성임을 굳이 말하는 것은 수렴청정(垂簾聽政)이라는 단어를 이해하기 위해서이다. 수(垂)는 드리우다, 늘어뜨리다, 라는 뜻이다. 렴(簾)은 '발'이다. 우리 몸의 발이 아니고, 가늘게 쪼갠 대를 실로 엮어서 만든 발이다. 청(聽)은 듣다, 정(政)은 정치. 합하면 '발을 치고 정치를 듣는다'라는 뜻이다. 아래는 수렴청정의 한 장면을 만화처럼 꾸며본 것이다.

7살 왕이 있다고 치자. 조정이다. 신하들과 나랏일을 논하는 자리다. 왕 가까이 대왕대비가 발을 치고 그 뒤에 앉아 있다. 예조판서가 고등학교 50분 수업을 45분으로 줄이고, 쉬는 시간을 15분으로 늘리자고 청한다. 신하들 간에 찬반 논의가 벌어진다. 꼬마 왕이 결정을 해줘야 한다. 뭘 알아야 결정하지. 그때 함께 듣고 있던 대왕대비가 "그리하도록 하시지요"라고 왕에게 한마디 한다. 그러면 왕이 따라 한다. "그리하도록 하시오."

성리학의 법도

발을 치는 것은 성리학의 영향이다. 성리학은 남녀 간

의 내외(內外)를 엄격히 구분한다. 아무리 왕실의 큰
어른인 대왕대비라 할지라도 그는 여인이다. 남자 신
하들과 얼굴을 맞대고 업무를 보는 것은 법도에 어긋
난다. 그래서 발을 치고 모습을 드러내지 않는 것이다.

영정법은
풍흉을 따졌을까

공법

영정법. 말부터 풀어보자. 영원히[永] 정해둔다[定], 해마다 바꾸지 않고. 무엇을? 전세(田稅)를. 그래서 永定法. 그럼 지금까지 세금의 양이 해마다 바뀌었다는 말인가. 이론상으로는 그랬다. 연분9등법이었으니까. 세종은 토지세의 공평한 징수를 위해 공법이라고 하는 연분9등법을 시행했다. 오랜 기간 고민하고 논의하고 심지어 백성을 대상으로 전국적인 여론조사까지 하면서 마련한 제도이다. 그해 농사가 풍년인가 흉년인가를 따져서 풍년이면 세금을 많이 걷고 흉년이면 적게 걷는데 그 단계를 9단계로 나눴다.

연분9등법의 시행 체계

연분9등법에 의해 1결당 최고 20두에서 최하 4두를 징수했다. 상상년(20두), 상중년(18두), 상하년(16두), 중상년(14두), 중중년(12두), 중하년(10두), 하상년

(8두), 하중년(6두), 하하년(4두)으로 구분했다. 각 지방 수령이 등급을 매겨 지금의 도지사 격인 관찰사에게 보고하고 관찰사는 중앙에 보고한다. 조정에서 확인 절차 등을 거쳐 세금 등급을 확정하는 구조이다.

연분9등법의 문제점

합리적으로 보인다. 그런데 문제는 없을까. 수령이 논에 나가서 중중년인지 중하년인지 어떻게 정하나. 어렵다. 수령 홀로 그 많은 논밭을 어찌 돌아보나. 향리 등에게 맡길 수밖에 없을 테고 그 과정에서 부정이 생길 수 있다.《성종실록》에 연분9등법의 문제를 지적하는 내용이 있다.

해의 풍년과 흉년을 따져서 9등급으로 나눠 조세를 정하게 되었는데 … 상등에 해당하는 해는 만나기 쉽지 않습니다. 중등에 해당하는 해는 자주 만날 수 있지만, 수령들이 조심해서 살피지 않기 때문에 풍년이 들었더라도 으레 하등으로 판정합니다. 심한 자는 재앙이 든 것처럼 관찰사에게 보고하고 관찰사 또한 직접 자세히 살펴서 판단하지 않고 그 보고받은 것을 그대로 임금께 보고하는데, … .

영정법의 시행

세종의 의도는 그게 아니었지만, 연분9등법은 시간이 가면서 운영에 문제가 생겼다. 대략 15세기 말부터 풍흉과 관계없이 1결당 4두~6두 징수로 굳어져 갔다. 관례가 된 것인데 이를 공식적인 법으로 정한 것이 영정법이다. 인조 임금 때인 1635년의 일이다. 영정법의 시행으로 풍년, 흉년 따지지 않고 그냥 어느 지역은 1결당 4두, 어느 지역은 6두, 이렇게 내면 됐다.

공납의 폐단과
대동법의 시행

새벽밥 먹고 밭에 나가 온 하루 땀 흘려 일하다가

해 저물어 집에 와서는 눈물로 얼굴 적시네

낡은 옷은 해어져 두 팔꿈치 다 나오고

쌀독은 텅 비어 낱알 한 알 없는데

굶주린 어린것들 옷을 잡고 울지만

어디 가서 구해오리 죽 한 사발인들

마을의 관리는 세금 내라 야단치다 못해

늙은 아내를 묶어 가는구나

가난한 백성의 원한

성간(1427~1456)이 지은 '원한의 노래'이다. 쌀 한 톨 없어 굶는 농민, 세금을 못 냈더니 아내를 끌어간다. 세금 내고 아내 데려가라는 얘기다. 부자가 많이 내고 가난한 이가 적게 내는 공평성이 유지된다면 덜 속상하다. 그런데 부자들은 이런저런 방법으로 세금을 안 내고 힘없고 가난한 백성에게만 부담이 가중되니 환장할 노릇이다. 나라에서는 백성의 세금 부담을 줄여 주려고 여러 조치를 마련했지만, 효과가 별로 없었다. 그래도 대동법은 꽤 괜찮았다.

공납

백성이 부담해야 할 여러 세금 중에 공납이 있다. 그 지방의 특산물(공물)을 내는 거다. 전세(田稅)야 토지 있는 사람만 내는 게 원칙이니까 토지 없는 백성은 일단 제외다. 그런데 공납은 토지가 있건 없건 집집마다 다 내야 하는 세금이다. 가난한 농민에게 특히 고통스러운 게 공납이었다. 백성들이 중앙까지 공물을 운반하고 품질검사까지 받아야 했다. 불합격 받으면 돌아와서 다른 물건을 준비해 가야 한다. 정말 고통이다. 한 번에 합격 받기 위해 뇌물이 필요해졌다. 더 심한 경우도 있다. 해당 지방에서 나오지 않는 물품을 공납으로 부과하기도 했다. 만약에 강원도 양양에 사는 백성들에게 귤을 공납으로 내라면 어찌하나. 제주도까지 가서 귤을 구해 와야 한다. 장난이 아니다.

방납

그래서 방납이라는 게 생겼다. 방납은 재력을 가진 누군가가 한 지역의 공납을 대신 내주고 나중에 그 대가를 받아가는 것이다. 편해진 것 같다. 그런데 아니다. 방납의 대가를 너무 심하게 많이 받아갔다. 예를 들어 강화도 주민이 인삼을 공물로 내는 데 10만 원이 들었다고 가정하자. 방납이 되면서 그 부담이 오십만 원, 백만 원으로 증가한 것이다. 사람 잡는 방납이었다. 방납하는 이들이 대개 권력가이거나 권력가의 끄나풀이라서 항의조차 제대로 하지 못했다. 드디어 개선책이 나왔다. 대동법이다.

선혜청을 설치하였다. 전에 영의정 이원익이 의논하기를, "각 고을에서 진상하는 공물이 각사의 방납인들에 의해 중간에서 막혀 물건 하나의 가격이 몇 배 또는 몇십 배, 몇백 배가 되어 그 폐단이 이미 고질화되었는데, 경기 지방의 경우는 더욱 심합니다. 그러니 지금 마땅히 별도로 하나의 청(廳)을 설치하여 매년 봄가을에 백성들에게서 쌀을 거두되, 1결당 매번 8두씩 거두어 본청에 보내면 본청에서는 당시의 물가를 보아 가격을 넉넉하게 헤아려 정해 거두어들인 쌀로 방납인(후에 '공인'으로 부르게 됨)에게 주어 필요한 때에 사들이도록 함으로써 간사한 꾀를 써 물가가 오르게 하는 길을 끊

으셔야 합니다" 하니, 따랐다.

-《광해군일기》

대동법

광해군이 즉위한 해인 1608년에 선혜청 주관으로 대동법을 시행하게 한 것이다. 특산물 대신 쌀로 징수하고 그 쌀로 나라에서 필요한 각 지방의 특산물을 구매하는 형태이다. 나중에는 쌀과 함께 옷감이나 화폐로 세금을 내게 된다. 백성의 부담이 한결 줄어들었다. 위 사료를 보면 대동미로 1결당 8두씩 봄, 가을 두 번 걷는다고 나온다. 그럼 1년에 1결당 16두를 내는 것이다. 그런데 나중에는 1결당 12두로 변경된다. 토지 결수에 따라 세금을 부과하는 쪽으로 바뀐 것은 '공납의 전세화'를 의미한다. 이리되면 토지를 많이 가진 사람이 많은 세금을 내야 한다. 반발이 심했다.

대동법의 확대

그래서 1608년(광해군 즉위년) 당시에는 방납의 폐단이 심했던 경기도 지역에서만 시행했다. 이후 조정에서 대동법 문제에 대해 계속 논의하고 대립하고 타협하고 양보하면서 대동법 시행 지역이 점차 늘어났다. 전국으로 확대된 것은 1708년(숙종 34)이다. 광해군부터 숙종까지 꼭 100년이 걸렸다.

상공업의 발달

대동법 시행 후 조정은 나라에서 필요한 물품을 어떻게 구했을까. 위 사료에 나온 대로, 공인이라는 어용 상인을 통해 사들였다. 엄청난 양이다. 자연스럽게 상공업이 발달하게 되었다. 특히 숙종이 상평통보로 세금을 낼 수 있게 하면서 화폐 유통도 활발해졌다. 이후 대동법 시행의 취지와 운영이 변질되면서 백성의 부담이 다시 증가하기도 했다. 그래도 대동법 시행은 가진 자에게 많이, 못 가진 자에게 적게 세금을 징수한다는, 조세 정의를 실현하려는 노력이었다.

대동법 시행 사료의 출처를 《광해군일기》라고 적었다. 일기?《광해군일기》도 어엿한 실록이다. 연산군과 광해군은 왕으로 있다가 폐위됐다. 그래서 그들에게는 'O종'과 같은 묘호가 없다. 다른 왕들의 실록은 《숙종실록》 식으로 쓰지만, 연산군과 광해군 실록은 《연산군일기》·《광해군일기》라고 쓴다.

이인좌의 난,
그 이후의 일들

숙종·경종·영조

숙종 다음이 경종, 경종 다음이 영조다. 숙종과 장희
빈 사이에서 태어난 아들이 경종(1720~1724)이다. 숙
종과 궁녀 출신인 숙빈 최씨에게서 태어난 아들이 영
조(1724~1776)다. 병약한 경종이 아들 없이 37살 나이
에 죽자 이복동생 영조가 다음 임금으로 즉위했다. 경
종 즉위 전부터 조정은 경종을 지지하는 소론과 연잉
군(영조)을 지지하는 노론으로 나뉘어 있었다. 대립
과 반목이 심각했다. 경종이 즉위한 후에도 마찬가지
였다. 한때 노론 실세들이 조정에서 쫓겨나면서 연잉
군(영조)은 생존의 위협마저 느껴야 했다. 겨우 영조
가 즉위했을 때 그를 반대하는 세력이 꽤 많았다. 경
종의 죽음에 영조가 관련됐다는 소문이 돌기도 했다.

이인좌의 난

1728년(영조 4), 이인좌의 난이 일어났다. 소론과 남

인 등이 합세해서 일으킨 반란이다. 이해가 무신년이라서 '무신란'이라고도 한다. 충청도 청주를 중심으로 일어났는데 경상도와 전라도 등에서도 반란 세력이 합세했다. 영조에 반대하는 양반 세력이 일으킨 반란에 많은 농민과 천민도 가담했다. 이인좌는 소현세자의 증손을 새로운 왕으로 추대하려고 했다. 영조는 충격에 빠졌다. 엄청난 위기감을 느꼈을 것이다.

반란의 이유

이인좌 세력은 서울로 진격했다. 하지만 20여 일 만에 관군에게 진압되었다. 위기는 위험임과 동시에 기회라고도 한다. 영조는 이 반란을 왕권을 강화하고 백성을 안정시킬 기회로 삼았다. 전화위복이라고 할 만하다. 영조는 반란이 일어난 이유를 두 가지로 짚었다. 《영조실록》에 나오는 내용을 요약하면 다음과 같다. 영조가 한 말이다.

반란이 일어난 이유는 두 가지였다. 하나는 조정에서 당파싸움만 일삼았기 때문이다. 능력 있는 인재를 조정에 쓰지 않고 자기네 붕당 사람이라면 성품이 못되고 무능해도 벼슬을 할 수 있게 해왔다. 음흉한 술책이나 부리고 흉악한 말로 세상을 속이고 백성을 속여 왔다.

또 하나는 해마다 가뭄이 들어 백성이 죽을 지경에 처했는데도 그들을 살릴 생각을 하지 않았다. 백성이 죽어 나가건 말건 조정 신하들은 자기 당파의 세력만 키우는 데 혈안이 되었다. 이런 조정을 백성은 인정하지 않았다. 백성이 반란에 가담한 것은 백성의 죄가 아니라 조정의 죄이다.

영조의 개혁

붕당정치의 문제점, 백성 삶의 문제. 영조는 이러한 문제의식 아래 개혁을 펼치게 된다. 탕평책을 본격적으로 펼쳐 능력 있는 인재를 고루 등용한 것이다. 노론도 소론도 더는 탕평책을 반대하기 어려웠다. 아울러 균역법을 시행해서 백성의 부담을 덜어 주었다. 탕평책과 균역법의 배경으로 이인좌의 난을 꼽을 수 있다.

균역법으로
백골징포가 사라졌을까

군역과 군포

조선 후기 백성들은 군역의 의무를 군포 납부로 대신했다. 포 즉 옷감이 돈처럼 쓰였다. 그런데 이 군포 부담이 어마어마했다. 대개 1년에 군포 2필을 냈다. 16세부터 60세까지 남자에게 군역 의무가 있으니 이 나이에 해당하는 백성은 모두 군포를 내야 한다. 나에게 7살, 17살, 19살, 이렇게 아들 셋이 있다고 치자. 내 나이는 쉰 살이라고 하고. 우리 집에서 군포를 내야 할 사람이 나(50살), 장남(19살), 차남(17살) 이렇게 세 명이나 된다. 그럼 1명당 2필씩 모두 6필이다. 근근이 먹고사는 처지라면, 1년 농사 수확을 다 팔아도 군포 6필을 마련하기 어렵다.

백골징포·황구첨정

세금 부담을 견디다 못해 도망가는 농민이 늘었다. 마을 주민이 점점 줄어들었다. 군포는 지방별로 할당

된다. 수령은 할당량을 책임지고 채워야 한다. 빈집이 늘어 분량을 채울 수 없게 된 수령들은 백골징포·황구첨정 같은 못된 짓을 하게 된다. 백골징포는 이미 죽은 사람에게 군포를 물리는 행위이다. 황구첨정은 군역 의무가 없는 어린아이에게 군포를 부과하는 것이다. 나는 50살, 내 아들들은 7살, 17살, 19살이라고 가정했었다. 7살 막내까지 군포를 내라고 한다(황구첨정). 더 황당한 것은 이미 돌아가신 내 아버지도 군포를 내야 한다(백골징포). 그럼 우리 집에서 군포 부담자는 5명이 되고 그래서 총 10필을 내야 한다. 나도 산으로 도망가는 수밖에 없을 것 같다.

균역법

어떻게든 군포 문제를 해결해야 한다. 주인공은 영조다. 영조가 균역법을 시행했다(1750). 균역법의 핵심은 1인당 2필 정도 내던 군포를 1필로 줄인 것이다. 백성의 부담이 반으로 줄었다. 백성의 군포 부담을 절반으로 줄였으니 그만큼 국가재정수입도 줄었다. 재정 부족분을 어디선가 끌어와 메꿔야 한다. 대표적인 조치가 결작과 선무군관포이다. 균역법과 '결작·선무군관포'를 묶어서 기억하는 것이 좋다.

결작·선무군관포

결작은 토지 1결당 2두를 새로 징수하는 것이다. 대동법에 따라 내는 쌀을 대동미라고 하듯 결작으로 내는 쌀은 결미라고 했다. 소유 토지 면적에 따라 결미를 징수하는 거니까 땅이 없는 소작농은 안 내는 거다. 그러나 못된 지주들은 자신이 부담해야 할 결작을 소작농들에게 떠넘기기도 했다. 선무군관포는 재력을 이용하여 군역에서 빠져 있던 일부 부유한 양민들에게 선무군관이라는 칭호를 주는 대신 포를 납부하게 한 것이다.

삼정의 문란

어찌됐든 균역법으로 백성의 부담이 줄었다. 다행이다. 그런데 균역법 시행 이후에도 백골징포·황구첨정이라는 만행이 사라지지 않았다. 특히 세도정치기에 그랬다. 세도정치기에 삼정의 문란이 문제가 됐다. 삼정 중 하나가 군정, 즉 군포 징수의 문란함이다. 지금까지 도망 같은 소극적인 저항을 하던 백성들이 결국은 일어난다. 민란이다. 군포 제도의 가장 근본적인 모순은, 양반은 안 낸다는 것이다. 양반은 사실상 군역 면제이니까 군포 부담도 없다. 잘 먹고 잘사는 양반은 군포를 안 내고 못 먹고 못사는 백성은 군포를 내고.

	배경	내용	결과
전세 **영정법** **(1635)**	양 난 이후 농지의 황폐화	토지 1결당 4~20두 → 토지 1결당 4~6두로 고정	전세의 정액화
공납 **대동법** **(1608)**	방납의 폐단과 농민의 토지 이탈	현물 납부 → 토지 1결당 쌀 12두 (삼베, 무명, 동전으 로도 납부)	• 공납의 전세화 및 조세의 금납화 • 공인의 출현 • 상품 화폐 경제 발달
군역 **균역법** **(1750)**	군역의 폐단 (황구 첨정, 백골 징포, 인징, 족징)	군포 2필 → 1필(부족분은 결작, 선무군관포, 잡세 등 징수)	• 결작미(결두미)가 소작농에게 전가 • 군적 문란

균역법에서도 이 문제는 해결하지 못했다. 군역[役]을 균등하게[均] 한다는 균역법, 이름값을 못했다.

공명첩

조선 후기에 이앙법의 보급 등으로 부유해진 양인(평민)이 늘어났다. 이들 중 여러 가지 방법으로 양반이 되는 이들이 있었다. 신분이 상승한 것이다. 공명첩을 사는 것 같은 합법적인 방법도 있었고(공명첩을 샀다고 무조건 양반으로 인정받는 것은 아니다) 족보를 사거나 위조하는 불법적인 방법으로 양반이 되는 경우도 있었다. 원래 족보는 양반만 갖고 있었다. 평민들이 악착같이 양반이 되려고 한 것은 폼 잡으려고 그런 것이 아니다. 큰돈을 써서 양반 신분을 얻으려는 이유는 지독한 군포 부담에서 벗어나기 위함이기도 했다. 양반이 되면 군포를 내지 않아도 되니까.

호포제

이쯤해서 등장해야 할 인물이 있다. 대원군. 고종 때 흥선대원군이 나섰다. 호포제(戶布制)를 시행한 것이다(1871). 호포제는 호포법이라고도 하는데 군포를 호(집)별로 내게 하는 것이다. 양반들도 집이 있다. 너무 당연한 얘기. 즉 양반들도 군포를 부담하게 되었다는 소리다. 사실 오래전부터 조정 내에서 호포제 시행을 주장하는 이들이 있었다. 그러나 되지 않다가 대원군에 이르러 단행된 것이다. 비정상의 정상화라고 하겠다.

대원군은 참 어려운 일을 해낸 것이다. 숙종도 호포법을 시행하려고 했지만, 실패했었다. 1682년(숙종 8)에 숙종은 이렇게 말할 수밖에 없었다. 《비변사등록》 기록이다.

신역의 편중됨이 가장 고질적인 폐단이어서 군병과 백성의 원망이 한도가 없다. … 신역을 고르게 하고 폐단을 구제하는 데에는 호포법 만한 것이 없다. 그래서 강구하여 시험 삼아 시행하려고 하였으나 … 조정의 논의의 분분함이 이 지경에 이르렀으니 아무리 좋은 법과 아름다운 정책이 있더라도 단연코 시행하기는 어려운 형편이다. 우선은 없었던 일로 하여 … 하였다.

이앙법과
모내기의 관계

농사의 기술

농사도 기술이 필요하다. 배워야 한다. 그동안 조선에
서는 중국 농서를 참고했다. 그런데 우리나라와 중국
의 자연 풍토가 다르기 때문에 잘 맞지 않는 부분이
있었다. 우리 땅 우리 기후에 맞는 농사 방법을 연구
할 필요가 있다. 세종(1418~1450)은 정초 등에게 우리
의 농서를 만들라고 명했다. 그렇게 탄생한 책이《농
사직설》이다.

《농사직설》

《농사직설》은 학자들이 책상머리에 붙어 앉아 쓴 책
이 아니다. 농사를 가장 잘 아는 사람은 학자가 아니
라 오래도록 농사를 지은 농부들이다. 이 책은 현장
농부들의 이야기, '이리하니 수확량이 떨어지고 저리
하니 수확량이 올라가더라' 같은 경험담을 듣고 이를
바탕으로 서술한 책이다.《농사직설》에 이앙법은 '물

이 충분하지 않은 곳에서는 매우 위태로운 재배법'이라는, 경고의 글이 실려 있다고 한다. 웬만하면 이앙법을 하지 말라는 의미이다. 조선 전기의 농서 《농사직설》은 이앙법을 권장하지 않았다. 이 점에 우선 유의할 필요가 있다.

직파법

이앙법이란 모내기를 말한다. 이앙법이 도입되기 전에는 직파법이었다. 직파법은 말 그대로 직접 파종하는 농사법이다. 논에다 볍씨를 직접 뿌리는 것이다. 이앙법 즉 모내기는 별도의 장소에 볍씨를 잔뜩 뿌려모로 키운 후 물을 댄 논에 그 모를 옮겨 심는 농사법이다. 예전엔 손으로 모를 심었지만, 지금은 이앙기로심는다.

이앙법의 장점

이앙법으로 벼를 재배하면 직파법보다 수확량이 훨씬많았다. 거의 두 배가 되었다. 더구나 노동력은 대략절반으로 줄었다. 일정한 면적의 논에서 직파법으로농사지을 때 하루 평균 8시간 노동을 하고 100가마를수확했다고 치자. 이앙법으로 하면 하루 평균 4시간만 일하면 되고 수확량은 200가마가 된다. 좋은 게 또 있다. 모내기할 때까지, 즉 볍씨가 모로 자랄 때까지 논이 비어 있다. 그동안 다른 용도로 논을 쓸 수 있다. 남부지방을 중심으로 벼와 보리의 이모작이 가능해진 것이다. 수확한 보리는 대개 소작료를 내지 않기 때문에 오롯이 소작농의 몫이다.

이앙법의 문제점

그런데 이 좋은 이앙법을 조선 전기에는 적극적으로 권하지 않았다. 아예 금지한 적도 있다.《농사직설》에서 지적한 대로 물이 충분하지 않으면 매우 위태로운 재배법이기 때문이다. 모낼 시기에 비가 넉넉하게 와서 논에 물이 고여 있어야 하는데 가뭄으로 논이 말라버리면 그해 농사는 아예 못 짓는다. 정말 위험하다.

이앙법의 확산

조선 시대 후기에 비로소 이앙법이 전국으로 퍼진다. 조선 후기라고 비가 잘 오는 것은 아니다. 그럼 무슨 변화가 생긴 걸까. 그렇다. 수리시설이 모내기가 가능할 만큼 확보된 것이다. 수리시설(水利施設)은 물[水]을 이롭게[利] 쓸 수 있는 시설이다. 대표적인 것이 저수지다. 저수지가 확대되면서 웬만한 가뭄에도 모내기가 가능해졌다. 이앙법의 확산은 조선 후기 사회 변화에 영향을 준다. 물론 이러한 변화가 애오라지 이앙법 하나 때문에 생기는 것은 아니다. 변화의 한 요인이 되었다는 얘기다.

광작의 확산

우선 이앙법이 퍼지면서 광작이 가능해진다. 광작(廣作)은 넓을 광에, 지을 작. 이전보다 넓은 땅을 농사짓는다는 뜻이다. 모내기와 광작이 무슨 관련이 있나. 모내기는 직파법보다 노동력이 절반 정도로 줄어든다고 했다. 농사에서 손이 많이 가는 게 김매기라고 하는 잡초 제거 작업인데 이앙법은 그 작업이 아주 수월하다. 직파법에서 한 사람이 농사지을 수 있는 최대 면적이 1,000평이라고 치자. 이앙법으로 2,000평 농사가 가능해지는 것이다. 그것이 광작이다.

농민 계층의 분화

또한 광작은 농민 계층을 분화하는 계기가 됐다. 경제 수준이 비슷한 농민 두 사람 중 한 사람은 부자가 되고 한 사람은 땅을 잃고 날품팔이로 입에 겨우 풀칠하는 처지가 되는 식이다. 예를 들어 보자.

　A는 지주, B와 C는 A의 땅을 빌려 농사짓는 소작농이라고 하자. B와 C는 각각 1,000평을 경작한다. B

는 부지런하고 성실하게 일해서 수확량이 많고 그래서 지주에게 인정받았다. C는 게을러서 일을 제대로 안 했고 수확량도 적었다. 땅 주인이 싫어한다. 지주는 C에게 소작 준 땅을 B에게 넘기고 싶다. 그러나 B는 1,000평 이상 농사가 힘들다. 그 이상은 무리다. 모내기를 하게 되면서 노동 시간이 절반쯤으로 줄었다. 그만큼 다른 일을 할 수 있게 되었다. 1,000평에 1,000평을 더해 2,000평 농사를 지을 수 있게 된 것이다. 결국, C의 땅이 B에게 넘어간다. B는 부유해진다. 수확한 쌀을 팔아서 수입을 올린다. B가 팔려고 농사짓는 쌀은 상품 작물이다. 상품(商品)은 파는 물건이니까. 그렇게 돈 벌어서 땅을 사 자영농이 된다. 반면에 농지를 빼앗긴 소작농 C는 살길이 막막하다. 무작정 도시로 나간다. 이 일 저 일 닥치는 대로 하면서 겨우 먹고 산다.

한쪽은 상승, 한쪽은 추락, 이것이 계층 분화다.

서민 문화의 발달

부유해진 농민들은 자존감도 성장한다. 자식들을 서당에 보내 공부시킨다. 문화에도 관심을 갖게 된다. 그들의 소망을 담은 한글소설 《춘향전》·《홍길동전》 등이 널리 읽힌다. 양반들의 위선을 비꼬는 탈놀이 공연에 사람들이 몰려 환호한다. 그렇게 의식이 성장한다.

한마디로 조선 후기에 서민 문화가 발달하게 되는 것
이다. 그 배경은 경제력 향상이요, 그 기초는 이앙법
이다.

도조법과 타조법은
무슨 차이일까

지주·자영농·소작농

정약용의 《여유당전서》에 "호남의 백성 대략 100호 (戶) 중에 남에게 전토를 주고서 그 조세를 거두는 자는 5호에 불과하고, 자기의 농토를 자기가 경작하는 자는 25호이고, 남의 전토를 경작하고 세를 바치는 자는 70호"라는 내용이 나온다. 조선 후기 전라도를 기준으로 볼 때 지주가 5%, 자영농이 25%, 소작농이 70% 정도 된다는 얘기다. 다른 지역도 크게 다르지 않았을 것이다.

병작반수제

농민 대다수는 자기 땅이 없는 소작농이다. 이들은 수확량 일부를 땅 주인에게 바쳐야 한다. 대략 수확량의 50%를 소작료(지대)로 냈다. 수확량의 반을 내기에 '병작반수제'라고 했다. 생산량의 비율에 따라 소작료를 계산하는 이러한 지대 징수법을 타조법이라고 한다.

타조법

타조법은 소작농을 고단하게 한다. 지주의 잔소리를 많이 듣게 된다. 지주가 시시콜콜 농사에 간섭하는 것은 수확량이 많아질수록 지주의 몫도 늘기 때문이다. 100가마 수확하면 지주의 몫이 50가마요, 120가마 수확하면 지주의 몫이 60가마가 되니까.

도조법

조선 후기에 새로운 소작료 납부 방식이 등장했다. 도조법이다. 도조법은 수확량과 관계없이 처음부터 일정한 소작료를 정해 놓고 해마다 똑같은 금액을 내는 방식이다. 대략 생산량의 30% 정도에서 금액이 결정됐다. 소작농이 100가마를 수확하면 지주 몫은 30가마, 120가마를 수확해도 지주 몫은 30가마다. 소작농에게 유리하다. 도조법이 특히 좋은 것은 소작농이 지주의 간섭에서 벗어나 더 의욕적으로 일할 수 있게 되었다는 점이다. 수확량이 얼마이든 지주의 몫은 똑같으니까 지주가 군이 소작농의 농사에 개입할 필요가 없게 된 것이다.

도조법은 새로 개간된 땅에 적용되는 경우가 많았다고 한다. 농민들을 끌어들이기 위함이다. 지주가 멀리 사는 경작지도 도조법으로 바꾸는 경우가 흔했다. 땅은 전라도 해남에 있는데 주인이 서울에 있다고 생각해 보자. 자주 가서 잔소리하기도 어렵다. 차라리 정액제, 즉 도조법으로 하는 것이 주인도 맘 편하다.

타조법과 도조법의 병행

조선 시대 후기에 모든 농토의 소작료가 도조법으로 바뀐 것은 아니다. 지역에 따라 계속 타조법을 하는 곳도 있고 또 도조법으로 바꾼 곳도 있고 그렇다. 경상도의 경우 도조법을 시행한 소작지가 32%, 타조법을 그대로 시행한 소작지가 68% 정도였다고 한다.

매점매석과
도고의 성장

독점적 도매상인

교과서들을 열어 보니 도고를 '독점적 도매상인, 상업
자본가'라는 식으로 설명했다. 틀림없는 표현이지만,
도고가 뭔지 이해하기에는 부족한 서술이다. 오해를
부를 만한 내용도 있다. "공인들과 서울 및 주요 도시
의 사상들은 도고 행위로 물품을 거래하였다"와 "도
고로 성장한 사상들은 시전상인과의 대결에 앞장서기
도 했다"라는 서술이 그렇다. 공인과 사상은 도고이고
시전상인은 도고가 아닌 것처럼 썼다. 그런데 사실은
시전상인, 공인, 사상 모두 도고이다. 잠시 옛날이야기
를 한 편 보자.

나는 조선의 가난한 선비다. 10년 기한으로 공부 중이다. 명
색이 가장인데 식구들 먹여 살릴 생각도 안 하고 그저 책만
파고 있으니, 마음이 편하지는 않다. 그래도 부인이 이일 저
일 닥치는 대로 해서 밥은 겨우 먹으니 고맙고 미안하다.

몇 년 잘 참던 부인이 드디어 폭발했다. 그간 나에게 쌓였던 울분을 다 토해낸다. 도둑질해서라도 식구들 먹여야 도리 아니냐고 따지는데, 할 말이 없었다. 좀 야속하다는 생각도 들었다. 돈이야, 나도 마음만 먹으면 얼마든지 벌 수 있는데.

길을 나섰다. 동네 큰 부자인 변씨를 찾아가서 만 냥만 빌려달라고 했다. 그 양반 사람 보는 눈이 있는지 처음 만난 나에게 선뜻 만 냥을 내주었다. 전국에서 한양으로 가는 길목인 경기도 안성으로 갔다. 밤, 대추, 배… 과일을 닥치는 대로 사서 창고에 쌓아 두었다. 시세의 두 배를 주고 샀더니 상인들이 신나서 몽땅 넘겨 주었다. 더는 사 모을 수 없게 됐다. 살 과일이 없다.

곧 예상대로 됐다. 시장에 과일이 없어서 난리가 났다. 제사와 잔치에 쓸 과일을 구할 수 없으니 어쩌랴. 나에게 제값의 두 배로 과일을 팔았던 상인들이 몰려와서 열 배로 팔라며 사정한다. 그래, 그러마. 팔아 버렸다. 열 배 값으로. 3천 원짜리 배 하나를 6,000원에 사서 3만 원에 팔았으니 꽤 많이 남겼네. 돈 벌기 쉽다. 이제 뭘 사 모을까. …

매점매석

이야기 속 '나'는 허생이다. 박지원의 《허생전》 앞부분을 적절히 다듬었다. 허생의 상행위를 매점매석이라고 한다. 매점매석(買占賣惜)은 매점과 매석이 합해

432

진 단어다. 한자를 풀어 보면 뜻을 알 수 있다. 살 매(買), 차지할 점(占), 팔 매(賣), 아낄 석(惜). '사서 차지하고 팔기를 아낀다'는 뜻이다. 쉽게 말하면, 물건 값이 오를 것을 예상해서 왕창 사들여 독점하면서 비싼 값을 받으려고 팔기를 꺼린다는 뜻이다. 흔히 쓰는 말로 사재기이다. 물건 값이 많이 오르면 그때 가서 팔아 큰 이득을 남긴다. 허생이 한 행위, 이게 바로 도고이다.

도고의 성장

도고(都買)란, 조선 후기(조선 후기가 중요하다)에 매점매석과 독점(獨占)을 통해 가격 상승을 노리던 상업 행위를 말한다. 이러한 상행위를 하던 상인이나 상인 조직도 도고라고 불렀다. 상당한 재력을 갖추고 있어야 도고가 될 수 있었다. 도고는 18세기 전후 상품 경제의 발달, 화폐 유통, 대외 교역 증대 등을 배경으로 성장했다. 그들은 전국적인 상품 유통 사정, 즉 수송 사정이 좋지 않다는 현실을 적절히 이용했다. 서울로 들어오는 길목에 자리 잡고 지방에서 물건 팔러 오는 농민이나 소상인으로부터 물건을 사들였다. 대리인을 시켜 지방 생산지를 돌며 상품을 사 모으기도 했다. 그렇게 매점한 물건을 쌓아두고 값을 올려 소매로 팔거나 중간상인에게 넘겼다.

물가상승의 원인

이러한 도고 행위는 자유로운 상업 활동을 방해하고 특히 물가를 오르게 해서 백성들을 힘들게 했다. 가난한 이들이 더 큰 고통을 겪었다. 다른 물품보다도 쌀 같은 곡식에 대한 도고 행위는 심각했다. 생존의 문제였다. 그래서 나라에서는 민생안정을 위해 도고 행위를 금지하곤 했지만, 잘 지켜지지 않았다. 고종 때 대왕대비는 도고를 이렇게 비판했다.

이른바 도고란 것은 또 무슨 명색인가? 교통의 요지나 큰 도회지, 먼 변방이나 궁벽한 시골이거나 할 것 없이 곳곳에 자리 잡고 앉아서 갖가지 물건을 독점하고는 값을 높였다 낮추었다 하면서 사고파는 것을 조종하고 다른 사람의 재산을 함부로 빼앗아서 제 욕심만 채우고 있다.

−《고종실록》

시전상인·사상

이제 누가 도고인가 확인해 보자. 경강상인이나 송상 같은 자본력을 갖춘 사상(私商)들이 도고 행위도 했다. 대동법 이후 등장한 공인들도 도고이다. 독점판매권을 갖고 있던 시전상인들도 도고이다. 금난전권 자체가 도고할 수 있는 권한을 나라에서 준 것이다. 정조가 단행한 신해통공은 육의전을 제외한 시전상인들의 금난전권을 폐지한 것이다. 이는 시전 도고를 금지했다는 의미이기도 하다. 사상의 도고 행위는 나라에서도 어찌하지 못했다. 시전상인·사상과 별도로 도고라는 상인집단이 존재했던 것이 아니다. 시전상인·사상 그들이 바로 도고이다.

세도정치의 문제는
무엇이었을까

붕당정치의 몰락

여기 세자가 있다. 아빠가 돌아가셨다. 그래서 새 왕이
되었다. 근데 이제 겨우 초등학생 나이다. 왕 노릇을
제대로 할 리가 없다. 엄마가 중요한 결정을 다 한다.
어린 왕은 엄마가 시키는 대로 서명하고 도장만 찍
는다. 엄마는 여자다. 조정에 믿고 일 시킬 남자들이
필요하다. 피붙이를 불러들인다. 엄마의 아빠·오빠·
동생…. 왕의 외할아버지 외삼촌 등이다. 이들을 외척
이라고 한다. 외척들이 정권을 잡았다. 붕당정치가 무
너지고 세도정치가 시작된다.

세도정치의 시작

정조와 고종 사이 세 임금, 순조(1800~1834), 헌종
(1834~1849), 철종(1849~1863) 때를 세도정치기라고
한다. 세도정치(勢道政治)란 외척들이 중심이 되어 왕
권을 무력화시키면서 권력을 집중한 정치 형태를 일

컫는다. 순조는 11세, 헌종은 8세에 즉위했다. 철종은 19세에 즉위했으나 준비되지 않은 왕이었기에 순조와 헌종의 전철을 밟아야 했다.

외척의 정권 장악

세도정치기에 정권을 잡은 대표적 외척 가문이 안동 김씨이다. 이들과 때로 반목하고 때로 협력하던 풍양 조씨도 한 축을 이루었다. '세도정치' 자체가 무조건 나쁘다고만 할 수 없다. 애민(愛民)과 애국(愛國)의 정치를 하려고 애썼다면, 아무리 한 가문이 권력을 장악했다고 해도 손가락질할 이유가 없는 거다. 하지만 이 시기의 집권층 대개가 옳은 길로 가지 않았다. 외척이 정권을 장악하고 왕을 반(半) 허수아비로 만든 것도 잘못이지만, 부국강병과 민생 안정을 위한 노력은 별로 없이 자신들의 부와 권력을 유지하고 확대하는 데 몰두한 것이 더 큰 잘못이다. 외척을 견제하고 비판할 세력은 없었나? 거의 없었다. 특정 집안 사람들이 실권을 장악하고 있었기 때문이다.

부정부패의 만연

견제와 균형의 원리가 작동하던 붕당정치가 깨지면서 부정부패가 만연했다. 과거 제도도 엉망이 됐다. 능력 있는 인재보다 돈 많고 빽 있는 금수저가 주로 급제했다. 설상가상, 관직을 사고파는 매관매직(賣官賣職)이 성행했다. 자질 없는 자가 큰돈 들여 수령 자리 하나 꿰차면 본전 그 이상을 뽑으려고 해당 지역 백성들을 쥐어짠다. 10억 내고 수령 됐으니 임기 중에 20억 뽑겠다고 덤비는데 막을 길이 없다. 이런 세금 저런 세금 잘도 만들어 백성을 족치니 죽을 노릇이다. 그 상징적인 사건이 '삼정의 문란'이다. 삼정은 전정·군정·환정(환곡)이다.

전정

전정은 기본적으로 전세(田稅)다. 여기에 대동미(대동세), 결미(결작) 등이 추가된다. 너무 무겁다. 군정은 군포다. 균역법 이후에도 악명을 떨쳤다. 특히 세도정치기에 그랬다. 황구첨정, 백골징포가 기억나는지. 정약용은 〈애절양(哀絶陽)〉을 지어 군정의 참혹함을 이렇게 고발했다.

노전마을 젊은 아낙 그칠 줄 모르는 통곡소리
현문(縣門, 관아의 문) 향해 가며 하늘에 울부짖길
싸움터에 간 지아비가 못 돌아오는 수는 있어도
남자가 그 걸 자른 건 들어본 일이 없다네

세도정치의 전개

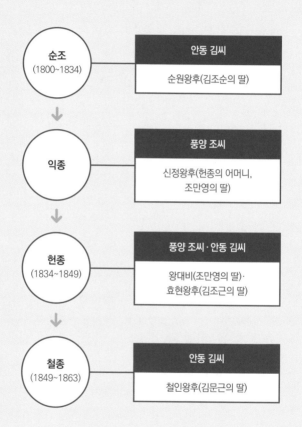

순조
(1800~1834)

안동 김씨

순원왕후(김조순의 딸)

익종

풍양 조씨

신정왕후(헌종의 어머니,
조만영의 딸)

헌종
(1834~1849)

풍양 조씨 · 안동 김씨

왕대비(조만영의 딸) ·
효현왕후(김조근의 딸)

철종
(1849~1863)

안동 김씨

철인왕후(김문근의 딸)

시아버지 삼년상 이미 지났고 아이는 배냇물도 안 말랐는데

조자손 삼대가 다 군보에 실리다니

가서 아무리 호소해도 문지기는 호랑이요

이정은 으르렁대며 마굿간 소 몰아가고

칼을 갈아 방에 들자 자리에는 피가 가득

자식 낳아 군액 당한 것 한스러워 그랬다네

......

<애절양>

슬플 애(哀), 끊을 절(絶). 양(陽)은 남자의 생식기를 가리킨다. 정약용은 <애절양>을 쓰게 된 연유를 이렇게 밝혔다.

이 시는 1803년(순조 3) 가을에 강진에 있을 때 지은 것이다. 그때에 노전에 사는 백성이 아이를 낳은 지 사흘 만에 군보에 들어가고 이정이 소를 빼앗아갔다. 백성이 칼을 뽑아 그 남근을 스스로 자르면서 하는 말이, "내가 이것 때문에 이러한 곤욕을 받는다"라고 하였다. 그 아내는 피가 뚝뚝 떨어지는 남근을 가지고 관아에 나아가 울부짖으며 호소하였으나 문지기가 막아버렸다고 한다. 내가 이 말을 듣고 이 시를 지은 것이다.

-《목민심서》

환곡제

환정(환곡)은, 어이없다. 배고픈 백성 도와주라고 생긴 게 환곡제였다. 관청에서 봄에 곡식 빌려 주고 가을에 받는다. 이자도 조금 받는다. 그런데 세도정치기에는 이자가 폭탄이 됐다. 1/10이던 이자가 1/2 이상이 되고 날짜 안에 갚지 못하면 이자가 원곡의 몇 배까지 올라갔다. 백성이 곡식을 빌리지 않으면 강제로 떠넘기기도 했다. 암행어사를 보내서 혼내주면 되지 않을까. 효과가 별로 없다. 지방 수령은 이미 중앙 고위관료에게 뇌물을 화끈하게 바쳐서 한통속이 되어 있다. 든든한 보험이다. 암행어사가 수령의 잘못을 찾아내 중앙에 처벌을 요청해도 그게 잘 안 된다. 그 놈이 그놈, 썩은 사람들끼리는 더 잘 뭉친다.

임술 농민 봉기

신음하는 백성은 이제 믿을 데가 없다. 지렁이도 밟으면 꿈틀. 전국적으로 민란이 일어난다. 세도정치기의 대표적인 민란이 홍경래의 난(1811)이다. 1862년(철종 13)에는 전국 70여 지역에서 민란이 일어났다. 마른 들판에 불 번지듯 했다. 이 해가 임술년이기에 '임술 농민 봉기'라고 한다.

삼정문란과
백성들의 팍팍한 삶

탐관오리

세도정치를 너무 욕했다. 사실 그때 지배층들만 욕먹을 일이 아니다. 탐관오리는 어느 시대에나 있었다. 세도정치기 지방관들이 모두 탐관오리인 것도 아니다. 그런데 왜 그렇게 많은 지방관이 과한 세금으로 백성을 괴롭혔나. 부득이한 면도 있었다. 한마디로 국가의 세금 징수 방법에 문제가 있었다. 구조적인 문제다. 조선 후기 농민층의 분화 등 사회경제적 변화가 뚜렷한데 세금 제도는 그에 맞게 운영되지 못했다. 여전히 나라에서 필요한 예산 총액을 정하고 그걸 지역별로 할당했다.

세금 할당

우리 고을에 100억이 할당됐다고 치자. 몰락한 농민이 늘어나고 빈집이 늘어나는데 오히려 할당액이 작년보다 늘었다. 항의하기도 어렵다. 수령은 고민이다. 대략 셈해보니 100% 다 거두어들여도 60억 정도밖에

삼정의 문란

삼정	납부 내용	폐단
전정	토지 1결당 4두 납부	갖가지 명목의 잡세 부과
군정	균역법으로 1년에 1필 납부	백골징포 · 황구첨정
환곡	빈민 구제책(춘궁기에 대여하고 추수기에 낮은 이자를 붙여 환수)	고리대로 변질

안 될 것 같다. 어찌해서든 40억을 더 징수해야 한다. 할당액을 못 채우면 무능한 수령이라는 소리를 듣게 된다. 그러면 승진에 문제가 될지도 모른다. 옷 벗게 될 수도 있겠고. 할 수 없다. 쥐어짜 보자.

족징·인징

쇠똥이가 가족들을 데리고 산으로 도망갔다. 그럼 쇠똥이네 친척에게 받아 내라(족징). 친척도 도망가 버렸다. 그럼 남아 있는 마을 주민들에게 도망간 사람들 몫을 더 거둬라(인징). 이러면 안 된다는 걸 수령도 안다. 어쩔 수 없다. 사망한 노인과 어린 아이에게도 군포를 물리고, 어떻게 하든 세금 뽑을 방안을 찾아야 한다. 그래 환곡, 그것도 괜찮다. 빌려준 쌀 되받을 때 세금 팍팍 올려라. 안 빌린다고 하면 억지로 떠맡기고.

말뚱이네가 환곡 쌀 안 갚고 도망갔다고? 할 수 없지, 친척에게, 친척도 없으면 마을 주민들에게 물려라. 공동책임이다. '아, 내가 이렇게 살아야 하나. 이러려고 힘들게 공부해서 과거 합격했나. 이러고도 내가 목민관(牧民官)인가, 차라리 백성 잡아먹는 식민관(食民官)이라 하지' 하며 자괴감에 홀로 탄식하는 지방관도 많았을 것이다.

대원군은 몇 명일까

왕의 아버지

왕이 죽으면 그 아들이 재위를 잇는다. 그런데 왕이 아들 없이 죽으면, 그 왕의 친족 중에서 누군가가 다음 왕으로 즉위한다. 이렇게 즉위한 왕의 아버지를 대원군(大院君)이라고 한다. 반정으로 왕이 바뀐 경우에도 새 임금의 아버지를 대원군으로 부른다. 대원군은 조선 시대에 4명 있었다. 선조의 아버지 덕흥대원군, 인조의 아버지 정원대원군, 철종의 아버지 전계대원군, 고종의 아버지 흥선대원군이다. 덕흥대원군·정원대원군·전계대원군은 사망한 뒤에 그렇게 불리게 된 것이고, 흥선대원군만 살아 있을 때 대원군이 되었다. 그래서 우리는 "대원군" 하면, 흥선대원군 이하응을 떠올리게 된다.

흥선대원군

흥선대원군 이하응(1820~1898)은 영조의 후손이다.

세도정치기에 일부러 방탕한 짓을 하며 살았다. 남들 보기에 한심한 사람이었다. 당시 똑똑하고 야망 있는 왕족은 위험했다. 안동김씨 세력가들이 그냥 두지 않았다. 이하응은 짐짓 비굴한 삶을 살아 내며 다음을 준비했다. 철종이 왕위 이을 아들이 없음에, 이하응은 조정의 실권자 조대비(신정왕후, 헌종의 어머니)와 손을 잡고 자기 아들을 왕위에 앉히는 데 성공한다. 12살에 즉위한 대원군의 아들 이명복이 바로 고종이다.

흥선대원군의 개혁

이하응은 흥선대원군이 되어 어린 아들을 대신해 정권을 잡았다. 그리고 여러 분야에서 개혁을 펼쳤다. 비변사 폐지, 서원 철폐, 호포제 시행 등. 그가 펼친 개혁은 좋은 평가를 받는 것도 있고 나쁜 평가를 받는 것도 있다. 대개 양반 지배층에 불리하고 백성들이 좋아할 개혁이었다. 경복궁 중건도 그가 한 일이다.

명성황후

대원군은 세도가문을 피해 민씨 집안에서 며느리를 들였다. 민비(명성황후)이다. 그런데 그 며느리가 세도가문 이상으로 힘을 쓰게 되고 대원군과 척을 지게 된다. 대원군의 '라이벌'이 되고 말았다. 1873년(고종

10) 대원군은 최익현의 상소가 계기가 되어 권력을 잃고 밀려난다.

최익현

최익현은 경복궁 중건, 서원 철폐 등 대원군이 펼친 정책에 대단히 부정적이었다. 당시 양반층의 일반적인 정서였을 것이다. 1873년은 최익현의 거듭된 상소로 조정이 몹시 뜨거웠다. "조정에서는 속된 논의가 마구 떠돌고 정당한 논의는 사라지고 있으며 아첨하는 사람들이 뜻을 펴고 정직한 선비들은 숨어 버렸습니다."(《고종실록》) 조정 신료들을 싸잡아 아첨꾼으로 매도했다. '아첨꾼'들을 요직에 임명한 이가 대원군이다. 이는 대원군에 대한 간접적 비판으로 읽힌다. 며칠 뒤 최익현이 다시 상소를 올렸다. 잘못된 정책을 비판하면서 "전하께서 어린 나이에 아직 정사를 전적으로 맡아서 하지 않고 계실 때 생긴 것들이니, 모두 다 스스로 초래하신 잘못은 아닙니다."(《승정원일기》)라고 했다. 그럼 누구 잘못? 대원군이 잘못했다는 얘기다. 그리고 덧붙여 고종에게 청하기를, 이제부터 임금의 권한을 발휘하고 아침부터 늦은 밤까지 먹고 자는 것을 잊을 정도로 부지런하게 나랏일을 하라고 했다. 친정(親政)을 요구한 것이다.

447

고종의 친정

최익현의 상소가 올라온 1873년은 고종 재위 10년 되는 해이고 그때 나이는 22살이다. 사실, 관례에 어긋난다. 왕이 어려서 누군가 섭정을 해도 왕의 나이가 20살이 되면 물러나는 것이 원칙이다. 그런데 대원군은 아들 고종이 22살이 되도록 권력을 내주지 않았다. 이제 고종은 아버지 그늘에서 벗어나 친정하게 되었다. 최익현의 상소 하나로 가능한 일이 아니다. 고종은 20살 무렵부터 이미 친정을 준비하고 있었다.

임오군란

한편, 힘을 잃었던 대원군이 역사에 다시 등장하게 된다. 임오군란(1882)으로 재집권한 것이다. 하지만 청나라에 납치되었다가 1885년에야 귀국했다. 동학 농민운동 때 조선에 상륙한 일본군은 경복궁을 장악하고 새 정부를 꾸리게 했다. 이때 일본군은 대원군이 정권을 잡도록 했다(1894). 그러나 금방 밀려난다. 일본 뜻대로 따르지 않았기 때문이다.

X

개항~대한제국

01

02

03

05

제국주의는 한국사와
어떤 관련이 있을까

산업혁명

손이나 간단한 도구로 물건을 만들던 사람들이 정교한 기계를 발명하여 이전과 비교할 수 없는 엄청난 양의 물건을 만들어 내게 되었다. 사람과 가축의 힘에 의존해야 했던 생산 활동이 증기 기관으로 대체되면서 생산 활동은 물론 교통수단에서도 혁명적인 변화를 가져왔다. 이를 산업혁명이라고 한다. 18세기에 영국에서 시작된 산업혁명은 19세기에 유럽 대륙과 미국·일본 등으로 퍼졌다.

제국주의 침략

산업혁명을 이루어 낸 나라들은 더 많은 이익을 창출하기 위해 아시아·아프리카 지역을 식민지로 삼으려 했고, 실제로 그렇게 했다. 자기들 나라의 상품 판매 시장이자 원료의 공급지로서 그리고 잉여 자본의 투자처로서 식민지 확보에 열을 올렸다. 이들을 제국주의(帝國主義) 국가라고 부른다. 병인양요(丙寅洋擾)와 신미양요(辛未洋擾)는 프랑스와 미국의 제국주의 침략이라고 할 수 있다. 병인양요의 말뜻은 '병인년에 서양 사람들이 일으킨 소동', 신미양요는 '신미년에 서양 사람들이 일으킨 소동'이다.

제1차 세계대전

제국주의 국가들이 식민지를 확대하다 보면 어디선가 서로 충돌하기 마련이다. 단순하게 정리하면, 제1차 세계대전(1914~1918)은 제국주의 국가들 간의 전쟁이다. 이때 우리나라는 일제강점기였다. 일제는 일본 제국주의를 가리킨다. 제1차 세계대전 때 제국주의 국가 일본은 승전국이었다. 영국, 미국 등과 한편이었다.

제2차 세계대전

제2차 세계대전(1939~1945) 때도 우리나라는 일제강점기였다. 이때의 일본을 전체주의 국가로 부르기도 한다. 전체주의는 파시즘과 같은 의미로 쓰인다. 개인의 존재 가치는 전혀 인정받지 못하는, 국가 절대 우위의 통치 체제가 전체주의이다. 전체주의 국가 독일·이탈리아·일본이 일으킨 전쟁이 제2차 세계대전이다. 이들은 미국이 주도하는 연합국에게 패한다.

일본이 마지막으로 항복하면서 전쟁이 끝난 그해, 1945년, 우리는 광복을 맞는다.

일본이 항복하게 된 결정적인 계기는 미국이 원자폭탄, 즉 핵폭탄을 썼기 때문이다. 핵 피해는 심각했다. 참혹했다. 미국은 핵무기를 쓰지 않아도 승리할 수 있었다. 그러나 성능 실험하듯 일본 땅에 핵무기를 투하했다. 미국의 행위는 비판받을 만하다. 그런데 일본은 전쟁의 원인을 가려 두고 세계에서 유일하게 핵 피해를 당한 피해자임을 강조한다. 진실은 그들이 전쟁을 일으킨 장본인이라는 것이다. 가해자이다. 끔찍한 가해의 결과가 피폭이었다. 역사의 진실을 숨기고 왜곡하는 습관은 일본이라는 나라와 그 국민에게 몹시 해로운 일이다.

전체주의는 공산주의가 아니다. 성격이 전혀 다르다. 히틀러가 무력으로 정권을 장악한 것이 아니다. 독일 국민의 지지로, 합법적인 방법으로 집권했다. 기업가들도 히틀러와 그의 나치스를 지지했다. 공산주의로부터 자신들을 지켜 주리라 믿었기 때문이다. 공산화되면 재산을 다 잃게 되니까, 독재라도, 전체주의라도, 상관없었다.

구한말과
대한제국기

구한말의 기준

이런 문제가 있다고 가정하자. 풀려고 하지 말고 그냥 읽어만 보자.

다음 중 구한말에 일어난 사건이 아닌 것은?

① 병인양요   ④ 갑오개혁

② 신미양요   ⑤ 을사늑약

③ 강화도조약

답은 없다. 잘못된 문제다. 구한말(舊韓末)이 언제부터인지 명확하지 않기 때문이다. 왜 그런지 사정을 살펴보자. 국어사전은 구한말을 '대한제국의 시기'라고 풀었다. 고종이 대한제국을 선포한 1897년부터 일제에 나라를 빼앗기는 1910년까지 14년간을 의미한다. 대한제국은 이미 당대부터 한국(韓國)으로 칭해졌다. 대한민국과 구분에서 대한제국을 구한국으로 표기할

수 있으니, 1897~1910년을 구한말로 볼 수 있다.

구한말과 구한국

그러나 구한말의 '말(末)'이 문제다. 대한제국, 즉 구한 국의 말기이면 대한제국이 탄생한 1897년부터 초기 몇 년간은 구한말이라고 부를 수 없다. 대략 1905년쯤 부터라고 해야 논리적으로 문제가 없다. 국어사전의 설명은 앞뒤가 안 맞는다. '구한말'과 '구한국'을 같은 의미로 풀었기 때문이다.

《대한민국임시정부 자료집》에 실린 중국 쪽 신문기 사에 '구한말 맺어진 한미수호조약의 규정에 근거하 여'라는 표현이 보인다. 한미수호조약은 1882년에 맺 어졌다. 대한제국 성립 이전에 이미 구한말이라는 용 어가 쓰이고 있음을 알 수 있다. 대한민국 앞 시기인 대한제국이 아니라 대한제국의 앞 시기인 조선을 구 한국(舊韓國)으로 본 것이다. 이에 따르면 구한말은 조 선 말기가 된다. 그래서 어떤 이는 개항 이후 경술국 치까지 1876~1910년, 35년간을 구한말이라고 한다. 그럴 수 있겠다.

구한말의 시작점

그런데 어느 방송에서 강화도의 역사를 다룬 프로그

램이 방영됐다. 진행자는 구한말에 병인양요와 신미
양요를 겪은 섬이 강화도라고 설명했다. 병인양요는
1866년, 신미양요는 1871년이다. 일본과 강화도조약
을 맺고 개항하기 이전의 사건들이다. 도대체 언제부
터 구한말이라는 것인가. 그래서 혹자는 말한다. 흥선
대원군이 집권한, 그러니까 그의 아들 고종이 즉위한
1864년쯤부터 구한말이라고. 지금 학자들에 따라 구
한말의 시작 지점을 1864년(대원군 집권), 1876년(개
항), 1897년(대한제국 성립) 등으로 보고 있다. 좀 혼란
스럽다. 일단, 그냥 넓게 흥선대원군 집권기부터 일제
에 나라를 빼앗길 때까지를 구한말로 정리해 두자.

그런데, 애매한 구한말이라는 용어를 굳이 써야 하는지 모르겠다. 아예 안 쓰면 어떨까. 대략 대원군 집권부터를 조선 말 또는 조선 말기로 부르고, 대한제국 이후는 대한제국기라고 하면 될 것 같은데.

강화도는 역사적으로
어떤 지역인가

한국사의 흔적들이 가득한 곳

역사 없는 땅이 어디 있으랴. 그럼에도 강화도는 좀 유별나다. 구석기 시대부터 근대에 이르기까지 한국사의 흔적이 섬 안에 가득하다. 고인돌의 성지로, 남한 땅에서 제일 큰 탁자식 고인돌이 있다. 고조선·단군과 관련된 전설이나 유적은 전국 여러 곳에 퍼져있다. 그런데 옛 역사책에 기록이 남아 공신력이 인정되는 곳은 강화도의 참성단과 삼랑성이다. 《고려사》에 "마리산은 부의 남쪽에 있으며 산 정상에 참성단이 있다. 세상에 전하기를 단군이 하늘에 제사하던 제단이라고 한다", "전등산은 일명 삼랑성인데 세상에 전하기를 단군이 세 아들을 시켜 쌓은 것이라고 한다"라고 적혀 있다. 《세종실록》에도 비슷한 내용이 실려있다. 비록 '세상에 전하기를[世傳]'이라는 단서를 달았으나 나라에서 편찬한 공식 역사책에 담긴 내용이기에 그 무게감이 남다르다.

정족산성

전국체전 때마다 마니산(마리산) 참성단에서 성화를 채화해 경기장으로 봉송한다. 삼랑성(三郎城)은 단군의 세 아들이 쌓았다고 해서 붙은 이름이다. 흔히 정족산성이라고 부른다. 이 성안에는 삼국 시대에 세웠다고 전하는 전등사가 있고 조선왕조실록을 보관하던 정족산사고가 있다. 병인양요 때 프랑스군을 격퇴한 곳도 이 산성이다.

고려 시대 대몽항쟁의 거점

고려 시대 강화도는 대몽항쟁의 거점이었다. 39년간 고려의 수도였다. 남한 땅에서는 유일하게 고려의 왕릉이 여러 기 있다. 몽골에 맞서던 이 시기에 강화도에서 팔만대장경을 만들었고 세계 최초의 금속활자 인쇄본《상정고금예문》을 편찬했다. 이때 강화도에서 활동한 주요 인물은 임금 고종, 무신집권자 최우, 몽골과의 외교에 업적을 남긴 문장가 이규보이다.

조선 시대 눈물의 섬

조선 시대에는 정묘호란과 병자호란을 겪어 냈다. 권율 장군이 태어난 땅이고 송강 정철이 인생의 마지막을 정리한 곳이 강화다. 권필은 오래도록 머물며 학문에 정진했다. 수많은 왕족이 유배 왔던 눈물의 섬이기도 하다. 연산군과 광해군이 대표적이다. 철종도 즉위전에 강화에서 유배 생활을 했다.

양명학이 발전한 곳

조선 양명학이 뿌리를 내리고 대를 이어 발전해 간 곳이 강화이다. 정제두에서 비롯된 조선 양명학의 흐름, 그 인물들을 강화학파라고 부른다. 이광사·이긍익·이건창·정인보 등이 강화학파 학자들이다. 경술국치 전후 다수의 강화학파 인물이 만주로 간다. 독립운동에 몸을 바쳤다.

병인양요를 겪은 곳

프랑스의 침략, 병인양요(1866) 그리고 미국의 침략, 신미양요(1871) 모두 강화도였다. 흥선대원군이 통상·수교 거부 정책을 펼치고 있을 때다. 그들이 강화도를 침략한 것은 강화도라는 섬이 한강을 통해 서울로 들어가는 길목에 있기 때문이다. 강화도를 차지하면 한양을 봉쇄하고 겁박할 수 있다. 1866년(고종 3) 병인년, 프랑스군이 지금의 강화읍내를 점령한다. 대원군은 양헌수를 보냈다. 양헌수는 병력을 이끌고 정족산성에 들어갔다. 읍내에 있던 프랑스군이 정족산성을 공격한다. 이 전투에서 양헌수 부대가 크게 승리한다. 퇴각한 프랑스군은 강화읍내에 불을 지르고 서둘러 철수한다. 이때 외규장각 도서를 탈취해 갔다.

신미양요를 겪은 곳

1871년(고종 8) 신미년, 이번엔 미군이 쳐들어왔다. 그들은 초지진에 상륙하여 덕진진을 점령하고 광성보에 이른다. 광성보는 어재연이 지키고 있었다. 조선군은 미군의 독한 포격을 견뎌내고 처절한 백병전을 펼치다 쓰러져 갔다. 목숨 남은 병사들은 물로 뛰어들어 자결했다. 광성보를 점령한 미군은 조선에 통상을 요구했다. 조선은 끝내 거부했다. 결국, 어쩌지 못하고 미군은 그냥 철수한다.

쇄국 정책

병인양요와 신미양요를 비판하는 견해가 있다. 대원군이 통상·수교 거부 정책, 즉 쇄국 정책을 고집해서 쓸데없는 전투를 벌였다는 것이다. 차라리 그때 개항해서 근대화를 추진했다면, 성공했을 거라고 한다. 그런데 이렇게 쉽게 결론 내리기에는 당시 국내외 상황이 너무도 복잡했다. '개항'이 나라를 살리는 요술 방망이인가? 먼저 개항하는 것이 정답인가? 청나라는 일본보다 먼저 개항했다. 그러나 무너져 내렸다. 쇄국이 무조건 잘못됐다는 주장은 좀 더 신중할 필요가 있을 것 같다. 어떤 견해를 갖던 그것은 개개인의 몫이다. 다만, 강대한 외적의 침략에 굴하지 않고 당당하고 떳떳하게 맞섰던 선조들의 죽음의 가치만큼은 소중하게 간직해야 할 것이다.

해안경계부대의 관리

초지진·덕진진·광성보…. 진과 보는 조선 시대 후기에 강화도 해안에 설치된 해안경계부대다. 모두 12개가 있었다. 각각의 진과 보는 초소 역할을 하는 돈대를 몇 개씩 관리했다. 해안에 설치된 돈대는 모두 54개였다.

조선의 개항

한편 초지진이 신미양요에 이어 또 한 번 역사의 무대에 선다. 운요호 사건(1875)이다. 일본 군함 운요호가 함포 사격을 가하며 초지진 상륙을 기도했으나 초지진 수비군의 반격에 밀려 퇴각한 사건이다. 이를 빌미로 강화도 조약(1876)이 맺어진다. 조일수호조규 또는 병자수호조약이라고도 한다. 이 조약을 계기로 조선은 개항하게 된다.

알아두면 쓸모있는 역사상식 Tip!

쇄국 정책(鎖國政策)의 '쇄(鎖)'에는 자물쇠, 잠그다 등의 뜻이 있다. '쇄국'
은 나라를 걸어 잠그다, 개항을 거부하다, 정도의 의미이다.

운요호 사건의
진실

일본의 개항

1844년(헌종 10), 미국이 청나라와 통상조약을 체결했다. 이제 태평양을 건너 중국까지 가려면 중간 기착지가 필요하다. 미국이 일본에 관심을 두게 된 이유이다. 1854년(철종 5), 미국은 포함외교, 즉 총포로 강제해 외교관계를 맺는 방법으로 일본과 미일화친조약을 체결하여 일본을 개항시켰다. 이때까지도 일본은 에도 막부 시대다.

일본 메이지 정부

문호 개방에 비판적인 반(反)막부 세력은 쿠데타를 일으키고 왕정복고를 선언했다. 막부를 무너트리고 천황 중심의 정치 체제로 돌아간다는 선언이다. 막부세력과의 싸움에서 승리한 쿠데타 세력, 즉 천황파는 서양 세력과의 화친으로 태도를 바꿨다. 그리고 천황이 실권을 갖는 메이지 정부를 세웠다(1868). 이때 조선의 실권은 대원군이 쥐고 있었다.

메이지유신

메이지 정부는 메이지유신이라고 하는 근대화 개혁 정책을 펼친다. 중앙 집권 체제를 기반으로 하는 개혁이다. 반대 세력과의 충돌 등 부작용이 심각했지만, 어찌 됐든 일본은 근대화에 성공한다. 중국도 조선도 그외 아시아 나라들 모두 근대화에 실패하고 말았지만, 일본은 성공했다. 성공한 원인 가운데 하나가 개혁 추진 세력 스스로 자신들의 권리를 포기했다는 것이다. 지도층이 기득권을 내려놓고 개혁한다는 건 쉬운 일이 아니다.

도요토미 히데요시와 임진왜란

메이지유신 진행 중 야비한 모습도 보인다. 1870년 전후로 조선을 정벌하자는 정한론(征韓論)이 일어난 것이다. 개혁에 불만을 품은 세력의 관심을 나라 밖 조선으로 돌리려는 술책이었다. 생각해 보니 임진왜란도 그랬다. 일본이 임진왜란을 일으킨 이유 가운데 하나도 국내 불만 세력을 조선으로 보내 버리려는 것이었다. 도요토미 히데요시는 전국 시대 통일로 지위가 하락한 사무라이 계층의 불만을 조선으로 돌려 정권을 안정시키기 위해서 임진왜란을 일으켰었다.

정한론

정한론을 놓고 일본 정계는 찬성파와 반대파로 분열, 대립했다. 반대파가 승리하여 정권을 장악했다. 반대파의 논리는 "조선을 쳐서는 안 된다"가 아니라 "아직은 시기상조다"였다. "조선을 얕보고 함부로 군사를 일으켰다가 실패하면 세상 사람들에게 망신만 당할 것이다. 조선은 최근 여러 차례 외국과 접전했고 군사개혁도 이루었다. 그러니 우선 내정을 정비하고 국력을 더 키우자"라는 논리를 폈다. 핵심 인물 안에 이토 히로부미가 있었다.

운요호 사건

일본의 야비함 두 번째. 운요호 사건은 일방적인 그리고 의도적인 침략 행위였다. 초지진의 반격이 예상외로 강해서 패퇴한, 그들로서는 부끄러운 사건이다. 그런데 거짓말을 했다. "운요호가 중국으로 가다가 마실 물이 떨어졌다. 그래서 물을 구하러 어쩔 수 없이 초지진 앞바다에 도착했는데 조선 수비군이 물을 주기는커녕 포격을 가하는 만행을 저질렀다. 더구나 자신들은 배에 국기를 달아서 일본 국적임을 알렸다. 그럼에도 공격했다. 국제법 위반이다"라고 외국 여러 나라에 알렸다.

조선에 대한 도발

정말 국기를 달고 와서 물을 구하는 외국 배를 공격했다면 이는 조선의 잘못이 될 수도 있다. 그런데 운요호는 국기를 달지 않았고, 중국이 아니라 처음부터 초지진을 목표로 했으며, 물이 필요한 것도 아니었다. 초지진 앞바다에서 얼쩡거리며 조선의 포격을 유발했던 것이다.

《페리의 일본원정 소사》

운요호 사건은 일본의 완벽한 실패였다. 그러나 일본은 운요호 사건을 성공의 발판으로 이용했다. 목말라 물을 구하러 초지진에 갔다가 물 대신 포격 세례를 받은 불쌍한 처지라고 외국에 호소하는 간교를 부렸다. 그래서 서양 열강의 '측은지심'을 끌어낸 후 운요호 사건의 책임을 묻겠다며 강화도로 향한다. 페리 제독에 의해 개항됐던 자기네 경험에 더해서 미국에서 간행된 《페리의 일본원정 소사》를 구해 읽으며 위협 요령과 담판의 구체적인 방법을 준비하고 오는 길이다.

강화도조약을
어떻게 바라봐야 할까

강화도조약

운요호 사건을 계기로 조선은 일본과 강화도조약 (1876)을 맺고 개항한다. 강화도조약은 조선 최초의 근대적 조약이이지만, 치외법권을 비롯해 조선에 불리한 내용이 포함된 불평등조약이다. 그러다 보니 강화도 조약 때문에 조선이 망했다는 말도 있다. 일본이 개항하면서 미국과 맺은 조약도 일본에 일방적으로 불리한 불평등 조약이었다. 그러나 일본은 개항 이후 승승장구했다. 조선이 망한 것은 강화도조약 때문이라기보다 개항 이후의 대처가 슬기롭지 못했기 때문으로 보는 것이 더 설득력이 있다.

강화도조약에 대한 평가

흔히 강화도조약을 '굴욕적이다, 치욕적이다'라고 한다. 일본을 그만큼 낮춰 보고 내린 평가다. 하지만 냉정하게 볼 때 당시 일본은 우리보다 앞서 있었다.

이미 오래전부터 네덜란드를 통해 서양의 문화를 흡수하면서 근대적 체질을 갖췄다. 경제 수준도 우리보다 나았다. 특히나 서양식 무기를 갖추어 군사력까지 강화한 상태였다. 굴욕, 치욕을 말하기에 앞서 왜 그들에게 나라를 빼앗길 수밖에 없었는지 차분하게 돌아보는 자세가 필요하다.

강화도조약 체결 과정에 대한 오해

강화도조약 체결 과정에 대해서도 오해가 있다. 일본이 대포를 쏘아대며 위협적인 분위기를 연출하자, 조선 대표단이 쫄아서 일본이 시키는 대로 도장을 찍어줬다는 것이다. 일방적으로 끌려갔다는 이야기인데, 그렇지 않았다. 조정에는 이미 개화의 필요성을 말하는 신하들이 여럿 있었다. 고종도 아버지 대원군과 달리 개항이 필요하다는 생각을 하고 있었다. 이때 대원군은 조정에 없었다. 1873년(고종 10) 말에 권좌에서 밀려났다. 일본은 대원군을 아주 부담스러워했다. 그가 물러나자마자 바로 운요호 사건을 일으킨 것이다.

강화도 조약의 내용

강화도조약 당시 일본이 내민 조약문 초안은 조선 대표 신헌에 의해 조정에 전해졌다. 조정에서는 대책 회의가 이어지면서 밀고 당기는 협상이 약 1달간 계속됐다. 조선은 일본이 제시한 조약문 가운데 수용할 수 있는 것은 수용하고 수용할 수 없는 것은 끝까지 거부하며 협상을 진행했다. 다만 명분, 형식, 체면을 더 중시하는 태도를 보인 것은 아쉽다. 이제 강화도조약의 내용 일부를 살펴보자. 제1관, 제2관, 이렇게 돼 있는데 그냥 제1조, 제2조와 같은 의미로 보면 된다.

전문

애초 일본이 작성하여 체결을 요구했던 초안에는 '대일본국 황제 폐하'와 '조선국왕 전하'라는 호칭이 있었다. 조선의 거부로 삭제되었다.

대일본국과 대조선국은 평소 우의를 두터이 하여온 지가 여러 해 되었으나 지금 두 나라의 우의가 미흡한 것을 고려하여 다시 옛날의 좋은 관계를 회복하여 친목을 공고히 한다. …

제1관

조선을 자주 국가로 공포한 것은 주권을 가진 국가 대국가의 공식적인 조약임을 나타낸 것이다. 조선에 대한 청의 간섭을 배제하려는 일본의 속뜻이 반영된 것이라는 해석도 있다.

조선국은 자주국[自主之邦]으로서 일본국과 평등한 권리를
보유한다. …

제5관

초안에서 일본은 함경도 영흥부 해구(海口)를 개항장
으로 지목하고 그 외 한 곳을 추가로 개항할 것을 요
구했다. 조선의 반대로 특정 지역을 정하지 않고, 5도
의 연안 중 두 곳을 정해 나중에 개항하기로 했다. 조
선이 영흥부 개항을 거부한 것은 태조 이성계가 영흥
출신이어서라고 한다. 이후 조선은 기존의 부산 외에
원산과 인천을 추가 개항하게 된다.

경기·충청·전라·경상·함경 5도의 연해에서 통상하기 편리
한 항구 두 곳을 골라서 지명을 지정한다. 개항 시기는 일본
력으로 메이지 9년 2월, 조선력으로 병자년 2월부터 계산하
여 모두 20개월 후로 한다.

제7관

'일본국 항해자'는 사실상 일본 군함이다. 이 조약에
근거해서 일본 군함은 1877~1879년, 수시로 조선 동

해안과 서해안을 측량했다. 측량 결과로 작성된 탐사 지도는 전투에 바로 활용할 수 있는 해도가 되었다.

조선국 연해의 섬과 암초를 자세히 조사한 것이 없어 극히 위험하다. 따라서 일본국 항해자의 자유로운 해안 측량을 허락해서 그 위치와 수심을 조사한 후 도지(圖誌)를 제작해서 양국 선객이 위험한 곳을 피해 편안히 항해할 수 있게 한다.

제10관

치외법권(治外法權)을 인정한 것이다. 쌍방 의무인 것으로 규정했으나, 당시는 조선인 상인이 일본에 건너가 활발한 무역 활동을 벌일 상황이 못 됐다. 이제 조선은 개항지에서 활동하는 일본 상인을 통제할 법적 근거를 잃었고, 더해서 일본 상인들이 조선 땅에서 범죄를 저질러도 처벌은커녕, 체포하여 조사할 수도 없게 됐다.

일본국 사람이 조선국의 지정 항구에서 조선국 사람과 관계된 죄를 범하면 모두 일본 관리가 심의하여 처단하게 하고, 조선국 사람이 일본국 사람과 관계된 죄를 범하면 똑같이 조선 관리가 조사하여 처리하게 한다. …

최혜국대우 조항 제외

일본이 처음 제시한 조약안은 13개 항목이었다. 그런데 최종 발표된 조약은 12개 항목뿐이다. 조선의 거부로 1개 항목이 제외된 것이다. 그 내용은 "이후 타국이 조선국과 수호하고 화약(和約)을 의립할 때 만약 이 조약 내에 기재되지 않았는데 별도로 타국에 허락하는 조건이 있으면 일본국도 그 특전을 받아야 한다"였다. 조선이 일본에 A, B 권리를 주었는데 나중에 다른 나라와 조약을 맺으면서 A, B, C 권리를 인정한다면 자동으로 일본도 C 권리를 갖는다는 소리다. 최혜국대우 조항이다.

보빙사,
미국에 파견한 조선의 사절단

사신단

통신사·수신사·연행사·영선사·보빙사. 공통으로 들어간 사(使)자는 사신이라는 의미이다. 모두 조선이 외국에 보내던 사신단의 명칭이다. 보빙사를 보기 전에 각각의 내용부터 간략하게 살펴보자.

통신사

통신사는 개항 전, 조선 시대에 일본에 보내던 사신이다. 조선통신사라고 부른다. 전기에도 보냈지만, 주로 조선 후기에 보내던 10여 차례의 사절단을 지칭한다. 조선시대 내내 일본은 막부 통치 시기였다. 통신사는 일본 국왕이 아닌 막부에 보내던 사신으로 보는 것이 적절하다. 통신사(通信使)란 '신의로 통하는 사절'이라는 뜻이다.

임진왜란 직후에는 통신사라는 명칭을 쓰지 않았다. 아직은 에도 막부의 일본을 믿음으로 통하는 나라로 보지 않았기 때문이다. 세월이 조금 흐르고 나서 통신사라는 호칭을 공식적으로 쓰게 된다. 정치·외교적 목적으로 일본을 방문한 통신사이지만, 오고 가는 길에 일본인들과 활발한 학문적 교류를 했다. 한 수 가르쳐주는 위치였다. 우리가 가르쳐 주었다는 자부심보다 필요한 것들을 배우고자 했던 일본인들의 학구열을 더 기억할 필요가 있다.

수신사

수신사는 조선이 개항 후 일본에 보낸 사절단이다. 통신사가 일본에 가르쳐 주러 간 사람들이라면 수신사는 배우러 간 사람들이다. 가르침에서 배움으로 그 위치가 바뀐 건 잠깐이었다. 특별하게 어떤 구체적 기술을 배우러 간 것은 아니다. 일본의 근대화된 문물을 돌아보는 형태였다. 1876년 제1차 수신사가 갈 때 대표는 김기수였다. 1880년 제2차 수신사가 일본에 갔다. 이때 대표는 김홍집이다. 김홍집은 일본에서 청나라 사람들도 만났다. 국제 정세의 흐름을 파악하기 위해서였다. 그리고 《조선책략》을 갖고 귀국해 고종에게 전달했다.

연행사

조선 전기에 명나라에 보내던 사신을 조천사(朝天使)

라고 했다. 조선 후기, 개항 전에 청나라에 보내던 사신은 연행사(燕行使)라고 불렀다. 청나라의 첫 수도는 심양(선양)인데 이후 북경(베이징)으로 옮겼다. 수도 북경을 연경(燕京)이라고 하기에 연경에 보내는 사신이라는 의미에서 연행사가 되었다.

영선사

영선사는 개항 이후 청나라에 파견한 사신단이다 (1881). 당시 청나라는 아편전쟁 패배로 영국과 난징조약(1842)을 맺고 개항한 후 양무운동이라는 근대화를 추진하면서 서양식 무기를 만들고 있었다. 영선사 파견의 주목적은 청나라에서 근대식 무기 제조 기술을 배우는 것이었다. 김윤식이 무기 기술을 배울 유학생들을 데리고 갔다. 이후 유학생들이 귀국해서 조선의 근대식 무기 공장인 기기창 설립에 기여하게 된다.

보빙사

보빙사(報聘使)는 1883년에 조선이 미국에 파견한 사절단이다. '보빙'의 원뜻은 '답례의 뜻으로 외국을 방문함'이다. 특정 나라로 한정하지 않는다. 조선 전기 중국이나 일본에 보내던 사신 중에 당연히 보빙사가 있었다. 다만, 한국사 공부에서 '보빙사'라 하면

1883년에 미국에 간 사절단을 가리키는 용어로 보면 된다. 이것도 일종의 약속인 셈이다.

전교하기를, "미국 공사가 국서를 가져와서 우호 관계가 이미 도타워졌으니 마땅히 답방이 있어야 할 것이다. 협판교섭통상사무 민영익은 전권대신으로, 협판교섭통상사무 홍영식은 부대신으로 임명하여 떠나게 하라" 하였다.

—《고종실록》

《서유견문》

고종은 조미수호통상조약 체결 다음 해인 1883년에 민영익을 대표로 한 보빙사를 미국에 파견하였다. 보빙사 일행은 40여 일간 미국에 머물며 그 나라의 정치·군사·사회·경제 분야를 두루 살펴보았다. 보빙사 일행이었던 유길준은 바로 귀국하지 않고 그대로 남아 유학하다가 갑신정변 이후 귀국했다. 유길준이 지은 책이《서유견문》이다. 서유견문은 한자로 '西遊見聞'이라고 쓴다. 서양을[西] 유람하며[遊] 보고[見] 들은 것[聞]을 기록했다는 의미이다. 제목으로 짐작하면, 단순한 기행문처럼 보인다. 하지만 이 책은 우리나라의 근대화 필요성과 방법을 제시한 전문서적이라고 할 수 있다. 국한문 혼용체로 쓰였다.

《조선책략》의
의도는 무엇일까

제국주의 세력에 맞서기 위한 조선의 책략

《조선책략》의 책략이란 '어떤 일을 도모하거나 처리하는 꾀와 방법'이다. 《조선책략》은 무서운 파도처럼 덮쳐 오는 제국주의 세력에 맞서 조선이 어떻게 외교를 해야 하는지, 그 방법을 제시한 글이다. 일본에 주재하고 있던 청나라 외교관 황준헌이 썼다. 당시 청나라의 권력가 이홍장의 의도가 반영된 글이라고 한다. 원래 제목은 《사의조선책략(私擬朝鮮策略)》, '개인적으로 헤아려 본 조선의 책략' 또는 '내가 헤아려 본 조선의 책략'이라는 의미이다.

러시아의 남하 견제

핵심 내용은 조선에 '친중국(親中國)·결일본(結日本)·연미국(聯美國)'을 권한 것이다. 중국과 친하고 일본과 힘을 합하며 미국과도 손잡으라는 얘기다. 한마디로 조선은 청·일본·미국과 두루 친하게 지내야 한다는

478

얘기다. 목적은? 러시아의 남하를 막기 위해서다. 황준헌은 조선의 적으로 러시아를 지목했다.

조선의 적

러시아가 조선에 위협이 되기는 했다. 그렇지만 청나라가 더 심각하게 러시아에 위협을 느끼고 있었다. 만약에 러시아가 조선을 차지하게 되면 청나라는 큰 위험에 빠진다. 황준헌은 자기 나라 이익을 위해서 조선에 러시아를 견제하도록 권한 것 같다. 《조선책략》에 쓰여 있는 다음 내용을 보면 중국의 속내를 읽을 수 있다.

조선이라는 땅은 실로 아시아의 요충을 차지하고 있어 그 형세가 반드시 다툼을 가져오게 돼 있다. 조선이 위태로워지면 중동아시아의 형세도 날로 위급해질 것이다. 따라서 러시아가 아시아의 강토를 공략하려고 한다면 반드시 조선부터 공략할 것이다.

친중국·결일본·연미국

황준헌의 글은 당시 개화를 추구하는 조선인들에게 상당한 설득력이 있었을 것으로 보인다. 세계 각국의 역사에 대한 해박한 지식을 풀어 내며 왜 조선이 '친

중국·결일본·연미국'해야 하는지 설명하고 있다. 특히 외국을 믿을 수 있을까 하는 의심 그리고 외국과 가까워졌을 때 생길 수 있는 후유증을 걱정하는 조선의 심리를 파악하고, 그런 의심과 걱정을 할 필요가 없는 이유까지 상세히 제시하고 있다.

예를 들어 "조선아, 너희가 미국과 손잡으면 A, B, C, 이런 일이 벌어질까 봐 걱정되지? 걱정하지 마. A는 이러저러해서 일어나지 않아. B는 정말 불가능한 일이야. 왜냐면 이러저러해서 그래. C? 그건 걱정할 일이 아니야. 오히려 너희에게 좋은 일이야. 왜 좋으냐고? 이러저러해서 좋아. 그러니까 의심하지 말고 적극적으로 받아들여." 이런 식이다. 참고로 《조선책략》 일부를 발췌하여 옮긴다.

오늘날 조선의 책략은 러시아를 막는 일보다 더 급한 것이 없다. ⋯ 중국이 사랑하는 나라로는 조선만 한 나라가 없다. ⋯ 지난날 조선에서 일(임진왜란)이 있을 때 중국은 어김없이 천하의 군량을 다 소모하고 천하의 힘을 다 동원하여 싸웠다. ⋯ 오늘날의 일본은 겉으로는 강대한 듯하나 속으로는 허약하며 ⋯ 일본인은 그 성정이 이기기를 좋아할 뿐 양보함이 없고, 이익을 탐낼 뿐 염치가 적으며, 작은 것을 볼 뿐 원대한 것에는 어두워 ⋯ 미국은 ⋯ 남의 토지를 탐내지 않고 남의 인민을 탐내지 않는다는 것을 천하만국이 모두 믿고 있다. … 미국은 우리를 해칠 뜻을 가지고 있지 않을 뿐 아니라 오히려 우리를 이롭게 하려는 마음에서 오는 것이다. … 미국에서 행하는 것은 야소교(耶蘇敎, 기독교)로서 천주교와 근원은 같으나 당파가 다르다. … 야소교는 정치에 간여하지 않는 것을 중요하게 여기며 그 교인 중에 순박하고 순량한 자도 많다. … (조선이) 중국과 친해지는 데서는 기존의 장정을 약간 변경하고, 일본과 맺는 데서는 조규를 서둘러 수정하며, 미국과 잇는 데서는 급히 좋은 맹약을 해야 할 것이다.

개화의 필요성과 유생들의 반발

1880년(고종 17)에 수신사 김홍집에게서 《조선책략》을 받은 고종은 대신들에게 내용을 검토하게 했다. 그리고 여러 부를 만들어 널리 배포했다. 개화의 필요성을 알리려는 의도였다. 하지만 오히려 유생들의 격한 반발과 마주하게 된다. 유생들은 임금에게 만인소를 올렸다. 1882년(고종 19), 조선 조정은 반대 여론을 무릅쓰고 '연미국'을 이룬다. 조미수호통상조약을 맺었다. 미국과 수교한 것이다. 《조선책략》에서 말한 중국·일본·미국 그리고 러시아. 지금도 이들이 한반도를 둘러싼 강국이다.

민족적 자존과 저항의 상징,
위정척사운동

위정척사의 의미

위정척사(衛正斥邪), '지킬 위, 바를 정, 물리칠 척, 간사할 사'이다. 간사할 사(邪)자는 '바르지 못함'으로 풀이한다. 위정척사운동이란 '바른 것을 지키고 그른 것을 물리치자는 운동'으로 양반 유생들이 주도했다. 이항로·기정진·최익현 등이다. 조선 후기 그중에서도 19세기 중엽 이후에 집중적으로 전개되었다.

개화의 물결과 수구 세력

개화의 물결이 넘실거리던 조선 후기, 이 땅에는 개화의 필요성을 인식하고 근대화를 열어 가려던 세력이 있었고 또 한편에 개화의 위험성을 경고하며 조선의 체제를 지키려는 수구(守舊) 세력이 있었다. 위정척사운동은 수구 세력이 일으킨 반(反)개화운동이다.

정과 사

그러면 위정척사의 정(正)은 무엇이고 사(邪)는 무엇일까. 조금씩 그 의미가 변하기는 하는데 종합적으로 말하면 '정'은 우리 것이요, '사'는 남의 나라 것이다. 바른 것, 지켜야 할 것은 조선 성리학 전통이었고, 그른 것, 물리쳐야 할 것은 천주교(서학)와 서양 문물이었다. 병인양요 이후 정(正)은 민족의 자존과 자주 그리고 백성으로 그 대상이 구체화된다. 사(邪)는 서구 열강과 일제의 침략이 된다.

민족적 자존과 저항 의지

위정척사의 사상적 바탕은 성리학이다. 그런데 성리학이 어떻게 일제에 대한 저항의식에 영향을 줄 수 있었을까? 성리학의 구성 요소 가운데 하나가 이민족에 대한 저항의식이라고 한다. 주희가 성리학을 완성하던 시기, 그의 나라는 남송이었다. 송나라가 이민족인 금나라에 멸망하고 남쪽으로 쫓겨 와 세운 나라가 남송이다. 오랑캐라고 업신여기던 여진족에게 나라가 망한 그 참담함, 주희는 나라의 위기 상황에서 민족적 자존과 저항 의지를 성리학에 녹여 넣었다. 조선은 성리학의 나라다. 임진왜란 때의 의병 활동, 병자호란 당시의 척화론, 북벌운동, 지금 말하고 있는 위정척사운동, 조선말의 의병 운동 등에 성리학적 저항 의지가 일정 부분 내재되어 있는 것이다.

서양과의 통상 문제

병인양요(1866) 전후 위정척사 세력은 서양과의 통상을 반대했다. 나라 문을 열고 서양과 통상하면 조선 경제가 무너진다고 보았다. 서양은 공산품을 팔고 우리는 농작물을 판다. 공산품은 기계로 무한정 찍어 낸다. 쌀은 유한하다. 한 번 생산하면 1년을 기다려야 한다. 결국, 우리 백성만 굶주리게 된다. 이런 논리였다.

왜양일체론

당시 위정척사운동은 조정과 궁합이 잘 맞았다. 대원군의 생각 역시 위정척사였다. 그런데 대원군이 물러난 후부터 조정과 갈등을 겪는 처지가 된다. 고종이 개화를 추진했으니 당연한 결과였다. 강화도조약(1876)이 체결되기 전, 위정척사 세력은 왜양일체론(倭洋一體論)을 주장했다. 왜(倭), 즉 일본과 서양이 같다는 것이다. 일본 역시 서양처럼 물리쳐야 할 대상이니 그들과 수교해서는 안 된다는 주장이다. 그러나 조정은 강화도조약을 맺고 개항했다. 일본과의 통상이 시작된 것이다.

개화운동과 위정척사운동

개화운동

개화사상 형성

- 개항·통상 주장(통상 개화론)
- 박규수·오경석·유홍기

개화파 형성

- 김옥균·박영효·서광범 – 일본, 메이지 유신 추구
- 김홍집·김윤식 – 청, 양무 운동 추구

개화파의 분화

- 급진 개화파 – 김옥균·박영효 → 갑신정변
- 온건 개화파 – 김홍집·김윤식·어윤중

갑오개혁(1894), 을미개혁(1895)

- 1차 개혁(신분제 폐지)
- 2차 개혁(홍범 14조 반포)
- 3차 개혁 (태양력·단발령 공포)

위정척사운동

통상 반대(척화주전론)
이항로·기정진

"서양과 화친하면 금수의 지경에 빠지게 될 것이다."

개항 반대(왜양일체론)
유인석·최익현

"저들은 일본인이라고 하나 사실은 서양인이다."

개화 반대(《조선책략》 비판)
이만손·홍재학

"러시아와 미국과 일본은 같은 오랑캐이다."

항일 의병 봉기
유인석·기우만

"부모에게서 받은 머리털을 풀 베듯이 베어 버리니 이 무슨 변고인가."

1860년대
열강의 침입과 통상 요구

↓

1870년대
개항

↓

1880년대
개화정책 추진

↓

1890년대
청일전쟁 삼국 간섭

항일 의병운동으로 계승

1880년(고종 17), 《조선책략》이 국내에 퍼지면서 전국 유생들의 위정척사운동이 다시 뜨겁게 일어났다. 영남 유생들은 만인소를 올려 이 책에서 제시한 외교 전략을 강력하게 비판했다. 한편 명성황후가 일본인들에게 시해된 을미사변(1895) 그리고 단발령이 계기가 되어 위정척사운동은 항일 의병운동으로 계승된다. 위정척사운동을 주도한 인물들 가운데 직접 의병을 일으킨 이들도 있었다. 최익현이 대표적이다.

反, 반대한다 할 때의 반이다. 半, 사과 반쪽 할 때의 반이다. 50%라는 의미다. 이 반이라는 글자를 잘 구분해야 오해가 안 생긴다. 한자가 적혀 있으면 금방 구분이 가능한데 한글로만 적었으면 앞뒤 문맥을 보고 파악해야 한다. "청나라가 반식민지로 전락했다"는 문장에서는 반(半)의 의미다. 청나라가 완전히 망하지는 않았으나 거의 식민지나 마찬가지 상태로 떨어졌다는 뜻이다. "동학농민운동은 반봉건적·반침략적 성격을 띤다"는 문장에서 반은 반(反)이다. 봉건적 행태에 반대(거부)하고 외국의 침략 행위에 반대한다는 것이다.

만인소는
어떤 내용일까

유생들의 집단 행동

《조선책략》에서 제시한 '책략'에 반대하는 양반 유생들이 집단행동에 나섰다. 이만손을 대표로 하는 영남 지역 유생들이 집단 상소를 올린 것이다(1881). 유생들은 군이 러시아를 적으로 돌려 위험을 자초할 필요가 없다고 주장했다. 이에 동의하고 서명한 사람이 대략 1만 명이었다고 한다.

만인소

그래서 이 상소를 만인소(萬人疏)라고 부른다. 해당 지역 명칭을 담아 '영남만인소'라고도 한다. 조선 시대에 조정으로 만인소가 올라간 적이 몇 번 있었는데 그 가운데 '영남만인소'가 많이 알려졌다. 그래서 그냥 '만인소'라고 하면 '영남만인소'를 떠올리는 게 자연스럽다. 지금도 어려운 일인데, 교통도 불편하던 그때 만 명이 서명한다는 것은 정말 보통 일이 아니다.

영남만인소

만인소의 내용을 살펴보자. 유생들은 황준헌의 친 기독교적 발언에 분노했다. "불행히도 예수교라는 사악한 종교가 해외의 오랑캐한테서 나오매 예의염치는 말할 나위도 없고 오륜·삼강·법칙을 모조리 쓸어 버리고 말았습니다"라며 적개심을 표출했다. 그런데 약간의 오해가 있었던 것 같다. 황준헌은 기독교와 천주교의 관계가 마치 주자와 육구연의 관계와 비슷하다고 했는데, 유생들은 예수와 주자가 동격이라는 식으로 받아들였던 것 같다.

일본에 대한 적개심

황준헌은 《조선책략》에서 '친중국·결일본·연미국'을 권했다. 중국과는 그럭저럭 지내고 있고 일본과는 이미 강화도조약으로 수교해 버렸으니, 유생들이 반대하는 주 대상은 미국일까? 아니다. 유생들은 모든 나라를 경계했다. 위정척사다. 그런데 미국보다 일본에 대한 적개심이 더 강하게 드러난다.

삼포왜란이라는 지난 일이 어제와 같고 임진왜란의 원한이 아직 가시지 않았는데 … 어느 때라도 저들이 날뛰는 날이면 어찌 마음대로 침입할 기회가 없겠습니까? 만일 지방마다 방비하지 않았다가 저들이 산돼지처럼 함부로 돌진해 오면, 전하는 장차 이를 어떻게 제어하겠습니까?

왕도 할 말이 없을 것 같다. 유생들은 황준헌을 국적만 중국일 뿐 실은 일본의 지시를 따라 말하는, 이를테면 일본의 '대변인[說客]'이라고 비판했다. 미국에 대한 거부 사유는 추상적이다. 그들을 잘 알지 못하니 당연하다고 해야겠다.

미국은 우리가 본래 모르던 나라입니다. 갑자기 남의 종용을 받고 우리 스스로 끌어들여 그들이 풍랑을 몰고 험한 바닷길을 건너와 우리 신료를 괴롭히고 우리 재산을 쉴 새 없이 빼앗아 가거나, 저들이 우리의 허점을 엿보고 우리의 약함을 업신여겨 들어 주기 어려운 청을 강요하고 감당하지 못할 책임을 지운다면 전하는 장차 어떻게 이에 대응하시겠습니까.

러시아 · 미국 · 일본에 대한 인식

미국이 그때 "우리의 약함을 업신"여긴 건 맞는 것 같다. 유생들이 러시아에 대해선 호감을 가졌나? 아니다. "러시아 · 미국 · 일본은 똑같은 오랑캐입니다"라고 했다. "러시아는 그동안 우리와 별 관계없이 살아온 나라다. 멀리 있는 미국과 가깝게 지내고 가까이 있는 러시아를 배척했다가 섭섭함을 느낀 러시아가 덤벼들면 어찌할 것이냐"라고 임금에게 물었다. 한마디로, 미국과 친해지는 건 긁어 부스럼 만드는 일이므로 반대한 것이다.

중국에 대한 인식

그러면 '친중국'은 찬성했을까? 그렇지도 않다. "중국에 대해 삼가 신의와 절도를 지키고 번속의 직분에 충실한 지 벌써 200년이나 됐습니다. … 그런데 이제 더 친할 것이 무엇이 있겠습니까"라고 했다. 중국에 대한 강한 거부감이 느껴지지는 않는다. 하지만 더 가까워지는 걸 원하지 않는다. 당시 중국은 한족 명나라가 아니고 만주족 청이다. 성리학자들의 청에 대한 인식의 한 단면이 엿보인다.

청나라가 대원군을
납치한 이유

임오군란

서울 한복판에 불길이 오르고 총소리가 진동한다. 땅을 박차는 억센 발걸음은 차라리 지진이었다. 수많은 사내들이 토해 내는 거친 숨소리 그리고 함성 그리고 죽어 넘어지는 관리들의 마지막 비명. 1882년 임오년 6월 9일, 10일. 서울은 아수라였다. 사내들은 거리낌이 없었다. 궁궐까지 짓쳐 들어갔다. 명성황후(민비)는 궁을 빠져나와 지방에 몸을 숨겼다. 일본 공사관도 무사하지 못했다. 죽임을 당한 이가 여럿이었다. 가까스로 목숨을 건진 일본인들은 제 나라로 달아났다.

고종의 항복 선언과 대원군의 재집권

폭동이다. 진압해야 한다. 그런데 진압할 병력이 없었다. 폭동을 진압해야 할 군인들이 일으킨 폭동이니 누가 막으랴. 순식간에 그들은 서울을 장악한다. 임금 고종의 항복 선언. 그는 아버지 대원군에게 권력을 넘기고 사태 수습을 맡긴다. 다시 대원군 시대가 열렸다. 서울은 안정을 되찾기 시작한다. 그만큼 대원군에 대한 백성의 신뢰가 높았던 것 같다. 임오년(1882)에 군인들이 중심이 되어 일으킨 정변, 임오군란이다. 정변을 일으킨 군인들은 대개 훈련도감 소속이었던 하급 병사들이다. 여기에 서울의 백성들이 대거 합류했다. 못 먹고 헐벗은 하층민들이 많았다. 군인들은 왜 이렇게까지 행동했을까.

민씨 척족의 횡포

대략 10년 전, 대원군이 물러나고 고종이 친정을 시작하자 조정에서 힘을 갖게 된 세력이 민씨 척족이었다. 명성황후의 집안사람들이 정권을 잡은 것이다. 그들에 의해 개화 정책이 추진되고 있었다. 하지만 대개무능했고 부패했다. 그들이 배를 불릴수록 백성은 배를 곯아야 했다.

별기군 창설

1881년, 조정은 5군영을 2군영으로 축소 재편하고 별기군을 창설했다. 보통 기존의 군인들을 '구식 군인'이라고 하고 별기군을 '신식 군대'라고 하는데 적절한 표현인지는 모르겠다. 별기군은 일본인 장교에게서

493

근대식 훈련을 받았다. 처음에는 80명을 선발했는데 임오군란 당시에는 400명 정도로 늘어 있었다.

군 차별

별기군은 기존 군인들보다 봉급을 많이 받았다. 대우도 좋았다. 군복도 제법 근사했다. 기존 군인들은 심하게 차별받았다. 공사판의 일꾼보다 봉급이 적었다고 한다. 모멸감이 점점 커졌다. 언제 잘릴지 모른다는 불안감도 쌓여 갔다. 거기다 쥐꼬리만 한 봉급이 13개월이나 지급되지 않았다. 드디어 봉급 받는 날, 우선 1달 치를 준다고 한다. 그래도 좋다. 군인들이 모였다. 쌀로 받았다. 그런데 받은 쌀에 겨와 모래가 섞여 있었다. 겨와 모래 분량만큼의 쌀은 담당 관리가 착복했을 것이다. 군인들은 분노했다. 항의가 당연했다. 그런데 정부 관리는 거칠게 항의하는 군인들 몇을 감옥에 가두고 모질게 고문했다. 풀어 달라고 몇 번이나 하소연해도 소용없었다. 결국, 군인들이 들고일어났다. 대원군은 묵인했다. 군인들의 행동은 지지한 것이다.

백성들의 봉기 동참

백성들은 왜 봉기에 호응하고 동참했나. 그들도 고통스럽기는 매한가지였다. 일본 상인들이 쌀을 대량으

로 쓸어 가면서 값이 폭등했다. 3배 이상 올랐다. 그들
이 쏟아내는 면직물로 국내 수공업 기반이 무너졌다.
일본 상인에게 쌀을 넘기는 중간 상인들이야 돈을 벌
었지만, 절대다수의 하층민들은 생존 자체가 절박
했다. 거기다 부패한 관리들의 만행도 심각했다. 지배
층에 대한 분노, 일본에 대한 분노, 자신의 처지에 대
한 분노. 그들은 군인들과 하나가 되었다.

대원군의 개혁 정책

재집권한 대원군은 개혁을 시도했다. 개화 이전의 상
태로 돌아가는 조치였다. 민중의 부담을 덜어 주는 내
용이었다. 백성들은 지지를 보냈다. 하지만 고단한 개
혁이었다. 그동안 조정에서 대원군 사람들은 다 밀려
났다. 개혁 추진 세력이 부족했다. 거친 파도 위에서
외롭게 노를 젓던 대원군에게 더 거친, 거대한 파도가
덮쳐왔다. 파도는 대원군을 순식간에 집어삼켰다. 파
도는 청나라였다.

청의 대원군 납치

수천 명의 청나라 군대가 들이닥쳤다. 조선 군인들
은 청군과 맞서 싸웠으나 결국 진압되고 말았다. 7월
13일, 그들은 대원군을 납치해 청나라로 끌고 갔다.

대원군이 재집권했던 기간, 약 1달이었다. 임오군란이 이렇게 끝났다. 그리고 민비가 돌아왔다. 청나라는 민씨 세력이 다시 집권하게 했다. 이제 민씨 정권은 청나라의 간섭에 순응하게 된다. 청나라는 치졸한 방법으로 대원군을 납치했다. 대원군을 정중히 초대해 놓고 그대로 배에 태워 청나라로 가 버렸다. 왜 청나라는 대원군을 납치해 갔을까. 일본만 대원군을 싫어한 게 아니다. 청도 그를 싫어했다.

이이제이의 변용

청나라는 조선에 미국 등 서양 나라들과도 수교하고 통상하라고 거듭 요구하고 있었다. 러시아가 조선을 차지할까봐 조바심 내던 청나라다. 서양 여러 나라가 조선에 들어와 있으면 그럴 위험이 줄어든다고 보았다. 그래서 조선의 개방을 요구했던 것이다. 오랑캐로 오랑캐를 제거한다는 이이제이(以夷制夷) 외교 정책의 변용이라고 할 수 있다. 그런데 대원군은 개방을 거부하는 인물이다. 청나라의 국익에 손해를 끼칠 사람이다. 그래서 납치했다. 결국, 이렇게 임오군란이 끝났다. 이제 조선은 청나라의 간섭을 심하게 받게 될 것이다. 또 일본은 손해 배상을 해달라고 덤벼들 것이었다.

장정과 조약은
뭐가 다를까

조청상민수륙무역장정

임오군란의 결과로 조선과 청은 조청상민수륙무역장정(朝淸商民水陸貿易章程)을 맺었다. 조선과 청나라 사이에 체결된 양국 상인들의 수륙 통상에 관한 조약이라는 뜻이다. 그동안 조선과 청은 육로를 통한 제한된 무역을 해왔다. 그런데 이 조약으로 청 상인들이 서울에 상점을 내고 자유롭게 장사하고, 내륙 지방까지 들어가 토산품을 구입할 수 있게 됐다. 치외법권도 누렸다. 청나라 사람들이 몰려들기 시작했다. 그런데 이 조약의 심각성은 다른 데 있다. 조약 전문에 이런 표현이 있다.

조선은 오랫동안 제후국으로 있었으므로 제도와 의식에 관계되는 모든 것이 다 정해진 규정이 있었다는 것은 다시 의논할 여지가 없다. … 이번에 체결한 수륙 무역 규정은 중국이 속국을 우대한 것이고, 우호 관계를 가진 각 나라들도 마찬가지로 다 이득을 보도록 하는 것은 아니다.

청의 내정 간섭

조선은 청의 속국이니 양국 간에 맺은 조약의 내용을 다른 나라가 균점(다른 나라들도 같은 혜택을 받는 일)할 수 없다는 얘기다. 문제는 조선이 청의 속국임을 명문화해서 대외적으로 드러낸 것이다. 분명한 것은 지금까지 조선은 청나라의 속국이 아니라는 사실이다. 그런데도 형식에 불과했던 사대 관계를 이용해 조선을 속국으로 얽어매려는 야욕을 드러낸 셈이다. 청은 이에 근거해 조선 내정에 노골적으로 개입하게 된다.

제물포조약

임오군란으로 곤경을 겪은 일본이 가만있을 리 없다. 조선을 강요하여 제물포조약(1882)을 맺었다. 내용은 조선 정부의 사과, 책임자 처벌, 거액의 배상 요구. 거기까지는 짐작된다. 그런데 여기에 더해서 일본 군대의 한양 주둔이 인정되고 말았다. 명분은 일본 공사관을 경비할 병력이 필요하다는 것이었다. 제물포조약을 맺을 때 속약(續約)이라는 명칭으로 추가 조약을 체결했다. 임오군란 처리와는 아무런 관련이 없다. 이 조약으로 일본인들이 한양까지 들어와 장사할 수 있게 되었다. 원래 일본인들은 개항된 부산·원산·인천 항구에서 동서남북 직경 10리까지만 다니면서 장사할수 있었다. 그런데 새로운 조약에 50리까지 늘리되, 2년 후에는 100리까지로 한다는 내용을 담은 것이다. 한양이 그 범위 안에 들어간다.

조약과 장정

이제 '조청상민수륙무역장정'이라는 명칭을 다시 보자. 조선과 청이 맺은 조약이라고 했다. 마지막 두 글자가 장정. 왜 명칭이 '조약'이 아니고 '장정'일까. 청나라 쪽의 얘기가 이렇다.

지금 정하려는 것은 장정인바 조정이 특별히 허락하는 것이다. 조약은 피차가 대등하게 맺는 약장(約章)이지만, 장정이란 상하가 정하는 조규인 것이다. 그 명칭이 다르니 그 실(實) 역시 같지 않다.

'조약'은 대등한 관계의 나라끼리 맺는 것이고 '장정'은 상하 관계에 있는 나라 간에 맺는 것이다. 청은 상국(上國)이고 조선은 청의 조공국이니 대등한 관계라 할 수 없으므로 조약이 아니라 장정이라고 해야한다는 소리다.

조규

그러면 조일수호조규(강화도조약, 1876)와 조일통상장정(1883)도 상하 관계에 따라 정해진 명칭인가. 그렇지 않다. 조약·장정·조규를 구분해서 적용한 것은 청나라뿐이다. 어떤 공식적 근거가 있는 것도 아니다. 그들 마음대로 만들어 낸 논리인 것 같다. 조선과 일본 간에 맺어진 조약에 쓰인 명칭, 장정·조규는 청나라가 내세우는 명분과 관련이 없다. 그냥 조약과 같은 의미로 이해하면 될 것이다.

한청통상조약

조청상민수륙무역장정(1882)을 체결하고 10여 년이 흐른 뒤 두 나라는 한청통상조약(1899)을 맺는다. 이번엔 장정이 아니고 조약이다. 그러면 두 나라가 서로 대등한 관계임을 인정한 것인가. 그렇다. 청일전쟁에서 패배한 청나라는 이제 조선을 압박할 힘이 없었다. 당시 조선은 대한제국, 황제의 나라임을 선포했다. 한청통상조약은 대한제국과 청이 대등한 위치에서 맺은 조약이다.

조일통상장정과
방곡령 사건

조일통상장정

1883년(고종 20)에 조선은 일본과 조일통상장정이라는 조약을 맺는다. 이 조약은 조선이 일본에 요구해서 체결됐다. 처음에 일본은 조선의 요구에 응하지 않았다. 그러다가 어쩔 수 없는 상황이 되자 조약을 체결했다. 우리가 뭔가를 요구했고, 일본은 그 '뭔가'를 수용했다. 대신 다른 이익을 챙겼다.

무관세

'뭔가'는 관세다. 외국에서 들어오는 물품, 즉 수입품에 대해 세금을 부과하는 관세. 조선 정부는 일본에서 들어오는 물품에 관세를 물리려고 했다. 지금까지는 관세를 부과하지 못했다. 그래서 일본에 조약 체결을 요구했다. 그 결과물이 조일통상장정이다. 조선은 근대적 관세 개념에 대해 알지 못했다. 그래서 강화도조약 후속으로 맺은 조일무역규칙에서 일본 물품에 대한 무관세(無關稅)를 인정해 주었다. 일본은 이때, 조선이 만약 관세 징수를 강하게 주장하면 5% 정도를 내는 것으로 계획하고 있었다. 그런데 조선은 별다른 주장을 하지 않았다. 일본은 시치미 떼고 무관세를 밀어붙였다.

조약의 개정 요구

조선의 무지에 속상해도 한심하다고 욕하지는 말자. 청나라도, 일본도 처음엔 그랬다. 개항하고 나서야 조선은 관세의 중요성을 체감했다. 그래서 일본에 조약 개정을 요구한다. '아니, 이미 국가 대 국가로 조약을 맺었는데 어떻게 개정을 요구하지?' 개정 요구가 가능했다. 조일무역규칙에 "양국에서 현재 정한 규칙은 … 수시로 사정을 헤아려 상의하고 개정할 수 있다"는 내용을 담았던 것이다. 이 조일무역규칙의 내용을 근거로 조선은 일본에 조약 개정을 요구했다. 그러니까 조일통상장정(1883)은 새로 체결된 조약이면서 조일무역규칙(1876)의 개정 조약이다.

2차 수신사 파견

조선은 김홍집을 대표로 한 2차 수신사를 일본에 보낸 1880년에 조약 개정을 추진했다. 그러나 되지 않았다.

그래도 성과가 있었다. 김홍집이 일본 주재 청나라 외교관들에게서 근대적 조약, 통상 체계, 관세 문제 등에 대해 구체적으로 배울 수 있었다. 이후에도 일본은 조선의 협상 요구를 거부했다.

조미수호통상조약

1882년(고종 19) 조선이 미국과 조미수호통상조약을 맺었다. 제5관에 "미국 상인과 그 상선이 조선에 가서 무역해 입출항하는 화물은 모두 마땅히 세금을 내야 하며 그 수세의 권리는 마땅히 조선의 자주로부터 나온다"라고 규정했다. 이에 따라 조선은 물품에 따라 10~30%의 관세를 징수하게 되었다. 특히 미국은 "수세의 권리는 마땅히 조선의 자주로부터 나온다"고 하여 조선의 관세자주권을 인정했다.

관세 징수

이제 일본도 어쩔 수 없다. 조선과 일본의 협상이 본격적으로 시작됐다. 중간에 협상이 중단됐다. 임오군란이 일어났기 때문이다. 임오군란 이후 협상이 다시 시작됐다. 그리고 합의에 이르렀다. 조일통상장정이 체결된 것이다. 이제 조선은 일본 물품에 대해 품목에 따라 5~30%의 관세를 징수하게 되었다. 하지만 조선은 관세자주권을 확보하지는 못했다. 우리가 자주적으로 관세율 등을 결정하지 못하고 일본과 협의해서 정하기로 했다.

일본의 이득

조일통상장정으로 일본도 이익을 챙겼다. 조선에서 최혜국대우를 인정받았다. 강화도조약 당시에 일본이 요구했던 것인데 그때는 조선이 거부했었다. 이번에는 조약에 들어갔다. 제42관에 "현재 만약 혹은 장래에 조선 정부가 어떤 권리와 특전 및 혜택을 다른 나라 관민에게 베풀면 일본국 관민 또한 즉시 일체 균점(다른 나라와 똑같은 혜택을 받음)한다"라고.

방곡령 사건

방곡령 사건의 발단도 이 장정에 있다. 곡식의 일본 유출을 막아 백성을 보호하려고 지방관이 내리던 방곡령에 일본이 딴지를 걸 수 있었던 것은 조일통상장정 제37관 때문이다. "만약 조선국이 … 미곡 수출을 금지하면 반드시 먼저 1개월을 기약해 지방관이 일본 영사관에게 알려"야 한다고 규정했다. "1개월"이 문제였다. 우리 지방관이 1개월 전에 통보하지 않은 것을 빌미로 일본이 방곡령을 철회하게 했다.

청나라는
왜 양무운동을 추진했을까

한족의 나라, 중국

중국은 한족(漢族)의 나라다. 하지만 이민족에게 오래
도록 시달리고 지배도 받았다. 때로는 중국 영토의 일
부를, 때로는 통째로 이민족이 장악하고 한족을 다스
렸다. 춘추 전국 시대, 진나라, 한나라 초까지 한족은
흉노에 짓눌렸다. 얼마나 그들이 무서웠으면 만리장
성을 쌓았을까. 거란족의 요, 여진족의 금은 중국의 일
부를 통치했다. 몽골족의 원과 여진족(만주족)의 청은
중국 전역을 다스렸다. 그런데 원나라의 역사가 짧다.
금방 망했다. 몽골족의 한족 지배가 서툴렀다. 청나라
는 달랐다. 소수의 만주족이 다수의 한족을 무난하게
다스렸다. 어르고 달래고 위협하는 방법이 제법 능숙
했다.

아편전쟁과 불평등조약

위세 당당했던 청나라가 무너지는 계기는 서양에서

왔다. 영국이 일으킨 치사한 전쟁, 아편전쟁에 패하면서부터이다. 청은 영국과 난징조약(1842)을 맺고 서양 세력에 문을 열어준다. 이후 이런저런 불평등조약을 맺으며 이리 뜯기고 저리 뜯기는 신세가 된다. 덩달아 백성들의 삶도 피폐해졌다.

태평천국운동

'아, 만주족 정부가 이리도 무능했던가?' 한족들이 봉기했다. 만주족 정부를 무너뜨리고 한족의 나라를 다시 연다는 기치를 내걸고 일어난 봉기, 태평천국운동(1851~1864)이다. 청 정부는 서양 군대의 힘을 빌려 가까스로 태평천국을 진압했다.

양무운동

'이대로는 안 되겠다.' 청 정부는 근대화 개혁을 시작한다. 태평천국 진압에 공을 세운 이홍장 등이 근대화를 주도했다(이홍장은 한족 관료다). 이를 양무운동이라고 한다. 양무운동은 중체서용(中體西用)을 바탕으로 추진되었다. 중국의 전통적인 체제는 그대로 두고 서양의 기술만 수용한다는 것이다. 이는 조선의 동도서기론과 비슷한 성격이다. 양무운동은 서양의 기술 가운데 특히 무기 기술에 주목했다. 그래서 군수공업 중심의 근대화를 추진했다.

랴오둥반도

결과는 실패다. 청일전쟁(1894)의 패배로 양무운동은 끝난다. 전쟁에서 진 청나라는 일본에 땅덩이까지 떼어주는 수모를 당한다. 원래 랴오둥반도와 타이완을 빼앗겼는데 랴오둥반도는 되받는다. 어떻게? 러시아가 독일과 프랑스를 끌어들여 일본을 위협했다. "어이, 랴오둥반도 청에 돌려주지. 안 그러면 재미없어." 이를 역사에서 '삼국간섭'이라고 한다. 일본은 이들 세 나라와 싸워 이길 수 없다고 판단하고 청나라에 랴오둥반도를 되돌려준다.

변법자강운동

'아, 껍데기만 근대화해서는 안 되는 거구나. 알맹이까지 개혁해야 하는 거였어.' 기술 모방의 한계에서 벗어나 청나라의 정치 사회 전반에 대한 개혁 운동이 벌어진다. 캉유웨이 등이 주도한 변법자강운동이다. 그들의 황제도 변법자강운동을 지원했다. 그러면 이번에는 성공했을까? 기득권을 지키려는 보수파의 반발로 실패하고 만다.

신해혁명과 청의 멸망

한족이 다시 일어났다. 만주족 왕조를 무너뜨리고, 공화정을 수립해서, 민생을 안정시키자는 삼민주의(민족·민권·민생)를 내세운 쑨원, 그가 신해혁명을 일으킨 것이다. 쑨원은 새로운 한족의 나라 중화민국을 세운다. 청이 이렇게 무너졌다(1911).

갑신정변의 전개와
외세의 간섭

온건 개화파와 급진 개화파

갑신정변은 1884년(고종 21) 갑신년에 김옥균(1851~
1894) 등 개화파가 근대화를 목적으로 일으킨 정변
이다. 실패했다. 그러나 역사적 의의가 있다. 이 사건
에 대한 오해도 있다. 이제부터 그 흐름을 따라가 보
자. 조선의 개화세력은 온건 개화파(사대당)와 급진 개
화파(개화당), 둘로 구분된다. 점진적인 개혁을 추구하
는 온건 개화파는 우리의 체제와 정신을 지키면서 서
양의 기술을 도입한다는 동도서기론(東道西器論)을 내
세웠다. 청과의 관계를 중시했다.

정치·사회 전반에 대한 개혁

갑신정변은 급진 개화파 세력이 일으켰다. 그들은 조
선의 정치·사회 전반에 대한 개혁을 추진했다. 당시
조정은 민씨 세력이 장악하고 있었다. 청의 도움으로
정권을 회복한 그들인지라 근대화 정책 역시 청나라

방식을 따랐다. 급진 개화파, 즉 개화당은 청나라의 간섭을 끊어 내고 나라의 자주독립을 회복하는 것을 목표로 삼았다. 갑신정변 주도 인물 가운데 한 명인 서재필은 김옥균의 구상을 이렇게 밝혔다.

그때 김옥균의 생각은 무엇보다도 청나라 세력을 꺾어 버리는 동시에 그에 추종하는 귀족들의 세력을 빼앗은 후에 우리 나라의 완전자주독립정치를 수립하자는 것이 그의 이상이었고 실현의 최고 목적이었다.

이러하니 집권세력과 갈등을 빚을 수밖에 없었다. 민씨 세력은 개화당 사람들을 조정에서 밀어내며 억압했다. 개화당 사람들은 평화적인 방법으로는 자신들의 뜻을 이루기 어렵다고 판단했다. 결국, 택한 방법이 정권을 뒤집어엎는 정변이었다. 정변은 무력 충돌이 따르기 마련이다. 군사력이 필요하다.

정변의 준비와 청불전쟁

급진 개화파라고 부르니까, 별안간 욱하고 정변을 일으킨 것처럼 생각하기 쉬운데 그렇지 않았다. 적어도 1년 이상 꾸준히 준비했다. 개화당을 지지하는 지방 수령에게 병사들을 훈련시키게 하는 등 다양한 방법으로 정변에 동원할 병력을 확보했다. 대략 1,000명 정도였다고 한다. 궁궐 안에서 호응할 궁녀·환관·수문장도 같은 편으로 확보했다. 정세가 일단 개화당에 유리하게 전개됐다. 임오군란 이후 그대로 눌러앉은 청나라 군대 3,000명 중 절반이 철수했다. 청나라가 베트남을 놓고 프랑스와 청불전쟁을 치르게 되자 그쪽으로 병력 일부를 돌린 것이다.

갑신정변과 일본 세력

갑신정변이 일본의 주도로 진행된 듯이 이야기하는 경우가 있다. 김옥균 등이 일본의 지시를 받아 움직였다는 얘기다. 정변 당시 서울 백성 가운데 이런 생각을 한 이들도 많았다. 그러나 사실이 아니다. 일본군을 동원하기는 했지만, 개화당이 독자적으로 정변을 계획하고 추진했다. 오히려 김옥균은 일본이 훼방 놓을까봐 걱정했다. 일본이 개화당의 근대화 개혁이 성공하기를 바랄까? 그럴 가능성은 1도 없다. 김옥균의 말을 들어 보자.

공사(公使)가 오기 전에 우리 당에서는 이미 결정한 바가 있었다. 그러므로 일본의 도움 여부는 본래 생각지 못했을 뿐 아니라 공사가 다시 온다는 말을 듣고 우리들은 도리어 걱정을 했다.

김옥균의 일본에 대한 불신

개화당이 정변 계획을 모두 세울 때까지 일본 공사 다케조에는 서울에 없었다. 일본에 가 있었다. 정변 단행을 앞두고 일본 공사가 조선으로 온다고 하니 김옥균은 오히려 방해가 될까봐 염려했던 것이다. 김옥균은 일본에 여러 번 다녀왔고 사람들도 사귀었지만, 일본을 믿지 않았다. 전에 이런 일이 있었다. 김옥균이 조선 대표로 차관을 도입하러 갔을 때 일본은 빌려줄 듯 말 듯하다가 고종 임금의 확인서를 받아 오면 주겠다고 했다. 김옥균은 돌아와 고종의 확인서를 받아서 다시 갔다. 일본은 빌려주지 않았다. 그때 김옥균은 차관 도입 실패로 조정에서 어려움을 겪었다.

청나라 군에 대한 견제

그런데도 김옥균이 정변에 일본군(150명)을 끌어들인 것은 청나라 군대를 견제하기 위해서였다. 이쪽에 일본군이 있으면 청나라군이 쉽게 공격하지 못할 것으로 생각했다. 청과 일본 두 나라는 전쟁을 우려해 서로 충돌을 자제하고 있었다. 김옥균은 일본 공사에게 정변 때 일본군이 할 일은 딱 한 가지라고 못 박았다. 청군이 공격할 경우 임금을 호위하는 일이다. 정변 후 조선 내정에 일절 간여하지 말라고 했고 일본 공사는 그렇게 하겠다고 약속했다.

정변의 시작

1884년(고종 21) 음력 10월 17일 정변이 시작됐다. 계획대로 진행되지는 않았으나 어쨌든 정권 장악에 성공한다. 이날 우정총국 낙성식 축하잔치가 열렸다. 우정총국은 근대식 우편 업무를 담당하는, 지금의 우체국 같은 기관이다. 갑신정변 주도 인물 가운데 한 명인 홍영식이 대표였다. 축하잔치에 고위 관료들이 모여들었다. 미국 공사 등 외국인들도 왔다. 김옥균 쪽 사람들이 곳곳에 포진해 있다. 우정총국 바로 밖에서 불이 난다. 물론 일부러 지른 거다. 사람들이 몰려가 혼란스럽다. 그 사이 하나씩 둘씩 쓰러지는 사람들. 죽임을 당한 사람들은 조정 대신들과 민씨 세력이다.

개화당의 신정부 구성

정권을 장악한 김옥균은 각 공사관에 이 사실을 알린다. 미국 공사는 "사세가 여기에 이르렀으니 오직 내정을 잘 개혁하시오"라며 정변 성공을 인정했다. 다른 나라들도 정변을 사실로 받아들였다. 이튿날 10월 18일, 정변 세력은 임금의 허가를 받아 신정부를 구성한다. 국왕의 종친과 온건 개화파 몇 사람도 명단에 포함됐지만, 요직은 개화당 사람들이 장악했다. 김옥균은 만약을 대비했다. 임금을 보호하기 위해 삼중 방어막을 쳤다. 외곽은 조선 병사들이 맡고 중간선은 일본군이 서고 임금 곁은 개화당 사람들이 지켰다.

개혁안 발표

넷째 날인 10월 19일 아침, 개혁안이 발표됐다. 아마도 수십 개 조항이 된 것 같은데 지금 전해지는 것은 14개 조항뿐이다. 신정부는 개혁안을 통해 청나라에 조공하는 허례를 폐지해 버렸다. 임오군란 이후 계속되어 온 청나라의 속국화 정책을 거부하고 조선이 자주독립국임을 대내외에 공포했다. 아울러 문벌(양반 신분 제도)을 폐지해서 국민평등사회를 열겠다고 선언했다. 이 외 정치·경제·사회·문화·교육·국방 여러 분야에 대한 개혁이 포함되었다.

청나라 군대의 궁궐 침입

그런데 불과 몇 시간 뒤인 10월 19일 오후, 청나라 군대 약 1,500명이 궁궐로 쳐들어왔다. 외곽 방어선에서 조선군은 치열하게 맞서 싸웠다. 그러나 방어선이 뚫리고 말았다, 이번엔 일본군이 막을 차례다. 큰소리 뻥뻥 치던 일본군은 제대로 싸우지도 않고 후퇴해 버렸다. 이날 밤, 개화당 신정부는 붕괴하고 말았다.
10월 17~19일. 말 그대로 '삼일천하'로 끝났다. 중심
인물 김옥균·서광범·박영효·서재필은 황급히 일본
으로 망명했다. 홍영식은 끝까지 고종을 곁에서 모
시다가 청국 군인들에게 죽임을 당했다.

갑신정변의 실패

비록 실패했지만, 김옥균 등이 추진하려고 했던 개혁
안이 이후 갑오개혁 등에 영향을 주었다. 갑신정변이
'위로부터의 개혁 운동'이었기에 실패하고 말았다는
평가도 적절하지 않은 것 같다. 아래로부터의 개혁만
이 선(善)은 아니다. 위로부터 이루어진 개혁도 성공
한 사례가 많다. 다만 갑신정변이 백성의 마음을 얻지
못한 것은 분명한 한계다.

민심의 반감

정변 당시 일반 백성들은 근대화 개혁을 급히 해야
한다는 생각을 별로 하지 않았다. 갑신정변을 조정 내
정권쟁탈전 정도로 인식하기도 했다. 김옥균이 일본
군의 도움을 받은 것도 패착이었다. 백성들은 일본에
대한 반감이 아주 깊었다. 그런데 정변 세력이 일본군
과 한편인 거다. '아, 저놈들은 친일파구나.' 이렇게 생

각했다. 만약 임오군란 때처럼 백성들이 봉기해서 개화당을 도왔다면, 청나라 군대 1,500명 정도 충분히 무너트릴 수 있었을 것이다. 하지만 백성들은 그렇게 하지 않았다. 오히려 일본인과 "일본 앞잡이 개화당" 사람들에게 거칠게 맞섰다.

1884년 갑신년 당시 김옥균 34세, 홍영식 30세, 서광범 26세, 박영효 24세, 서재필 20세였다.

톈진조약은
어떤 영향을 미쳤을까

제물포조약

임오군란의 결과로 조선과 일본이 맺은 조약이 제물
포조약(1882)이다. 그때 일본이 피해를 보았으니 조선
정부에 사과를 요구한 것이 말은 된다. 갑신정변의 결
과는 한성조약(1884년, 양력으로는 1885년)이다. 조선이
일본에 사과하고 피해 보상하는 내용이다. 이건 정말
말이 안 된다.

한성조약

당시 조선 정부 시각으로 볼 때 갑신정변은 일종의 반
란 행위이다. 일본은 반란 세력에 힘을 보탰다. 조선이
피해자요, 일본이 가해자가 되는 셈이다. 그런데도 조
선이 잘못했다고 사과하고 보상하는 내용으로 한성조
약이 체결됐다. 조선은 일본으로 피한 김옥균을 보내
달라고 요구했으나 이마저 거부당했다. 조선 정부의
대응이 아쉽다.

텐진조약

갑신정변을 계기로 청과 일본 간에는 텐진조약(1885)
이 맺어진다. 조선에 청나라와 일본 군대가 들어와 있
는 상태다. 두 나라가 충돌을 피하려면 양국 군대가
조선에서 철수해야 한다. 두 나라는 아직은 전쟁을 원
하지 않았다. 한 나라만 나가면, 나간 나라만 손해다.
같이 나가야 하는데, 그러려면 협상이 필요하다. 일본
이 먼저 대화를 제의했고 청나라가 이에 따랐다.

제3조의 문제

이토 히로부미가 청나라 텐진으로 가서 이홍장을 만
났다. 협상 막바지에 조선에 사건이 터졌다. 영국군
이 러시아의 남하를 견제하려고 거문도를 점령한 것
이다. 러시아는 청과 일본에도 위협이었다. 협상이 바
로 마무리됐고 두 나라는 텐진조약을 맺었다. 조약 제
1조에 4개월 이내에 청과 일본 군대가 조선에서 철수
한다고 규정했다.

　이에 따라 두 나라 군대가 조선에서 철수했다. 그러
나 문제는 텐진조약 제3조다.

장래 조선국에 변란이나 중대 사건이 일어나 청일 양국 혹은
한 나라가 파병이 필요할 때는 우선 상대방 국가에 문서로

알릴 것이며, 그 사건이 진정되면 즉시 철병하고 다시 주둔하지 않는다.

청과 일본의 합의

조선 정부의 요청이 없어도 아무 때건 조선에 군대를 보낼 수 있다고 청나라와 일본이 합의했다. 군대를 보낼 때는 서로 상대국에 미리 알리자고 했다. 1894년에 동학농민운동이 벌어지자 조선 정부는 동학군을 진압해달라고 청나라에 요청했다. 청나라는 톈진조약에 따라 일본에 통지하고 군대를 파견했다. 일본도 역시 청나라에 알리고 군대를 조선으로 보냈다. 조선 땅에서 다시 만난 청나라와 일본. 결국 그들은 '사건이 진정되면 즉시 철병'하지 않고 전쟁에 들어간다. 청일전쟁이다.

동학농민군은
왜 일본군과 싸워야 했나

동학농민운동

동학농민운동이라는 용어 안에 '동학'이라는 종교와 '농민'이라는 단어가 함께 들어 있다. 동학을 믿는 신도들만 봉기한 것이 아니고 일반 농민들도 대거 가담했기에 동학농민운동이라고 한다.

동학과 최제우

1860년(철종 11), 때는 세도정치기, 최제우(1824~1864)가 동학을 창시했다. 동학은 한울님[天主]을 섬기는 종교로 인간 평등을 강조했다. 백성들이 호응하여 널리 퍼졌다. 최제우는 지역별로 접주를 두고 접주가 해당 지역의 신도를 관리하는 체제로 동학을 운영했다. 지배층은 평등을 말하는 동학을 비난했다. 조정은 동학을 탄압했고 최제우를 잡아 처형한다.

인내천 사상

2대 교주 최시형(1827~1898)은 동학의 평등 이념을 인내천(人乃天) 사상으로 정리한다. 사람이 곧 하늘이라는 뜻이다. 너도 하늘이고 나도 하늘이니 너와 나는 신분과 관계없이 평등하다는 논리이다. 동학교단을 이끄는 최시형은 충청도를 거점으로 했고 전봉준(1855~1895)은 전라도 지역의 동학 지도자였다. 그래서 최시형 쪽을 북접이라고 하고 전봉준 쪽을 남접이라고 했다.

교조신원운동

동학은 계속 정부의 탄압을 받았다. 이에 대항해서 최시형이 전라도 삼례(1892)와 충청도 보은(1893)에서 교조신원운동(教祖伸寃運動)을 벌였다. 교조는 최제우, 신원은 '억울함을 풀어 준다'는 의미이다. 수많은 신도가 모여서 억울하게 죽임을 당한 교조 최제우의 한을 풀어 달라고 요구한 것이다. 이는 곧 동학을 합법화해 달라는 요구이다.

지방관의 부정부패

당시 지방관의 부정부패가 심했다. 전라도 고부군수 조병갑이 특히 그랬다. 권력을 이용해 다양한 행태로 백성을 수탈했다. 탐관오리의 전형이었다. 1894년 갑오년 2월, 전봉준이 농민군을 이끌고 고부 관아를 공격해서 점령했다. 그리고 정부에 조병갑 처벌 등을 요구했다. 정부에서 '해결사'가 내려왔다. 그러나 오히려 사고를 쳤다. 무조건 봉기에 가담한 사람들을 찾아내고 처벌하는 데 몰두했다. 분노한 전봉준은 다른 지역 접주들에게 연락하여 다시 일어났다. 동학군의 기세는 대단했다. 백산(전북 부안)을 점령하고 황토현(전북 정읍)에서 관군까지 물리치더니 6월에는 전주를 포함한 전라도 전 지역을 장악했다.

정부의 태도

정부는 기절초풍했다. 한양까지 올라오면 큰일인데 문제는 동학군을 진압할 능력이 없다는 것이다. 그래서 청나라에 병력을 요청했다. 많은 신하가 청나라 병력을 끌어들이는 데 반대했다. 동학군을 무력으로 진압하는 것도 반대했다. 하지만 일부 신하가 밀어붙였고, 고종이 이를 허락했다고 한다.

전주화약

정부는 전봉준과 협상도 벌였다. 전봉준이 제시한 개혁안을 수용하겠다고 약속하고 '전주화약'을 맺었다.

전봉준은 외국 군대가 들어오는 빌미를 없애기 위해 서둘러 정부와 손을 잡았다. 동학농민군은 전주성에서 철수했다.

집강소 설치

그리고 전라감사 김학진과 협력하여 전라도 각 고을에 자치행정기구인 집강소를 설치했다. 이제 백성들이 수령과 향리의 역할을 하는 셈이다. 지배만 당하던 백성이 지배자의 위치에 섰다. 처음에는 '묵고 쌓인 원통하고 분한 기운을 다 풀어 버리는' 감정적인 일 처리가 많았지만, 점차 자리를 잡아가면서 민생 문제를 구체적으로 해결해 가는 질서가 서게 되었다. 치안도 스스로 유지했다.

폐정개혁

집강소를 중심으로 동학농민군이 펼치려던 개혁안은 보통 '폐정개혁안 12개조'라고 한다. 폐정개혁이란, 폐단이 많은 정치를 개혁한다는 뜻이다. 그 내용은 탐관오리, 못된 부자·양반, 일본과 통하는 자들을 처벌하고 청춘 과부의 재혼을 허락하며 노비문서를 불태우고 토지는 균등하게 나눈다는 것 등이다.

오지영의 《동학사》

그런데 이 '폐정개혁안 12개조'가 실려 있는 책은 오지영의 《동학사》(1940)뿐이다. 이 책은 역사책이 아니라 역사소설이다. 소설이라도 얼마든지 역사적 사실을 담을 수 있다. 다만 어떤 특정 내용이 사실인지 작가의 상상력인지 구분하기가 어렵다. 그래서 '폐정개혁안 12개조'가 실제로 존재했던 것인지에 대해 학자들의 의견이 나뉜다. 교과서 서술도 차이가 있다. 어떤 교과서는 '폐정개혁안 12개조'를 자세히 소개했고 어떤 교과서는 아예 언급하지 않았다.

청군과 일본군의 조선 상륙

한편, 청군 3,000명이 아산만에 상륙했다. 전주화약 체결 무렵 청군은 조선으로 향하고 있었다. 조정은 급히 청에 요구했다. 상륙하지 말고 그냥 돌아가 달라고. 그러나 청군은 끝내 상륙하고 말았다. 부르지도 않았는데 일본군 7,000명도 인천에 상륙했다. 텐진조약의 결과다. 일본 역시 철수 요구를 거부했다.

청일전쟁과 제2차 봉기

일본은 경복궁으로 쳐들어가 조정을 무너트리고 친일세력 중심으로 새 정부를 세우는 만행을 저지르더니 곧이어 청군을 공격했다(1894.7). 동학농민운동 기간에 청일전쟁이 시작된 것이다. 같은 해 10월, 드디어 동학농민군이 다시 일어났다. 제2차 봉기이다. 일본군을 물리치기 위함이었다.

동학농민군의 패배

동학 남·북접이 연합하는 전국적인 항쟁이 시작됐다. 그들은 서울로 향했다. 일본군과 여러 차례 전투를 벌였다. 인원은 많으나 우리는 농민들이다. 무기라야 죽창이요 기껏해야 화승총이다. 근대식 무기로 무장한 (더구나 청나라와 맞붙기 위해 철저히 준비한) 일본군을 이길 수 없었다. 기관총과 포를 쏘아대는데 죽창으로 감당하기가 어려웠다.

우금치 전투

동학농민군은 공주 우금치에서 격전 끝에 일본군과 관군 연합군에게 패하고 말았다(1894.11). 거의 1만 명이 전사했다고 한다. 결국, 동학농민군의 '반(反)봉건', '반(反)외세' 투쟁은 실패로 끝났다. 한편 해가 바뀐 1895년 2월, 조선 땅에서 청나라 땅까지 확대됐던 청일전쟁도 끝난다. 일본의 승리였다.

만석보의 아픔

물세의 부과

동학농민운동은 우리나라 역사상 최대 규모의 농민항쟁이다. 그 시작은 전라도 고부였다. 조병갑의 무지막지한 수탈로 백성들은 뜯기고 또 뜯기며 말 그대로 굶어 죽을 지경이 되었다. 특히 만석보를 쌓고 거둔 물세가 고통이었다.

만석보 건설

조병갑은 백성을 강제 동원해 굳이 필요도 없는 만석보를 쌓게 했다. 보(洑)는 물길에 둑을 쌓아 막아서 물을 저장하는 저수지다. 이 물로 농사를 짓는다. 그런데 돈에 환장한 조병갑이 만석보 물세를 강제로 징수한 것이다. 별의별 명목으로 다 빼앗아가더니 이제는 물에까지 세금을 매겼다.

시 <만석보>

녹두장군 전봉준의 농민군은 만석보를 때려 부쉈다. 그렇게 동학농민운동의 깃발이 올랐다. 〈만석보〉(양성우, 1980)라는 시가 있다. 아주 길다. 부분 발췌해서 소개하니, 한번 읽어 보기 바란다. 그날의 함성이 느껴질지도 모른다.

그때 그 아비들은 말하지 못했다. 어둠을 어둠이라고 말하지 못하고 아픔을 아픔이라고 말하지 못했다. … 억울해도 억울하다고 말하지 못했다. … 빌어먹을 이놈의 세상 밤도망이라도 칠까? 열이면 열, 백이면 백 한숨만 쉬었다. … 모진 목숨이 원수였고 조병갑이 원수였다. … 죽자 사자 낸 물세를 또 내고 또 내라 하고, 못 내면 끌려가서 죽도록 얻어맞고, … 맞아죽은 아비 무덤 두 손으로 치며 전봉준은 소리죽여 가슴으로 울고, … 났네, 났어. 난리가 났어. 에이 참, 잘 되었지. … 손뼉 치며 가자. … 낫 갈아 아비들은 참대를 찍었다. … 온몸에 불타는 피, 아우성치며 아비들은 몰려갔다. 안개 낀 새벽. … 동 트는 고부읍내 천둥번개로 두둥둥 북 치고 꽹과리 치고 … 보아라. 말발굽 소리 크게 울리며 흰말 타고 달려오는 전봉준을 보아라. … 이놈아, 조병갑아. … 한번 지른 함성으로 삼문이 부서지고 또 한번 지른 함성으로 동헌 지붕이 불에 탔다. 창고문을 열어라. 감옥문을 부숴라. 조병갑이를 놓치지 마라. … 만석보를 허물어라. 만석보를 허물어라.
터진 봇둑 밀치며 핏물이 흐르고, 여러 사람이 한 사람처럼
얼싸안고 울었다. ….

청포 장수는
왜 울고 갔을까

녹두장군 전봉준

전봉준은 몸집이 작았다. 그래서 '녹두'라는 별명으로
불렸다. 이후 '녹두장군'이 되었고.

새야 새야 파랑새야

녹두밭에 앉지 마라.

녹두꽃이 떨어지면

청포장수 울고 간다.

　당시에 이런 노래가 불렸다고 한다. 꽃이 피어야
열매가 열린다. 파랑새가 녹두밭에 앉으며 푸덕거리
면 녹두꽃이 떨어지고 그러면 녹두 열매가 맺히지 못
한다. 녹두가 열리지 않으면 청포를 만들 수 없으니
청포 파는 장수가 울고 간다는 얘기다. 청포는 녹두
가루로 만든 묵이다.

　이 노래에서 파랑새는 일본 군대를, 녹두밭은 전봉

준과 농민군을, 청포 장수는 조선의 백성을 가리킨다
고 한다.

지도자의 윤리

성격이 다른 두 '지도자'를 만났다. 전봉준과 조병갑.
저항 정신의 상징 전봉준은 물론이고 탐관오리의 상
징 조병갑에게서도 우리는 배운다. 어떻게 살아야 할
것인가. 누구나 언젠가는 높건 덜 높건, 큰 조직에서
건, 작은 조직에서건, 지도자가 된다. 대통령만 지도자
가 아니다. 어떤 지도자가 좋은 지도자일까? 지도자를
한자로 指導者라고 쓰지만, '지도자(智道者)'로 바꿔 말
해 본다. 지혜[智]와 도덕[道]을 갖춘 자! 지혜와 도덕
을 갖추면 존경받는 리더가 될 수 있다.

인간의 도리

도덕 별거 아니다. 인간이 지켜야 할 도리이다. 굳이
배우지 않아도 아는 거다. 인간으로서 이런 짓은 하면
안 된다, '이런 짓'이 무엇인지 우리는 다 안다. 문제
는 실천이다. 도덕을 실천하고 아울러 지혜를 갖춘 리
더가 있는 사회는 향기롭다. 그 반대는 생각하기 싫다.
좋은 지도자가 되는 것이 중요하지만, 좋은 지도자를
뽑는 것도 중요하다.

탐관오리(貪官汚吏). 탐할 탐, 벼슬 관, 더러울 오, 관리 리. 탐욕스럽고
추잡한 관리라는 의미이다. 오염된 관리, 부패한 관리로도 풀 수 있다.
무엇에 탐욕을 부리나. 더 높은 관직. 그리고 돈. 특히 재물에 대한 탐욕
으로 온갖 나쁜 짓을 다 해 백성들을 겁박해서 한 푼이라도 더 수탈하
려는 관리. 뇌물 받고 부정한 짓을 일삼는 썩은 관리. 탐관오리는 진짜
나쁜 관리다. 탐관오리의 반대는 청백리(淸白吏). 맑을 청, 흰 백(깨끗
하다), 관리 리. 성품과 행실이 맑고 깨끗한 관리. 좀 더 넓게 보면 인간
성 좋고 업무 능력까지 뛰어난 관리. 청백리다. 누구나 청백리나 탐관오
리가 될 수 있다.

반외세 반봉건,
폭정에 저항하다

보국안민과 제폭구민

동학농민군은 보국안민(輔國安民)과 제폭구민(除暴救民)을 내세웠다. 제폭구민의 '제'는 제거한다는 뜻이다. 폭은 폭정, 즉 포악한 정치로 해석할 수 있다. 제폭구민은 폭정을 없애서 백성을 구한다는 의미이다. 보국안민의 '보'는 돕는다는 뜻이다. 그래서 보국안민은 나라를 돕고 백성을 편안하게 한다는 의미가 된다. 여기서 '나라[國]'는 조선 자체일 수도 있고 임금으로 볼 수도 있다. 임금에 대한 충성의 의미로 해석할 수 있다는 얘기다. 동학농민군은 임금을 공격하려고 일어난 것이 아니다. 전봉준이 봉기하며 발표한 글 중에 이런 말이 있다.

지금 우리 성상(聖上, 임금)께서는 어질고 효성스럽고 백성에게 자애로우시며 총명하고 지혜가 있으시니, …

고종 임금을 호의적으로 봤다. 그럼 봉기 목적은?

오늘의 신하 된 자들은 나라에 보답할 일은 생각지 아니하고 부질없이 봉록(봉급)과 지위만을 도둑질해 차지하고 성상의 총명을 가리고 온갖 아부와 아양만을 일삼으며, …

신하들이다. 조병갑 부류의 지방 수령만 응징하는 것이 아니라 조정의 못된 신하들을 정리해서 나라를 바로 잡겠다는 의지로 봉기한 것이다.

폭정에 대한 저항

전봉준은 외쳤다. 군대를 몰고 서울로 들어가 권세 있고 지체 높은 자들을 쓸어 버리고 기강을 바로 세우겠노라고. '권세 있고 지체 높은 자들' 그 신하들이 바로 '폭정' 하는 무리이다. 민씨 세력을 의미하는 것이다 (동학농민군이 대원군의 재집권을 원했다는 연구도 있다).

반외세

동학농민운동의 성격을 반(反)봉건, 반(反)외세 투쟁으로 말한다. '반외세'는 외국 세력에 대한 반대, 저항으로 풀 수 있다. 일본 오랑캐를 몰아내겠다고 했고, 실제로 일본군에 맞서 싸웠으니 '반외세'는 틀림없다.

그런데 '반봉건'은 사실 좀 애매한 부분이 있다.

신분질서에 대한 저항

'반봉건'을 말 그대로 풀면 봉건제에 대한 반대·거부·저항의 의미이다. 봉건제는 임금이 영주(제후)들에게 땅을 나눠 주고 각자 통치하게 하는 제도다. 그런데 우리 역사에서 봉건제가 시행된 적이 없다. 한국사에서 '반봉건'의 의미는 '전근대적 신분질서에 대한 저항' 정도로 해석해서 쓴다. 신분에 따라 무조건 지배하고 지배당하는 사회구조의 문제점을 비판하는 의미가 '반봉건'에 담겨 있다. 남자는 하늘 여자는 땅이라는 그릇된 남존여비(男尊女卑) 풍조에 대한 비판도 들어 있다.

동학농민군과 반봉건

하지만, 동학농민군의 주장에서 '반봉건'의 의지를 찾아내기가 쉽지 않다. 양반 제도를 폐지하자고 했다면 '반봉건'이 맞다. 그러나 전봉준은 그런 주장을 하지 않았다. 다만, 못된 양반들(탐관오리)을 처벌하겠다고 한 정도다. 오지영이 《동학사》에서 언급한 '노비문서 소각'이나 '과부의 재혼 허가' 정도를 반봉건적 요소로 꼽을 만한데, 정말로 동학농민군이 이러한 개혁을 주장했는지 확실하지 않다. 동학농민운동을 반(反)봉건적 투쟁이라고 정의하는 것이 맞는지 솔직히 아직 잘 모르겠다. 그래도 한국사 시험 볼 때는 '반봉건'이 정답이다.

혼란 속의 조선과
갑오개혁의 전개

혼란 속의 조선

1894년(고종 31) 갑오년, 이해 조선은 숨 가쁘게 돌아갔다. 동학농민운동이 발생하고 청일전쟁이 터졌으며 그 와중에 갑오개혁이 추진되고 있었다. 갑오개혁은 진행 순서에 따라 1·2·3차로 나누는데 제3차 개혁은 다음 해인 1895년 을미년에 이루어지기에 따로 떼어 을미개혁이라고 한다. 넓은 의미로 갑오개혁 안에 을미개혁을 포함해서 보기도 한다. 이 개혁은 아관파천 (1896)으로 끝난다.

갑오개혁의 시작

조선에 들어온 일본군은 경복궁을 점령하고 친일적 관료들 중심으로 새 정부를 조직한 후 개혁을 강요한다. 갑오개혁의 시작이다. 일본이 조선에 근대적 개혁을 요구하는 것은 자기들 이익을 위해서였다. 개혁을 도와준다는 평계로 조선 주둔을 합리화하고 정부 요직에 친일하는 인물들을 심어 간섭을 수월하게 하며 아울러 경제적 이익도 취하려는 속셈이었다. 그러다가 조선이 근대화에 성공하면? 일본은 그럴 리 없다고 생각했다. 외무대신 무쓰의 말에서 일본의 속내가 드러난다. 그는 이렇게 말했다.

나는 처음부터 조선 내정의 개혁을 정치적 필요 이상의 의미가 있는 것으로 보지 않았으며 … 조선 내정의 개혁은 제일로 우리나라의 이익을 주된 목표로 삼는 정도에 그치되 … 조선 내정의 개혁으로 말하자면 이는 원래 일·청 양국 간에 얽혀 있는 난국을 조정하기 위하여 생각해 낸 하나의 정책이었던 것인데 … 조선과 같은 나라에서 과연 만족스러운 개혁이 이루어질 수 있을지 의심하였다.

제1차 개혁

1차 개혁에서는 김홍집 정부가 나라의 크고 작은 모든 일을 전담하는 군국기무처를 설치하고 추진했다. 군국기무처와 통리기무아문을 혼동할 수 있다. 통리기무아문(1880)은 개항 초 청나라 제도를 본떠서 설치했던 개화 담당 기구다. 1차 갑오개혁이 진행될 때는 청일전쟁 시작 전후였다. 일본의 간섭 거의 없이 조선 조정의 의도대로 이루어진 개혁이었다. 내용도 볼 만했다.

개국기년 사용

우선 모든 대내외 문서의 연대표기에 개국기년을 쓰기로 했다. 이게 무슨 말인가 하면, 더는 중국 연호를 안 쓰겠다는 선언이다. 나름 주체성을 강조한 모습이다. 1894년은 청 연호로 덕종 20년이다. 지금까지 조선도 이에 따랐다. 그런데 이제부터 개국기년을 쓴다. 1894년은 조선이 개국한 지 503년 되는 해다. 문서에 연대를 표기할 때 '덕종 20년'이 아니라 '개국 503년'으로 쓴다는 얘기다.

신분제 개혁

노비 제도를 없앴다. 신분 제도를 폐지(?)한 것이다. 아울러 과거 제도도 폐지했다. 조혼을 금지하고 과부의 재혼을 허가하고 탐관오리들을 처벌하며 백성의 세금 부담을 덜어 주는 조처를 했다.

8아문

정부와 왕실의 업무를 나누어 의정부가 정부 일을 맡고 왕실 일은 궁내부가 하도록 했다. 이는 왕권을 축소시킨 것이다. 한편 의정부 아래 있던 6조를 8아문으로 확대 개편했다. 국가의 재정 업무를 8아문 가운데 하나인 탁지아문으로 일원화했다. 그래서 왕실 재정까지 탁지아문에서 관리하게 되었다. 국왕과 왕실의 독립적인 재정운영권이 사라진 것이다(이후 고종은 광무개혁을 통해 왕권을 다시 강화하려고 한다).

근대식 화폐 제도

여기까지 보면 일본에 이득 될 게 없을 것 같다. 그런데 경제 분야 개혁에서 일본이 좋아할 내용이 포함됐다. 은본위제에 입각한 근대식 화폐 제도가 시행된 것이다. 조선에서 신식화폐와 함께 외국 화폐도 쓸 수 있게 했는데 외국 화폐는 곧 일본 돈이다. 일본 화폐가 조선 땅에 널리 침투할 수 있도록 법적 기반을 마련해 준 셈이다. 일본에 커다란 경제적 이득이다.

제2차 개혁

이때 대원군이 일본에 의해 재집권했다. 그런데 대원군은 청과 몰래 연락을 주고받으며 일본을 몰아낼 계획을 세우고 있었다. 그는 청나라가 전쟁에서 이길 줄 알았다. 일본은 대원군이 청과 접촉하는 걸 알아차린다. 대원군은 다시 밀려나고 만다. 조정에서 대원군을 몰아낸 일본은 김홍집 정권에 박영효 등을 포함시켜 제2차 개혁을 추진하게 한다(1894.12). 이때 고종은 군국기무처를 폐지하고 홍범14조를 반포하여 개혁의

갑오·을미개혁

갑오개혁		을미개혁
제1차 개혁 1894. 7. ~ 1894. 12.	**제2차 개혁** 1894. 12. ~ 1895. 8.	**제3차 개혁** 1895. 8. ~ 1896. 2.
군국기무처 주도	박영효·김홍집 연립 내각 주도	김홍집 내각 주도
• 개국 기원 사용 • 중앙 관제 개혁 　(의정부와 8아문) • 과거제 폐지 • 재정 일원화, 　조세 금납화 • 노비 제도 폐지, 　조혼 금지	• 군국기무처 폐지 • 홍범 14조 발표 • 지방 행정 구역(23부) • 한성 사범 학교, 　외국어 학교 설립 • 사법권의 독립 　(재판소 설치)	• 태양력 사용, 　우편 사무 개시 • 새 연호 사용(건양) • 단발령 공포 • 소학교 설치, 　종두법 실시
청일전쟁 동안 개혁이 진행되어 일본의 간섭이 비교적 덜함	청일전쟁이 일본의 우위로 전개되면서 개혁에 대한 일본의 간섭이 심화됨	을미사변 이후 공포 분위기 속에서 일본의 횡포가 더욱 극심해짐

대강을 제시했다. 조선 주요 부서에 일본인 고문관이
배치되는 것도 제2차 개혁 때이다.

삼국간섭과 을미사변

한편, 청일전쟁에서 이긴 일본은 랴오둥반도를 빼앗
았다가 러시아의 방해로 되돌려 주었다(삼국간섭). 러
시아의 위협에 일본이 굴복한 것이다. '어라, 러시아
센데.' 조선 왕실은 이렇게 생각한 것 같다. 그래서 러
시아와 손을 잡고 일본의 압력에서 벗어나려고 했다.
위기감을 느낀 일본은 명성황후를 시해하는 끔찍한
일을 저지른다. 1895년 을미년에 일어난 을미사변
이다.

제3차 개혁

일본은 조선 조정에 개혁을 계속하게 한다. 제3차 개
혁이다. 따로 떼어 을미개혁이라고 한다. 이때 태양력
사용(음력 대신 양력 사용), 단발령, 연호 제정 등이 이
루어진다. 1차 개혁 때 개국기년을 썼는데 3차 개혁에
와서 중국처럼 독자적 연호를 쓰기로 한 것이다. 이때
의 연호는 건양이다. 1895년은 개국 504년이었는데,
이제 건양 1년이 된다. 관례상 독자적 연호는 황제만
제정할 수 있다. 건양이라는 연호를 정한 것은 고종

을 황제로 올리려는 계획이 조정 내에 있었음을 보여
준다.

　이런 계획은 2년 뒤 대한제국 수립(1897)으로 완성
된다. 을미사변 후 아관(러시아 공사관)으로 파천했던
고종은 약 1년 만에 경운궁(덕수궁)으로 와서 황제로
즉위하고 연호를 광무라고 했다. 대한제국 시기에 이
루어지는 개혁은 연호를 따서 광무개혁이라고 한다.

대한제국과 대한민국

'대한제국(大韓帝國)'이라는 나라 이름은 지금 우리나
라의 국호로 계승되었다. 3·1운동 이후 중국 상하이
에 수립된 '대한민국임시정부'라는 국호는 대한제국
을 계승한 것이다. 황제의 나라[제국]를 인민의 나라,
국민의 나라[민국]로 바꿨지만, '대한'은 그대로다.

대한제국 → 대한민국임시정부 → 대한민국

　'대한민국임시정부'가 '대한민국(大韓民國)'이 되
는 것이 아주 당연해 보인다. 하지만 1948년 당시에
는 다른 의견도 많았다. 정치인뿐 아니라 일반 국민
들도 장차 우리나라의 국호가 무엇이 될지 관심이 아
주 높았다. 이거로 해야 한다, 아니 저거다, 곳곳에서

갑론을박이 벌어졌을 것이다. 여러 후보작 가운데 인기 있던 것이 '고려공화국'이었다. '고려민국' 얘기도 나왔다. 고구려를 계승한 고려, 수많은 외침을 극복해 낸 고려에 대한 호감이 반영된 것 같다. 한 신문은 우리 국호로 '고려공화국'이 확실시된다고 보도하기도 했다. '조선'은 인기가 없었다. 최종적으로 결정된 우리의 국호는, 대한민국이었다. 반면 북한은 '조선'을 국호에 넣었다. 북한의 공식 명칭은 '조선민주주의인민공화국'이다. 여러분의 이름, 부모님의 성함을 한자로 쓸 수 있으면 좋겠다. 大韓民國도 쓸 수 있으면 좋겠다.

갑오개혁 깊게 보기

조선 국정운영의 뼈대는 6조였다. 이조·호조·예조·병조·형조·공조. 각 조의 수장은 판서다. 제1차 갑오개혁 때인 1894년 7월 30일, 6조 체제가 8아문으로 개편된다. 이제 6조는 사라진 것이다. 8아문은 내무아문, 외무아문, 탁지아문, 법무아문, 학무아문, 공무아문, 군무아문, 농상아문이다. 각 아문의 수장을 대신이라고 했다. "탁지아문 대신" 이렇게 불렀다.

아문의 업무

내무아문은 백성 통치와 관련된 행정 업무를 맡았다.

외무아문은 대외교섭과 통상 업무, 탁지아문은 재정, 법무아문은 사법과 경찰, 학무아문은 교육, 공무아문은 토목, 군무아문은 국방, 농상아문은 농업과 상업을 비롯한 산업을 담당했다. 그런데 8아문이 1년도 안 돼서 다시 개편된다. 제2차 갑오개혁 때인 1895년 4월 1일부터 7부로 변경된 것이다.

7부

7부의 수장도 대신이라고 불렀다. 7부는 외부, 내부, 탁지부, 군부, 법부, 학부, 농상공부이다. 8아문의 농상아문과 공무아문을 통합해서 농상공부로 개편하면서 8개의 부처가 7개로 줄어든 것이다. 1905년 을사늑약으로 대한제국의 외교권이 사라졌다. 필요 없게 된 부서가 어디인가? 외부가 폐지되었다. 일제강점기에는 군부가 없어진다. 그렇게 'ㅇㅇ부' 체제가 유지되다가 3·1운동 이후부터 'ㅇㅇ국'으로 호칭이 바뀐다. 내무국, 재무국 식이다.

음력과 양력

《고종실록》을 보면 1895년 11월 17일부터 12월 31일까지 아무 기록이 없다. 1895년 11월 16일에서 바로 1896년 1월 1일로 넘어간다. 40여 일간 나라에 아무

일도 없었을까. 그럴 리가 없다. 왜 그렇게 되었는지
보자. 제3차 갑오개혁, 즉 을미개혁 때 음력 대신 양력
을 사용하도록 했다. 1895년 11월 16일까지만 음력을
쓰고 11월 17일부터는 양력을 쓰기로 결정했다. 그래
서 1895년 11월 17일을 양력 1896년 1월 1일로 삼은
것이다. 1895년 11월 18일(음력)은 1896년 1월 2일(양
력)이다.

본문에서 '신분제 폐지(?)'라고 물음표를 달았다. 교과서의 서술을 따라 신분제 폐지라고 썼는데 조금 애매한 부분이 있어서 그랬다. 양반 제도도 이때 폐지됐는가에 학자들의 견해가 갈린다. "문벌·반상의 등급을 벽파(劈破)하고 귀천에 관계없이 인재를 선용(選用)할 것"이라고 개혁안에 쓰여 있는데, 이를 풀면 "문벌이나 양반과 상민(평민)의 등급을 타파하고 신분이 귀하고 천함에 관계없이 인재를 골라 쓴다"가 된다. 이를 양반 제도를 혁파해서 반상의 계급적 차별을 없앤다는 말로 해석하기도 하고, 양반 신분을 없앤 것이 아니고 그대로 두되 양반이냐 상민이냐 차별하지 않고 능력에 따라 인재를 뽑겠다는 것으로 해석하기도 한다.

독립협회는
어떤 일을 했을까

독립신문 창간

서재필(1864~1951)은 갑신정변에 참여했다가 일본
으로 망명한 후 미국으로 유학 가서 공부한 후 귀국
했다. 정부의 지원을 받아 《독립신문》을 창간했다. 국
민계몽을 위해서였다. 그리고 독립문 건립을 목적으
로 독립협회를 창립했다.

독립협회의 활동

이후 독립협회는 왕성하게 활동한다. 대규모 대중 토
론 집회인 만민공동회와 정부 관료가 동참한 관민공
동회를 개최하여 개혁운동에 대중이 직접 참여하는
길을 열었다. 각종 토론회와 강연회를 통해 민권 의식
을 일깨웠다. 근대 의회의 성격을 가진 중추원 설립에
도 기여했다. 아울러 러시아의 이권 침탈을 비판하는
등 자주국권운동도 벌였다.

독립협회의 해산

그런데 민중을 결집한 독립협회의 힘이 점점 강해지자 정부는 부담을 느끼기 시작했다. 독립협회에 거부감을 갖고 있던 세력들이 고종에게 거짓말을 했다. 독립협회가 조선의 정치 체제를 왕정에서 공화정으로 바꾸려 한다고 모함한 것이다. 고종은 결국, 독립협회를 해산시킨다.

독립의 의미

독립협회와 관련해서 한 가지 생각해 볼 것이 있다. 독립협회 하면 우선 일제 식민지로부터의 독립이 연상된다. 그런데 이 단체가 설립된 것은 1896년이다. 조선 조정이 러시아 공사관에 있던 아관파천기이다. 독립협회가 고종에 의해 해산되는 것은 대한제국기인 1898년이다. 일제에 나라가 강점당한 경술국치(1910)는 물론이고, 외교권을 강탈당하는 을사늑약(1905) 이전에 해산된 것이다.

독립협회가 내세웠던 '독립'은 일본으로부터의 독립이 아니다. 모든 외세의 야욕으로부터 나라의 독립을 유지하겠다는 의미로 보아야 할 것이다. 독립협회는 특히 청나라와 러시아를 경계했다. 청나라 사신을 맞이하던 영은문 자리에 독립문을 세운 것은 청에 대한 독립협회의 생각을 보여 준다. 러시아의 이권 침탈에 적극적으로 대응한 것으로 보아 러시아 역시 가상의 적으로 간주했던 것 같다. 의외로 독립협회가 일본을 호의적으로 보는 모습도 찾아진다. 다음 글은 《독립신문》 기사의 일부이다(1898.08.25.).

이등박문(이토 히로부미) 씨는 일본 정치 대가라 유람차로 우리나라 황성에 오늘 들어오는데 정부에서 특별히 후대하려 하는 고로 독립협회에서도 특별히 총대위원 삼인을 정하여 용산강두까지 보내어 이등박문 씨를 환영한다더라.

토지 수탈 방지를 위한
지계의 발급

지계 발급

지계 발급은 광무개혁 때 본격적으로 이루어졌다. 대
한제국 때 이루어진 개혁을 그 연호를 따서 광무개혁
이라고 한다. 광무개혁은 옛것(조선의 전통)을 근본으
로 삼고 새것(서양 문물)을 참고한다는 구본신참(舊本
新參)의 정신 아래 추진되었다. 동도서기론(東道西器論)
과 의미하는 바가 비슷하다. 광무개혁의 두드러진 특
징은 황제권을 크게 강화하려 했던 것이다.

지계아문

1901년, 대한제국은 지계아문(地契衙門)이라는 기구를
설치했다. 지계아문은 토지 조사(양전사업) 결과에 따
라 토지 주인에게 지계를 발급해 주는 관청이다. 지계
는 토지 소유자의 권리를 법적으로 증명해 주는 공문
서이다. 한마디로 국가가 소유권을 공인하는 '땅문서'
라고 할 수 있다.

토지 수탈의 방지

개인 대 개인 간에 사적으로 이루어지던 토지 매매와 양도 등을 관청의 허가를 받고 하게 함으로써, 권력가들이 힘없는 백성의 토지를 헐값에 빼앗는 일을 어느 정도 막을 수 있었다. 또한, 소작 농민의 권리를 보호하고 외국인의 토지 침탈도 막을 수 있을 것으로 기대됐다. 하지만 1904년에 이 제도는 폐지되고 말았다. 전국 토지의 3분의 2 정도 양전사업을 마친 상태였다. 지계 발급도 강원도와 충청남도 등 일부 지역에서만 이루어진 정도였다. 그러나 러일전쟁과 이어진 을사늑약으로 시행하기 어려운 상황이 되었다.

영국과 일본이
손잡은 이유는 뭘까

러시아와 영국의 관계

당시 영국은 부동항 확보를 위해 남하 정책을 벌이는 러시아와 세계 곳곳에서 맞서고 있었다. 우리나라 거문도를 불법 점령(1885~1887)했던 것도 러시아 남하를 막기 위한 행위였다. 제국주의 국가들은 자기 나라의 이익에 맞춰 다른 나라들과 동맹을 맺으며 경쟁국을 견제했다. 청일전쟁 이후 일본의 적은 러시아였다. 당연히 영국과 일본은 배가 맞았다. 그들은 두 번에 걸쳐 동맹을 맺는다.

제1차 영일동맹

제1차 영일동맹(1902)에서 영국은 일본이 한국에서 정치·상업·공업 분야에 대한 특별한 권리(이익)를 갖고 있음을 인정했다. 한국에서 일본의 특별한 이익이 침해받게 되면 필요한 조치를 취할 수 있다고 규정했다(제1조). 그러나 전문에 '한제국(韓帝國)의 독립과 영토 보전 유지'라는 내용을 넣어 일본이 우리나라를 보호국으로 만드는 것은 인정하지 않았다.

제2차 영일동맹

러일전쟁이 끝나갈 무렵 영국과 일본은 영일동맹 조약 내용을 개정한다. 개정된 조약을 제2차 영일동맹 (1905)이라고 한다. 제1차 조약 전문에 명기했던 '한제국(韓帝國)의 독립과 영토 보전 유지'를 제2차 조약에서 삭제했다. 수상하다. 그리고 제3조에 이런 내용을 담았다

일본국은 한국에서 정치상·군사상 및 경제상의 탁월한 이익을 가지므로, 영국은 일본이 이 이익을 보호하고 증진하기 위해 정당하며 필요하다고 인정하는 지도, 감리 및 보호의 조치를 한국에서 취할 권리를 승인하다.

일본이 한국을 보호국으로 삼아도 된다고, 영국이 공식적으로 승인한 것이다. 그 대가로 인도에 대한 영국의 특수 이익과 권리를 일본이 승인했다. 자기들 마음대로다. 제2차 영일동맹 제2조는 영국과 일본 중 어느 한 나라가 외국의 침략을 받게 되면 다른 한 나라가 군대를 보내 함께 싸운다는 내용이다. 이 조항은

일본이 제1차 세계대전에 뛰어드는 명분이 되었다.

가쓰라·태프트 밀약

나라의 운명이 촛불 같던 때, 영국은 우리의 친구가
아니었다. 그러면 미국은? 미국도 마찬가지다. 그들도
일본 편이었다. 일본은 영국과 제2차 영일동맹을 맺을
무렵 미국과 가쓰라·태프트 밀약(1905)을 체결했다.
삼국간섭을 경험한 일본은 군사력만큼이나 외교력
이 중요함을 알았다. 러일전쟁 중이다. 끝내기 전에 한
반도에서의 이권을 미국에게서 확실히 보증받고 싶
었다. 미국 국방장관 윌리엄 태프트와 일본 수상 가쓰
라 다로가 만나 비밀 회담을 했다. 당시 필리핀은 미
국의 식민지였다. 일본은 필리핀을 침략하지 않겠다
고 약속했다. 미국도 일본에 선물을 준다. 일본에 한국
의 외교권을 박탈한 권리가 있다고 했다. 일본이 조선
을 보호국으로 삼는 것을 인정한 것이다. 그렇다고 조
선을 일본의 식민지로 삼는 것에 찬성한 것은 아니다.

포츠머스조약

러일전쟁이 끝났다. 어느 한 나라가 완전히 망가지기
전에 미국이 중재에 나서서 끝내게 되었다. 사실상 일
본의 승리였다. 러·일 양국 대표는 미국 포츠머스에

서 만나 강화 회담을 열었다. 여기서 맺어진 조약이 포츠머스조약(1905)이다. 제2조를 보자

러시아 제국 정부는 일본국이 한국에서 정치상·군사상 및 경제상의 탁절(卓絶, 특별)한 이익을 갖는다는 것을 승인하고 일본 제국 정부가 한국에서 필요하다고 인정하는 지도, 보호, 및 감리(監理)의 조치를 취함에 있어 이를 방해하거나 간섭하지 않을 것을 약정한다.

시모노세키조약

한반도를 놓고 일본과 다투던 러시아가 떨어져 나갔다. 미국도 영국도 일본 편이다. 청나라는? 이미 떨어져 나갔다. 청일전쟁에서 졌다. 그때 맺은 강화조약 시모노세키조약(1895) 제1조는 "청국은 조선국이 완전무결한 자주독립국임을 확인한다"였다. 일본은 청의 간섭 없이 조선으로의 침략을 진행하게 되었다. 대한제국은 도와줄 나라를 애타게 찾았지만, 없었다. 일본에 절대적으로 유리했다. 을사늑약(1905)이 성큼 다가왔다.

을사늑약과
을사조약의 차이는

불법적 조약, 늑약

일본이 대한제국의 외교권을 빼앗은, 그래서 조선을 일본의 '보호국'으로 만든 조약문에는 공식 제목이 없다. 그래서 을사조약·을사보호조약·을사늑약, 제2차 한일협약 등으로 불리게 되었다. 흔히 쓰는 것이 을사조약이지만, 여기서는 을사늑약으로 쓴다. 강제적·불법적으로 행해진 조약이기에 '억지로 할 륵(勒)' 자를 써서 이렇게 부르는 것이다.

일본의 위협

1905년 을사년 일본군이 궁궐을 포위했다. 이토 히로부미는 고종에게 을사늑약 체결을 강요했다. 고종은 거부한다. 조약을 맺지 않으면 더 곤란한 일을 겪게 될 거라며 고종을 위협했으나 소용이 없었다. 고종은 신하들과 백성의 의견을 묻겠다고 했다. 이토 히로부미는 백성의 저항이 두려워 신하들의 의견만 듣기로 했다. 대신들이 모였다. 참정대신 한규설이 조약 체결에 반대했다. 그랬더니 일본 군인들이 끌고 나갔다. 이토 히로부미는 다시 의견을 물었다. 탁지부대신 민영기와 법부대신 이하영이 여전히 반대했다. 그러나 이완용(학부대신)·이지용(내부대신)·박제순(외부대신)·이근택(군부대신)·권중현(농상공부대신), 이렇게 다섯 명 대신이 찬성했다.

억지 조약

이토 히로부미는 8명 대신 가운데 5명이 찬성했으니 다수결에 의해 조약안이 체결됐다고 선언했다. 그리고 외부대신의 도장을 뺏어다가 조약문에 찍었다. 고종의 허락도 없었고 당연히 고종의 서명도 없었다. 한 나라의 외교권을 넘기는 중차대한 조약에 임금의 서명이 없다는 것은 조약이 제대로 체결되지 않았다는 의미이다.

그러나 일본은 일방적으로 밀어붙였고 다른 나라들에는 정상적으로 조약을 맺었다고 알렸다. 억지였지만, 조약을 맺은 것으로 되어 버렸다. 영국과 미국은 일본에 축하를 보냈다. 일본인들은 축배를 들었다. "도요토미 히데요시여! 당신께서 이루지 못한 일을 저희가 이루었나이다"라는 소리도 했다고 한다.

외교권의 박탈

이제 대한제국의 주권은 껍데기만 남았다. 외교권이 없다. 일본을 통해서만 다른 나라와 교섭할 수 있다. 을사늑약에 찬성한 다섯 명의 대신, 이완용·이지용·박제순·이근택·권중현, 이들을 을사오적이라고 부른다. 나라를 팔아먹은 대가는 일단 달콤했다. 부귀영화를 누렸다. 하지만 늘 암살 공포에 시달렸다. 무엇보다도 이렇게 역사에 기록되어 영원한 손가락질의 대상이 되고 있다.

을사오적

경상도 진주에 어여쁜 기생이 있었다. 가무는 물론이요, 서예도 잘했다. 이름은 산홍(山紅). 을사오적 가운데 한 명, 이지용이 그를 불러 첩으로 삼아 주겠다고 했다. 이 웬 복인가, 대 세력가 이지용의 첩이 되다니, 고생 끝 행복 시작이라며 산홍이 좋아했을까? 기생 산홍이 뭐라고 대답했는지 황현의《매천야록》에 나와 있다.

산홍은 사양하기를, "세상 사람들이 대감을 5적의 우두머리하고 하는데, 제가 비록 천한 기생이긴 하지만, … 어찌 역적의 첩이 되겠습니까?"라고 하였다. 이에 이지용이 크게 노하여 산홍을 때렸다.

<시일야방성대곡>

한편 조약 내용이 나라 안에 퍼지면서 이에 대한 저항의 물결이 거세게 일었다. 자결하는 사람들도 줄을 이었다. 장지연(1864~1921)은 《황성신문》에 〈시일야방성대곡〉(오늘에 이르러 목 놓아 통곡하노라)을 써서 을사늑약을 강제한 일본의 만행과 조선의 대신들을 비판하며 울분을 토했다.

남의 노예가 된 동포여, 살 것인가 죽을 것인가

이제 을사늑약의 내용을 좀 구체적으로 살펴보도록 하자.

일본국 정부는 도쿄에 있는 외무성을 통해 앞으로 한국의 외국과의 관계 및 사무를 감독 지휘하며(제1조), 한국 정부는 이후 일본국 정부의 중개를 거치지 않고는 국제적 성격을 띤 어떤 조약이나 약속도 하지 않을 것을 약속한다(제2조). 일본국 정부는 그 대표자로 하여금 한국 황제 폐하의 아래에 1명의 통감을 두되, 통감은 전적으로 외교에 관한 사항을 관리하기 위해 서울에 주재하며 직접 한국 황제 폐하를 만나볼 수 있는 권리를 갖는다(제3조).

이토 히로부미가 대한제국 초대 통감으로 왔다. 조약에는 외교 문제만을 맡게 되어 있으나 그것은 허울뿐, '보호국' 조선의 모든 일에 관여했다.

조약 자체가 성립된 것이 아니기에 '을사늑약'도 적절한 명칭이 아니라
는 의견도 있다. 을사늑약이라고 하면 강제적이기는 하나 어쨌든 조약
이 체결됐음을 인정하는 것이 된다는 얘기이다. 그래서 '한일외교권위
탁조약안'으로 부르자고 한다. 확정되지 않은 계획이라는 뜻에서 '안
(案)'을 붙인 것이다.

경술국치,
나라를 강탈당한 아픔

경술국치

3대 통감 데라우치가 이완용에게 조약안을 넘겼다. 이완용은 순순히 받아서 조정으로 왔다. 1910년 경술년 8월 22일, 순종은 내각총리대신 이완용을 전권위원으로 임명해 일본과 '병합조약'을 체결하게 했다. 을사늑약 때와는 달리 반대하는 대신들도 없었다. 을사오적 중 한 사람인 이완용이 이번엔 주연으로 나섰다. 데라우치와 조약을 맺고 조약문에 도장을 찍었다.

제1조, 한국 황제 폐하는 한국 전부에 관한 일체의 통치권을
　　　완전하고 영구히 일본국 황제 폐하에게 양여한다.
제2조, 일본국 황제 폐하는 앞 조항에 열거한 양여를 수락하
　　　고 한국을 완전히 일본 제국에 병합함을 승낙한다.
제8조, 본 조약은 일본국 황제 폐하와 한국 황제 폐하의 재가
　　　를 받은 것으로 공포일로부터 이를 시행한다.

1902. 1. 30. 제1차 영일동맹	영국의 전폭적인 도움이 아니었다면 일본은 전쟁을 시작하지 못했을 것이다. 반면에 러시아는 고립 상태였다.
1904. 2. 23. 한일의정서	조선은 러시아도 일본도 편들 수 없었다. 그러나 일본은 조선의 전쟁 중립을 파기하고 나섰다.
1904. 8. 22. 한·일 외국인 고문 용빙에 관한 협정서(제1차 한일협약)	전쟁 승리를 자신한 일본은 조선 내정을 간섭하기 위하여 외국인 고문을 파견했다.
1905. 7. 29. 가쓰라·태프트 밀약	전쟁 중, 미국도 일본 편을 들었는데 일본의 가쓰라와 미국의 태프트가 만나 각각 조선 지배와 필리핀 지배를 상호 승인했다.
1905. 8. 12. 제2차 영일동맹	영국과 일본은 각각 인도 지배와 조선 지배를 목표로 보다 심화된 동맹을 체결했다.
1905. 9. 5. 포츠머스 조약	미국의 주선으로 러시아와 일본이 조약을 체결했다. 일본의 조선 지배가 국제 사회에서 인정되었다.
1905. 11. 17. 을사늑약 (제2차 한일협약)	무서울 것이 없어진 일본이 강제로 조선의 외교권을 박탈했다.

일제의 국권 피탈

1907. 4. 헤이그특사 파견	고종 황제는 을사늑약을 끝까지 인정하지 않았다. 을사늑약의 불법성과 무효를 알리려고 헤이그로 특사를 파견했다.
1907. 7. 19. 고종 황제의 강제 퇴위	외교권을 행사했다는 이유로 고종 황제가 강제로 퇴위당했다.
1907. 7. 24. 한일신협약(정미 7조약)	조선은 행정권마저 빼앗기고 일본인 차관 정치가 시작되었다.
1907. 8. 1. 대한제국 군대 해산	국권 수호의 상징인 대한제국 군대가 시가전 끝에 해산되었다.
1909. 7. 12. 사법권과 감옥 사무권 박탈	죄인을 붙잡고 심문할 권리도 잃어버리고 사법권과 감옥 사무 처리권이 일본에 넘어갔다.
1910. 8. 29. 국권 피탈	마침내 조선은 일본에 국권을 강제로 빼앗겼다.

식민지

대한제국이 망했다. 일본의 식민지로 떨어졌다. 일본은 강제적 병합이라는 사실을 숨기려 했다. 외국의 부정적 시선을 의식할 수밖에 없었다. 그래서 대한제국이 일본의 식민지 되기를 원해서 스스로 요청하고, 일본이 이를 허락해 주는 식으로 조약문을 작성했다. 1909년 12월에 친일단체 일진회가 합방 청원서를 제출했었다. 한국인이 자발적으로 일본의 식민지 되기를 원하는 청원이었다. 일본의 조종에 의해 이루어진 일이었다.

국치일

제8조에 조약은 공포일로부터 시행한다고 나온다. 공포일은 1910년 8월 29일이다. 이날 대한제국이 역사에서 사라졌다. 8월 29일은 나라가 치욕을 겪은 날, 국치일(國恥日)이다. 한일합방·한일병합·한일합병·병합늑약·경술국치 등으로 불리는데 이 책에서는 경술국치로 적는다. 경술년(1910), 경술국치에 이르기까지 그 과정을 돌아보자.

일본의 야욕

일본이 야욕을 본격적으로 드러내는 것은 러일전쟁

(1904~1905) 때이다. 청일전쟁이면 전쟁터가 청나라나 일본이어야 마땅하고, 러일전쟁이면 러시아나 일본 땅이 전쟁터가 되는 것이 당연하거늘 두 전쟁의 무대가 모두 한반도였다. 물론 한반도에서만 싸운 것은 아니지만, 어찌 됐든 한반도는 아팠다.

한일의정서 체결

러일전쟁을 일으킨 일본은 대한제국에 멋대로 군대를 상륙시키고 조정을 압박해서 한일의정서(1904.2)를 체결했다. 대한제국은 대외 중립을 선언했으나 소용없었다. 제3조는 "대일본제국 정부는 대한제국의 독립과 영토 보전을 확실하게 보증한다"는 것이었다. 확실하게 보증해? 한일의정서 제4조에서 일본이 우리나라 땅을 "군략상 필요한 지점을 정황에 따라 차지해 이용할 수 있다"라고 규정했다. 언제까지라는 말도 없고, 어느 지역이라는 말도 없다. 이는 전쟁 수행을 위해서 대한제국 어디든 무기한 점유할 수 있다는 의미이다.

제1차 한일협약

일본은 전세가 유리해지자 제1차 한일협약(1904.8)을 강제로 맺었다. 이 조약에는 일본인 1명을 대한제국의 재정 고문으로, 외국인 1명을 외교 고문으로 둔다는 내용이 들어 있다. 이제 대한제국의 재정 업무와 외교 업무는 이들 고문의 동의와 허락을 받아야 추진할 수 있게 되었다. 재정 고문은 일본인 메가타, 외교 고문은 미국인 스티븐스가 왔다. 스티븐스는 미국인이지만, 일본의 외교 관료로 일하던 사람이다. 일본의 대한제국 침탈 작전에 충실히 임했다. 1908년에 샌프란시스코에서 전명운·장인환에게 사살됐다.

헤이그특사

1905년, 을사늑약이 체결되면서 조선은 외교권을 잃었다. 그러나 고종은 승복하지 않았다. 다양한 방법으로 저항했다. 1907년 네덜란드 헤이그에서 열린 제2회 만국평화회의에 이상설·이준·이위종을 특사로 파견했다. 을사늑약의 부당성을 세계에 알려서 조약을 파기하려는 노력이었다. 그 먼 길을 힘겹게 갔으나 회의장에 들어가지도 못했다. 일본의 방해 공작 때문이었다. 다행히 세계 각국의 기자단 앞에서 발언할 기회를 얻었다.

이위종의 발언

외국어에 능통한 이위종이 나섰다. 그는 일본의 한국

침략을 규탄하고 을사늑약이 무효임을 설득력 있게 밝혔다. 한국을 도와 달라고 호소했다. 각국 대표단과 달리 기자들은 한국의 입장을 진지하게 들었고, 이해했고, 격려했고, 기사로 썼다. 일본에 의해 얼뜨기 나라로 왜곡 포장됐던 한국이라는 나라의 자주 의지가 세계에 알려지게 되었다.

이준의 순국

이후 이상설과 이위종은 독립운동에 나선다. 1917년 러시아 땅, 이상설은 이런 유언을 남기고 숨을 거두었다.

내 조국의 독립을 이루지 못하고 죽으니, 어찌 죽은 영혼인들 고국 땅을 감히 밟으랴. 내 죽거든 화장하여 재를 시베리아 벌판에 날리라. 그리고 조국의 독립이 오기 전에는 제사를 지내라 말라.

이준은 헤이그에서 순국했다. 할복자살이라고 알려졌지만, 할복하지는 않았다. 병이 들어 앓았는데 음식 넘기기를 거부하다가 끝내 사망하고 말았다고 한다. 분사(憤死, 분을 이기지 못하고 죽음)였다.

고종의 강제 퇴위

일본은 고종이 헤이그에 특사를 몰래 보내 외교 활동을 한 것은 을사늑약을 어긴 것이라고 했다. 그 책임을 묻는다는 핑계로 고종을 강제 퇴위시키고 고종의 아들 순종을 새 황제로 즉위하게 했다. 곧바로 한일신협약(정미7조약)을 맺었다(1907). 조약이 맺어지는 데 이완용이 애를 많이 썼다.

이완용 처단

이재명은 이완용을 처단할 때를 기다렸다. 1909년 12월 22일, 서울. 칼을 든 이재명은 이완용이 타고 있는 인력거로 뛰어들었다. 몇 차례 칼에 찔린 이완용은 굴러 떨어졌다. 죽을 듯했다. 그러나 죽지 않았다. 이재명은 체포됐다. 재판을 받았다. 재판장은 이재명을 비난하며 "피고의 일에 찬성한 사람은 몇이나 되는가?" 물었다. 이재명은 대답했다. "2천만 민족이다." 그러자 재판장 안팎에서 "옳다!"는 소리가 메아리쳤다. 최종 재판 결과는 사형이었다. 이재명은 말했다.

불공평한 너의 법으로 나의 생명을 빼앗기는 하지만, 나의 충혼(忠魂)은 빼앗지 못할 것이다.

정미7조약

한일신협약(정미7조약)을 살펴보자.

제1조, 한국 정부는 시정 개선에 관해 통감의 지도를 받을 것.

을사늑약 때 통감은 이론상 외교 권한만 갖고 있었다. 이제 대한제국의 내정 실권까지 공식적으로 갖게 되었다.

제5조, 한국 정부는 통감이 추천하는 일본인을 한국 관리에 임명할 것.

이에 따라 중앙 각부의 차관 등 요직에 일본인이 임명되었다. 지방에도 마찬가지였다. 이제 재정 고문, 외교 고문도 필요 없었다. 그래서 고문 제도는 폐지된다.

군대의 강제 해산

아울러 한일신협약 부속 문서를 통해 "육군 1개 대대를 두어 황궁 수비 임무를 담당하게 하고 나머지는 해산"시키게 했다. 무엇을? 대한제국의 군대 해산이다.

사법권 강탈

1909년에는 양국의 각서 형태로 대한제국의 사법권 마저 빼앗았다.

제1조, 한국의 사법 및 감옥 사무를 완비할 때까지 한국 정부 는 사법 및 감옥 사무를 일본 정부에게 위탁함.

야비하게 '위탁'이라는 단어를 골라 썼다.

일진회

이토 히로부미가 안중근에게 처단된 뒤 송병준 등이 이끄는 친일단체, 일진회가 나섰다. 자기네가 대한제 국 2천만 국민의 대표라고 허풍떨면서 정부에 한일합 병을 해 달라는 상소문을 올린다. 심지어 합병성명서 까지 발표했다. 일진회. 이름은 또 그게 뭔가.

경찰권 강탈

1910년 6월, '한국경찰사무 위탁에 관한 각서'를 체결 해서 대한제국의 경찰권을 일본에 위임하게 했다. 한 마디로 경찰권까지 빼앗은 것이다. 외교·행정·군사· 사법·치안, 모든 분야를 일본이 장악했다. 더 빼앗을 것도 더 빼앗길 것도 없다. 1910년 8월 29일, 경술국치. 나라가 사라졌다. 끝으로 어느 신문에 실린 경술국치 관련 기사(2016) 일부를 소개한다. 생각해 볼 부분이다.

해방 전 대한민국임시정부는 매년 8월 29일이 되면 선언서를 발표하거나 기념식을 열었다. 국가의 치욕을 자랑스럽게 여겼기 때문이 아니다. 잘못된 역사를 반성하기 위한 것이었다. 또 잘못을 되풀이하지 않겠다고 다짐하기 위한 것이기도 했다. 현 대한민국 정부는 임시정부에서 제정하고 기념한 '3·1절' '개천절' '순국선열기념일' 등은 모두 그대로 따르고 있지만, 국치일은 기념하지 않고 있다. … 부끄러운 역사라고 해서 눈을 감고 있으면, 똑같은 일이 일어난다. 더 이상 눈을 감지 말자. 과거에 눈을 감으면, 미래를 볼 수 없다.

국난의 위기마다 활약한
의병의 굳건한 정신

외적과 싸우는 백성들

외침으로 나라가 위기에 빠질 때 자발적으로 일어나 싸우는 백성, 그들 의로운 병사들을 의병(義兵)이라고 한다. 삼국 시대부터 이미 의병이라고 부를 수 있는 백성들의 항쟁이 있었지만, 역사의 표면에 뚜렷하게 드러나게 되는 것은 임진왜란 때이다. 임진왜란, 그 위기에 나라를 구한 것은 의병이다. 무기 성능, 전투 경험, 병력 규모, 모든 면에서 왜군에 크게 밀렸으나 내 가족 내 나라를 지킨다는 뜨거움으로 적을 물리쳤다. 수천 년 우리 역사를 지탱해 온 힘이 백성에게서 나왔다.

을미의병

조선 말 나라의 위기에 의병이 다시 일어났다. 1895년 을미년, 을미사변에 분노해 충청도 유성 등에서 항일 의병이 봉기했다. 이어진 단발령으로 봉기가 전국으로 확산했다. 이를 을미의병이라고 한다. 아관파천 이후에 잠잠해지게 된다.

을사의병

1905년 을사년, 을사늑약에 반발해 다시 의병이 일어났다. 이를 을사의병이라고 한다. 이때 활동한 의병장으로 최익현과 함께 신돌석(1878~1908)이 널리 알려져 있다. 평민 출신 신돌석은 이미 을미의병으로 봉기했었다. 을사늑약 이후 다시 일어나 영남 지역을 중심으로 유격전을 펼치며 일본군을 무찌르고 친일파를 처단했다. 몇 년간 의병 활동을 계속하다가 믿던 부하에게 죽임을 당하고 말았다.

정미의병

1907년 정미년, 고종 강제 퇴위와 군대 해산을 계기로 의병이 일어났다. 이때 군인들이 대거 의병에 합류해서 싸웠다. 정미의병이다.

군인 대대장 박승환의 자결

"대한제국 만세!" 병사들은 대대장 박승환의 외침을 들었다. "탕!" 이어진 한 발의 총성도 듣고 말았다. 대대장실로 달려가 보니 이미 그는 죽어 있었다. 유서에는 이렇게 쓰여 있었다.

군인으로서 나라를 지키지 못하고 신하로서 충성을 다하지 못하면 만 번 죽어도 애석할 것이 없다.

서울 시위대 대대장 박승환은 정부의 군대해산 명령을 받았다. 군인으로서 명은 따라야 한다. 병사들에게 무기를 반납하도록 했다. 그리고 유서를 쓰고 자결했다. 병사들은 무기고를 부쉈다. 반납한 총을 다시 들었다. 눈물을 뿌리며 거리로 뛰쳐나갔다. 일본군과의 총격전이 시작됐다. 1907년 8월 1일 아침이었다. 지방 군인들도 곳곳에서 일본군과 전투를 벌였다. 그러면서 의병이 되어 갔다.

해산 군인들의 참여

정미의병은 이전의 의병보다 전투력이 좋아졌다. 해산된 군인들이 함께했기 때문이다. 일본군 피해가 아주 컸다. 정미의병에서 또 하나 주목할 것은 홍범도(1868~1943)의 등장이다. 함경도에서 봉기해 의병을 이끌었다. 봉오동 전투, 청산리 전투에서 활약한 독립군 홍범도가 원래 의병이었다. 신돌석은? 신돌석은 독립군이 되지 못했다. 31살 나이에 부하에게 죽임을 당했기 때문이다(1908). 그 부하는 신돌석을 왜 죽였을까? 신돌석 목에 걸린 현상금을 노렸다.

13도 창의군

전국의 의병들은 1908년에 약 2,000번이나 일본군과 전투를 벌였다. 1909년에도 비슷했다. 전쟁이었다. 한편 이때 전국 각지에서 활동하던 의병이 한자리에 모여 서울로 진격하는 작전을 세우기도 했다. 경기도 양주에 약 1만 명의 의병이 모였다. 일부밖에 모이지 못했다. 이들을 '13도 창의군'이라고 했다. 총대장은 이인영이다. 그러나 선발대가 일본군에게 패한 후 서울 진격을 포기했다(1908). 여러 사정이 있었겠지만, 총대장 이인영이 부친상을 치르기 위해 고향으로 가 버린 것이 컸다. 그는 이렇게 말했다.

나라에 불충함이 부모에게 불효함이 되며 부모에게 불효함이 나라에 불충함이 된다. 그 도(道)는 하나이며 둘이 아니다. 고로 나는 차라리 나라 풍속에 따라 삼년상을 치러 효도를 다 한 후에 재기하겠노라.

그런데 조선은 8도 아닌가? 웬 13도? 1896년(고종 33) 고종은 지방 행정구역을 개편해서 전국을 13도 체제로 만들었다. 경상도를 경상남도와 경상북도로 나누는 식이다. 13도는 경기도, 충청북도, 충청남도, 전라북도, 전라남도, 경상북도, 경상남도, 황해도, 평안남도, 평안북도, 강원도, 함경남도, 함경북도이다.

일본의 야만

1909년 일본은 의병 '대토벌 작전'을 벌인다. 전국 구석구석 의병들을 공격하는 것에 그치지 않고 민간인까지 닥치는 대로 죽이고 부수고 불질렀다. 마을 전체가 폐허가 되기도 했다. 의병들은 위축될 수밖에 없었다. 그들은 국경을 넘었다. 그렇게 독립군이 되었다.

독립을 향한 굳은 의지

그렇다. 전국에서 의병들이 힘을 다해 싸웠지만, 일제로부터 나라를 지켜내지는 못했다. 이 무렵 서양의 한 언론인이 우리 의병들을 만나 이것저것 물었다. 의병들은 의연하게 대답했다. 한 의병은 이렇게 말했다.

우리는 어차피 죽게 되겠지요. 그러나 좋습니다. 일본의 노예가 되어 사느니보다는 자유민으로 죽는 것이 훨씬 낫습니다.

독립을 위해
피의 맹세를 하다

단지동맹

1909년 2월 7일, 러시아 땅 어딘가에 조선 사내 십여 명이 모였다. 그들은 왼손 약지 손가락을 잘랐다. 그리고 태극기에 혈서를 썼다. 大韓獨立. 대한독립이다. 제 손으로 손가락을 끊어낼 때 이들은 이미 목숨을 버렸다. 사내들은 침략의 원흉 이토 히로부미와 이완용 등 친일파 암살을 맹세했다. 피의 맹세다. 자를 단, 손가락 지, 이들의 모임을 단지동맹(斷指同盟)이라고 한다. 이 동맹을 주도한 인물은 바로 안중근(1879~1910)이다.

안중근의 활동

안중근, 32세 짧은 인생을 마감할 때까지 그가 한 일은 하나, 나라를 구하는 일이었다. 러시아에 오기 전에 학교를 세워 교육 활동을 했다. 그는 공부도 많이 한 사람이다. "하루라도 책을 읽지 않으면 입안에 가시가 돈다”고 했다. 국채보상운동에 참여하는 등 애국계몽운동을 펼쳤다. 그리고 일본과 직접 싸우는 의병 활동까지 했다.

안중근 의거

1909년 10월 26일, 하얼빈 역. 러시아 대표와 회담하러 이토 히로부미가 왔다. 기차에서 내렸을 때 안중근이 총을 들었다. 왼손으로 오른쪽 팔꿈치를 신중하게 받치고 방아쇠를 당겼다. 이토 히로부미가 쓰러졌다. 한국근대사에 지겹도록 등장하던 인물, 초대 통감 이토 히로부미가 ‘한일병합’을 보지 못하고 이렇게 죽었다. 중국 쪽 어느 신문은 이렇게 보도했다. “이등(이토 히로부미)이 조선 지사의 손에 죽는 것을 보고 기쁨과 슬픔을 느꼈도다. 세계인류가 독립의 참 이치를 아는 것이 기쁨이요, 중국에 사람 없음이 조선만 같지 못한 것이 슬픔이로다.” 중국에는 왜 안중근 같은 인물이 없느냐는 한탄이다.

안중근의 체포

안중근은 체포됐다. 러시아 검찰에게 조사를 받았다. 하얼빈은 중국 땅이다. 하지만 러시아가 조차(租借, 양측의 조약에 의해 한 나라가 다른 나라 영토의 일부를 일정 기간 빌려서 통치함)하고 있었으므로 하얼빈 관할권이 러시아에 있었다. 러시아가 조사하는 게 맞다. 그러나 러시아는 안중근을 일본 측에 넘긴다. 고종이 밀사를 보내 러시아가 재판하게 하려고 했으나 소용없었다.

안중근 재판

일본은 '한국 병합'을 눈앞에 두고 그에 미칠 부정적 영향을 걱정했다. 러시아가 관리하는 중국 땅에서 한국인이 일본인을 처단한 국제적 사건을 세계가 주목하고 있었다. 일제의 한국 침략을 당당하게 비판하는 안중근에게 일본은 제의했다. 이토 히로부미를 오해해서 죽였다고 말하면 살려 주고 출세도 보장하겠다고. 안중근이 대답했다.

이 의거는 나의 명리와 현달을 위한 것이 아니고 오로지 한국의 독립 회복과 동양 평화를 이룩하기 위해 한 것이므로 다시는 그런 유인을 하지 말라.

안중근의 죽음

가혹한 고문도 통하지 않았다. 일본의 재판은 예상 가능한 대로 형식적으로 흘러갔다. 그리고 1910년 3월 26일, 안중근은 뤼순감옥에서 사형당한다. 사형집행

일이 3월 25일로 정해져 있었다. 그런데 일제는 하루 연기하여 26일에 집행했다. 왜 그랬는지 통감부 내부 보고서에 나와 있다. "다가오는 25일에 안(安)의 사형이 집행될 예정이라는 전보를 받았다. 그날은 한국 황제 탄생일에 해당돼 한국 인심에 악감정을 줄 우려가 있어 관동도독부에 신청한 결과, 이 도독부에서 3월 26일 사형을 집행하고 유해는 뤼순에 매장할 예정이라는 회답을 보내왔다."

경술국치 직전이다. 조선 민중의 봉기가 겁났던 것이다. 안중근의 동생들이 형의 시신을 모시러 갔다. 일제는 내주지 않았다. 안중근의 시신이 조국으로 돌아갈 경우, 항일 봉기의 횃불이 될 것이라고 여겼기 때문이다. 일제는 살아 있는 안중근을 두려워했고, 죽은 안중근을 더 두려워했다. 우리는 아직도 안중근의 유해를 찾지 못하고 있다. 죽임은 안중근으로 끝나지 않았다. 그의 큰아들도 일제에 의해 독살당한다. 그때 나이 7살이었다.

안중근이 이토 히로부미를 처단하자 일본은 발칵 뒤집혔다. 그 무렵 도쿄에 있는 러시아 공사관의 직원이 본국 재무상에게 보고서를 보냈다. 이런 내용이 들어 있었다. "일본인들은 이토라는 위대한 정치인을 잃은 데 대한 복수심에 사로잡혀 있다. 일본 언론들은 사흘간 한국인들을 죽일 수 있도록 허락해줄 것을 (정부에) 촉구하고 있다." 한국과 일본은 어쩔 수 없는 관계일까? 지금 이런 일이 있다. 집안 대대로 안중근 제사를 올리는 일본인들이 있다. 일본에 '안사모(안중근을 사랑하는 일본인 모임)'라는 단체가 있다고 한다. 이 단체는 '안중근 동양평화기념비'를 일본 땅에 세웠다.

X

일제강점기~현대

비밀결사단체
신민회의 활동

애국계몽단체

을사늑약이 체결되는 1905년쯤부터 우리의 힘과 실력을 키워서, 위기에 빠진 나라를 구하자는 애국계몽운동이 펼쳐진다. 많은 단체가 만들어지는데 그 가운데 하나가 신민회. 신민회는 1907년에 설립되어 활동하다가 경술국치 이후인 1911년에 일제에 의해 해체된다. 하지만 1911년 이후에도 만주 지역을 중심으로 활동을 이어간다.

신민회 조직

신민회는 안창호를 중심으로 《대한매일신보》의 실질적 운영자인 양기탁과 이동휘, 이승훈, 이회영, 김구, 신채호 등이 중심이 되어 조직되었다. 우리나라를 자유독립국가로 바로 세워서 공화정 체제로 운영한다는 것이 이들의 목적이었다. 입헌군주제가 아니다.

신민회의 의미

나라의 중심은 백성이니 백성의 실력을 키운다, 이렇게 힘과 실력을 갖춘 새로운 국민[新民]이 나라를 바로잡고 이끌어간다, 다른 나라에 의존하지 않고 우리만의 노력으로 목표를 이룬다, 이런 목표를 담아 단체의이름을 신민회(新民會)라고 했다.

신민회의 활동

신민회는 대성학교 등 학교 설립을 통한 교육 활동과 대중계몽 활동 외에도 민족산업을 살리기 위한 다양한 활동을 펼쳤다. 평양에 도자기회사를 차린 것이 그 가운데 하나다. 태극서관이라는 책방 겸 출판사를 내고 계몽서적을 널리 유통하기도 했다. 몇 년 후 신민회의 국내 활동이 끝나게 된다. 일제에게 꼬리가 잡히고 말았다. 일제는 없는 죄를 만들어 '105인 사건'을 조작했고 이때 신민회 간부들을 체포했다.

비밀결사

신민회는 다른 애국계몽단체들과 달리 무장 항일운동까지 준비했다. 국외에 무관학교를 세우고 독립군 기지를 만들어 적절한 시기에 일제와 독립전쟁을 치른다는 계획이었다. 이 계획이 일제에 발각되면 심한 탄압을 받을 게 뻔하다. 그래서 신민회는 비밀결사로 활동했었다.

신한민촌

무관학교 세운다는 계획은 실행됐을까. 그렇다. 1910년 말부터, 이동녕·이회영을 비롯하여 많은 이들이 서간도로 이주했다. 그들은 신한민촌(新韓民村)을 만들고 신흥강습소를 열었다. 신흥강습소는 얼마 후 신흥무관학교(新興武官學校)가 되었다. 신민회[新]가 흥국(興國, 나라를 융성하게 일으킴)한다는 의미에서 무관학교 이름을 신흥(新興)이라고 했다.

신민회는 이름이 비슷한 신간회와 헷갈린다. 신간회는 경술국치 이후인 일제강점기, 1927년부터 1931년까지 활동하던 단체이다. 사회주의 세력과 민족주의 세력이 힘을 합쳐 조직했다. "우리는 정치적·경제적 각성을 촉진한다. 우리는 단결을 견고히 한다. 우리는 기회주의를 일체 부인한다"는 강령을 내건 신간회에 이상재·안재홍·조만식·한용운·홍명희·조병옥 등이 참여했다. 신간회는 광주학생운동을 전국으로 확산하는 데 기여했다.

일제가 조작한 만행, 105인 사건

105인 사건

수단과 방법을 가리지 않는다. 일제는 반일(反日) 민족 세력 제거 음모를 꾸몄다. '총독 암살 미수사건'이라는, 존재하지도 않는 가공의 사건을 만들어 이에 관련됐다는 수백 명을 체포하고 그 가운데 105명에게 1심 재판에서 유죄 판결을 내렸다. 그 과정에서 무자비한 고문이 가해졌다. 이를 105인 사건(1911)이라고 한다. 일제는 비밀결사인 신민회의 존재를 알아내고 중심 인물들을 이 사건에 엮었다.

잡혀간 사람들은 대개 서북 지역, 황해도와 평안도 출신이었다. 서북 지역은 반일의식이 유독 강했고 독립운동의 기운 또한 뜨거웠던 곳이다. 미국에서 스티븐스를 저격한 장인환 그리고 이완용을 처단하려 했던 이재명이 평양 출신이다. 안중근도 황해도 해주 출신이다. 일제는 자기네 총독을 죽이려는 일에 가담했다는 죄를 씌워 700여 명을 잡아 들였고 주모자로 지목한 123명을 기소해서 재판에 넘겼다. 그 가운데 유죄 판결을 받은 이가 앞에서 말한 대로 105명이다. 경찰의 가혹한 고문에 못 이겨 일단 죄를 인정할 수밖에 없었던 이들이 재판정에서 진실을 밝혔다.

재판 과정

신민회 소속 안태국이 어떻게 재판에 임했는지 보자. 그의 기소장에는 "총독 암살을 단행키로 한 바로 전날인 1910년 12월 26일 평양에서 하룻밤을 자고 27일 정주에서 동지 60명을 인솔하여 새벽 6시에 선천역으로 갔다"는 내용이 있다. 안태국은 기소장 내용이 완전 허위임을 입증하는 자료를 재판정에 제출했다. 12월 26일 저녁 서울 음식점에서 자기 이름으로 받은 영수증, 12월 27일 서울에서 평양으로 자신이 보낸 전보문이었다. 완전한 알리바이에 판사도 할 말이 없었다. 안태국은 말했다.

신이 아닌 내가 어떻게 같은 시간에 서울에도 있고 평양에도 있다는 말인가. ⋯ 100여 명이 권총을 소지하고 총독 하나를 죽이기 위해 여러 곳에서 모의했다는데 어떻게 딱총 소리 한 방 없었는가. 이 모든 것을 시인했던 것은 ⋯ 고문에 의한 허위 사실일 뿐이다.

재판에 넘겨진 인물들 가운데 기독교 신자가 많았다. 서양인 선교사들과 관련도 있었다. 그래서 미국 등 외국에서도 이 사건을 주의 깊게 지켜보고 있었다. 일제는 무한정 억지, 무리수를 둘 수가 없었다. 최종심에서 이 사건의 주모자라는 죄를 씌워 윤치호·양기탁·안태국 등 6명에게 수 년의 징역형을 선고하고 나머지 99명은 무죄로 석방했다(1913). 풀려난 이들 가운데 상당수가 이후 3·1운동을 주도하거나 국외에서 항일독립운동을 펼쳤다.

일제의 고문

일제의 고문이 독했다고 말했는데 어느 정도였을까. 우리가 예상 가능한 방법도 있고 예상하기조차 어려운 끔찍한 행위도 있었다. 대나무못을 손톱과 발톱 사이에 박기, 널빤지에 못을 박고 그 위에 눕히기, 거꾸로 매달아 코에 뜨거운 물 붓기, 추운 날 묶은 알몸에 찬물을 계속 부어 얼음기둥으로 만들기…. 그래도 얼굴은 깨끗하게 두었다. 재판 때 남들이 보니까. 마치 아무 일도 없던 것처럼. 고문을 받다 몇 사람이 죽었다. 불구가 된 사람도 많았다.

그때 고문당했던 한 사람이 말했다. 가장 참기 힘들었던 것은 배고픔이었다고. 며칠간 계속 고문을 받고 밥은 한 끼도 못 먹고(안 주고 굶기니까). 그런데 그 앞에서 일본 경찰들이 맛있는 음식 차려 놓고 먹는 걸 보니 미치겠더란다. 일단 살아 내야 하니까 옷 속의 솜을 뜯어먹고, 문창호지 씹어 먹고 심지어 감옥 바닥에 깔려 있는 썩은 짚을 삼켰다고 한다.

신흥무관학교를
서간도에 세운 이유는

독립군 양성소

신민회 사람들이 서간도로 갔다. 독립군 양성소를 세우기 위해서였다. 1911년, 신흥무관학교가 문을 열었다. 이회영도 서간도에 갔다. 그의 형도, 그의 동생도, 그들의 가족도. 이회영 6형제와 그들의 가족 40여 명이 모두 서간도로 이주한 것이다.

이회영

이회영(1867~1932)은 이항복의 후손으로 당대 명문가였다. 일찍이 자기 집 노비들을 자유인으로 만들고 남의 집 노비들에게는 존댓말을 쓰던 사람이다. 그 형제들이 소유한 재산도 아주 많았다. 엄청 부자들이었다. 일제에 조금 고개 숙이고 손 살짝 비벼주면 얼마든지 잘 먹고 잘살 수 있었다. 그러나 이회영 형제는 그 많은 땅을 모두 처분해서 만주로 갔다. 그 돈을 신흥무관학교 세우고 무기 사고 학생들 먹이고 입히고 가르치고 훈련시키는 데 썼다.

　돈도 돈이지만, 여섯 형제가 어떻게 그렇게 모두 한마음 한뜻으로 독립운동에 투신할 수 있었는지 놀랍다. 남편의 결정에 순순히 따른 그들 아내의 결단도 놀랍다. 이회영이 형제들에게 "대의를 위하여 죽을지언정 왜적 밑에서 노예가 되어 생명을 구차히 도모할 수는 없지 않느냐"면서 만주 이주를 청했고 형제들이 기꺼이 따랐다고 한다.

재정 악화로 인한 폐교

신흥무관학교로 학생들이 모여들었다. 군사 훈련 비중이 높았다. 그런데 한 해, 한 해 가면서 학교 재정이 나빠졌다. 학생들은 가축이나 먹여야 할 만큼 상태가 안 좋은 좁쌀 밥에 콩장 한 가지를 반찬으로 먹으며 그래도 이 악물고 훈련했다. 1920년쯤 폐교되고 말았는데 이때까지 3,000명 이상의 독립군을 양성한 것 같다. 졸업한 학생들은 여러 독립운동 단체에서 중견으로 활약했다. 신흥무관학교와 긴밀히 연결된 서로군정서는 물론이고 김좌진이 이끄는 북로군정서에도 졸업생들이 교관으로 갔다. 홍범도 부대에도 들어갔다. 청산리 전투에 참여해서 공을 세운 것은 당연한 결과였다. 이 외에 의열단과 광복군에 참여한 졸업생도 많았다.

일제하에서는, "돈도 명예도 필요 없다. 사랑마저 포기했다. 부모님 죄
송합니다. 이 나라 독립이 제일입니다." 제 발로 집 떠나 북풍한설 몰아
치는 만주벌판 뚜벅뚜벅, 신흥무관학교 문 두드리던 젊은이들. 어느 벌
판 어느 계곡, 일본군과 싸우다 피 흘리며 죽어 갔을 대한의 청춘들. 역
사에 이름 석 자 남기지 못하고 스러진 젊은 그들. 광복은 그냥 온 것이
아니다.

일제는 왜
제암리 사건을 저질렀나

3·1운동

2018년 3월, 어느 신문에 3·1운동을 소개하는 기사가
실렸다. 시작이 이러하다.

99년 전 3월, 한반도 전역에선 거대한 용암과도 같은 민족
의 에너지가 분출됐다. 남쪽의 제주도에서 북쪽의 함경도에
이르기까지 1,500여 차례에 걸쳐 대한독립 만세를 외치는
3·1운동이 전개됐다. 3·1운동은 비단 국내에서만 그치지 않
았다. 당시 인구 2,000만 명 중 연인원 200여 만 명이 참여한
거족적인 대일 항쟁이었다. 일본 자료를 집계한 바로는 사망
자 7,500여 명, 부상자 1만 6,000여 명, 검거자가 4만6,900여
명에 달한다고 한다(추정). 기세(氣勢)에 놀란 일제는 무자비
했다. 19세 소녀 윤형숙은 일본 경찰이 칼로 팔을 베자 다른
손으로 다시 태극기를 쥐고 흔들었다. 서대문형무소에 끌려
간 유관순은 손톱과 발톱이 뽑히는 모진 고문을 당하면서도
끝까지 굴하지 않았다.

1919년 3월 1일에 시작된 3·1운동. 맨손으로 만세를 외치는 사람들에게 일제는 총질을 해댔다. 그래도 만세의 열기는 식지 않고 널리 퍼졌다. 이 소식은 국내 서양인들을 통해 외국으로 전해졌다. 한국인의 독립 의지가 세계에 알려진 대사건, 우리 스스로 우리의 저력에 놀란 대사건, 3·1운동이다.

제암리 학살

일제는 조선인들이 일본의 식민지 백성으로 살기를 원한다고 세계에 선전해 왔다. 그런데 새빨간 거짓말인 게 드러나고 말았다. 국제적으로 망신을 당한 일본의 보복이 곳곳에서 벌어졌다. 1919년 4월 15일, 수원 제암리(지금 경기도 화성시). 아리타 중위가 군인과 경찰 10여 명을 데리고 나타났다. 마을 주민 20여 명을 교회당에 모이게 했다. 출입문을 잠갔다. 그리고 끔찍하게 죽였다. 다 죽였다. 증거인멸을 위해 교회에 불을 질렀다. 건물이 탔다. 시신도 같이 탔다. 일본군은 민가도 불질렀다. 30여 집이 잿더미가 되었다. 한 마을이 이렇게 사라졌다.

해외 언론의 보도

미국과 영국 영사관에서 사람들이 현장에 왔다. 서양

인 기자들도 왔다. 세계 언론이 제암리 사건을 보도했다. 일제는 곤경에 처했다. 어찌 됐건 사건 경위를 발표해야 했다. 뭐라고 했을까? 제암리 주민 300여 명이 돌을 던지며 극렬히 저항해서 정당방위 차원에서 발포했고 그 과정에서 20여 명이 사망했다고 했다. 어찌 이렇게 거짓말을 잘할까. 이 사건에 대해 조선군 사령관 우쓰노미야는 일기에 이렇게 썼다.

사실을 사실로써 처분하면 아주 간단하겠지만, 그러면 아무렇지도 않게 독필(毒筆)을 휘두르고 있는 외국인들에게 학살 방화를 스스로 인정하는 것이 되고 〈일본〉제국의 입장은 심히 불이익이 되며, 한편으로는 조선 안에 폭민(暴民)을 증가 조장시키고 또 진압에 종사하고 있는 장졸(將卒)에게 의혹의 생각을 갖게 하는 불리함이 있으므로 '저항하므로 죽였다'는 것으로 하여 학살 방화 등은 인정하지 않기로 결정하고 밤 12시에 산회하였다.

일제는 제암리 사건의 주모자 아리타 중위를 그냥 두기가 곤란해졌다. 처벌해야 했다. 그래서 군법회의에 넘겼다. 그리고 최종 결과는 무죄였다.

연통제는
어떤 조직일까

온 세상 사람의 이목을 놀라게 하고 더욱이 당국자의 간담을 서늘하게 한 함경북도의 지식계급으로 조직한 조선 독립운동의 중대한 비밀결사인 연통제(聯通制)가 발각이 되어 오랫동안 함흥지방법원 청진지청에서 예심 중이더니 … 이 중대한 사건의 제1회 공판은 동 지청 제1호 법정에서 열리었는데 사건도 중대하거니와 피고도 47인 다수한 사건이므로 … 독자에게 보도하고자 하는 바이라.

피고와 원고

1920년 8월,《동아일보》는 연통제가 발각되고 만 사건을 이렇게 보도했다. 법정에서 재판받는 이들은 당당했다. 한 인사는 판사 앞에서 "한일합병은 우리 민족의 의사를 무시하고 일본의 침략주의로 조선을 강탈한 것인데 남의 것을 강탈한 자에게서 도로 찾고자 함이 무슨 죄인가"라고 했다. 또 다른 이는 이렇게 말했다. 우리는 피고가 아니다. 너희 일본이 피고다!

"지금 법정에서 우리들을 '피고'라 하는데, 이는 법 이론에 맞지 않는다. 자기 것을 찾으려는 사람이 원고가 되지 못하고, 남의 것을 강탈한 자가 원고가 될 수 있는가? 이 안건의 재판관은 영국이나 미국인은 될 수 있어도, 일본인이 되어서는 안 된다."

비밀행정조직, 연통제

연통제는 상하이 대한민국임시정부가 국내외 업무 연락을 위해 설치했던 비밀행정조직이다. 비밀결사로 만들어졌던 신민회의 조직 원리를 계승했다고 한다. 1919년 7월부터 업무가 시작됐는데 임시정부 내무총장 안창호가 주도했다. 각 도에 감독(독판), 군에 총감(군감), 면에 사감(면감)을 두고 비밀리에 활동했다. 만주 지역으로 조직이 확대되기도 했다.

연통제의 운영

연통제에 의해 임시정부의 각종 지시사항 등이 국내로 전달됐고 국내의 시위운동 등 독립 활동 내용이 상하이로 전해졌다. 국내에서 모은 독립운동자금을 임시정부로 보내는 것도 연통제 조직에 의해 이루어졌다. 하지만 연통제는 전국적으로 원활하게 돌아가지는 못했다. 황해도·평안도·함경도에서는 제대로 운영되었으나 다른 지역은 지지부진했다. 당시 임시 정부는 전국 행정구역을 13도 12부 215군으로 나누고 있었다. 그런데 실제로 연통제가 시행된 곳은 1920년 말 기준으로 9개도, 1개 부, 45개 군 정도였다.

연통제의 와해

일제는 집요하게 연통제를 파고들었다. 탄압이 극심했다. 그냥 두기에는 너무도 위험한 조직이었다. 결국, 연통제 조직이 하나둘 드러나게 되었고 그렇게 와해되고 말았다. 대략 1921년 후반기까지 연통제 활동이 지속되었다.

일제 문화통치의
실상

헌병경찰제

1910년 대한제국의 주권을 강탈한 일제는 헌병경찰제를 시행했다. 군인인 헌병이 치안 유지라는 경찰 업무까지 맡게 한, 무단통치의 상징이다. 헌병경찰은 '단순무식'하게 한국인들을 억압하고, 감시하고, 탄압했다. 3·1운동 이후 일제는 헌병경찰제를 버렸다. 무단통치 대신 이른바 문화통치를 들고 나왔다. 무조건 패대는 '단순무식' 폭력에서 벗어나 살살 구슬리며 민족을 이간하는 교활한 작전을 쓰기 시작했다. 한국인에 대한 통제가 겉으로는 부드러워진 것처럼 보이지만, 속으로는 더 독하고 예리해졌다. 치안유지법(1925~1945)이 그 증거다.

치안유지법

치안유지법 제1조는 "국체(國體)를 변혁하고 또는 사유 재산 제도를 부인하는 것을 목적으로 하여 결사를

무단 통치 시기 조선 총독부의 관리들

조선 총독부	중앙 행정 기관	지방 행정 기관	사법 기관
429명	974명	4,097명	1,617명

치안 기관	경찰과 보조원	헌병과 헌병 보조원	밀정
2,600명	3,113명	7,693명	3,000여 명

조직하거나 또는 그 정(情)을 알고서 이에 가입한 자는 10년 이하의 징역 또는 금고에 처함"이라고 되어 있다. 얼마 뒤 '10년 이하의 징역'이 최고 '사형'으로 개정된다. 일본의 국체를 변혁하려는 것은 우리의 독립운동을 의미한다. 사유 재산 제도를 부인하는 단체는 곧 사회주의 단체를 가리킨다. 사회주의 단체와 모든 독립운동 행위를 철저하게 탄압하려는 목적으로 이 법이 만들어진 것이다. 실제로 해방에 이르기까지 일제에 붙잡힌 독립운동가들이 이 법에 따라 처벌받았다.

정우회 선언

한편 치안유지법 시행에 따라 사회주의 단체들이 어려움을 겪게 되었다. 변화의 필요성을 느꼈다. 화요회

조선 총독부 기구

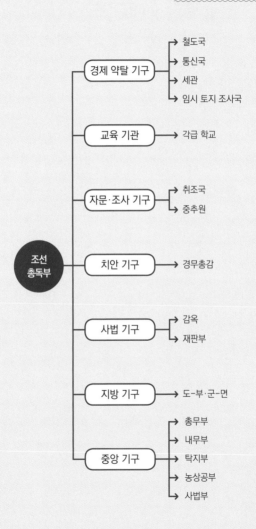

경제 약탈 기구
→ 철도국
→ 통신국
→ 세관
→ 임시 토지 조사국

교육 기관
→ 각급 학교

자문·조사 기구
→ 취조국
→ 중추원

치안 기구
→ 경무총감

사법 기구
→ 감옥
→ 재판부

지방 기구
→ 도-부·군-면

중앙 기구
→ 총무부
→ 내무부
→ 탁지부
→ 농상공부
→ 사법부

조선 총독부

를 중심으로 4개의 사회주의 단체가 통합해서 정우회를 만들었다(1926). 정우회는 '민족협동전선'을 지지하며 정우회 선언을 발표했다. 민족주의운동 세력과 손을 잡겠다는 선언이다. 정우회 선언은 신간회 결성으로 이어지게 된다.

공산주의는
어떻게 흘러왔나

공산주의

칼 마르크스(1818~1883)에 의해서 공산주의(共産主義)가 세상에 나왔다. 사회주의와 공산주의는 약간의 단계별 차이가 있지만, 그냥 같은 것으로 봐도 큰 무리는 없다. 여기서는 사회주의와 공산주의를 같은 의미로 보고 적절히 섞어 쓰겠다.

노동자의 혁명

마르크스는 자본주의 사회가 망해서 공산주의가 될 거라고 했다. 자본주의가 성숙한 나라에서부터, 그러니까 잘사는 나라부터 공산화될 것이라고 했다. 노동자(프롤레타리아)들이 뭉쳐 자본가(부르주아) 계층을 무너트리는 폭력 혁명을 통해서 노동자 세상이 만들어진다고 했다. 자본주의의 문제는 무엇인가? 빈부격차다. 공산주의는 빈부격차가 없는 세상이다. 가난한 사람도 부자도 없이 다 함께 잘 먹고 잘사는 평등사회를 지향한다. 이론상 공산주의 사상은 매혹적이다. 그래서 곳곳으로 퍼져나갔다.

공산주의 국가의 탄생

마르크스가 말한 대로 공산주의 국가가 탄생했다. 레닌이 주도한 러시아혁명이다(1917). 공산화에 성공한 러시아는 소련(소비에트 사회주의 공화국 연방)이 되었다(1922). 소련에 인접한 중국에도 공산주의가 흘러 들어갔다. 점점 기세를 키웠고 마침내 마오쩌둥에 의해 공산화된다(1949). 마오쩌둥에게 나라를 빼앗긴 중국 국민당 정부는 타이완으로 옮겨갔다. 소련과 중국뿐이 아니다. 세계 곳곳에 공산주의 정권이 들어섰다.

무능과 부패에 대한 저항

러시아는 자본주의가 성숙한 나라가 아니었다. 중국도 그렇다. 가난한 나라들이다. 마르크스의 예상과 달리 선진국이 공산화된 사례는 없다. 공산화된 나라들을 보면 자본주의에 대한 저항이라기보다 기존 정권의 무능과 부패에 대한 저항으로 공산주의를 택한 경우가 많았다.

평등사회에 대한 꿈

일제강점기 우리 독립운동가 중에 사회주의를 택한 이들이 있었다. 이때의 사회주의 독립운동가에 대해서 거부감을 가질 필요가 없다. 그들이 활동하던 만주지역 등은 공산주의가 퍼진 지역이다. 아직은 공산주의의 실태도 모르던 때이다. 실제로 경험하지 못했으니까. 다 함께 잘사는 평등사회를 만들자니 좋지 않은가. 더구나 소련은 약소민족의 독립운동을 돕겠다고 공언하기도 했다. 해방된 조국의 미래상으로 사회주의를 충분히 그려 볼 수 있었다.

산업혁명과 보이지 않는 손

한편 산업혁명을 겪으며 자본주의는 더욱 발전했다. 애덤 스미스(1723~1790)가 말한 '보이지 않는 손'에 따라 시장경제가 자율적으로 굴러갔다. 수요 공급의 원칙에 따라. 그러다가 삐거덕거리더니 한순간 세계 경제가 엉망진창이 되어 버렸다. 미국에서 시작된 대공황(1929)이다. 모든 나라가 공황의 수렁에 빠져서 고통을 겪었다.

수정 자본주의

이제는 '보이지 않는 손'에 맡겨서 될 일이 아니다. 경제를 자율에 맡겨 두는 시대는 끝났다. 국가의 개입이 시작됐다. 미국의 뉴딜 정책이 대표적인 예이다. 국가가 경제 활동에 개입하게 된 자본주의를 수정 자본주의라고 한다. 그렇게 자본주의는 어려움을 극복해 갔다.

제2차 세계대전

그런데 대공황의 고통을 침략 전쟁으로 해결하려는 나라들이 생겨났다. 독일, 이탈리아, 일본이다. 이들 전체주의 국가가 제2차 세계대전을 일으킨다. 제2차 세계대전은 자본주의 국가와 공산주의 국가의 충돌이 아니다. 전체주의 국가와 연합국 간의 전쟁이다. 연합국 안에 미국 영국은 물론 소련과 중국도 포함된다. 이때는 그들이 같은 편이었다.

일본의 동남아시아 침략

중일전쟁(1937)을 일으킨 전체주의 국가 일본은 동남아시아 지역으로 쳐들어갔고 이어서 미국 진주만까지 공격한다. 일본의 기세는 잠시였다. 점점 기울어갔다. 전쟁 막바지 일본군 무장 해제를 명분으로 소련이 한반도로 들어온다. 미국도 왔다. 각각 북과 남에서 영향력을 행사하게 된다.

남북 분단

연합국의 승리로 제2차 세계대전이 끝났고 한반도는 일제로부터 해방되었다(1945). 해방된 조국은 꽃길을 걷지 못했다. 가시밭길이었다. 38선 이북으로 소련군이, 이남으로 미군이 진주하게 된 것이다. 1945년 8월 6일, 미국이 일본 히로시마에 원자폭탄을 투하했다. 8월 9일에는 나가사키에 또 투하. 그리고 8월 15일 일본의 항복. 그런데 소련이 빠르게 움직였다. 나가사키 원폭투하 하루 전인 8월 8일, 일본에 선전포고하고 한반도로 들이닥쳤다. 미국은 당황했다. 소련이 한반도 전체를 점령할까봐 걱정했다. 그래서 북위 38도선을 기준으로 남쪽은 미국이 북쪽은 소련이 관리하자고 제의했다. 소련이 이에 응했다.

동서 냉전

이제 미국과 소련은 적이 되었고 갈등을 빚으며 대립하게 되었고 한반도는 남한과 북한으로 분단되고 말았다. 세계대전을 일으켰던 나라 독일은 연합국에 의해 동독과 서독으로 쪼개졌다. 동독은 공산주의, 서독은 자본주의. 1950년대 세계는 냉전 체제에 돌입한다. 냉전(冷戰)은 무기로 전쟁하는 건 아니지만, 전쟁과 진배없는 팽팽한 대립, 긴장 상태를 말한다. 미국을 중심으로 한 자본주의 진영과 소련을 중심으로 한 공산주의 진영의 대립이다. 유럽에서 볼 때 공산권 국가는 동쪽에, 자본주의 국가는 서쪽에 있었다. 그래서 동서 냉전이라고도 한다. 냉전 체제하에서 북한의 침략으로 한반도는 6·25전쟁을 치르게 된다(1950~1953).

6·25전쟁과 반공

6·25전쟁 이후 한국에서, 공산주의에 반대하는, 반공 (反共)을 더욱 강조하게 된다. 남한 땅을 노리는 북한에 맞서 나라를 지키려면 당연히 그래야 했다. 하지만 문제는 나라를 위한 반공이 아니라 정권을 위한 반공이 되기도 했다는 점이다. 집권층에 거북스러운 인사들을 북한 간첩이라는 누명을 씌워 처벌하는 등 횡포가 꽤 오랜 세월 지속되었다.

데탕트 시기

냉전은 동·서 양 진영을 고단하게 했다. 1970년대 들어 미국과 소련, 미국과 중국 사이에 평화 공존 분위기가 조성되면서 긴장이 어느 정도 풀리게 되었다. 화해(데탕트)의 시대에 접어들었다. 이제 세계는 자본주의냐, 공산주의냐 하는 이데올로기에 기계적으로 묶이기보다는 자국의 현실적 이해를 위해 다각도로 움직이게 되었다. 미·소 중심의 양극화 시대에서 다극화 시대로 변해 갔다. 우리나라는 공산권 국가와 외교 관계를 맺는 북방외교에 나섰다. 1992년에는 6·25전쟁 때 북한을 도와 참전해서 남한과 싸웠던 중국과 수교를 맺었다.

공산주의의 붕괴

한편 1980년대부터 공산주의가 무너지기 시작했다. 소련이 붕괴돼서 러시아가 되었고 독일이 자본주의 서독을 중심으로 통일되었고 폴란드 등 동유럽 국가들 역시 공산 정권이 무너졌다. 붕괴의 속도가 빨랐다. 도미노 같았다. 지금 공산주의 깃발을 포기하지 않은 나라는 몇 되지 않는다. 중국이 대표적이다. 하지만 이들 나라도 경제는 이미 자본주의 체제로 바뀌었다.

지구상에 공산주의 국가가 등장한 지 채 100년이 안되어 사실상 모두 사라졌다. 마르크스의 예언은, 확신은 틀렸다. 왜 그렇게 됐을까. 이상과 현실의 괴리가 너무 컸다. 다 함께 잘 먹고 잘살 줄 알았는데 다 함께 못 먹고 못 살게 되어 버린 것이다. 물론 공산당 집권층은 빼고.

사유 재산

인간은 본능적으로 자기 것을 소중히 여긴다. 사유 재

산을 늘려 가려는 욕망이 있다. 공산주의는 공장, 기계 등 생산수단을 국가가 소유한다. 사유 재산이 원칙적으로 인정되지 않는다. 열심히 일하든, 게으름 피우든 나에게 돌아올 몫은 같다. 생산 의욕이 떨어질 수밖에 없다. 거기에 자유와 인권에 대한 제약이 아주 크다. 결국, 공산주의는 무너질 수밖에 없었다.

복지국가

그렇다면 마르크스는 헛수고를 한 것인가? 그렇지 않다. 자본주의는 "자본주의 너희는 빈부격차 때문에 망하고 말 거야. 못 가진 자들이 뒤집어엎을 거야"라는 마르크스의 비판을 귀담아들었다. 공산주의와 경쟁을 통해 성숙했다. 빈부의 격차를 해소하는 데 신경을 썼다. 가진 자의 부를 못 가진 자에게 나누어주는 복지국가 개념도 공산주의에서 배웠다고 할 수도 있다.

지금 세상은 자본주의 시대다. 하지만 자본주의는 계속, 더 고민해야 한다. 개개인이 알아서 능력껏 벌어먹고사는 세상, 돈 많은 이는 그 돈으로 하는 일 없이 배를 불리고, 돈 없는 이는 뼈 빠지게 일해도 가난을 벗어나기 어려운 현실. 이를 어떻게 완화하고 극복해 갈 것인가.

일제의 중국 침략과
중국인 학살

중국에 대한 일본의 야욕

중국 땅에 대한 일본의 욕심은 이미 임진왜란(1592~
1598) 때 드러났었다. 약 300년 뒤, 일본은 청일전쟁
(1894~1895)에서 승리하면서 중국 땅에 대한 욕심을
다시 드러냈다.

의화단운동

중국에서 반(反)외세운동인 의화단운동(1899~1901)이
벌어지자 서양 열강 8개국 연합군이 파견된다. 이들은
베이징을 쑥대밭으로 만들었다. 이때 러시아도 만주
에 군대를 주둔시켰다. 의화단운동이 진압된 후에도
만주 러시아군은 철수하지 않았다. 우리 동학농민운
동 때 일본군이 들어와 안 나가고 버틴 것처럼, 러시
아가 그랬다.

일본의 요동반도 장악

러시아의 남하 정책에 위기감을 느낀 영국과 일본이 영일동맹을 맺었다. 이어서 일본은 러시아를 공격한다. 러일전쟁(1904~1905)이 시작된 것이다. 일본이 러시아 영토로 쳐들어간 것이 아니다. 중국 땅 요동반도 끄트머리 뤼순에 있던 러시아군을 공격한 것이다. 땅과 바다, 여러 곳에서 전투가 벌어졌다. 러일전쟁에서 승리한 일본은 요동반도를 장악하고 관동군을 주둔시킨다.

일본의 제1차 세계대전 참전

제1차 세계대전(1914~1919)이 터졌다. 전쟁의 무대는 유럽이었다. 그런데 일본도 참전했다. 영일동맹을 구실로 삼았다. 영국과 싸우던 독일에 선전포고했다. 그러면 일본군이 독일까지? 아니다. 독일이 차지하고 있던 중국 산둥반도 칭다오로 쳐들어가 점령한 것이다. 서양 여러 나라가 유럽에서 피 터지게 싸울 때 일본은 중국에서 확실한 이익을 챙겼다. 이 무렵 일제는 조선에서 가혹한 무단통치를 펼치며 '토지조사사업'으로 많은 땅을 가로챘다.

관동대지진과 일본의 공황기

세계대공황이 터진 것은 1929년이지만, 일본은 이미 1920년쯤부터 공황을 겪고 있었다. 1923년의 관동대지진은 설상가상이었다. 공황기에 들어간 1920년대 일제는 조선에서 '산미증식계획'을 통해 쌀 생산량을 늘린다. 그리고 일본으로 실어간다. 일본 시장에 대량으로 쌀을 풀어 쌀값을 안정시켜서 저임금 산업체계를 유지하기 위한 술책이었다. 우리 농민들은 많이 생산할수록 더 배가 고팠다.

만주 점령

일본은 경제적 곤경을 전쟁으로 해결하려고 했다. 1931년 관동군이 만주사변을 일으킨 것이다. 철도를 자기들이 폭파해놓고는 중국이 폭파했다며, 그래서 보복한다며 만주를 침략했다. 결국, 관동군은 만주 전역을 점령하고 거기에 허수아비 정권, 만주국을 세운다.

중일전쟁과 중국인 학살

1937년에는 중일전쟁을 일으킨다. 중국 국민당 정부의 수도인 남경을 점령하고 중국군 포로와 민간인 대략 30만 명을 학살한다(남경대학살). 학살 규모도 규모이지만, 그 과정의 잔인함은 글로 표현하기 어렵다. 중국 동쪽 해안 지역이 일본의 영향력에 들어가자 국민당 정부는 서쪽 내륙 충칭으로 수도를 옮긴다(1938). 대한민국임시정부도 충칭으로 옮겼다.

태평양전쟁

1939년 독일이 폴란드를 침공하면서 제2차 세계대전이 시작됐다. 일본은 동남아로 쳐들어갔고 독일·이탈리아와 동맹을 맺어 한편이 된다. 그동안 가깝게 지냈던 영국·미국과는 끝났다. 일본의 동남아 침공에 맞서 미국 등은 경제 봉쇄에 나섰다. 일본으로의 석유 유입을 막았다. 그러자 일본이 진주만을 공격했다. 태평양전쟁이 시작된 것이다(1941). 일본은 동남아 거의 전역을 장악한다. 그러나 1942년 미드웨이 해전에서 미국에 참패한 후 내리막길을 걷게 된다. 이후 극한 발악도 소용없이 항복에 이르게 된다(1945). 제2차 세계대전이 끝났다.

한국의 피해

중일전쟁쯤부터 일제는 우리나라를 대륙 침략을 위한 병참기지로 삼는다. 지하자원은 물론이고 집안의 가마솥·놋그릇, 교회와 사찰의 종, 학교 교문 등 쇠붙

이를 닥치는 대로 뜯어가고 빼앗아 갔다. 무기를 만들기 위해서다. 태평양전쟁 이후에는 더욱 악랄해졌다. 강제징용, 강제징병에 이어 일본군 "위안부" 강제모집까지….

조선인 학살

미국의 원자폭탄 투하로 20만 명 이상이 목숨을 잃었다고 한다. 그중에는 상당수의 조선인도 있었다. 징용으로 일본에 끌려간 사람들이다. 그때 가까스로 목숨을 건진 조선인이 이렇게 말했다. "원폭 투하 당시 내가 살았다는 사실을 확인한 후 가장 먼저 든 생각은 일본인들이 우리에게 책임을 뒤집어씌워 학살할지 모른다는 두려움이었다." 폭탄을 쏜 적국은 미국인데 왜 조선 사람이 공포에 떨어야 했을까. 관동대지진이 떠올랐기 때문이다. 관동대지진 때 도쿄를 비롯한 관동지방에서 10여만 명이 사망했다. 민심이 험악해지자 일본 정부는 조선인이 폭동을 일으키려 한다는 헛소문을 냈다. 조선인이 우물에 독을 풀었다는 등 유언비어가 넘쳐났다. 이에 일본인들이 조선인을 무차별 학살했다. 그때 일본인에게 학살된 우리나라 사람이 2만 3,000여 명이나 됐다고 한다.

누가 봉오동 전투를
이끌었을까

독립군

경술국치(1910) 전후로 만주·연해주 등지로 떠나는 사람들이 줄을 이었다. 항일 의병 출신도 많았다. 그들은 독립군이 되었다. 1919년 3·1운동 이후 독립군이 크게 늘었다. 만주 서간도와 북간도 지역에 수십 개의 크고 작은 독립군 부대가 생겨났다. 그들은 몇몇 부대가 연합하여 일본군과 싸우기도 하고 규모를 키우기 위해 부대 간 통합을 이루기도 했다.

국내진공작전

큰 독립군 부대는 1,000명이 훨씬 넘었고, 작은 부대는 수백 명 정도 규모였다. 독립군들은 수시로 국내진공작전을 펼쳤다. 일제의 수비망을 격파하고 압록강과 두만강을 넘어와 일본군을 처부순 후 돌아가곤 했다. 많은 일본군이 죽었다. 홍범도와 김좌진도 독립군을 지휘해서 국내로 진격했다. 1920년 1월부터 3월까지 3개월 동안만 해도 각 독립군 부대가 수행한 국내진공작전이 모두 24회였다고 한다. 당시 독립군들은 이런 노래를 부르며 의지를 다졌다고 한다.

탄환이 빗발같이 퍼붓더라도
창과 칼이 네 앞을 가로막아도
대한의 용장한 독립군사야
나아가고 나아가고 다시 나가라
최후의 네 핏방울 떨어지는 날
최후의 네 살점이 떨어지는 날
네 그리던 조상나라 다시 살리라
네 그리던 자유꽃이 다시 피리라

봉오동 전투

자유꽃을 피우기 위해 마지막 피 한 방울까지 다해 싸우겠다는 독립군의 뜨거움에 일본군은 속절없이 무너졌다. 대책이 필요했다. 일본군은 보복을 준비한다. 정규 병력을 모아 두만강을 넘어 독립군 본거지를 공격한 것이다. 때는 1920년 6월, 봉오동이다.

일본의 참패

일본은 승리를 확신했다. 청나라도 러시아도 꺾었던

일본이다. 강력한 무기를 갖춘 정예 군대를 보냈으니 당연히 이길 거라고 여겼다. 그러나 대한독립군 홍범도가 지휘하는 연합 부대에 참패했다. 일본군 150여 명이 사살됐다. 부상자는 수백 명이었다. 독립군 쪽 피해는 미미했다. 일제는 봉오동 전투 보고서에 일본군 전사자 1명, 부상자 1명이라고 기록했다. 사상자 축소 발표는 청산리 전투에서도 계속된다. 거짓말도 자꾸 하면 병이다.

청산리 대첩을 이끈
독립군 연합부대

훈춘사건

봉오동에서 대패한 일제는 겁먹었다. '생각보다 독립군 부대가 강하다. 저들이 만약 한데 뭉쳐 국내로 진격한다면 큰일이다. 사전에 꺾어야 한다. 그러려면 대병력을 만주로 투입해서 독립군을 섬멸해야 한다. 남의 나라 땅 만주에서 전투를 벌이면 국제적 비난을 받게 될 것이다. 핑계거리를 만들자.' 그래서 중국 마적을 매수해서 훈춘의 일제 영사관 분관을 분탕질하게 시킨다. 돈 받은 마적은 그렇게 해 주었다. 일본군은 피해를 당했으니 보복한다는 핑계로 만주로 진격한다. 물론 독립군을 공격하기 위해서다. 이때 동원된 일본군은 기관총과 대포 등 신형무기로 무장하고 있었다. 총병력 2만이었다.

청산리 대첩

중국은 우리 독립군 부대들에게 다른 곳으로 옮겨갈

것을 요구한다. 대개의 부대가 본거지를 옮기게 된다. 백두산 근처에 많이 모였다. 사방에서 일본군이 포위망을 좁혀 왔다. 이번엔 청산리다. 청산리 대첩은 1920년 10월 21일부터 26일까지 백운평 전투를 시작으로 완루구 전투, 어랑촌 전투 등 크고 작은 10여 차례의 전투를 통틀어 말한다. 첫 전투가 벌어진 백운평이 화룡현 삼도구 청산리에 있기에 이어진 전투까지 묶어서 청산리 대첩이라고 부르는 것이다. 대첩(大捷), 큰 대에 이길 첩, 전투에서 크게 이긴 것을 대첩이라고 한다. 살수 대첩, 한산도 대첩, 청산리 대첩.

독립군 연합부대의 전승

이 전투에서 우리 쪽 병력은 김좌진·홍범도 등이 지휘하는 독립군 연합부대 약 2,000명이고 일본군은 대략 5,000명이었다. 10여 차례에 걸친 전투에서 독립군은 모두 승리했다. 거의 모든 전투에서 일본군은 전멸 수준의 참패를 당했다. 특히 완루구 전투에서는 홍범도의 전략에 속은 일본군이 총격전을 벌여 자기네끼리 죽였다. 상대방을 독립군으로 오인했던 것이다. 임진왜란 당시 이순신이 한 번도 지지 않고 연승했듯이 독립군도 그렇게 했다. 말 그대로 일본군을 갖고 놀았다.

...

하느님 저희들 이후에도
천만 대 후손의 행복을 위해
이 한 몸 깨끗이 바치겠으니
빛나는 전사를 하게 하소서.

– 당시 독립군 군가

청산리 전투, 진정한 대첩이었다. 지형 조건을 이용한 다양한 전략 전술, 기필코 일본군을 무찌르겠다는 독립군의 의지 등이 승리 요인이다. 죽고자 함에 그들은 살았다.

재만 동포의 지원

더해서 현지 주민, 즉 만주로 이주해 간 동포들의 지원도 힘이 되었다. 가난한 농민들이지만, 끼니를 줄여가며 독립자금을 대고 식량도 지원했다. 일본군의 움직임을 탐지해서 독립군에게 전해 주고 싸우기 유리한 지역을 알려 주는 등 다양한 정보도 제공했다. 농민과 독립군, 하나된 동포의 힘으로 승리할 수 있었다.

일본군,
잔혹한 분풀이

경신참변

경신참변, 1920년 경신년에 일어난 참변이다. 참변을 당한 이들은 주로 만주 지역에 살고 있던 우리 동포들이다. 독립군에게 무참히 밟힌 일본군이 만주의 민간인들에게 잔인한 분풀이를 했다. 참변이라고 부를 만큼 많은 조선인이 끔찍하게 살해됐다. 1920년 10월부터 1921년 5월까지 만행이 계속되었다.

일본군의 만행

청산리 전투에서 대패한 일본군은 다시 병력을 동원해 간도의 독립운동 근거지와 조선인 마을들을 닥치는 대로 부수고 불태웠다. 민가·학교·교회당·창고, 다 탔다. 경술국치 직전 일본군이 의병 '대토벌 작전' 때 그랬듯이 이번에도 무고한 양민들을 수없이 죽였다. 박은식은《한국독립운동지혈사》에 당시의 참상을 이렇게 적었다.

우리 겨레라면 남녀노소를 가리지 않고 총으로 쏴 죽이고, 칼로 찔러 죽이고, 몽둥이나 주먹으로 때려죽였다. 산 채로 땅에 묻기도 하고 불로 태우고 가마솥에 넣어 삶기도 했다. … 사람의 눈으로는 차마 볼 수 없는 짓을 그들은 무슨 재미나는 일이라도 하는 것처럼 했다. … 그 밖에도 허다한 만행을 이루 다 기록할 수 없다.

자유시 참변

경신참변 때 독립군은 거기 없었다. 중국과 소련의 국경지대에 있는 밀산이라는 곳으로 여러 부대가 옮겨 갔다. 그들 가운데 상당수는 다시 연해주 자유시로 갔다. 일본군의 공격으로부터 상대적으로 안전한 곳이고, 소련의 도움도 기대할 수 있었기 때문이다. 자유시에 독립군 수천 명이 모였던 것 같다. 그런데 소련은 일본과의 관계 개선을 위해 우리 독립군을 공격했다. 장갑차까지 동원한 소련군의 공격에 독립군이 많이 죽었고 또 많이 포로가 되었다. 이를 자유시 참변 또는 자유시 사변이라고 한다(1921).

독립운동 세력 간의 갈등

소련군의 공격을 받게 된 또 다른 이유는 당시 연해주 지역 독립운동 세력 간의 주도권 다툼이다. 다양한 지역에서 다양한 색깔의 독립군 부대들이 모였고, 그 과정에서 갈등이 발생했으며, 결국 소련군을 끌어들여 싸운 비극이었다. 한편, 목숨을 건진 독립군들은 다시 만주로 돌아갔다.

홍범도의 죽음

김좌진은 그때 자유시에 없었지만, 홍범도는 있었다. 홍범도는 소련군 부대에 강제 편입되었다가 1923년에 군복을 벗었고 1937년에 카자흐스탄으로 강제 이주를 당했다. 거기서 생계를 잇기 위해 극장 수위, 정미공장 노동자로 일하면서 조국 광복을 기다렸지만, 1943년에 사망하고 말았다.

통의부의
변화 과정은 어땠을까

독립군 부대 통합 운동

오래도록 공들여 구축해 온 독립군 기지가 일본군에 의해 망가졌다. 병력 손실도 컸다. 독립군은 재정비가 필요했다. 깊은 산속 오지로 들어가 개간하여 농경지를 만들고 군 기지를 다시 건설했다. 몸과 마음을 가다듬었다. 그러면서 각 부대의 통합 운동을 벌였다.

의용군

1921년 서로군정서를 비롯한 남만주 지역의 독립군 부대들이 통합하여 통의부가 되었다. 통의부는 군대 명칭을 '의용군'으로 정했다. 통의부는 항일 무장투쟁 외에 지역 동포들을 보호하며 교육 활동도 벌였다. 독립군이라고 해서 전투만 한 것이 아니다. 학교를 세우고 어린 학생들을 가르치는 데도 열심이었다.

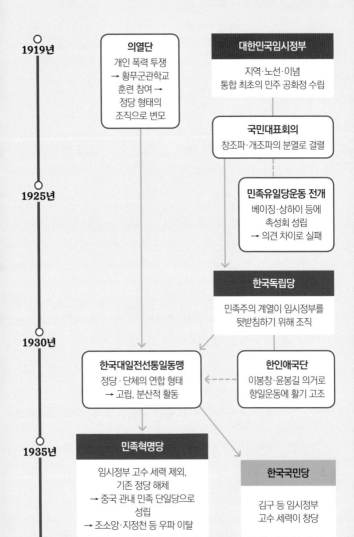

민족통일전선운동의 전개

■ 좌파 주도
■ 우파 주도

1919년

의열단
개인 폭력 투쟁
→ 황푸군관학교
훈련 참여 →
정당 형태의
조직으로 변모

대한민국임시정부
지역·노선·이념
통합 최초의 민주 공화정 수립

국민대표회의
창조파·개조파의 분열로 결렬

1925년

민족유일당운동 전개
베이징·상하이 등에
촉성회 성립
→ 의견 차이로 실패

한국독립당
민족주의 계열이 임시정부를
뒷받침하기 위해 조직

1930년

한국대일전선통일동맹
정당·단체의 연합 형태
→ 고립, 분산적 활동

한인애국단
이봉창·윤봉길 의거로
항일운동에 활기 고조

1935년

민족혁명당
임시정부 고수 세력 제외,
기존 정당 해체
→ 중국 관내 민족 단일당으로
성립
→ 조소앙·지청천 등 우파 이탈

한국국민당
김구 등 임시정부
고수 세력이 창당

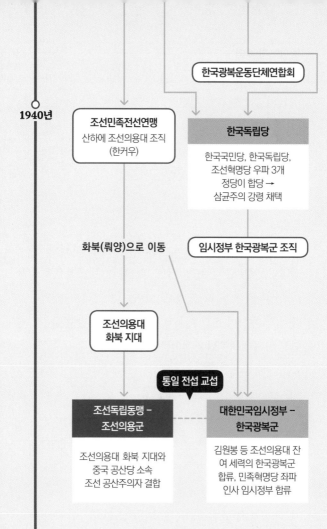

1940년

한국광복운동단체연합회

조선민족전선연맹
산하에 조선의용대 조직
(한커우)

한국독립당

한국국민당, 한국독립당,
조선혁명당 우파 3개
정당이 합당 →
삼균주의 강령 채택

화북(뤄양)으로 이동

임시정부 한국광복군 조직

조선의용대
화북 지대

통일 전섭 교섭

조선독립동맹 –
조선의용군

조선의용대 화북 지대와
중국 공산당 소속
조선 공산주의자 결합

대한민국임시정부 –
한국광복군

김원봉 등 조선의용대 잔
여 세력의 한국광복군
합류, 민족혁명당 좌파
인사 임시정부 합류

1945년   8·15광복

통의부의 분열

그런데 속상한 일이 벌어지고 만다. 이념과 노선의 차이로 내부 갈등이 발생했다. 한쪽은 대한제국 체제로의 복귀를 목표로 했고 한쪽은 공화국 체제를 추진했다. 결국, 통의부는 쪼개지고 만다. 그 과정에서 참의부가 만들어졌다(1924).

참의부

참의부 독립군들은 수시로 국내로 진입하여 유격전을 펼쳤다. 일본군 국경수비대를 격려하러 온 조선총독이 탄 배를 공격하기도 했다. 한편 기존 통의부 세력 등이 다시 모여 정의부가 되었다. 정의부는 만주에서 일본 군경과 싸우면서 친일파 처단에도 나섰다.

신민부

북만주 지역의 독립군들도 통합을 이룬다. 그래서 신민부가 되었다(1925). 김좌진도 신민부에 가담했다. 신민부는 국경에서 먼 북만주 지역이라 국내 진입작전보다는 그 지역에서 항일투쟁을 주로 했다. 참의부·정의부·신민부, 참정신! 독립군의 항쟁은 끈질기게 계속되었다.

순종의 서거와
6·10만세운동

고종의 서거

우선 '인산일(因山日)'이라는 용어부터. 인산일은 왕의 장례일을 말한다. 국장일이라고도 한다. 1919년 3·1운동은 고종의 인산일(3월 3일) 직전에 일어났다. 전국에서 수많은 이가 고종의 급작스러운 죽음을 애달파하며 장례에 참석하려고 서울로 몰려 왔다.

일본 사람들이 고종 황제를 독살했다는 소문이 퍼졌기에 일제에 대한 반감은 더더욱 커져 있었다. 자연스럽게 사람들이 가득 찬 서울에서 3·1운동이 본격적으로 시작됐다. 일제의 진압은 참으로 잔인했다. 박은식은 이런 기록을 남겼다.

3월 27일. 경성 사동에서 7세 어린이가 태극기를 들고 '대한 독립 만세'를 부르니, 왜병이 칼로 그의 입을 찔러서 죽었다.

6·10만세운동

1926년 6월 10일은 대한제국 마지막 황제 순종의 인산일이었다. 모여든 사람들은 거대한 파도와도 같았다. 학생들의 입에서 독립만세의 함성이 터져 나왔다. 그들은 전단을 서울 시내 곳곳에 뿌리며 대한독립만세를 외쳤다. 그렇게 6·10만세운동이 일어났다. 민족주의 독립운동 세력이 공산주의 세력과 함께 만세 운동을 사전 기획했었다. 하지만 일제에 발각되고 말았다. 일제는 철저하고 집요하게 만세 운동을 막으려고 했다. 3·1운동 같은 사건이 또 일어날까 두려웠다. 그래서 수천 명의 경찰과 군인을 동원해 삼엄한 경계를 펼쳤다. 그런데도 학생들이 일어났던 것이다.

어린 학생들의 참여

6·10만세운동은 지방으로 번졌다. 지금의 중학교 1·2학년 정도의 어린 학생들도 참여했다. 일제강점기에 태어나 성장한 학생들이 독립 만세를 외쳤다는 것은 시사하는 바가 크다. 하지만 3·1운동만큼 전국으로 널리 확산되지는 못했다. 그만큼 탄압이 극심했기 때문이다. 학생들의 망곡(望哭, 먼 곳에서 임금이나 부모의 상을 당했을 때 그쪽을 향해 섧게 욺)까지 금지하고, 어길 경우 처벌할 정도였다.

민족적 독립의지 강화

나라가 망하고 10여 년이 흐른 1926년이다. 3·1운동 때까지만 해도 독립 의지가 투철했던 지도층 인사들 가운데 친일로 돌아선 이들이 많아졌다. 일제와의 타협에 안주하는 사람들도 늘어났다. 일제의 지배 기간이 길어지면서 단단하던 결기가 흐물흐물 녹아내리고 있었다. 그럴 때 터진 6·10만세운동은 민족적 독립 의지를 다시 강화하는 계기가 되었다.

만세운동 중 붙잡혀 재판을 받게 된 한 학생에게 재판장이 왜 만세운동을 벌였는지 물었다. 학생은 대답했다. "거사의 목적과 동기는 삼척동자도 다 알고 있는 사실인데 새삼 물어볼 것이 어디 있느냐?" 머쓱해하는 재판장의 표정이 보이는 듯하다.

광주학생운동은
우발적 사건일까

광주학생운동

6·10만세운동이 일어나고 3년 뒤, 1929년 11월 3일에 광주에서 광주학생운동이 시작됐다. 마른 벌판에 들불이 번지듯 학생 시위가 전국으로 확대되었다. 함경도·평안도 가리지 않고 이 땅 학교가 있는 곳곳마다 만세의 함성이 퍼져나갔다. 항일 시위는 해를 바꿔 1930년까지 계속되었다. 광주학생운동은 광주에서 시작됐지만, 광주만의 학생운동이 아니었다.

일본 학생의 희롱

1929년 10월 30일 오후 광주에서 출발한 열차가 나주역에 도착했다. 통학생들이 내렸다. 광주중학교에 다니는 일본 학생들이 우리나라 여학생의 댕기 머리를 잡아당기며 성희롱했다. 희롱당하는 여학생의 사촌 남동생 박준채(당시 16세, 광주고등보통학교 학생)가 이 장면을 보았다. 박준채는 누나를 희롱한 일본 학생을 점잖게 나무랐다. 그러자 일본 학생이 대꾸했다. "뭐라고? 센징놈이 뭐라고 까불어." 센징, 조센징이라는 모욕적인 말을 들은 박준채는 주먹을 날렸다. 그의 주먹은 일본 학생의 얼굴에 박혔다. 다음 날 많은 일본 학생이 박준채를 위협하면서 사건은 점점 커졌다. 광주고등보통학교 조선 학생 대 광주중학교 일본 학생의 대규모 무력 충돌로 이어진 것이다.

검거와 이어지는 시위

일본 경찰은 사건에 관계된 조선 학생은 아주 많이, 일본 학생은 아주 조금 검거했다. 그러고는 일본 학생들만 풀어줬다. 결국, 광주 지역 학생들이 거리로 나섰다. 11월 3일이다. "조선독립 만세", "식민지 노예교육 철폐하라." 구호를 외쳤다. 어른들도 시위에 가담했다. 수만 명이었다. 다음 날에도 시위가 계속됐다. "학생이여 대중이여 궐기하라. 검거된 학생을 우리의 손으로 탈환하자. 언론·결사·집회·출판의 자유를 획득하라. 식민지 교육 제도를 철폐하라. 조선인 본위의 교육 제도를 확립하라." 전단이 뿌려졌다. 수많은 학생이 다시 감옥에 갇혔지만, 시위는 계속됐고 다른 지역으로 쭉쭉 뻗어 갔다. 젊은 정신은 여전히 살아 있었다.

치밀히 준비해 온 항일운동

일본 학생의 성희롱이 없었다면 광주학생운동도 없었을까? 그렇지 않았을 것이다. 광주학생운동은 성희롱 때문에 일어난 우발적 사건이 아니다. 광주의 학생들이 6·10 만세운동 이후 치밀하게 준비해 온 항일운동이었다. 그들은 비밀결사를 만들고 조직을 확대하면서 동맹휴교 등의 방법으로 일제에 맞서 왔다. 그 주체가 광주고등보통학교였다. 부글부글 끓고 있던 항일의지에 불을 붙인 도화선, 그게 성희롱 사건과 그로 인한 양국 학생들의 무력 충돌이었다.

알아두면 쓸모있는 역사상식 Tip!

1953년부터 광주학생운동이 시작된 11월 3일을 '학생의 날'로 지정하여 기렸다. 2006년부터는 '학생의 날'을 '학생독립운동기념일'로 부르고 있다.

윤봉길이 남긴 유언

윤봉길 의사

나라가 망하기 두 해 전, 1908년, 윤봉길이 충청남도 예산에서 태어났다. 그가 세상을 떠난 것은 1932년, 25세였다. 국내에서 다양하게 일제에 대한 저항 운동을 펼치다 1930년에 만주로 간다. 1931년, 대한민국임시정부가 있는 상하이로 가서 김구를 만났다.

한인애국단과 이봉창 의거

1932년, 한인애국단에 들어간다. 한인애국단은 일본 요인 암살을 목적으로 하는 독립운동조직으로 김구가 만들었다. 윤봉길에 앞서 이봉창의 의거를 추진했다. 1932년 1월 8일, 일본에 간 이봉창(1900~1932)은 일왕 히로히토를 향해 수류탄을 던졌다. 명중하지는 못했다. 일왕은 죽지 않았다. 하지만 "일본의 신성불가침인 일왕의 저격을 꾀함으로써 세계만방에 한인이 일본에 결코 동화되지 않았음을 과시한 사건"이었다.

윤봉길 의거

그해 1932년 4월 29일 윤봉길은 상하이 홍커우 공원에서 열린 천장절(일왕 생일) 기념식에 물통으로 위장한 폭탄을 던졌다. 상하이 파견군사령관 시라카와 등이 즉사했고, 일본군 수뇌부 여럿이 중상을 입었다. 윤봉길은 현장에서 잡혀 일본으로 끌려가 순국했다. 총살당했는데 가슴에 26발의 총탄이 박혔다고 한다. 거사 당일 아침, 홍커우 공원으로 가기 전 윤봉길은 자신의 새 시계를 김구에게 주고 김구의 낡은 시계를 받았다. 왜 그랬을까. 윤봉길이 김구에게 말했다. "저에게는 1시간밖에 소용없습니다." 1949년, 김구가 안두희에게 암살당한 후 그의 유품에서 윤봉길의 시계가 나왔다. 거의 20년 김구는 윤봉길의 시계를 고이 간직했던 것이다.

윤봉길의 체포

윤봉길이 체포될 당시의 현장을 중국의 한 신문이 이렇게 보도했다고 한다.

범인으로 추정되는 사람이 땅바닥에 내동댕이쳐졌다. 군중은 그 사람의 옷을 찢고 발로 차며 얼굴을 피투성이로 만들었다. 일본 헌병대가 끌어냈을 때는 얼굴부터 허리까지 선

혈이 낭자한 모습이었다. 옷소매 사이로 연신 피가 흘러나왔다. 비록 중상을 입었지만, 얼굴에는 냉소가 흘러나왔다.

윤봉길의 유언

윤봉길의 거사 소식에 세계가 또 한 번 놀랐다. 중국 장제스는 중국의 100만 군대도 하지 못한 일을 한국인 한 명이 해 냈다며 감탄했다. 이후 장제스는 우리 독립운동을 지원했다. 임시정부를 도왔다. 한편 윤봉길은 태어난 지 얼마 안 된 두 아들에게 유언을 남겼다. 내용은 이러하다.

너희도 만일 피가 있고 뼈가 있다면
반드시 조선을 위한 용감한 투사가 되어라.
태극의 깃발을 높이 드날리고
나의 빈 무덤 앞에 찾아와 한 잔의 술을 부어 놓아라.
그리고 너희들은 아비 없음을 슬퍼하지 말아라. …

윤봉길 의거 기념식

해방된 조국, 1946년 4월 29일, 서울에서 윤봉길 의거 기념식이 열렸다. 기념식을 보도한 어느 신문 기사 제목은 "천추에 빛날 윤 열사…"이다. 그런데 본문에는 "윤 의사의 당일의 활약"이라고 나온다. 윤봉길을 열사라고 했다가 의사라고도 했다. 그때는 의사와 열사를 굳이 구분하지 않고 같은 의미로 쓴 것 같다. 사실 의사(義士)와 열사(烈士)는 단어 자체의 의미가 비슷하다.

의사와 열사의 구분

그런데 지금은 의사와 열사를 구분하여 쓰는 편이다. 어떻게 구분하나. "무기를 이용해 항거하다 의롭게 순국하신 분"은 의사라고 하고 "맨몸으로 저항하다 순국해 자신의 지조를 나타낸 분"을 열사라고 한다. 그래서 이준 열사, 안중근 의사, 이봉창 의사, 윤봉길 의사, 유관순 열사, 이렇게 부른다.

김구는 왜
광복을 슬퍼했을까

일본의 항복

1945년 8월 15일, 제2차 세계대전을 일으킨 일본이 무조건 항복한 날, 우리가 광복을 맞은 날, 대한민국임시정부 주석 김구는 슬펐다. 이 기쁜 날에 그는 왜 슬퍼했을까? 우리 힘으로 쟁취한 독립이 아니었기 때문이다. 독립군이 국내로 진격해서 일본군을 제압할 준비를 했는데, 독립군 국내 진격 직전에 일본이 항복해버린 것이다. 그 독립군의 명칭은 한국광복군, 줄여서 광복군이라고 한다.

한국광복군 창설

중일전쟁(1937)이 터지면서 임시정부는 광복군 창설을 계획했다. 충칭으로 옮겨간 대한민국임시정부는 1940년에 드디어 광복군을 창설했다. '국군'인 셈이다. 김구는 "광복군은 한·중 두 나라의 독립을 회복하고자 공동의 적인 일본 제국주의를 타도하며 연합

군의 일원으로 항전할 것을 목적으로 한다"라고 광복
군 창설의 취지를 밝혔다. 여러 지역에서 청년들을 모
집하고 만주에서 활동하던 독립단체들도 흡수하면서
큰 조직을 이루었다. 일본에 의해 학도병으로 끌려간
젊은이 중에서 탈출해 온 이들도 적지 않았다. 병사를
훈련시키고 군대를 유지하는 비용은 중국 국민당 정
부 그리고 국외 동포들의 지원 등으로 충당했다.

임시정부의 선전포고

1941년 12월에 일본이 미국 진주만을 공격하면서 태
평양전쟁이 시작되었다. 이에 임시정부는 일본에 정
식으로 선전포고를 했다. 일본과 전쟁을 하겠다는 대
내외 선언이었다. 광복군은 인도와 미얀마에서 영국
군과 함께 싸웠다. 일본군 포로 심문 등 정보 활동을
주로 맡았다.

미국전략사무국과의 연합

광복군은 중국에 주둔하고 있던 미국전략사무국(OSS:
Office of Strategic Service)와 연합하여 국내 진공작전도
추진했다. OSS는 제2차 세계대전 중에 미국이 외국에
설치했던 군사기구다. 정보 활동과 유격 활동을 병행
하며 적 후방 지역을 교란하는 역할을 수행했다. 광복

군은 대원들을 선발하여 3개월간의 특수훈련까지 마쳤다. 드디어 광복군 OSS 대원들의 국내 침투 준비가 끝났다. 교통편도 준비됐다. 이제 조국으로 진격이다. 김구는 광복군의 국내 침공 이후 우선 국토의 일부를 회복해서 임시정부를 국내로 옮길 계획이었다. 그리고 국내 임시정부를 중심으로 일본군을 격퇴하고 국토를 완전히 회복하려고 했다. 그러나 허사가 되었다. 일본이 항복해 버린 것이다. 해방된 조국을 우리 뜻대로 가꾸어 갈 기회가 사라져 버렸다. 일본이 항복했다는 소식을 들은 김구는 이렇게 말했다.

이 소식은 내게 희소식이라기보다는 하늘이 무너지고 땅이 꺼지는 일이었다. 수 년 동안 애를 써서 참전을 준비한 것도 모두 허사로 돌아가고 말았다. … 계획을 한번 실시해 보지도 못하고 왜적이 항복하였으니, 지금까지 들인 정성이 아깝고 다가올 일이 걱정되었다.

세계 냉전 구조와
신탁통치

신탁의 뜻

신탁을 한자로 神託이라고 쓰면, '신에게 답변을 부탁'하는 행위를 뜻한다. 쉽게 말해 점을 치는 것이다. 信託으로 쓰면 '믿고 맡김'의 의미이다. 투자신탁, 신탁은행 등으로 널리 쓰인다. 이때의 신탁은 돈을 맡기고 불려 주기를 부탁하는 것이다. 신탁통치의 신탁도 信託으로 쓴다. 나라를 다른 나라에 맡기는 일종의 위임통치이다. 제2차 세계대전이 끝난 뒤 모두 11개 지역에서 신탁통치가 시행되었다. 해방된 식민지 국가의 자치 능력을 키워 준다는 명분으로 추진됐다. 강대국들은 우리나라에서도 신탁통치를 시행하려고 했었다.

카이로회담

일제강점기, 국내외에서 끊임없이 독립 의지가 표출됐다. 독립군의 활동만 있었던 것이 아니다. 국내에서 거듭된 만세운동도 국제 사회에 깊은 인상을 남겼다.

국제 여론은 한국의 독립을 지지했다. 제2차 세계대전 막바지, 1943년 11월에 미국·영국·중국 정상이 카이로에서 회담을 했다. 그들은 "한국 인민의 노예 상태에 유의하여 적당한 절차를 거쳐 한국을 자주독립시킬 것을 결의"했다.

모스크바 3국 외무장관 회의

'적당한 절차'는 결과적으로 신탁통치를 의미했다. 1945년 12월에는 미국·영국·소련의 외무장관들이 모스크바에서 만나 한반도 문제를 논의했다. 이를 모스크바 3국 외무장관 회의라고 한다. 여기서 결정된 것은 한반도에 조선인으로 구성된 민주적인 임시정부를 세우고 임시정부와 협의를 통해 미·영·중·소 4개국이 최대 5년까지 신탁통치를 한다는 것이다.

우리나라에 대한 신탁통치를 강하게 주장한 나라는 미국이었다. 소련은 이에 찬성하면서 임시정부를 먼저 세우자고 했다. 두 나라 의견이 조합되어 위와 같은 결정이 내려진 것이다. 그런데 모스크바 3국 외무장관 회의의 내용이 국내에 엉뚱하게 알려졌다. 미국이 한국의 독립을 주장했고 소련은 신탁통치를 주장했다는 것이다.

반탁운동

국민 정서는 당연히 신탁통치 반대였다. 김구도 이승만도 신탁통치를 반대했다. 36년간의 일제 통치에서 벗어났는데 다시 외국의 통치를 받아야 한다는 데 찬성할 사람이 얼마나 되겠나. 즉시 강렬한 반탁운동이 전개되었다. 사회주의 세력도 함께 반탁운동에 참여했다. 그런데 얼마 뒤 소련의 지시를 받은 사회주의 세력, 즉 좌익이 사실상 신탁통치 찬성으로 돌아섰다. 혼란이 불 보듯 했다. 신탁통치를 반대하는 우익과 찬성하는 좌익의 대립과 갈등. 우익과 좌익의 대결 구도는 점점 강고해지고 미국과 소련 중심의 세계적 냉전 구조가 뚜렷해지면서, 우리는 분단에 이르게 된다.

국제 사회의 한국 독립 문제 논의

카이로선언 (1943. 11.)	얄타회담 (1945. 2.)	포츠담선언 (1946. 7.)
• 미국·영국·중국 • 일본이 무조건 항복할 때까지 싸울 것 결정 • 한국의 독립 보장	• 미국·영국·소련 • 소련, 대일전 참전	• 미국·영국·소련·중국 • 독일 패배 후의 유럽과 항복 후의 일본 처리 문제 • 카이로선언 재확인

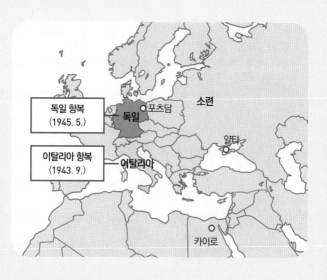

독일 항복 (1945. 5.)

이탈리아 항복 (1943. 9.)

소련

포츠담

독일

얄타

이탈리아

카이로

만약 그때 우리가 모스크바 3국 외무장관 회의 결정을 받아들여 우선 통일된 임시정부를 세우고, 임시정부의 권위를 유지하면서 미·영·중·소의 신탁통치를 받았다면 어떻게 됐을까. 친일파 문제는? 분단은?

좌익·우익이라는 말은
어디서 유래했을까

좌파와 우파

좌익(左翼), 왼쪽 좌에 날개 익자를 쓴다. 좌익은 우익의 상대 개념이다. 좌익을 좌파, 우익을 우파라고도 한다. 프랑스혁명 당시 의회 자리 배치에서 좌익과 우익이라는 말이 생겨났다고 한다. 급진적인 자코뱅당이 왼쪽에 앉아서 좌익으로 부르게 되었다. 오른쪽에는 온건한 지롱드당이 앉아서 우익이 되었다.

성장과 분배

좌익은 상대적으로 급진적인 개혁을 추구한다. 자유와 평등 모두 소중하게 여기지만, 특히 평등을 강조한다. 경제적으로 성장과 분배 중에서 분배를 더 중요하게 여긴다. 우익은 온건한 개혁, 체제 유지적인 성향을 보인다. 평등보다 자유를 중시하며 분배보다 성장을 우선으로 여긴다. 좌익은 시민 개개인(특히 사회경제적 약자)의 삶의 질 향상에, 우익은 국민 전체의 삶의

질 향상에 초점을 맞추는 편이다.

보수와 진보

해방 전후 우리 역사에서 '좌익'은 주로 사회주의·공산주의 세력을 가리켰다. 지금은 그렇지 않다. 좌익은 '진보'와 비슷한 개념으로 우익은 '보수'와 유사한 개념으로 쓰인다. 좌파와 우파에 더해서 극좌와 극우를 구분하기도 한다. 지나치게 한쪽으로 기운 극좌와 극우는 좋은 것이 아니다. 우리 사회에 보수와 진보는 모두 필요하다. 어느 한쪽이 지나치게 약해도 좋지 않다. 새가 좌우의 날개로 날고 수레가 좌우 두 바퀴로 굴러가듯 보수 세력과 진보 세력의 공존과 경쟁 속에서 나라가 발전한다. 보수와 진보는 적이 아니다. 선의의 경쟁자이다. 그래야 한다.

친일파 청산,
반민특위의 실패

대통령 이승만

대한민국 초대 대통령 이승만은 독립운동가였다. 대한민국임시정부 초대 대통령도 그였다. 이승만은 미국에 주로 머물며 독립운동을 했다. 그의 독립운동은 외교 활동이다. 총을 들어야만 독립운동이 아니다. 전투만큼 중요한 것이 외교다. 1948년 제헌국회 의원들이 대통령을 뽑았다. 이승만은 압도적 지지로 당선됐다. 이승만은 대한민국 첫 번째 대통령으로 자격이 있었다. 볼만한 업적도 남겼다. 그러나 대통령 이승만은 역사에 큰 아쉬움도 남겼다. 상식적으로 풀어야 할 실타래가 이승만에 의해서 비상식적으로 뒤엉켜 버렸다. 친일파 처리 문제다.

친일파 청산 문제

1910년부터 1945년까지 그 긴 세월, 우리는 일제의 식민지였다. 해방된 조국에서 우선해야 할 일은 무엇이었을까. 자신과 가족을 희생하며 일제에 맞서 싸운 독립운동 세력을 우대하고, 나라와 민족이 망하든 말든 자신의 부귀영화를 위해 일제에 아부하던 친일파를 정리하는 일이었다. 그게 상식이다. 그러나 그렇게 되지 않았다. 친일파 처벌은 실패했다. 그 책임의 상당 부분이 이승만에게 있다.

반민족행위처벌법

1948년 8월, 국회는 친일파 처단을 위해 '반민족행위처벌법 기초특별위원회'를 만들었다. 이 위원회에서 만든 '반민족행위자 처벌법'이 제정된다. 국회는 이 법률에 따라 반민족 행위자, 즉 친일파를 조사할 반민특위(反民特委, 반민족행위특별조사위원회)를 설치한다. 1949년 1월부터 반민특위는 친일파 검거 활동을 시작했다. 일제 고등계 형사 노덕술을 체포했다. 그는 독립운동가들을 잡아 고문하던 사람이다. 그런데 대통령 이승만은 노덕술을 석방하라고 했다. 반민특위가 석방을 거부하자 반민특위 활동이 헌법 위반이라는 담화문을 발표하기까지 했다. 친일파들은 반민특위 위원들을 암살하려고도 했다.

친일파 청산의 실패

사실 친일파 정리는 해방된 1945년 그때 바로 시도했어야 했다. 하지만 미군이 지배하는 미군정 시기(1945~1948)였다. 미국이 친일파를 숙청할 이유가 없다. 그 3년간 친일파는 견고하게 뭉쳤고 갖은 방법을 다해 생존력을 키웠다. 반탁운동에 뛰어들어 애국자 행세를 하기도 했다. 힘든 싸움이었다. 그래도 고난 속에서도 반민특위는 친일파 검거를 계속했다. 1949년 6월, 어이없는 일이 벌어졌다. 경찰이 반민특위 사무실을 습격해서 물건을 부수고 서류를 압수하고 반민특위 사람들을 붙잡아 갔다. 대통령 '빽'이었다. 이후 반민특위 활동은 유명무실해진다. 재판에 넘겨진 친일파는 몇 되지 않았고 결국, 하나둘 다 풀려 나갔다. 친일파 처벌은 이렇게 실패했다.

해방 후

아마, 해방된 나라에서 자신의 잘못을 반성하고 근신하며 조용히 살다 간 친일파도 있을 것이다. 그러나 대개 그렇지 않았다. 자신들의 기득권을 확대재생산하면서 사회 각계의 지도층으로 행세했다. 그들의 부와 권력은 자손들에게 이어졌다. 반면 독립운동가 후손들은 가난에서 벗어나지 못했다. 교육도 제대로 받지 못했다. 심지어 탄압받기도 했다. 이승만은 친일파를 감쌌다. 그의 밑에 친일파가 많았다. 썩은 고기에 벌은 날아오지 않는다. 나비도 오지 않는다. 파리들만 들끓을 뿐이다. 그런 상황 속에서 4·19혁명은 필연적인 일이었다.

사사오입 개헌은
어떻게 가결되었을까

두 번의 개헌

웬만해선 헌법에 손대지 않는 것이 좋다. 나라의 부강과 국민의 행복을 위해 꼭 필요한 개헌이라면 해야 하겠지만. 그런데 이승만은 오래도록 대통령을 하려고, 그만두지 않으려고, 두 번이나 개헌을 했다. 발췌 개헌 (1952)과 사사오입 개헌(1954)이다. 발췌란, 여기저기서 필요한 것을 가려 뽑는 것을 말한다. 사사오입(四捨五入)이란, 말 그대로 '4까지는 버리고 5부터 들인다'는 뜻이다. 한마디로 '반올림'이다. 이제 두 개헌의 내용을 보자.

제1대 대통령 선거

1948년 대통령 선거는 국민이 뽑는 직접 선거가 아니라 국회에서 뽑는 간접 선거였다. 이승만은 제1대 대통령이 되었다. 그런데 점점 국회와 사이가 멀어졌다. 국회는 대통령을 신임하지 않았다. 이승만은 다음 선거에서 대통령이 될 수 없음을 알았다. 국회의원들이 또 뽑아줄 리 없다. 그래서 국민이 직접 뽑는 직선제로 개헌하려고 했다. 하지만 이승만이 낸 대통령직선제 개헌안이 국회에서 압도적으로 부결됐다.

비상계엄 선포

이승만은 무리수를 둔다. 비상계엄을 선포하고 국회의원 수십 명을 군부대로 끌어가는 등 공포 분위기를 조성한다. 그리고 의원들을 강제로 모이게 한 후, 비밀 보장도 되지 않는 기립 표결 방식으로 직선제 개헌안을 통과시키고 만다. 정부가 제출한 대통령 직선제 개헌안에다가 국회가 제안한 개헌안 일부를 형식적으로 발췌하여 덧붙였기에 발췌 개헌으로 부르게 되었다. 문제는 이때가 1952년이라는 점. 6·25전쟁 중이었다. 그렇게 이승만은 제2대 대통령이 되었다.

자유당

이제 더는 대통령을 할 수 없다. 헌법에 대통령은 두 번까지만 할 수 있게 되어 있으니까. 그런데 또 하려고 했다. 어떻게? 개헌하면 된다. 대통령을 두 번밖에 할 수 없지만, 초대 대통령 이승만은 예외로 한다는 개정안을 만들었다. 국회가 반대할 텐데, 이번엔 사정이 좀 다르다. 이승만은 자유당을 만들어 자신의 정당으로 삼았다. 그리고 협박을 통해 무소속 의원 등을 자기편으로 만들어 개헌 가능 인원을 확보했다. 1954년 현재 국회의원은 203명, 개헌하려면 2/3 이상의 찬성이 필요하다. $203 \times 2/3 = 135.333\cdots$. 136명이 찬성하면 통과다.

개헌안의 가결

1954년 11월, 국회에서 개헌안이 표결에 부쳐진다. 찬성표가 얼마나 나왔나. 135표다. 136표에서 1표가 모자란다. 개헌안은 부결됐다. 사회를 맡은 국회부의장은 개헌안이 부결되었음을 정식으로 발표했다. 그런데 이틀 뒤 국회. 사회자는 이틀 전의 부결 선포가 계산 착오에서 생긴 실수라며 개헌안 가결을 선언했다. 이승만은 제3대 대통령 선거에 나설 수 있게 되었다. 1956년 이승만은 다시 대통령이 되었고 4·19혁명이 일어나는 1960년까지 그 자리에 있었다.

사사오입 개헌

부결에서 가결로 바뀐 사연은 이렇다. 자유당의 주장은, 국회의원 재적 203명의 2/3는 수학적으로 135.333…, 0.333이라는 소수점 이하의 숫자는 1인의 인간이 될 수 없으므로 사사오입, 즉 반올림 원칙에 따라 이를 버려야 한다. 따라서 203명의 2/3는 135명이 된다. 만약 계산이 135.777…. 이렇게 나왔다면 반올림해서 136이 되는 게 맞지만, 135.333은 반올림이 안 되니까 개헌안 통과는 135명이면 된다는 것이다. 한 마디로 억지다. 이를 사사오입 개헌이라고 한다.

부정선거

국민들은 왜 이승만을 또 뽑았을까. 야당 후보의 승리가 예상됐다. 그런데 선거일을 불과 며칠 앞두고 야당 대통령 후보 신익희가 세상을 뜨고 말았다. 그래서 이승만이 대통령이 되었다. 신익희에게는 불행이지만, 이승만에게는 다행이었다. 이승만은 우울했다. 대통령 됐는데 왜? 부통령 자리를 놓쳤다. 민주당의 장면 후보가 이승만의 후계자 자유당 이기붕 후보를 누르고 부통령에 당선된 것이다. 이 선거를 통해 이승만 정부와 자유당은 국민들이 그들에게서 돌아섰음을 알았다. 정상적인 방법으로는 다음 선거에서 이길 수 없음도 알았다. 3·15부정선거의 징조가 이때부터 보이기 시작했다.

3·15부정선거와
5·16군사정변

제4대 대통령 선거

1960년 3월 15일은 제4대 대통령 선거일이다. 이승만
(1875~1965)이 1·2·3대 대통령이다. 1956년 제3대 대
통령 선거 직전 경쟁자 신익희 후보가 사망한 덕에 대
통령을 계속할 수 있었다. 제4대 대통령 선거에서 이
승만의 당선 가능성은 높지 않았다. 민주당 후보 조병
옥이 아주 강했다. 그런데 웬일인가. 조병옥 후보도 선
거운동 중에 사망하고 만다. 야당은 새로운 후보를 내
세울 시간이 없다. 이승만의 당선은 당연했다.

유례없는 부정선거

하지만, 자유당은 유례없는 부정선거를 저지른다. 왜
그랬을까. 이기붕을 부통령으로 만들기 위해서다. 여
당인 자유당의 정·부통령 후보는 이승만·이기붕,
야당인 민주당의 정·부통령 후보는 조병옥·장면이
었다. 조병옥의 예기치 못한 죽음으로 제4대 대통령

선거는 이기붕 대 장면의 부통령 다툼으로 본질이 바뀌었다. 누가 봐도 이기붕이 절대적으로 불리했다.

수단과 방법을 가리지 않는 부정

당시 이승만 대통령은 팔십이 훨씬 넘은 할아버지였다. 정상적으로 대통령직을 수행하기에 어려움이 있었다. 자유당은 이기붕을 부통령으로 당선시켜서 사실상 대통령 역할을 하게 하려고 했다. 하지만 당선될 가능성이 별로 없었다. 그래서 수단과 방법을 가리지 않고 갖은 부정을 저질렀다. 유권자를 여러 명씩 모아 공개 투표를 하게 했다. 야당을 찍지 못하게 막은 것이다. 심지어 4할 사전투표라는 만행까지 저질렀다. 빈 투표함에 40% 분량의 투표용지를 미리 넣어둔 것이다. 물론 이기붕 찍은 투표용지이다. 너무 막 갔다.

3·15의거

같은 날, 경남 마산에서 부정선거를 알아낸 시민들이 일어났다. 선거 무효를 외치며 거리로 쏟아져 나왔다. 3·15의거다. 얼마 뒤 마산 앞바다에서 고등학생 김주열의 시신이 떠올랐다. 참혹했다. 불발된 최루탄이 눈에 박힌 모습이었다. 3월 15일 시위에 나섰다가 그렇

게 되고 말았다. 경찰은 몰래 김주열의 시신을 바다에
버렸는데, 떠오른 것이다. 마산 시민들은 분노했다. 다
시 일어났다. 그 열기 그대로 서울로 번졌다.

5·16군사정변

드디어 이승만이 대통령직에서 물러났다. 장기집권이
막을 내렸다. 4·19혁명으로 새로운 정부가 탄생했다.
새 정부는 대통령 중심제를 버리고 내각책임제를 채
택했다. 대통령에 윤보선, 실질적 권한을 가진 총리
에 장면이 선출됐다. 그러나 얼마 뒤 정권이 다시 바
뀐다. 1961년 5월 16일, 육군 소장 박정희가 쿠데타를
통해 정권을 장악한다. 5·16군사정변이다. 군사 정부
는 대통령 중심제와 직선제로 헌법을 개정했다. 그리
고 1963년 박정희는 대통령에 출마해 당선됐다.

유신 독재와
박정희 시대의 종말

삼선개헌

1963년, 제5대 대통령이 된 박정희는 1967년 제6대 대통령 선거에서도 당선된다. 이제 더는 출마할 수 없다. 당시 헌법은 "1차에 한해서 중임할 수 있다"고 규정했다. 대통령을 최대 두 번까지 할 수 있다는 얘기다. 하지만 이승만처럼 세 번째 출마를 위해 개헌을 강행한다. 이를 삼선개헌(1969)이라고 한다.

제7대 대통령 선거

삼선개헌의 명분은 "북한의 도발 위협에 대처하며 정치를 안정시키고 경제를 지속적으로 발전시키기 위해서는 박정희의 강력한 지도력이 계속 필요하다"는 것이었다. 장기집권을 위한 개헌에 반대하는 처절한 저항을 뚫고 박정희는 개헌에 성공한다. 그 결과 세 번째로 출마하게 된 박정희는 1971년 제7대 대통령 선거에서 당선된다. 이때 야당 후보는 김대중이었다.

유신헌법

김대중과의 대결에서 박정희는 아슬아슬하게 이 겼다. 그동안 치러진 선거 때마다 박정희의 지지율 은 40~50% 정도였다. 어찌 됐든 박정희는 연이어 세 번 대통령이 되었다. 그냥 여기서 멈추었다면 그에게 도 그의 가족에게도 우리 현대사에도 좋은 일이 됐을 것이다. 그러나 박정희는 멈추지 않았다. 브레이크가 고장 난 자동차의 폭주처럼 종신 대통령을 향해 나아 갔다. 사람들은 말한다. 권력은 마약과도 같다고. 정말 그런가 보다. 그는 다시 개헌을 단행한다. 그리고 이어 유신헌법이 등장한다.

유신 독재 체제

유신헌법으로 등장한 정치 체제를 유신 체제라고 한다. 시작된 때가 1972년 10월이라 '10월유신'이라고 도 부른다. '유신쿠데타'라는 표현도 쓴다. 유신(維新) 이라는 용어의 의미는 좋다. '낡은 제도 따위를 고쳐 새롭게 함'이라는 뜻이니까. 역사에서 유신이라는 용 어가 들어간 사건은 일본의 근대화 정책, 메이지 유신 이 있다. 그러나 10월유신은 좋은 게 아니다. 너무 지 나친 독재 체제였다.

통일주체국민회의

유신헌법으로 대통령을 뽑는 방식이 바뀌었다. '통일주체국민회의'라고 하는 대통령선거인단이 대통령을 뽑는 간선제가 되었다. 통일주체국민회의는 박정희의 뜻을 따르는 사람들로 구성되었다. 유신헌법은 또 국회의원의 1/3을 대통령이 사실상 임명할 수 있게 했다. 대통령 임기를 6년으로 늘렸다. 몇 번까지 출마할 수 있는지에 관한 규정을 삭제해서 영구 집권도 가능하게 했다.

제9대 대통령 선거

영구 집권 가능성은 현실로 나타났다. 1972년 제8대 대통령선거, 유신헌법에 따라 통일주체국민회의에서 대통령을 뽑았다. 대통령 후보는 딱 한 명, 박정희. 총 투표자 2,359명. 박정희 득표 2,357표. 2표는 무효. 1978년 제9대 선거, 통일주체국민회의 대의원 2,578명이 투표. 단독 후보 박정희 2,577표 득표. 1표는 기권. 두 번 다 사실상 100% 찬성으로 대통령이 되었다. 도저히 가능할 수 없는 일이 가능했던 나라다.

긴급조치 선포

한편 유신헌법으로 대통령은 '긴급조치'를 선포할 권

한도 가졌다. 긴급조치라는 대통령의 명령은 그대로 법이었다. 예를 들어 유신헌법을 비판하지 말라는 긴급조치를 내리면 그게 그대로 법이다. 누군가 유신헌법을 나쁘다고 말하면 법을 어긴 게 된다. 법을 어겼으니 붙잡혀가서 처벌을 받는다. 영장이고 뭐고 필요 없다. 유신 체제에서 대통령의 긴급조치는 제9호까지 선포되었다.

민주주의를 위한 저항

대한민국 땅에서 민주주의가 사라졌다. 말 한마디 잘못하면 쥐도 새도 모르게 사라질 수 있었다. 성인 남자들조차 머리를 길게 기를 수 없었다. 장발인 사람은 길거리에서 경찰에게 머리를 깎였다. 여인들의 치마 길이까지 단속하던 세상이었다. 국민들은 순종했나? 그렇지 않았다. 민주주의를 위한 저항이 계속됐다. 그 저항의 마지막 지점은 부산과 마산이었다. 4·19혁명 때와 같은 사건이 벌어진 것이다. 이를 부마항쟁(1979)이라고 한다.

박정희 시대의 종말

박정희는 위기감을 느꼈다. 대책을 논의하는 자리가 마련됐다. 그 자리에서 박정희는 자신의 오른팔과도 같은 중앙정보부장(지금의 국가정보원장) 김재규의 총에 죽고 만다. 그날이 10월 26일, 그래서 이 사건을 10·26사태라고 한다. 1979년, 그렇게 유신 체제가 끝났다. 거의 20년간 이어졌던 박정희 시대의 종말이다.

유신헌법과 민주의식

개헌은 국민투표에서 통과되어야 한다. 유신헌법도 국민투표를 통과했다. 찬성표는 총유권자의 84%. 압도적이다. 대한민국 성인 남녀의 80% 이상이 유신헌법에 찬성했던 것이다. 이를 어떻게 보아야 하나. 대다수 국민의 민주의식이 성숙하지 못했다는 점은 인정하게 된다. 하지만 당시 사람들이 무지하고 미개했다는 식으로 깎아내리면 곤란하다.

6·25전쟁과 반공

그때 유권자는 6·25전쟁을 직접 경험했다. 반공(反共)을 중시했다. 대개 국가 안보 문제에 예민했다. 제대로 된 민주주의를 경험해 보지도 못했다. 또 정부가 주도한 경제 개발의 성과를 보고 느끼고 체험하고 있었다. 일상이었던 배고픔에서 벗어나 희망을 보고 있었다. 안보와 안정 그리고 경제 발전을 위해 민주주의를 유보할 수 있다고 생각했을 수 있다.

한강의 기적

일제강점기, 일제에 모든 걸 다 빼앗겼다. 해방된 나라는 탈진 상태. 설상가상으로 몇 년 뒤 6·25전쟁으로 잿더미가 되었다. 희망이 없는 나라. 굶주림만 있는 나라. 외국의 원조로 겨우 입에 풀칠하던 나라, 대한민국. 그런데, 불과 수십 년 흐른 지금, 우리는 최소한 외형적으로 선진국 문턱에 와 있다. 세계 그 많은 나라 가운데 10위권 경제 규모를 갖추고 있다. 외국 사람들은 우리나라의 발전을 '기적'이라고 말했다. 정말 기적과도 같은 경제 성장을 이루었다. 그 결정적 계기를 박정희가 만들었다.

노동자들의 고통

그러나 경제 발전의 화려한 조명 뒤에 가려진 젊은 노동자들의 고통을 기억해야 한다. 적게 받고 너무 오랜 시간 일해야 했던 당시 노동자들의 희생 덕에 우리는 수출을 늘려 갈 수 있었고, 그렇게 절대 빈곤에서 벗어나게 되었다. 평소 박정희는 "내 무덤에 침을 뱉어라!"라고 말했다고 한다. 지금 어떤 이는 그의 무덤 앞에 서서 침을 뱉을 것이다. 어떤 이는 그의 무덤 앞에 서서 눈물을 흘릴 것이다. 침도 눈물도 우리가 품어야 할 역사이다.

계엄령의 의미는
무엇일까

계엄령의 의미

계엄령(戒嚴令)은 글자 그대로 풀면, 경계를[戒] 엄하게 하라는[嚴] 명령[令]이다. 대통령은 전쟁이나 전쟁에 준하는 위기 상황 또는 국가적으로 대혼란을 겪는 사건이 발생할 경우 질서 유지와 사회 안정을 위해서 해당 지역에 계엄령을 선포할 수 있다. 해당 지역은 전국이 될 수도 있고 특정 지역이 될 수도 있다. 대통령이 계엄령을 선포할 때 국회의 허락을 받지 않는다. 그냥 통보하면 된다.

계엄령과 사회 질서

계엄령이 내려지면 군이 사회 질서 유지를 맡는다. 경찰이 서 있을 자리에 무장한 군인들이 서 있다. 군인인 계엄사령관은 계엄 지역의 모든 행정 업무와 사법 업무를 관장한다. 군대가 사법권을 행사한다는 것은 재판도 군법회의에서 한다는 얘기다. 군법회의 재

판은 보통 한 번으로 끝이다. 단심제이다. 자유·민주
주의·인권 등이 무시된다. 안정이 회복되면 대통령은
계엄령을 해제한다. 계엄령 해제가 필요한 시기에 대
통령이 해제하지 않으면 국회가 나선다. 국회가 재적
의원 과반수의 찬성으로 계엄 해제를 요구하면 대통
령은 이에 따라야 한다.

계엄령의 확대

6·25전쟁, 4·19혁명, 5·16군사정변, 10월유신, 부마
항쟁, 10·26사태 등이 벌어졌을 때 계엄령이 선포됐
었다. 1979년 10월 18일, 부마항쟁 때 부산에 계엄령
이 내려졌는데 10월 26일에 박정희 대통령이 사망하
면서 제주도를 제외한 전국으로 확대됐다. 계엄은 계
속됐고 1980년 5월 17일에는 제주도에까지 계엄이 선
포됐다. 1981년 1월에 가서야 해제됐다. 이 기간에 전
두환의 등장 그리고 5·18민주화운동이 있었다.

이 땅의 민주주의는
저절로 왔는가

서울의 봄

빼앗긴 들에도 봄은 오는가? 일제강점기 시인 이상화가 그렸던 '봄'은 조국의 독립일 것이다. 1970년대 대한민국은 얼어붙은 땅, 동토(凍土). 그때의 봄은 자유, 민주쯤 될 것 같다. 박정희의 갑작스러운 죽음, 어떤 삶을 살았든 사람의 죽음은 쓸쓸한 일이다. 이제야 봄은 오는가? 그럴 조짐이 보였다. 민주주의의 물결이 일렁였다. 곳곳에서 유신 철폐와 계엄령 해제의 함성이 터져 나왔다. 이때를 '서울의 봄'이라고 한다. 박정희 피살(1979)로 시작된 서울의 봄은 전두환의 집권으로 끝나고 말았다.

긴급조치 해제

박정희가 사망하자 당시 국무총리 최규하가 대통령 권한대행이 됐다. 그는 긴급조치를 해제하고 개헌으로 향하는 문을 열었다. 이어진 대통령 선거에서 최규하가 제10대 대통령이 되었다. 그동안 그래왔던 대로 통일주체국민회의에서 뽑았다.

3김 시대

박정희 시대에 그리고 그 이후 한참 동안 우리나라 정치에서 '3김'이라는 말이 참 많이 쓰였다. 세 명의 김씨는 김대중·김영삼·김종필이다. 김대중과 김영삼은 박정희에 맞서던 야당 지도자이다. 민주주의 운동을 계속해 왔다. 김종필은 박정희를 도와 5·16군사정변을 일으켰던 여당 지도자이다. 박정희 사망 이후 국민은 이 세 사람 가운데 한 명이 대통령이 될 거라고 여겼다. 김대중과 김영삼이 더 가능성이 컸다. '서울의 봄'을 맞아 3김씨는 설렜을 것이다. 그런데 사람의 운명이 그러하듯 역사도 예상대로 흘러가지 않는다. 생각지도 않았던 전두환이 등장했으니.

12·12군사반란

보안사령관 전두환 소장(☆☆)은 박정희 피살 사건을 수사하는 계엄사 합동수사본부장이 되었다. 그를 중심으로 한 군인세력을 신군부라고 부른다. 1979년 12월 12일. 전두환·노태우 등이 병력을 동원하여 총격전 끝에 정승화 대장(☆☆☆☆)을 '체포'한다. 대통령도 몰랐다. 정승화는 당시 육군참모총장이면서 계 엄사령관이었다. 하극상이다. 신군부가 권력 장악을 위해 벌인 이 사건을 12·12사태, 12·12쿠데타, 12·12군사반란 등으로 부른다.

5·18민주화운동

군부를 완전히 장악한 합동수사본부장 전두환은 중앙 정보부장까지 겸하면서 나라의 실세가 되었다. 전국에서 전두환 퇴진을 요구하는 대학생들의 대규모 시위가 잇달았다. 신군부는 1980년 5월 17일, 대통령을 위협하여 계엄령을 전국으로 확대하게 했다. 강화된 계엄령에 따라 정치 활동이 금지됐다. 신군부는 유력 대통령 후보인 김대중과 김종필을 체포하고 김영삼을 가택 연금했다. 휴교령이 내려진 대학교 캠퍼스에는 학생 대신 군인들이 들어찼다. 드디어 광주가 일어났다. 5·18민주화운동이다. 신군부는 잔인하게 광주를 짓밟았다. 봄이 오나 싶었지만, 여전한 겨울, 더 혹독한 겨울이었다.

제11대 대통령 선거

1980년 8월 27일 제11대 대통령 선거가 시행됐다. 여전히 국민은 구경만 해야 했다. 통일주체국민회의에서 대통령을 뽑았다. 결국 전두환이 당선됐다. 1981년 2월 25일, 제12대 대통령 선거가 치러졌다. 변화가 좀 생겼다. 개헌했다. 유신헌법을 버린 것이다. 새 헌법은 대통령 임기를 7년 단임으로 규정했다. 딱 한 번만, 조금 길게 7년. 이번엔 직선제였을까? 아니다. 간접선거다. 통일주체국민회의 대신 '대통령선거인단'이 대통령을 뽑았다.

제13대 대통령 선거

7년이 지났다. 1987년 12월 16일에 제13대 대통령 선거를 치렀다. 드디어 직선제가 되었다. 개헌을 통해 국민이 대통령을 직접 뽑게 됐다. 이승만 대통령 때의 직선제 개헌과는 성격이 아주 다르다. 기억하자, 민주주의는 그냥 떨어지는 과일이 아니다. 대개 피와 눈물이라는 희생을 요구한다. 그 과정을 보자.

호헌 조치

박정희에서 전두환으로 이어진 군사정권을 끝장내는 방법은 직선제 쟁취다. 시민들이 일어났다. 사방에서 직선제 개헌을 요구하는 시위가 전개됐다. 시위 중 붙잡힌 박종철이 고문을 받다 사망하고 말았다. 시위는 더욱 격렬해졌다. 그럼에도 전두환은 개헌을 거부했다. 1987년 4월 13일에 호헌 조치를 발표했다. 호헌(護憲), 당시의 헌법을 보호하여 지키겠다는 의미다.

반독재투쟁의 전개

시민들은 분노했다. 서울대학교 언어학과 학생회장이자 민주화운동가인 박종철이 사망한 원인이 알려지면서 치를 떨었다. 너도나도 거리로 나섰다. 6월 9일, 이번에는 연세대학교 경영학과에 재학중이던 학생운동가 이한열이 쓰러졌다. 반독재투쟁에 참가한 그는 최루탄에 맞았다. 분노의 함성이 전국을 가득 메웠다. 대학생은 물론 일반인들까지 거리로 나와 호헌 철폐를 외쳤다.

6월 민주항쟁

이제 전두환은 버틸 수 없었다. 항복했다. 개헌을 거부했던 이유 가운데 하나, 노태우를 대통령으로 만들기 위해서였다. 직선제로는 어렵다는 것을 알기에 간선제를 고집했던 것이다. 그런데 이제 어쩔 수 없었다. 여당 대통령 후보 노태우는 대통령 직선제 개헌을 공식 발표했다(6·29선언). 시민의 승리, 이를 6월 민주항쟁이라고 한다.

대통령 직선제와 5년 단임제

6월 민주항쟁의 결과 제13대 대통령선거는 국민이 직접 뽑는 직선제로 시행되었다. 대통령 임기는 5년 단임제로 결정됐다. 그해 1987년 12월 16일에 선거가 있었다. 대통령은 노태우였다. 김영삼·김대중 중에 한 사람만 출마해야 한다는 게 국민적 여망이었다. 그러나 두 사람 다 승리를 자신하며 출마했다. 표를 갈라 먹었다. 잘못한 거다. 그 덕에 노태우가 어부지리로 대통령에 당선됐다. 노태우가 얻은 표, 36.7%. 김영삼은 28%, 김대중이 27.1%.

민주주의의 성숙

노태우 대통령 역시 군부 출신이지만, 이때부터 서서히 훈풍이 불기 시작했다. 봄이 오고 있었다. 제14대 대통령 김영삼(1992), 제15대 대통령 김대중(1997), 제16대 대통령 노무현(2002)이 당선되면서 완연한 봄을 맞았다. 대한민국의 봄, 지금 이 땅은 민주주의다. 사람이 아프면서 성숙해지듯, 나라도 아프면서 강건해진다.

권리를 위한 투쟁

나이만 먹으면 투표권이 자동으로 주어지는 것으로 생각하기 쉽다. 아니다. 서양 여러 나라도 그랬고 우리나라도, 처절한 아픔과 저항 끝에 쟁취한 것이 참정권, 민주주의다. 사람들은 소중한 내 한 표를 위해 피를 흘렸고 그 한 표가 모여 역사가 되었다. 6월 민주항쟁이 그걸 증명한다. 대통령을 국민이 직접 뽑기 위해 얼마나 큰 아픔을 겪어야 했는가.

권리와 책임

자유와 민주주의가 더욱 성숙하고 발전하려면 우선 우리의 투표권을 포기하지 않아야 한다. 투표하지 않는 것은 나의 운명을 남에게 맡기는 행위라고도 할 수 있다. 나 한 명 투표 안 한다고 무슨 일이 생기겠냐고? 1923년, 독일 히틀러는 단 한 표 차이로 나치당 당수가 됐다고 한다. 그는 세계를 전쟁의 구렁텅이로 밀어넣었다. 언제든 당신의 한 표는 결정적 한 표가 될 수 있다.

저는 거의 30년 동안 고등학교에서 학생들에게 역사를 가르쳤습니다. 그런데도 속 시원하게 한국사 공부 잘하는 방법을 알려주지 못합니다. 그 방법은 학생들 각자의 노력으로 찾아가는 수밖에 없습니다. 다만, 한국사 공부에 조금이나마 보탬이 되지 않을까 싶은, 요령 같은 것을 말해 보려 합니다. 시시콜콜한 얘기에 불과하지만, 이 속에서 뭔가 공부의 길을 찾게 되었으면 좋겠습니다. 각종 한국사 시험을 준비하는 성인 독자에게도 도움이 될 만한 내용이 있을 듯합니다.

공부를 잘하는 사람은 자신이 무엇을 알고 무엇을 모르는지 압니다. 그래서 모르는 것을 학습을 통해 알아 가면서 실력이 늘게 됩니다. 그런데 그렇지 못한 사람은 아는 것과 모르는 것을 구별하는 능력이 부족합니다. 자신은 안다고 생각하는데 사실은 모르는 경우가 많습니다.

"알 것 같다"라는 말은 아는 게 아니라 모르는 겁니다. 대충 아는 것을 진짜 아는 것으로 믿으면 성적이 좋아지기 어렵습니다. 약점을 보완할 기회가 사라진 것이니까요. 참 묘하게도 시험 문제는 이런 부분에서 나옵니다. 친구에게 이해할 수 있도록 설명해 줄 정도가 되면 비로소 아는 것이라고 할 만합니다.

예습과 복습을 열심히 하면 당연히 성적이 오릅니다. 그런데 그 많은 과목을 언제 다 예습하고 복습까지 할 수 있겠어요. 예습과 복습 가운데 하나만 한다면 여러분은 무엇을 하렵니까? 사람마다 다르겠지만, 저는 복습을 권합니다. 예습하는 이유는 본 수업을 좀 더 정확하게 이해하기 위함인데 오히려 결과가 거꾸로 나오기도 합니다.

학원에서 선행 학습을 하고 학교에서 그 내용을 다시 배울 때 많은 학생이 이미 배워서 아는 것으로 여기고 학교 수업을 소홀히 합니다. 중학교 때 미리 고3 과정 수학을 다 끝내고 고등학교에 입학한 학생이 있습니다. 그런데 수학 성적이 기대 이하입니다. 왜 그럴까요? 머리가 나빠서 그렇다고 생각하기 쉽습니다. 아닙니다.

머리가 문제가 아니라 수업 태도가 문제일 가능성이 큽니다. '이미 배운 걸 또 배우니 지겹다. 다 아는 건데'라는 착각이 문제입니다. 설사 정말 아는 것이라고 해도 복습이라고 생각하고 학교 수업에 열중하는 습관이 필요합니다. 복습이 반복될수록 성적은 올라가니까요.

공부하다 보면 질문거리가 생기기 마련입니다. 해

결책은 너무도 당연하지요. 선생님께 질문하는 겁니다. 그래서 알아 가는 겁니다. 가장 효율적인 방법입니다. 하지만 학생 대부분이 질문하기를 꺼립니다. 선생님이 너무 바쁘신 거 같아서, 선생님이 그냥 싫어서, 선생님이 공부 못한다고 무시하는 거 같아서….

이유가 많을 겁니다만, 핑계일 수 있습니다. 학생은 질문할 권리가 있고, 선생님은 답변해 줄 의무가 있습니다. 공부 못하니까 잘해 보겠다고 질문하는 건데 뭐가 문제입니까. "이런 거도 모르느냐?"는 말에 자존심 상할 필요 없습니다. 성적으로 스트레스 받는 것은 어쩔 수 없다 해도 성적으로 자신을 부끄럽게 여기는 것은 큰 잘못입니다. 이제 한국사 공부에 관해 이야기할게요.

국어사전 애용하기

한국사 공부에 국어 능력, 특히 어휘력이 큰 보탬이 됩니다. 한국사 시험 문제 중에 한국사 지식 없이 국어 실력만으로 풀리는 문제도 꽤 있습니다. 공부하면서, 낯익었어도 정작 그 뜻을 정확히 모르는 단어가 나오면 바로 국어사전에서 확인하는 습관이 꼭 필요합니다.

저는 이 책을 될 수 있는 대로 쉽게 풀어쓰려고 했습니다. 그런데도 가끔씩 좀 낯선 단어들을 그대로 썼습니다. 이 책 어딘가에 '경외'라는 단어가 있을 겁니다. 정확한 의미를 모른다면 사전을 찾아보아요. 습관이 되면 어느 순간 여러분의 독해·글쓰기·토론 능력이 확 달라집니다.

다른 과목보다 한국사 교과서는 어려운 단어가 많이 나옵니다. 역사 용어도 그렇고 일상용어도 그렇고요. 영어사전은 잘 찾아보면서 국어사전은 안 보는 것, 이것도 다 안다는 착각 때문인지 모르겠습니다. 스마트폰 안에 좋은 국어사전이 들어 있습니다.

생각하고 외우자

한국사는 어쩔 수 없이 외울 게 많은 과목입니다. 한국사만 그런 게 아니죠. 영어는 또 얼마나 외울 게 많은가요. 수학도 물론이고. 분석력, 창의력 등을 강조하는데 분석력·창의력의 기초가 암기력입니다. 아무리 그렇다 해도 외우는 건 참 지겹고 때로 허무합니다. 무작정 생각 없이 기계적으로 외우는 것은 효과가 없습니다.

단어와 단어, 사건과 사건의 연결고리를 찾고 흐름을 이해하면서 외우는 것이 좋습니다. '언제, 어느 때'에 집중하면서. 수많은 연대를 다 외우려고 하지 말고 외울 필요가 있는 것과 필요가 없는 것을 구분해야 합니다. 그러한 구분은 수업 시간에 이루어집니다. 선생님이 외워 두자고 강조하는 것들을 암기하면 됩니다.

원인과 결과에 주목하라

병자호란을 예로 들어 봅시다. 전쟁이 난 원인이 있고, 전쟁 진행 과정, 즉 경과가 있고, 그래서 그 결과가 있습니다. 꼭 그러한 것은 아니지만, 암기할 내용이 많은 것은 사건의 경과 부분입니다. 그러나 출제가 잘 되는 부분은 원인과 결과(영향)입니다. 원인과 결과는 암기 부담이 별로 없습니다. 왜 전쟁이 났고 그래서 어떤 결과가 나왔는지 이야기식으로 이해하면 됩니다.

선생님의 출제 성향 알기

모의고사 한국사는 거의 만점이 나오는데, 학교에서 보는 중간, 기말고사 성적이 별로인 학생이 있습니다. 왜 그럴까요. 선생님의 출제 성향을 파악하지 못한 경우입니다. 사람마다 개성이 있듯 시험 문제도 출제자의 개성이 담기기 마련입니다. 출제 성향을 파악하려면 우선 수업에 집중해야 합니다.

수업하면서 선생님이 "여긴 그냥 넘어가자" 했다면, 거기서 출제되는 일이 없습니다. 수업 시간을 딴 생각하며 흘려보내다가 중간고사 임박해서 시험공부 하는 친구는 그냥 넘어가자고 한 부분을 열심히 파고들 수 있지요. 거꾸로 "이거 중요한 거다"라며 선생님이 강조하는 부분은 출제 확률이 높은 겁니다.

선배한테 부탁해서 지금 한국사 선생님이 출제했던 과거의 시험 문제지를 구해 보는 것도 도움이 됩니다. 똑같은 문제가 나오지는 않아도 기출 문제를 훑어보면 그 선생님의 출제성향을 파악하는 데 꽤 도움이 됩니다.

주제 파악

주제 파악은 국어에서만 중요한 것이 아닙니다. 한국사 역시 상당수 문제가 주제 파악하는 문제입니다. 주제 파악의 필요성을 알게 되면 암기의 부담이 한결 줄어듭니다. 예를 하나 들어 볼게요. 여러분 부모님이 고등학생일 때 시험문제는 이런 형태가 많았어요.

다음 중 광종이 실시한 정책이 아닌 것은?

① 노비안검법
② 과거제
③ 공복 제정
④ 정동행성 폐지

답은 ④번이네요. 이런 문제를 풀기 위해 기계적으로 '광종노비과거공복' 이렇게 외웠습니다. 심지어 첫 글자만 따서 '광노과공' 이렇게 외우기도 했습니다. 시험 끝남과 동시에 버려지는 허망한 암기였지요. 그

런데 여러분이 지금 푸는 문제는 국어 문제처럼, 짧지 않은 지문이 나옵니다. 이런 식이지요. 한마디로, 주제 파악하는 문제입니다.

다음 정책의 시행 목적은?

* 관리들의 공복을 제정하였다.
* 불법적으로 노비가 된 사람들을 해방하였다.
* 쌍기의 건의를 따라 학문 능력을 시험하여 관리를 선발하였다.

정답은 '왕권을 강화하기 위해서' 정도가 되겠지요. 그런데 여기서 노비안검법의 내용을 모른다면, 쌍기가 건의해서 시행된 관리 선발 제도가 과거 제도인 것을 모른다면, 그저 '광종 노비안검법 과거 제도'라고만 외우고 있었다면, 이 문제는 풀기 어려울 겁니다.

지금, 과거 제도가 왜 왕권 강화에 도움이 되는 건지 모르는 친구? 수업 잘 들으면 알게 됩니다. 수업 시간에 선생님이 말씀하시지 않았다고요? 바로 그럴 때 질문하는 겁니다.

시대 구분이 우선이다

중요 인물·사건·문화재가 어느 시대에 해당하는지

알아 두어야 합니다. 삼국 시대인지, 통일신라 때인지, 고려 전기인지, 고려 후기인지, 조선 전기인지, 조선 후기인지. 이 정도만 구별할 수 있어도 큰 도움이 됩니다. 예를 들어 조광조가 조선 전기 때 인물인지 후기의 인물인지, 불국사가 삼국 시대 신라 때 세워진 것인지 아니면 통일신라 때 세워진 것인지, 구분해서 기억하자는 얘기입니다.

아울러 교과서에 나오는 각종 그림도 집중해서 보아야 합니다. 특히 지도와 문화재 사진은 어느 시대 것인지 알아두어야 합니다. 해당 지도나 문화재에 대한 깊은 지식이 없어도 어느 시대인 줄만 알면 대부분 문제를 풀 수 있습니다.

조선왕조실록 같은 사료가 문제 지문으로 나오면 은근히 겁이 납니다. 그거 한 줄 한 줄 해석하다가는 시간 다 갑니다. 시험 문제에 사료가 나오면 우선 마지막에 적혀 있는 출처부터 보세요. 《태종실록》이라고 나오면, 조선 전기 상황을 묻는 문제입니다. 《숙종실록》이라고 나왔으면 조선 후기 문제고요. 이것만 알아도 풀리는 문제가 있습니다. 그래서 '태정태세문단세'를 외워두자는 겁니다. 만약 사료 출처가 《승정원일기》나 《비변사등록》이라면, 따질 것도 없이 무조건 조선 후기입니다.

교과서가 제일이다

교과서는 무시하고 기출문제집 중심으로 공부하는 친구가 있습니다. 다른 과목은 어떨지 모르겠는데, 한국사에서는 도움이 되지 않는 공부법입니다. 시간만 낭비할 수도 있습니다. 똑같은 문제는 출제될 수 없으니까요. 교과서 내용이 소화된 상태에서 문제집을 풀어야 효과가 있습니다. 문제집만 푸는 것은 말 그대로 사상누각입니다.

문제집을 푸는 데도 요령이 있습니다. 실력 향상은 안 됐는데 문제집을 여러 권 풀었다는 점만으로 위안삼는 친구가 있습니다. 공부는 위안받으려고 하는 것이 아닙니다. 설렁설렁 세 권 푸는 것보다 꼼꼼하게 한 권 푸는 것이 훨씬 낫습니다.

문제집을 풀어 보면 정답을 맞히기도 하고 틀리기도 합니다. 대개 틀린 문제만 다시 공부하는데, 그러지 말고 맞힌 문제도 더 공부하는 게 좋습니다. ③번이 정답이면 나머지 ①·②·④·⑤는 왜 정답이 안 되는지 따져보기 바랍니다. 다음에 여러분이 또 풀게 된 문제 중에 지금 풀었던 문제의 ①·②·④·⑤가 정답이 될 가능성이 의외로 큽니다.

교과서의 성격을 알자

역사 과목은 다른 과목과 달리 '정확히 알 수 없다'는 게 특징입니다. 역사에서 다루는 내용은 수천, 수백 년 전, 과거입니다. 우리가 전혀 경험해 보지 못한 세상입니다. 그래서 각종 사료를 통해서 그 시대를 간접적으로 이해합니다만, 그 사료가 충분한 것은 아닙니다. 역사가들은 사료에 기록된 제한된 내용을 바탕으로 논리적인 추정(그리고 해석)을 더해서 당시의 시대상을 그려냅니다.

왜 이런 말을 하는가. 한국사 교과서의 모든 내용이 100% 진실은 아니라는 이야기입니다. 학자들 간에 이견이 있는 내용은 중론을 따라 서술할 수밖에 없습니다. 예를 들어 고조선의 영역이 A라고 주장하는 학자가 90명이고, B라고 주장하는 학자가 10명이라면 교과서는 다수 공통된 견해를 취해 A가 고조선 영역이라고 씁니다.

다양한 견해를 모두 소개하는 것이 옳지만, 그렇게 하면 교과서 분량이 너무 많아지고 또 공부하는 데 혼란스럽기도 합니다. 한두 과목 배우는 것도 아닌데 말이죠. 문제는 이겁니다. 소수 10명의 주장이 맞을 수도 있다는 것, 90명의 주장이 틀릴 수 있다는 것!

그러다 보니 대학에 가서 교수님 강의를 듣다가, 또

는 어른이 되어 어떤 역사책을 읽다가, '어라, 고등학교 때 선생님이 가르쳐 주신 게 틀린 거였네' 하는 경험을 하게 됩니다. 이게 역사학의 특징입니다. 저는 이 책을 쓰면서 될 수 있는 대로 교과서적 시각에서 벗어나지 않으려고 했습니다. 다만 일부 내용은 교과서와 다른 얘기를 추가했습니다.

말하기가 좀 어려운데, 여러분이 어떤 시험 문제(객관식)를 풀 때는 교과서에 서술된 내용을 기준으로 정답을 찾아야 합니다. 올바른 권유가 아닙니다만, 그렇게 해야 혹시 생길 수도 있는 현실적 불이익을 피할 수 있습니다.

정리하고 만족하지 말라

기막히게 정리를 잘하는 학생들이 있습니다. 교과서나 문제집 또는 별도의 노트에 형형색색 펜으로 예쁘게 요약·정리하고 포스트잇까지 정성스럽게 붙여서 탄성이 나올 정도로 아름다운 '작품'을 만들기도 합니다. 그렇게 정리 끝낸 노트를 품에 안으면 공부가 다 된 것 같은 뿌듯함이 느껴집니다.

문제는 그다음입니다. 그렇게 정리한 노트를 거듭 반복해서 보면서 자기 것으로 만들어야 합니다. 제일 중요한 작업이지요. 그런데 정리 자체에 만족하고 정작 공부는 하지 않는 경우가 적지 않습니다. '작품'에 투자한 시간이 너무 아깝지요. 지저분해져도 괜찮습니다. 더러워져도 좋습니다. 내 공부가 제일입니다.

사랑하자

한국사를 사랑합시다. 싫으면 좋아하려고 노력이라도 해야 합니다. 싫은 과목을 억지로 공부하는 것보다 좋아해서 즐겁게 공부하면 성과가 더 알찹니다. 수능이 끝남과 동시에 공부도 끝나는 과목이 있습니다. 하지만 한국사는 어떤 직업을 갖든지 거의 따라다닙니다.

　시험만을 위해서가 아닙니다. 한국 사람으로 한국어를 알아야 하듯 한국인으로서 우리 역사의 기본 지식은 갖추고 있어야 합니다. 그러면 어른이 되어서도 의외의 자산이 됩니다. 역사는 결국 사람 사는 이야기입니다. 우리도 사람들 속에서 살아가는 사람입니다. 알게 모르게 인생을 살아가는 데 힘이 되고 격려가 되고 교훈이 되는 것이 역사입니다. 한국사를 사랑합시다!

　여러분의 건강과 행복을 기원합니다.
　고맙습니다.

　이경수

도움 받은 자료

단행본

국사편찬위원회, 『한국사』 전집, 2013.

규장각한국학연구원, 『전란으로 읽는 조선』, 글항아리, 2016.

규장각한국학연구원, 『조선국왕의 일생』, 글항아리, 2014.

길진숙, 『삼국사기, 역사를 배반하는 역사』, 북드라망, 2017.

김구, 『백범일지』, 돌베개, 2002.

김동환 배석, 『금속의 세계사』, 다산북스, 2015.

김삼웅 편저, 『사료로 보는 20세기 한국사』, 가람기획, 1997.

김인호·박재우·윤경진·추명엽, 『고려시대사』 1, 푸른역사, 2017.

노명호·서성호, 『고려 역사상의 탐색』, 집문당, 2017.

박영규, 『한권으로 읽는 신라왕조실록』, 웅진지식하우스, 2014.

박영규, 『한권으로 읽는 조선왕조실록』, 웅진지식하우스, 2014.

박은식 지음, 남만성 옮김, 『한국독립운동지혈사(하)』, 서문당, 1999.

박종기, 『고려사의 재발견』, 휴머니스트, 2016.

박종기, 『새로 쓴 5백년 고려사』, 푸른역사, 2010.

서울대학교 역사연구소, 『역사용어사전』, 서울대학교출판문화원, 2015.

서중석, 『신흥무관학교와 망명자들』, 역사비평사, 2001.

성삼재, 『고조선 사라진 역사』, 동아일보사, 2005.

송호정, 『처음 읽는 부여사』, 사계절, 2016.

신명호, 『조선왕실의 의례와 생활, 궁중문화』, 돌베개, 2002.

양성우, 『북치는 앉은뱅이』, 창작과비평사, 1980.

역사비평편집위원회, 『역사용어 바로쓰기』, 역사비평사, 2006.

우재훈, 『발해제국연대기』, 북랩, 2017.

원창애 외, 『조선시대 과거제도 사전』, 한국학중앙연구원출판부, 2015.

유득공 지음, 김종성 옮김, 『발해고』, 위즈덤하우스, 2017.

유성룡 지음, 김흥식 옮김, 『징비록』, 서해문집, 2003.

이강엽, 『열하일기로 떠나는 세상 구경』, 나무를심는사람들, 2016.

이경수, 『강화도史』, 역사공간, 2016.

이경수, 『숙종, 강화를 품다』, 역사공간, 2014.

이경수, 『한국사 눈뜨기』, 동녘, 2005.

이경식, 『고려전기의 전시과』, 서울대학교 출판부, 2007.

이덕일, 『아나키스트 이회영과 젊은 그들』, 웅진닷컴, 2001.

이덕일·이희근, 『우리 역사의 수수께끼』, 김영사, 1999.

이상훈, 『신라는 어떻게 살아남았는가』, 푸른역사, 2016.

이종서·박진훈·강호선·한정수, 『고려시대사』 2, 푸른역사, 2017.

이태진, 『고종시대의 재조명』, 태학사, 2000.

일본사학회, 『아틀라스 일본사』, 사계절, 2011.

임민혁, 『왕의 이름, 묘호』, 문학동네, 2011.

정주리·박영준·시정곤·최경봉, 『역사가 새겨진 우리말 이야기』, 고즈
원, 2006.

천화숙, 정문상 엮음, 『한국사 인식의 기초』, 혜안, 2013.

최덕수 외 지음, 『조약으로 본 한국근대사』, 열린책들, 2011.

최익현 외 지음, 이주명 편역, 『원문 사료로 읽는 한국 근대사』, 필맥, 2014.

한국중세사학회, 『고려 중앙정치제도사의 신연구』, 혜안, 2009.

한국행정연구원, 『역사 속 행정이야기』, 혜안, 2017.

논문 및 기타 자료

강만길, 「시장과 상인」, 『한국사시민강좌』 9, 일조각, 1991.

권경복, 「"이토 히로부미 사망에 흥분한 日언론들 사흘간 한국인 죽일 수 있게 해달라 요구"」, 『조선일보』, 2011. 11. 3.

김광호, 「2012년 12월 19일 오늘, 1913년 영국 경마장을 떠올리는 이유」, 『경향신문』, 2012. 12. 19.

김규회, 「나폴레옹은 키가 작았다?」, 『한국교직원신문』, 2013. 3. 11.

김기철, 「日本의 '희생자 코스프레'」, 『조선일보』, 2015. 8. 14.

김석근, 「훈요십조와 시무28조」, 『아세아연구』 101, 고려대학교아세아문제연구소, 1999.

김승태, 「일제의 제암리교회 학살방화 사건 처리에 관한 소고」, 『한국독립운동사연구』 30, 2008.

김연성, 「동북아 고대 교역과 명도전의 관계」, 인하대학교대학원 석사학위논문, 2013.

김용선, 「과거와 음서」, 『한국사시민강좌』 46, 일조각, 2010.

김유종, 「고려시대 기인제도의 운영과 기인의 위상」, 한성대학교대학원 석사학위논문, 2014.

김종성, 「안중근 의사 사형집행 후, 일본이 취한 '꼼수'」, 『오마이뉴스』, 2018. 8. 16.

김지영, 「조선시대 왕실여성의 출산력」, 『정신문화연구』 124, 2011.

김지혜, 「조선시대 한국인 평균 키는?」, 『소년조선일보』, 2012. 2. 1.

김창호, 「호간총에서 출토된 호우 명문과 호우총의 연대에 대하여」, 『과기고고연구』 13, 아주대학교박물관, 2007.

김태훈, 「'중국을 빚어낸 여섯 도읍지 이야기' 서평」, 조선일보, 2018. 4. 28.

노명호, 「고려시대 향리집단 속의 호장 이유」, 『한국사시민강좌』 39, 일조각, 2006.

武井幸一, 「운양호사건 전후 한일양국간의 대외정책과 인식변화」, 동의대학교대학원 석사학위논문, 2008.

민현구, 「공민왕-개혁정치의 꿈과 좌절」, 『한국사시민강좌』 31, 일조각, 2002.

박병용, 「삼국사기 본기 말갈에 관한 일고찰」, 경성대학교대학원 석사학위논문, 2013.

박우진, 「관동대지진 때 학살된 조선인 2만3,000여명」, 『한국일보』, 2013. 8. 22.

박종인, 「"너희가 팔아먹은 나라, 우리가 찾으리라"」, 『조선일보』, 10. 18.

박찬흥, 「삼국시대의 율령 반포와 그 의미」, 『내일을 여는 역사』 17, 서해문집, 2004.

안영배, 「"日帝의 심장에 비수를 꽂아라"」, 『동아일보』, 2018. 3. 3.

안영숙·이용삼, 「조선 초기 칠정산 외편의 일식 계산」, 『한국우주과학회지』 21-4, 2004.

오기수, 「조선시대 田稅의 공평에 관한 연구」, 『월드텍스연구논집』 3-2, 2010.

유영익, 「동학농민운동의 기본 성격」, 『한국사시민강좌』 40, 일조각, 2007.

유창엽, 「봉오동 전투 홍범도 장군의 '쓸쓸한' 말년」, 『연합뉴스』, 2008. 8. 26.

유호석, 「고려 과거제도의 성립」, 『한국사시민강좌』 46, 일조각, 2010.

이경수, 「개화의 섬 강화도」, 『통일시대』 127, 민주평화통일자문회의, 2017. 5.

이기환, 「대한민국이냐, 고려공화국이냐」, 『경향신문』, 2017. 8. 31.

이기환, 「윤봉길 의사가 젖먹이 두 아들에게 남긴 유언, "투사가 되어라!"」, 『경향신문』, 2018. 5. 3.

이상국, 「고려시대 관료는 어떠한 방법으로 토지를 분급받는가?」, 『내일을 여는 역사』 18, 서해문집, 2004.

이진한, 「고려시대 예성항 무역의 실상」, 『내일을 여는 역사』 22, 서해문집, 2005.

이진한, 「고려전기의 대외교류와 송 사신이 본 고려」, 인천문화재단 강의자료집, 2018.

임경화, 「고려 초기 공복제도의 특수성과 내적 의미 연구」, 가톨릭대학
교대학원 박사학위논문, 2008.

장원윤, 「나말여초기의 지배정당성 연구」, 서강대학교대학원 석사학위
논문, 2005.

장익수, 「신라 마립간시기 대왜전쟁의 영향: 대외관계의 변화와 국방정
책의 강화를 중심으로」, 『한국사연구』 150, 2010.

전성철, 「용기 있는 진짜 보수가 아쉽다」, 『중앙일보』, 2013. 10. 30.

한시준, 「경술국치일을 기억해야 하는 이유」, 『한겨레신문』, 2016. 8.
23.

인터넷사이트

국사편찬위원회 한국사데이터베이스 (http://db.history.go.kr)

국사편찬위원회 한국역사정보통합시스템 (http://www.korean
history.or.kr)

네이버국어사전 (http://krdic.naver.com)

네이버지식백과 (http://terms.naver.com)

다시 짚어보는 우리 역사 (http://blog.naver.com/PostList)

다음백과 (http://100.daum.net)

다음어학사전 (http://dic.daum.net)

문화재청 (http://www.cha.go.kr)

서울대학교 규장각한국학연구원 (http://kyujanggak.snu.ac.kr)